普通高等教育"十三五"规划教材

汽车机电液一体化技术

张铁山 编

国防工业出版社

·北京·

内 容 简 介

本书介绍了汽车机电液技术。在介绍机电液基本模型、汽车常用传感器与执行器、控制理论基础理论知识的基础上，介绍了动力与传动、防滑控制、悬架及转向控制、故障诊断的理论及技术知识，最后一章给出了几个实例。本书编写的目的是为汽车机电液系统设计建立一定的基础。

本书可作为汽车工程专业硕士研究生教材使用，也可作为汽车工程专业高年级本科生参考书，并且也可以作为从事该领域工作的工程技术人员参考书。

图书在版编目（CIP）数据

汽车机电液一体化技术／张铁山编．—北京：国防工业出版社，2016.10
ISBN 978-7-118-11016-6

Ⅰ.①汽…　Ⅱ.①张…　Ⅲ.①汽车—机电一体化—液压控制—系统设计　Ⅳ.①U463

中国版本图书馆 CIP 数据核字（2016）第 238631 号

※

国防工业出版社出版发行
（北京市海淀区紫竹院南路 23 号　邮政编码 100048）
三河市德鑫印刷有限公司印刷
新华书店经售

*

开本 787×1092　1/16　印张 22½　字数 561 千字
2016 年 10 月第 1 版第 1 次印刷　印数 1—3000 册　定价 44.80 元

（本书如有印装错误，我社负责调换）

国防书店：（010）88540777　　发行邮购：（010）88540776
发行传真：（010）88540755　　发行业务：（010）88540717

前　言

　　汽车机电液一体化是汽车工程的发展方向，也是汽车设计、研发中的重要领域。本书力求将汽车机电液技术的相关内容整合到一起，便于师生使用与参考读者阅读。本书主要介绍和讨论控制理论基础、基本的机电液系统建模、汽车应用的主要执行机构、汽车动力与传动、汽车防滑控制、汽车悬架、汽车转向控制的相关理论或技术，简要介绍汽车故障诊断的理论。并给出了几个例子。通过学习，使得学生对汽车机电液的原理和相关技术总体上有一定程度的认识，并且掌握其中的基本内容。

　　本教材具有以下三个特点：

　　（1）以现有相关教材的资料为基础，并收集了一些国内外的相关研究文献，所涉及的汽车机电液系统内容比较全面。

　　（2）本教材编写过程中，力求对基础的和重点内容进行介绍与讨论，在建模的基础上，针对汽车的主要系统的主要问题进行讨论。

　　（3）本教材的例子更多地体现解决问题的思路，以帮助学习者掌握重点，为汽车设计、研发建立一定的基础。

　　教材中的内容可以根据实际需要进行选择教学，其他内容可以作为学习者参考资料。例如，第3章中的部分内容、第8章内容、第9章中的部分内容可留作学习者自己阅读学习。

　　本书可作为车辆工程或相近学科专业硕士研究生教材，也可作为车辆工程专业高年级本科生以及汽车行业工程技术人员的参考书。

　　由于作者的水平有限，书中疏漏与不当之处在所难免，欢迎广大读者指正。

编者

目　　录

V

第1章

概述

现代科学技术的发展,极大地推动了不同学科的相互交叉与渗透,导致了几乎所有工程领域的技术革命与改造,纵向分化、横向综合已成为当代科学技术发展的重要特点。在机械工程领域,由于微电子技术的飞速发展及其向机械工业的渗透所形成的机电一体化,使机械工业的技术结构、产品结构、功能与构成、生产方式及管理体系均发生了巨大变化,使工业生产由"机械电气化"迈入了以"机电一体化"为特征的发展阶段。汽车机电液一体化,是机电工程中的一个特例。

"机电一体化"源于"Mechatronics",是一个新兴的边缘学科,国内外都处于发展阶段,它代表着机械工业技术革命的前沿方向。

20世纪60年代以来,一大批逐步形成的高技术群体,如微电子技术、信息技术、自动化技术、生物技术、新材料技术、新能源技术、空间技术、海洋开发技术、激光与红外技术、光纤通信技术等,已经且继续向家用电器、办公自动化系统、机械制造工艺设备、汽车、筑路机械、现代化武器装备的各个领域渗透,以空前的规模向现实生产迅速转化。

机械电子技术的基础是精密机械技术与微电子技术。由于微电子技术的发展,才使机械、电子和信息一体化成为可能。自美国英特尔公司1971年推出四位通用微处理器至今,已经过数代:1971—1972年,4位微型计算机、8位微型计算机;1973—1977年,8位中档微型计算机;1978—1981年,16位高档微型计算机;1981年后,32位高档微型计算机;目前,进入了更新一代计算机的研究。微处理器与半导体存储器的高集成化、高性能、高可靠性和低价格使其应用范围大大扩大,体积小而价廉的微型计算机作为机械系统的一部分。今天,计算机技术与电子技术又获得了更大的发展,机电液一体化理论与技术更加完备和丰富,促进了机电产业的发展。

机电一体化产生和发展的根本原因是社会的发展和科学技术的进步。系统工程、控制论和信息论是机电一体化的理论基础,也是机电一体化技术的方法论。微电子技术的发展,半导体大规模集成电路制造技术的进步,则为机电一体化技术奠定了物质基础。

机电一体化的发展趋势可以概括为三个方面:性能上朝高精度、高效率、高性能、智能化的方向发展;功能上朝小型化、轻型化、多功能方向发展;层次上朝系统化、复合集成化的方向发展。机电一体化技术的研究与应用强调技术的融合与学科交叉,机电一体化技术依赖于相关技术的发展,同时促进了相关技术的发展。

1.1 机电液一体化技术内涵

机电液一体化技术是在大规模集成电路和微型计算机为代表的微电子技术高度发展并向

传统机械工业迅速渗透、机械技术与电子技术深度融合的基础上，综合运用机械、液压、电子、自动控制、计算机及接口等技术，依据工具系统功能目标配置机械本体、执行结构、动力驱动单元、传感测试元件、控制计算机及接口元件等硬件要素，并使之在软件程序控制下形成物质和能量的有序规则运动，在高功能、高质量、高可靠性、低能耗的意义上实现特定功能价值的系统工程技术。由此而产生的功能系统，成为一个以电子技术为主导的、以现代高新技术支持的机电液一体化系统或产品。

机电液一体化技术有机结合了机械、液压和电子等技术，是在融合了机械、液压、计算机、电子、控制等学科技术基础上发展起来的一门技术。随着科学技术的迅猛发展，机电液一体化技术迅速应用于工程机械、精密机床、飞行器、大型设备、汽车工程等，促进了机械行业的变革，成为未来机械行业发展的主流方向。机电液一体化是电气控制液压—液压控制机械—机械在运动中通过电气将信息反馈回来再控制液压，设备的自动化、智能化程度很高。

1.2 机电液一体化系统的组成

机电液一体化系统涵盖了机械本体、动力与液压装置、检测装置、执行机构、控制器与信息处理以及接口等。机电液一体化系统控制对象是机械本体，驱动装置为液压装置，控制器主要是计算机及硬件系统，控制的物理量包括执行机构的位移、速度、加速度、力或力矩、功率以及液压系统的压力和流量等。

机械本体一般由机械结构部分和机械传动部分组成。其主要功能是使各子系统、零部件按照一定的位置装配在一起，并保持特定的时空关系。为更好地发挥机电液一体化系统的优点，机械本体必须具有较高的强度、较高的可靠性和较小的质量。机械结构部分是机电液一体化系统的主体，应具有较高的刚度、较低的惯性和较高的谐振频率。因此，对机械部分的结构、制造材料以及零件形状等方面都提出了特殊的要求。

液压装置是在系统控制信号的作用下，给机械部分提供动力，驱动执行机构，完成预定的动作和功能。机电液一体化系统要求具有高效率的驱动性和快速的响应特性，还要求适应外部环境与工作可靠。由于电子与液压技术的高度发展，高性能的电子液压伺服驱动技术和电子液压比例驱动技术已广泛应用于机电液一体化系统中。

检测部分主要是检测系统运行过程中所需要的各种参数及状态信号，并将检测的信号转换成可识别信号，然后传输给信号处理单元，经过处理后产生相应的控制信号。检测部分的功能通常由各种传感器以及仪器仪表完成。执行机构主要是根据系统控制信号和指令完成系统所要求执行的各种动作。执行机构是机电液一体化系统的运动部件，它将不同形式的能量进一步转换为机械能。执行部件主要包括液压缸和液压马达两部分。

控制器主要是集中、储存、分析和加工传感器检测的各种信号与外部输入命令，根据信号处理结果，使整个系统根据程序发出的指令进行运行。控制器主要由计算机、逻辑电路、A/D和 D/A 转换器、接口以及计算机外部设备等构成。接口是系统两部件之间的连接单元，其作用是使各子系统之间能正常进行信息的传递与交换，使各子系统或部件连接为一个有机整体，从而使各个部分能协调一致地运动。它的主要功能是信息传递、放大和变换。

因此，涉及的机电液一体化的相关技术有：

（1）检测传感技术。传感器技术本身就是一门多学科、知识密集的应用技术。

（2）信息处理技术。包括输入/输出设备、显示器、磁盘、计算机、可编程控制器、数控装置硬件设备和数据处理。

（3）自动控制技术。在机电一体化技术中,高精度定位控制、速度控制、自适应控制、自诊断、校正、补偿、再现、检索等自动控制技术都是重要的关键技术。

现代控制理论的工程化、实用化,优化控制模型的建立,复杂控制系统的模拟仿真,自诊断监控技术及容错技术等都是有待进一步开发研究的课题。

（4）比例与伺服驱动技术。执行机构主要包括电磁铁、液压泵、液压马达、液压缸、汽缸等。

（5）接口技术。机电液一体化系统是机械、电子和信息等性能各异的技术融为一体的综合系统,其构成要素或子系统之间的接口极其重要。从系统外部看,输入/输出是系统与人、环境或其他系统间的接口;从系统内部看,是通过许多接口将各组成要素的输入/输出联系成一体的系统。因此,各要素及各子系统之间的接口性能就成为系统综合性能好坏的决定性因素。

（6）系统总体技术。系统总体技术是从整体目标出发,用系统的观点和方法,把机械与电子的功能在结构上有机地一体化的技术。即使各构成要素的功能、精度、性能都很好,但若整体系统不能很好地协调,系统照样难以正常运行而不能发挥应有的效能。为了开发出具有较强竞争能力的工程机械机电液一体化产品,系统总体设计除考虑优化设计外,还包括可靠性设计、标准化设计、系列化设计以及造型设计。

1.3 机电液一体化系统优化设计关键技术

由于机电液一体化系统的复杂性,系统的优化设计是解决系统设计的重要方法。机电液一体化系统集成了机械系统、液压系统和控制系统,不同子系统之间存在的耦合和设计变量多等特点使优化问题的规模增加,从而导致计算量大。另外,整个系统可能有多个目标,系统要求采用精确的分析方法,也会增加整个系统的计算复杂性。机电液一体化系统优化设计与其他复杂系统多学科设计优化(Multidisciplinary Design Optimization,MDO)一样,涉及系统建模、近似模型、优化策略、优化算法以及集成优化平台或框架等关键技术。

1. 系统建模

多学科设计优化的前提是建立合适的数学模型。多学科设计优化技术主要是充分利用各学科成熟、较高精度的分析模型,尽可能地采用模块化技术建立产品系统的多学科设计优化数学模型,依据系统内部各学科相互影响的耦合因素来确定各模块之间的数据传递。机电液一体化系统优化设计中,其优化结果直接受优化模型的影响。对于复杂系统的优化来说,建立合适的优化模型更是系统优化设计的关键。机电液一体化系统由机械、控制和液压等子系统构成,各子系统又分别代表着整个系统的各个零部件或局部的物理现象。机电液一体化系统设计优化是对构成系统的多个子系统进行协同优化,以实现对整个系统的优化,从而达到整个系统性能最优。因此,建立合适的子系统模型是整个系统设计优化的前提。在机电液一体化系统中,各个子系统模型是以子系统分析模型形式来表现的。各子系统模型之间的数据交换又代表了子系统间的相互耦合情况。因此,建立机电液一体化系统优化模型,首先建立子系统分析模型以及处理好模型间的数据传输问题。

由于在子系统模型之间传输的数据作为输入量在计算之前需进行一次预处理转换和灵敏度方法的计算,这样增大了子系统模型之间数据的传输量,从而使得机电液一体化系统的数据传输在系统优化中需要一定的计算时间。因此,通过近似处理传输数据的方法,用近似模型系数的传输来替代原有数据的传输,大大减少了数据的传输量。在机电液一体化系统设计优化数学模型的构建时,过分地追求优化数学模型的精度会大幅度地增加优化设计时间,而一味地缩短优化计算时间又有可能导致数学模型精度的降低。所以协调优化模型的计算精度与计算时间是十分关键的问题。

2. 近似技术

由于机电液一体化系统模型结构复杂、设计变量多,如果直接采用子系统分析模型参与系统优化,就会导致优化难度大、效率低等。所以,可以利用近似方法对目标函数和约束函数进行简化。使近似模型参与优化,经过多次反复迭代,可获取目标函数优化解,有效地避免反复进行学科分析,大大减少计算工作量,缩短计算时间,降低计算成本。在工程系统的传统优化近似技术中,主要采用基于导数的局部近似方法,常用的有线性近似方法和二次近似方法。然而,在多学科设计优化过程中,大多数采用全局近似,如近似可变复杂性模型。在优化过程中,采用可变复杂性模型方法不仅可以使用较简单的全局近似模型,而且可以使用较复杂的能够为近似模型提供修正标准的精确模型。另外一种比较适用于多学科设计优化的近似方法是响应面法,即用简单数学函数近似地代替原有的复杂数学函数。多学科设计优化在应用全局近似技术对系统精确数学模型进行简化时,需要利用试验设计方法对数据进行采样,目的是为了用尽可能少的计算量获得尽可能高的近似精度。多学科设计优化近似模型是一种用来代替子系统中原有的分析模型,在满足系统精度要求的同时,优化计算量和计算时间较小的数学模型。它比较容易集成到优化计算框架中,使复杂系统的多学科设计优化更加切实可行。目前,模型构造方法和模型品质对比研究仍是多学科设计优化近似模型研究的热点。

3. 多学科设计优化方法

多学科设计优化方法一般是指多学科设计优化问题的数学表述以及这种数学表述在优化计算环境中实现的过程组织方式,也称为多学科设计优化策略。多学科设计优化方法主要研究将复杂系统的设计优化问题分解为以学科为基础的学科设计优化问题,以及在系统分解后各子系统间关系的协调以及各子系统分析结果的综合等问题。

多学科设计优化方法更加侧重于设计思想,对整个系统进行分解,建立学科优化问题以及协调学科间差异,形成解决复杂系统的多学科设计方法,从而降低多学科设计优化计算复杂性和组织复杂性,实现优化设计的目的。它是MDO的理论基础,决定了MDO框架的组织形式。目前,多学科设计优化方法主要有多学科可行方向法、同时分析优化法、单学科可行法、并行子空间优化法、协同优化法、两级集成系统综合法等。

4. 优化算法

设计空间搜索策略又称为优化算法,是进行多学科设计优化的基础。优化算法在单学科设计优化问题中的应用相对来说比较成熟,因此,在进行优化设计时可以针对具体优化问题选择合适的优化算法。而多学科设计优化中的优化算法侧重于不同优化方法或设计对象选取合适的优化算法。目前,优化算法主要有传统经典优化算法和现代智能优化算法,传统经典优化算法包含牛顿法、广义既约梯度法、序列二次规划法等,现代智能优化算法包含遗传算法、模拟退火算法、神经网络化算法等。现代智能优化算法具有较强的全局搜索能力,但搜索最优解时计算量有所增加;而传统经典优化算法中的序列二次规划法在初始点不必可行,在具备整体收敛性的同时保持局部超一次收敛性。因此,在多学科设计优化环境中,序列二次规划算法是一种应用非常广泛的优化算法。多学科设计优化的规划是采用系统分解与协同的策略,在系统层、各子系统层间以及系统层与各子系统层间需要配置优化算法程序,因而在优化过程中需要使用多种优化算法程序。所以,只有综合应用多种算法对一个多学科设计问题进行优化,才能取得较好的效果。

5. 集成优化平台或框架构建

多学科设计优化计算平台或框架是指进行多学科设计优化的软、硬件计算环境,实现各子系统的计算和设计以及各子系统间的通信。优化平台决定了多学科设计优化方法实现的具体形式,其研究内容与计算机科学密切相关。自提出多学科设计优化方法后,多学科设计优化的软件构造框架及其内容一直是多学科设计优化问题的研究热点。为了方便地进行各种软件工具集成工作,减少工作时间与计算费用,进行多学科设计优化,构造的软件框架应能让研究人员将精力更多地投入系统设计本身而不是计算机程序开发问题。优化平台软件构造框架的内容主要有软件结构、设计问题的数学建模或物理模型、优化策略和信息处理等。目前,国外已经有多种具有优化功能的商用多学科计算框架软件,能够进行多种学科分析以及集成优化。商品化软件主要有美国 Engineous Software 公司开发的 ISIGHT、NOESIS 公司的 Optimus、Synaps 公司的 Pointer、美国航空航天局 Langley 研究中心的 FIDO、Phoenix Integration 公司的 Model-Center 等。

1.4 机电液控制系统的组成

1.4.1 测试系统组成及其基本特性

测试系统由传感器、信号变换与测量电路、显示与记录器、数据处理器,以及打印机等外围设备组成,如图 1.1 所示。此外,还有传感器标定设备、电源和校准设备等附属部分,不属于测试系统主体范围,数据处理器与打印机也按具体情况的需要而添置。

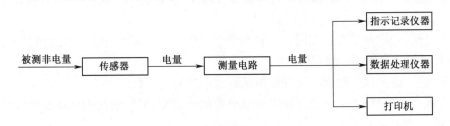

图 1.1 测试系统的组成

传感器是整个测试系统中采集信息的首要环节,传感器也称为测试系统的一次仪表,其余部分称为二次仪表或三次仪表。传感器一般由敏感元件(或称预变换器,也统称弹性敏感元件)、传感元件组两个基本环节组成,如图 1.2 所示。

图 1.2 传感器的组成

测试系统还可分为模拟测试系统和数字测试系统。测试系统一般由三个基本环节组成,如图 1.3 所示。工程测试问题总是处理输入量 $x(t)$、系统的传输转换特性和输出量 $y(t)$ 三者之间的关系。对测试系统的基本要求如下：

（1）$x(t)$、$y(t)$是可以观察的量，则通过$x(t)$、$y(t)$可推断测试系统的传输特性或转换特性；

（2）$h(t)$已知，$y(t)$可测，则可通过$h(t)$、$y(t)$推断导致该输出的相应输入量$x(t)$，这是工程测试中最常见的问题；

（3）若$x(t)$、$h(t)$已知，则可推断或估计系统的输出量。

图 1.3　测试系统功能框图

1. 测试系统的静态特性

测试系统的静态特性可以用一个多项式方程表示为：

$$y = a_0 + a_1 x + a_2 x^2 + \cdots \tag{1.1}$$

（1）灵敏度：仪器在静态条件下响应量的变化Δy和与之相对应的输入量变化Δx的比值用S表示。

（2）量程及测量范围：测试系统能测量的最小输入量（下限）至最大输入量（上限）之间的范围称为量程；测量上限值与下限值的代数差称为测量范围。

有效量程或工作量程是指被测量的某个数值范围，在此范围内测量仪器所测得的数值误差均不会超过规定值。

（3）非线性：通常也称线性度，是指测量系统的实际输入与输出特性曲线和理想线性输入与输出特性的接近或偏离程度。

（4）迟滞性：又称滞后量、滞后或回程误差，表征测量系统在全量程范围内，输入量由小到大或由大到小两者静态特性不一致的程度。

（5）重复性：表示测量系统在同一工作条件下，按同一方向作全量程多次测量时，对同一个激励量其测量结果的不一致程度。

（6）准确度：测量仪器的指示接近被测量真值的能力。

（7）分辨力：测量系统能测量到输入量最小变化的能力，即能引起响应量发生变化的最小激励变化量，用Δx表示。

（8）漂移：当测量系统的激励不变时，响应量随时间的变化趋势。

2. 测试系统的动态特性

测试系统的动态特性是指对激励（输入）的响应（输出）特性。动态特性好的测试系统，其输出随时间变化的规律（变化曲线）能同时再现输入随时间变化的规律（变化曲线），即具有相同的时间函数。这是动态测量中对测试系统提出的新要求。但实际上除具有理想的比例特性的环节外，输出信号将不会与输入信号具有完全相同的时间函数，这种输出与输入间的差异就是动态误差。

任何测量系统或装置都有影响动态特性的"固有因素"，只不过其表现形式和作用程度不同而已。研究测量系统的动态特性主要是从测量误差角度分析产生动态误差的原因及改善措施。

测量系统的动态特性可采用瞬态响应法和频率响应法从时域和频域两个方面来分析。

在测量系统进行动态特性的分析和动态标定时,为了便于比较和评价,常采用正弦信号或阶跃信号作为标准激励源。

在采用阶跃输入研究测量系统时域动态特性时,为表征其动态特性,常用上升时间 t_{rs}、响应时间 t_{st}、过调量 M 等参数来综合描述,如图1.4所示。上升时间是指输出指示值从最终稳定值的5%或10%变到最终稳定值的95%或90%所需的时间。响应时间是指从输入量开始起作用到输出值进入稳定值所规定的范围内所需要的时间。最终稳定值的允许范围常取所允许的测量误差值 $\pm e$。在给出响应时间时应同时注明误差值的范围,如 $t_{st}=2s(\pm 1\%)$。过调量是指输出第一次达到稳定之后又超出稳定值而出现的最大偏差,常用相对于最终稳定值的百分比来表示。

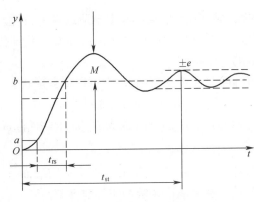

图1.4　阶跃响应特性

1)测试系统的数学模型

测试系统实质上是一个信息(能量)转换和传递的通道,一般用线性时不变系统理论描述测量系统的动态特性。从数学上可以用常系数线性微分方程表示系统的输出量 y 与输入量 x 的关系:

$$a_n \frac{\mathrm{d}^n y(t)}{\mathrm{d}t^n} + a_{n-1} \frac{\mathrm{d}^{n-1} y(t)}{\mathrm{d}t^{n-1}} + \cdots + a_1 \frac{\mathrm{d}y(t)}{\mathrm{d}t} + a_0 y(t)$$

$$= b_m \frac{\mathrm{d}^m x(t)}{\mathrm{d}t^m} + b_{m-1} \frac{\mathrm{d}^{m-1} x(t)}{\mathrm{d}t^{m-1}} + \cdots + b_1 \frac{\mathrm{d}x(t)}{\mathrm{d}t} + b_0 x(t) \tag{1.2}$$

式中:$a_n, a_{n-1}, \cdots, a_1, a_0, b_m, b_{m-1}, \cdots, b_1, b_0$ 为与系统结构参数有关的常数。

线性时不变系统有两个十分重要的性质,即叠加性和频率不变性。

2)传递函数

在工程应用中,为了便于分析计算,通常采用拉普拉斯变换来研究线性微分方程。如果 $y(t)$ 是时间变量 t 的函数,并且当 $t \leqslant 0$ 时,$y(t)=0$,则它的拉普拉斯变换定义为

$$Y(s) = \int_0^{+\infty} y(t) \mathrm{e}^{-st} \mathrm{d}t \tag{1.3}$$

式中:s 为复变量,$s = \beta + \mathrm{j}\omega, \beta > 0$。

对式(1.2)两边取拉普拉斯变换,并认为 $x(t)$ 和 $y(t)$ 及它们的各阶时间导数的初值为0,则可得

$$\frac{Y(s)}{X(s)} = \frac{b_m s^m + b_{m-1} s^{m-1} + \cdots + b_1 s + b_0}{a_n s^n + a_{n-1} s^{n-1} + \cdots a_1 s + a_0} \tag{1.4}$$

式(1.4)等号右边是一个与输入无关的表达式,只与系统结构参数有关。因而,等号右边是测量系统特性的一种表达式,它联系了输入与输出的关系,是描述测试系统转换及传递信号特性的函数。定义其初始值为0时,输出拉普拉斯变换和输入的拉普拉斯变换之比称为传递函数:

$$H(s) = \frac{Y(s)}{X(s)} \tag{1.5}$$

3)频率响应函数

对于稳定的常系数线性系统,可用傅里叶变换代替拉普拉斯变换,此时式(1.3)实际上是单边傅里叶变换。式(1.5)变为

$$H(j\omega) = \frac{Y(j\omega)}{X(j\omega)} \tag{1.6}$$

式中:$H(j\omega)$为测量系统的频率响应函数,简称频率响应或频率特性。

输出的傅里叶变换与输入的傅里叶变换之比,是在频域对系统传递信息特性的描述。很明显,频率响应是传递函数的一个特例。

通常,频率响应函数$H(j\omega)$是一个复数函数,它可用指数形式表示:

$$H(j\omega) = A(\omega)e^{j\phi} \tag{1.7}$$

式中:$A(\omega)$为$H(j\omega)$的模,$A(\omega) = | H(j\omega) |$;$\phi$为$H(j\omega)$的相角,$\phi = \arctan H(j\omega)$。

测试系统的幅频特性:

$$A(\omega) = | H(j\omega) | = \sqrt{[H_R(\omega)]^2 + [H_I(\omega)]^2} \tag{1.8}$$

式中:$H_R(\omega)$、$H_I(\omega)$分别为频率响应函数的实部与虚部。

测量系统的相频特性:

$$\phi(\omega) = - \arctan \frac{H_I(\omega)}{H_R(\omega)} \tag{1.9}$$

3. 测试系统不失真的条件

对于任何一个测试系统,总是希望它们具有良好的响应特性,即精度高、灵敏度高、输出波形无失真地复现输入波形等。但要满足上面的要求是有条件的。

设测试系统输出$y(t)$和输入$x(t)$满足

$$y(t) = A_0 x(t - \tau_0) \tag{1.10}$$

式中:A_0、τ_0为常数。

式(1.10)说明该系统的输出波形精确地与输入波形相似。只不过对应瞬间放大了A_0和时间滞后了τ_0,满足式(1.10)才可能使输出的波形无失真地复现输入波形。

对式(1.10)进行傅里叶变换,得

$$Y(j\omega) = A_0 e^{-j\tau_0\omega} X(j\omega) \tag{1.11}$$

可见,输出的波形要无失真地复现输入波形,测试系统的频率响应应满足

$$H(j\omega) = \frac{Y(j\omega)}{X(j\omega)} = A_0 e^{-\tau_0\omega} \tag{1.12}$$

即

$$\begin{cases} A(\omega) = A_0 = 常数 \\ \phi(\omega) = - \tau_0\omega \end{cases} \tag{1.13}$$

即从精确地测定各频率分量的幅值和相位来说,理想的测试系统的幅频特性应为常数,相

频特性应为线性关系,否则产生失真。$A(\omega)$ 不等于常数所引起的失真称为幅值失真,$\Phi(\omega)$ 与 ω 不呈线性关系所引起的失真称为相位失真。

1.4.2 控制系统及其组成

1. 控制系统的组成

控制理论在机电领域获得了广泛应用,主要体现在以下五个方面:

(1)机械制造过程正朝着自动化、最优化相结合的方向,以及机电一体化方向发展,如计算机集成制造系统(CIMS)等。

(2)为了安全性且降低人们的劳动强度,车辆、船舶、航空航天器等产品的自动控制及其智能化。

(3)制造和加工过程的动态研究。因为高速切削、强力切削、高速空程等正在日益广泛地应用,同时,加工精度越来越高,$0.01\mu m$ 乃至 $0.001\mu m$ 精度相继出现,这就要求把加工过程如实地作为动态系统加以研究,包括计算机仿真及优化。

(4)在产品设计方面,充分考虑产品与设备的动态特性,然后建立它们的数学模型,进行优化设计,包括计算机辅助设计和试验的研究。

(5)在动态过程或参数测试方面,正在以控制理论作为基础,朝着动态测试方向发展。动态精度、动态位移、振动、噪声、动态力与动态温度等的测量,从基本概念、测试手段到测试数据的处理方法无不与控制理论息息相关。

总之,控制理论的应用,微处理机技术同机电一体化的结合,同机械制造技术的结合,将促使这一领域中的试验、研究、设计、制造、管理等方面发生巨大变化。

图 1.5 是恒温箱的自动控制系统。恒温箱的温度是由给定信号电压 u_1 控制的。当外界因素引起箱内温度变化时,作为测量元件的热电偶,把温度转换成对应的电压信号 u_2,并反馈回去与给定信号 u_1 相比较,所得结果即为温度的偏差信号 $\Delta u = u_1 - u_2$。经过电压、功率放大后,用以改变电动机的转速和方向,并通过传动装置拖动调压器动触头。当温度偏高时,动触头向着减小电流的方向运动,反之加大电流,直到温度达到给定值为止。即只有在偏差信号 $\Delta u = 0$ 时,电动机才停转。这样就完成了所要求的控制任务。所有这些装置组成了一个自动控制系统。

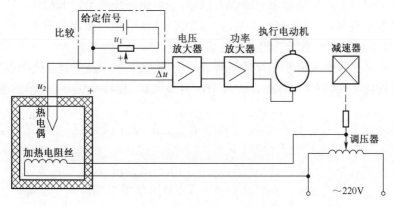

图 1.5 恒温箱的自动控制系统

系统要检测偏差,并用检测到的偏差去纠正偏差,在自动控制系统中,这一偏差是通过反馈建立起来的。图1.6为恒温箱温度自动控制系统职能框图。图中:"⊕"代表比较元件,箭头代表作用的方向。给定量也称为控制系统的输入量,被控制量称为系统的输出量。从图1.5中可以看到:反馈控制的基本原理;各职能环节的作用是单向的,每个环节的输出是受输入控制的。总之,实现自动控制的装置各不相同,但反馈控制的原理是相同的,反馈控制是实现自动控制最基本的方法。

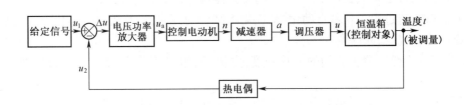

图1.6　恒温箱温度自动控制系统职能框图

　　控制系统主要有开环控制与闭环控制。典型的反馈控制系统的基本组成如图1.7所示。图1.7表示了这些元件在系统中的位置及其相互间的关系。由图1.7可以看出,作为一个典型的反馈控制系统应该包括反馈元件、给定元件、比较元件(或比较环节)、放大元件、执行元件及校正元件等。

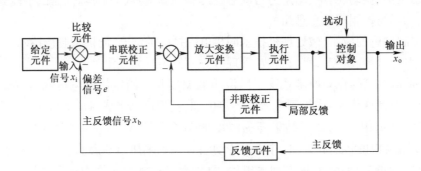

图1.7　典型的反馈控制系统框图

　　给定元件主要用于产生给定信号或输入信号,如调速系统的给定电位计。

　　反馈元件量测被调量或输出量,产生主反馈信号,该信号与输出量存在确定的函数关系(通常为比例关系),如调速系统的测速发电机。

　　比较元件用来比较输入信号和反馈信号之间的偏差。可以是一个差接的电路,它往往不是一个专门的物理元件,有时也称为比较环节。自整角机、旋转变压器、机械式差动装置是物理的比较元件。

　　放大元件对偏差信号进行信号放大和功率放大的元件,如伺服功率放大器、电液伺服阀等。

　　执行元件直接对控制对象进行操作的元件,如执行电动机、液压马达等。

　　控制对象是指控制系统所要操纵的对象,它的输出量即为系统的被调量(或被控制量),如机床、工作台等。

　　校正元件用以稳定控制系统,提高性能。有反馈校正和串联校正两种形式。

从图 1.7 还可以看出,测试是控制的基础,没有测试就无法完成反馈控制。

2. 控制系统的分类

1)按给定量的运动规律分类

(1)恒值调节系统:如稳压电源、恒温系统等。对于这类系统,分析重点是克服扰动对被调量的影响。

(2)程序控制系统:当输入量为已给定的时间函数。

(3)随动系统:给定量是时间的未知函数,即给定量的变化规律事先无法确定时,要求输出量能够准确、快速地复现给定量,如液压仿形刀架随动系统等。

2)按系统反应特性分类

(1)连续控制系统:即系统中各个参量的变化都是连续进行的,可分为线性系统和非线性系统。

(2)数字控制系统:控制系统给定量、反馈量、偏差量都是数字量,数值上不连续,时间上也是离散的。一般来说,数字测量、放大、比较、给定等部件均由微处理机实现,计算机的输出经 D/A 转换加给伺服放大器。目前这种系统已随着微处理机的发展而日益增多。

3)按系统组成元件的物理性质分类

按系统组成元件的物理性质分为电气控制系统、液压控制系统。

无论什么样的系统,对控制系统的基本要求都是稳定、准确、快速。

3. 控制系统的模型

控制系统分为开环系统和闭环系统两大类。闭环系统是采用反馈比较来达到对输入信号的准确复现,因而是一种较开环先进的系统控制方法,在分析和设计中控制系统常由一组微分方程来描述,而框图是反映各方程内在联系的一种图示方法,每一个环节均用它的传递函数来描述。传递函数定义为环节输出的拉普拉斯变换与输入的拉普拉斯变换之比。但需要假定该环节在外力作用之前是静止的,且设在确定传递函数时所有的初始值为 0。

1)简单系统

简单系统框图如图 1.8 所示。设该系统输入为 x,输出为 y,则其一般数学关系可写为

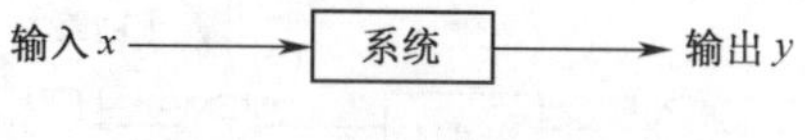

$$输入\ x \longrightarrow \boxed{系统} \longrightarrow 输出\ y$$

图 1.8　简单系统框图

$$a_n \frac{\mathrm{d}^n y(t)}{\mathrm{d}t^n} + a_{n-1} \frac{\mathrm{d}^{n-1} y(t)}{\mathrm{d}t^{n-1}} + \cdots + a_1 \frac{\mathrm{d}y(t)}{\mathrm{d}t} + a_0 y(t)$$

$$= b_m \frac{\mathrm{d}^m x(t)}{\mathrm{d}t^m} + b_{m-1} \frac{\mathrm{d}^{m-1} x(t)}{\mathrm{d}t^{m-1}} + \cdots + b_1 \frac{\mathrm{d}x(t)}{\mathrm{d}t} + b_0 x(t) \qquad (1.14)$$

假设零初始条件,对式(1.14)逐项进行拉普拉斯变换,可得

$$G(s) = \frac{Y(s)}{X(s)} = \frac{b_m s^m + b_{m-1} s^{m-1} + \cdots + b_1 s + b_0}{a_n s^n + a_{n-1} s^{n-1} + \cdots + a_1 s + a_0} \qquad (1.15)$$

$G(s)$ 称为环节的传递函数,它表征了该环节的特性。式(1.14)、与(1.15)式(1.2)、式(1.4)形式相同。

时间响应是人们最终关心的基本量,只要对式(1.15)进行拉普拉斯反变换,即可得所需

的时间响应(输出),即

$$y(t) = L^{-1}[Y(s)] \tag{1.16}$$

由上述可见,采用传递函数、拉普拉斯变换等数学方法可以简化微分方程运算和对控制系统进行分析,故在控制系统分析中首先要掌握拉普拉斯变换的一些规律和特性。

2)串联形式的复杂系统

图1.9为一串联系统框图,4个环节的传递函数分别为$G_1(s)$、$G_2(s)$、$G_3(s)$和$G_4(s)$。整个系统的传递函数可通过解如下方程组求得:

$$\begin{cases} E_2(s) = G_1(s)E_1(s) \\ E_3(s) = G_2(s)E_2(s) \\ E_4(s) = G_3(s)E_3(s) \\ E_5(s) = G_4(s)E_4(s) \end{cases}$$

整理可得

$$E_5(s) = G_1(s)G_2(s)G_3(s)G_4(s)E_1(s)$$

整个系统传递函数为

$$G_{51}(s) = E_5(s)/E_1(s) = G_1(s)G_2(s)G_3(s)G_4(s) \tag{1.17}$$

由此得出结论:串联系统的传递函数为各个环节传递函数的乘积。

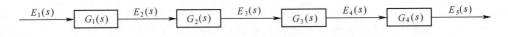

图1.9　串联系统框图

3)多回路反馈系统

多回路反馈系统往往包含多反馈回路和几个输入,如图1.10所示。

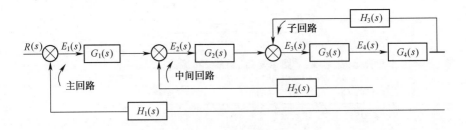

图1.10　多回路反馈系统

1.4.3　机电液系统组成

通过机械系统、液力液压系统和测试与控制系统的有机组合,形成一个完整的机电液系统。对于车辆来讲,机械系统中一般包括机体(车体)、动力源、传动装置和其他执行机构。机电液系统框图如图1.11所示。

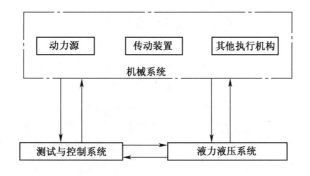

图 1.11　机电液系统框图

1.5　控制理论概述

由于控制是机电液系统的重要组成部分,而这部分知识在之前学习阶段少有接触,因此在此首先介绍、讨论控制理论,作为后续课程基础。

1.5.1　经典控制理论

经典控制理论是自动控制理论中建立在频率响应法和根轨迹法基础上的一个分支。经典控制理论的研究对象是单输入、单输出的自动控制系统,特别是线性定常系统。经典控制理论的特点是以输入、输出特性(主要是传递函数)为系统数学模型,采用频率响应法和根轨迹法这些图解分析方法分析系统性能和设计控制装置。经典控制理论的数学基础是拉普拉斯变换,占主导地位的分析和综合方法是频域方法。

经典控制理论主要研究系统运动的稳定性、时域和频域中系统的运动特性(见过渡过程、频率响应)、控制系统的设计原理和校正方法(见控制系统校正方法)。经典控制理论包括线性控制理论、采样控制理论、非线性控制理论(见非线性系统理论)三个部分。早期,这种控制理论常称为自动调节原理,随着以状态空间法为基础和以最优控制理论为特征的现代控制理论的形成(1960 年前后),开始广为使用现在的名称。

控制理论的形成远比控制技术的应用为晚。古代,罗马人家里的水管系统中就已经应用按反馈原理构成的简单水位控制装置。中国北宋元初年(1086—1089)也已有了反馈调节装置——水运仪象台。但是直到 1787 年瓦特离心式调速器在蒸汽机转速控制上得到普遍应用,才开始出现研究控制理论的需要。

1868 年,英国科学家 J. C. 麦克斯韦首先解释了瓦特速度控制系统中出现的不稳定现象,指出振荡现象的出现与由系统导出的一个代数方程根的分布形态有密切的关系,开辟了用数学方法研究控制系统中运动现象的途径。英国数学家 E. J. 劳思和德国数学家 A. 胡尔维茨推进了麦克斯韦的工作,分别在 1875 年和 1895 年独立地建立了直接根据代数方程的系数判别系统稳定性的准则(见代数稳定判据)。

1932 年,美国物理学家 H. 奈奎斯特运用复变函数理论的方法建立了根据频率响应判断反馈系统稳定性的准则(见奈奎斯特稳定判据)。这种方法比当时流行的基于微分方程的分析方法有更大的实用性,也更便于设计反馈控制系统。奈奎斯特的工作奠定了频率响应法的基础。随后,H. W. 波德和 N. B. 尼科尔斯等在 20 世纪 30 年代末和 40 年代进一步将频率响应法加以发展,使之更为成熟,经典控制理论遂开始形成。

1948 年,美国科学家 W. R. 埃文斯提出了名为根轨迹的分析方法,用于研究系统参数(如增益)对反馈控制系统的稳定性和运动特性的影响,并于 1950 年进一步应用于反馈控制系统的设计,构成了经典控制理论的另一核心方法——根轨迹法。

20 世纪 40 年代末和 50 年代初,频率响应法与根轨迹法推广用于研究采样控制系统和简单的非线性控制系统,标志着经典控制理论已经成熟。经典控制理论在理论上和应用上所获得的广泛成就,促使人们试图把这些原理推广到如生物控制机理、神经系统、经济及社会过程等非常复杂的系统,其中美国数学家 N. 维纳在 1948 年出版的《控制论》最为重要和影响最大。

经典控制理论在解决比较简单的控制系统的分析和设计问题方面是很有效的,至今仍不失其实用价值。局限性主要表现在只适用于单变量系统,且仅限于研究定常系统。

以频率响应法和根轨迹法为核心的控制理论。频率响应理论对于分析、设计单变量系统来说是非常有效的工具。设计者只需根据系统的开环频率特性,就能够判断闭环系统的稳定性和给出稳定裕量的信息,同时能非常直观地表示出系统的主要参数,即开环增益与闭环系统稳定性的关系。频率响应法圆满地解决了单变量系统的设计问题。1948 年,W. R. 伊万斯提出了控制系统分析和设计的根轨迹法。经典控制理论中常用的线性系统分析方法有时域分析法、根轨迹分析法和频域分析法三种。

1. 时域分析法

时域分析法是对响应的时间函数进行分析,具有直观简洁、结果精确的特点。然而,时域分析需要求解微分方程,分析高阶系统是困难的,尤其是寄希望于通过改变数学模型来获得好的响应性能时,需要反复求解微分方程,不用计算机无法求解。随着计算机软、硬件技术的发展,在计算机上应用诸如 MATLAB 软件下的 SIMULINK 时域仿真技术,或者应用 MATLAB 语言中求解时域响应的函数命令,使得时域分析容易、快捷、准确。时域分析方法是一种直接在时间域中进行分析的方法,具有直观、准确的优点,可以提供系统时间响应的全部信息,在描述系统性能数学模型的阶次较低的情况下是一种首选的方法。时域分析法需要就系统的稳定性、稳态及瞬态响应和衡量这些性能的时域指标进行分析。

2. 根轨迹分析法

控制系统的闭环暂态响应特性,取决于系统的闭环极点。系统的闭环极点在 s 平面上的分布不同,所表现出的暂态特性也不同。因此,在分析、设计控制系统时,确定闭环极点在 s 平面的位置十分重要。系统闭环极点可以由解析方法得出,这对高阶系统来说并非易事,特别是在分析研究系统中某参数变化对闭环系统瞬态响应的影响时,需多次求解闭环极点,既费时繁琐又易出错。1948 年,伊万思提出了一种在复平面上由系统的开环零、极点来确定闭环系统零、极点的图解方法,称为根轨迹法。利用这种方法可以有效地确定当闭环系统中某参数值连续变化时,闭环极点在 s 平面上的变化轨迹,进而得到系统的闭环瞬态响应性能;还可以通过合理调节可变参数值或开环零、极点的位置与个数,使闭环极点改变其变化轨迹,以达到改善系统闭环性能的目的。因此,在实际工程中常利用根轨迹方法分析、设计系统。

根轨迹是指开环系统某一参数从 0 变化到无穷时,闭环系统特征方程的根在 s 平面上变化的轨迹。根轨迹是系统所有闭环极点的集合。

为建立根轨迹的基本概念,考察图 1.12 所示的二阶系统。

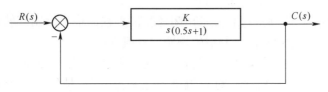

图 1.12　二阶系统结构

例 1.1　二阶系统结构如图 1.12 所示,其开环传递函数为

$$G_K(s) = \frac{K}{s(0.5s+1)} = \frac{2K}{s(s+2)}$$

试分析开环放大系数 K 对系统闭环极点的影响。

解:系统有两个开环极点 $p_1 = 0$, $p_2 = -2$;无开环零点。

系统闭环传递函数为

$$G_B(s) = \frac{C(s)}{R(s)} = \frac{2K}{s^2 + 2s + 2K}$$

系统闭环特征方程为

$$D(s) = s^2 + 2s + 2K$$

求得闭环特征方程的根为

$$s_{1,2} = -1 \pm \sqrt{1 - 2K}$$

由此可知,闭环特征根 s_1、s_2 在 s 平面上的位置将随系统开环放大系数 K 的变化而变化,对其在阶跃响应下的变化过程分析如下:

(1) $K = 0$ 时,$s_1 = 0$, $s_2 = -2$,解为两实根,闭环暂态响应为单调形式。

(2) $K = 0.5$ 时,$s_1 = -1$, $s_2 = -1$,解为两重实根,闭环暂态响应仍为单调形式。

(3) $K = 1$ 时,$s_1 = -1+j$, $s_2 = -1-j$,解为一对共轭复根,闭环暂态响应成为衰减振荡形式。

(4) 随着 K 值继续增大,解仍为一对共轭复根,但闭环特征根 s_1、s_2 实部不变,虚部值逐渐增大,相应的闭环瞬态响应仍呈现为衰减振荡形式,但振荡愈加剧烈。

通过上述分析可知,当开环放大系数 K 变化时,在 s 平面上将闭环极点 s_1, s_2 相应变化的运动轨迹连接起来,所得到的曲线即称为根轨迹,如图 1.13 所示。显然 s_1、s_2 所处的位置不同,相应的闭环暂态响应特性也不相同,如图 1.14 所示。因此,通过绘制和观察闭环特征根随

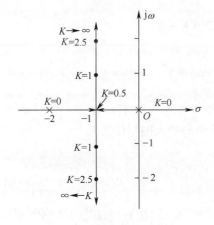

图 1.13　二阶系统的根轨迹

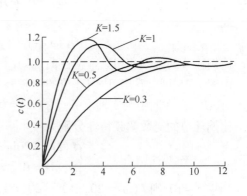

图 1.14　二阶系统的闭环暂态响应特性

K 的变化轨迹,可分析闭环系统暂态响应性能。

对于复杂的高阶系统,上述通过直接求出闭环特征方程的根来绘制其轨迹的方法显然是难以实现的。后面寻求利用图解法绘制根轨迹图的一般方法。

由于涉及开环与闭环系统的关系,所以将涉及闭环零、极点与开环零和极点之间的关系。根轨迹对系统的特性有着重要影响,对根轨迹的绘制与分析,是建立一个适当系统的重要工作。

3. 频域分析法

在正弦输入信号的作用下,系统输出的稳态分量称为频率响应。应用频率特性作为数学模型来分析和设计系统的方法称为频域分析法。频域分析法有以下四个特点:

(1) 频域分析法是一种图解分析方法,可以根据系统的开环频率特性判断闭环系统的性能,并能较方便地分析系统中的参量对系统暂态响应的影响,从而进一步提出改善系统性能的途径。

(2) 频率特性具有明确的物理意义。对于一阶系统和二阶系统,频域性能指标和时域性能指标有确定的对应关系;对于高阶系统,可建立近似的对应关系。因此,频率特性虽然是一种稳态特性,但它不仅能够反映系统的稳态性能,而且可以用来研究系统的暂态性能。

(3) 许多系统和元件的频率特性都可以用实验的方法测定,这对于难以采用解析方法的系统和元件具有特别重要的意义。

(4) 频率特性主要适用于线性定常系统。在线性定常系统中频率特性与输入正弦信号的幅值和相位无关,这种方法也可以有条件地推广应用到某些非线性系统中。

频域分析和设计方法已经发展成为一种实用的工程方法,应用十分广泛。它涉及频率特性的基本概念、频率特性曲线的绘制方法、典型环节和系统的频率特性、奈奎斯特稳定判据、系统的相对稳定性及频域特性分析,以及利用频率特性对系统进行校正的方法。

下面介绍典型的比例环节的频率特性。比例环节的传递函数为

$$G(s) = \frac{C(s)}{R(s)} + K$$

其特点是输出能够无滞后、无失真地复现输入信号。

用 $j\omega$ 替换 s,即得到比例环节的频率特性:

$$G(j\omega) = K \tag{1.18}$$

在直角坐标中表示为

$$G(j\omega) = P(\omega) + jQ(\omega) = K + j0$$

或

$$G(j\omega) = \mid G(j\omega) \mid e^{j\phi(\omega)} = K e^{j0}$$

比例环节的幅频和相频率特性曲线如图 1.15 所示。

由图 1.15 可以看出,比例环节的幅频特性和相频特性均与频率 ω 无关。所以 ω 由 0 变到 ∞ 时,$G(j\omega)$ 在图中为实轴上一点 $\varphi(\omega) = 0$,表示输出与输入同相位。

比例环节的对数幅频特性分别为

$$\begin{cases} L(\omega) = 20\lg \mid G(j\omega) \mid = 20\lg K \\ \varphi(\omega) = 0 \end{cases} \tag{1.19}$$

如果 $K = 10$,则 $L(\omega) = 20\lg 10 = 20(dB)$;如果 $K = 100$,则 $L(\omega) = 20\lg 100 = 40(dB)$。这在对数频率特性上表现为平行于横轴的一条直线。比例环节的相频特性 $\phi(\omega) = 0°$,即相当于

相频特性图的横轴,如图 1.16 所示。

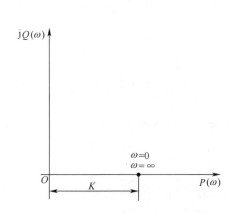

图 1.15　比例环节的幅频和相频率特性

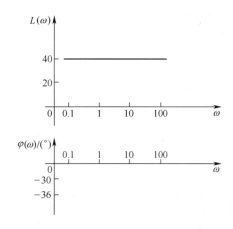

图 1.16　比例环节的对数频率特性

1.5.2　现代控制理论

现代控制理论的研究方法是状态空间法,其分析与设计方法及整个理论体系都是建立在状态空间法的基础上。

1. 状态空间法概述

1) 状态空间法的提出

在经典控制理论中,常采用传递函数作为系统的数学模型,传递函数表达的是系统单输入与单输出之间的关系,它消除了中间变量,未提供系统的内部状态的必要信息,描述的只是系统的端部特性。但是具有相同端部特性的系统,其结构特性并非总是一样的,只知端部特性也不能充分了解系统的状况。因此,用传递函数作为系统的描述有时是不完整的,对掌握系统的全体性质往往也是不够的。

现代控制理论研究高阶的复杂的多输入-多输出系统,如图 1.17 所示,将多输入 $x_1, x_2, \cdots$ 与多输出 $y_1, y_2, \cdots$ 之间的信号传递关系分成动态部分与测量部分两个部分。动态部分揭示了系统的内部状态 $x_1, x_2, \cdots$ 的变化;而测量部分则给出了系统状态 $x_1, x_2, \cdots$ 与输出 $y_1, y_2, \cdots$ 之间信号静态传递关系。可以将系统的微分方程归结为一阶线性微分方程组,这种方程及其解的形式简单、直观,便于采用矩阵方法及计算机进行分析、设计,也便于进行实时控制。这就是状态空间法的基本思想。

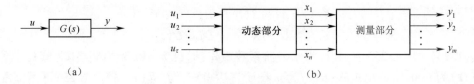

图 1.17　传递函数法与状态空间法的比较
(a)传递函数法;(b)状态空间法。

2) 状态空间法相关术语

(1) 状态:系统的过去、现在和将来的状况。当系统的所有外部输入已知时,为确定系统

17

未来运动所必要与充分的信息的集合称为系统的状态。系统的状态与时间起始点有关,因此也就是指能够完全(反映系统的全部状况)描述系统的一个最少(确定系统的状况无多余信息)变量组。

(2)状态变量:完全描述系统行为的最少变量组中的每一个变量。

(3)状态矢量:以系统的一组状态变量为分量所构成的矢量。

(4)状态空间:把 n 个状态变量分别作为 n 维空间的坐标轴,则此空间称为 n 维状态空间。系统的任一状态可以用状态空间的一个点来表示。

(5)控制系统的三种类型变量:如图 1.18 所示,输入变量是给系统的行为予以不同的影响;输出变量与控制系统的要求直接有关;状态变量反映了系统内部的时域特性且和输入、输出变量相关联。

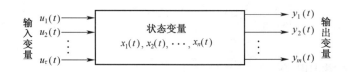

图 1.18　控制系统的三类变量

2. 系统的状态空间表达式

1）状态方程和输出方程

输入与状态之间的状态空间表达式称为状态方程。因系统 t 时刻状态由 $t=t_0$ 时刻的初始状态矢量 $\boldsymbol{X}(t_0)$ 和 $t_0 \sim t$ 加在系统上的输入矢量 $\boldsymbol{U}(t_0,t)$ 唯一确定,则系统的状态方程为

$$\boldsymbol{X}(t) = F\{\boldsymbol{X}(t_0),\boldsymbol{U}(t_0,t)\} \tag{1.20}$$

$$\boldsymbol{X}(t_0) = [x_1(t_0),x_2(t_0),\cdots,x_n(t_0)]^{\mathrm{T}}$$

$$\boldsymbol{U}(t_0,t) = [u_1(t_0,t),u_2(t_0,t),\cdots,u_n(t_0,t)]^{\mathrm{T}}$$

状态与输出之间的状态空间表达式称为输出方程。同理,可以写出输出方程:

$$\boldsymbol{Y}(t) = G\{\boldsymbol{X}(t_0),\boldsymbol{U}(t_0,t)\} \tag{1.21}$$

控制系统的状态变量在暂态过程中一般是随时间变化的,因此描述系统状态的是微分方程:

$$\dot{\boldsymbol{X}}(t) = F[\boldsymbol{X}(t),\boldsymbol{U}(t)] \tag{1.22}$$

$$\boldsymbol{Y}(t) = G[\boldsymbol{X}(t),\boldsymbol{U}(t)] \tag{1.23}$$

线性时变系统的线性变系数矩阵微分方程:

$$\dot{\boldsymbol{X}}(t) = \boldsymbol{A}(t)\boldsymbol{X}(t) + \boldsymbol{B}(t)\boldsymbol{U}(t) \tag{1.24}$$

$$\boldsymbol{Y}(t) = \boldsymbol{C}(t)\boldsymbol{X}(t) + \boldsymbol{D}(t)\boldsymbol{U}(t) \tag{1.25}$$

式(1.24)、式(1.25)中:$A(t)$ 为 $n×n$ 阶系数矩阵;$B(t)$ 为 $n×r$ 阶控制矩阵,$B(t)$ 也称输入矩阵;$C(t)$ 为 $m×n$ 阶输出矩阵;$D(t)$ 为 $m×r$ 阶直达矩阵。方程(1.24)、(1.25)可用框图 1.19 表示。

当所讨论线性系统的特性不随时间变化时,则此线性定常系统的状态方程和输出方程将变成常系数矩阵微分方程和矩阵代数方程,即

$$\dot{\boldsymbol{X}}(t) = \boldsymbol{A}\boldsymbol{X}(t) + \boldsymbol{B}\boldsymbol{U}(t) \tag{1.26}$$

$$Y(t) = CX(t) + DU(t) \tag{1.27}$$

式中:A、B、C、D 分别为 $n \times n$、$n \times r$、$m \times n$、$m \times r$ 阶常数矩阵。

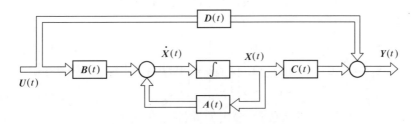

图 1.19　微分方程与系数矩阵

例 1.2　求如图 1.20 所示具有被动悬架的单自由度汽车的状态方程。

解:根据牛顿定律建立车体运动微分方程:

$$m\ddot{x} = -K(x - x_0) - C(\dot{x} - \dot{x}_0)$$

$$\ddot{x} = \frac{K}{m}(x_0 - x) + \frac{C}{m}(\dot{x}_0 - \dot{x}) \tag{1.27a}$$

选择车体的绝对速度和相对位移为状态变量。

令

$$x_1 = x_0 - x, \quad x_2 = \dot{x}, \quad \dot{x}_0 = v_0, \quad \dot{x}_1 = \dot{x}_0 - \dot{x} = -x_2 + v_0 \tag{1.28}$$

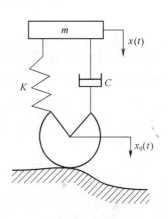

图 1.20　被动悬架模型

式(1.27a)可以写为

$$\dot{x}_2 = \frac{K}{m}x_1 + \frac{C}{m}\dot{x}_0 - \frac{C}{m}x_2 \tag{1.28a}$$

则由式(1.28)、式(1.28a)可得

$$\begin{bmatrix} \dot{x}_1 \\ \dot{x}_2 \end{bmatrix} = \begin{bmatrix} 0 & -1 \\ \dfrac{K}{m} & -\dfrac{C}{m} \end{bmatrix} \begin{bmatrix} x_1 \\ x_2 \end{bmatrix} + \begin{bmatrix} 1 \\ \dfrac{C}{m} \end{bmatrix} v_0 \tag{1.29}$$

矩阵形式的状态方程为

$$\dot{X} = AX + Bu \tag{1.30}$$

以车身速度为输出变量,则

$$y = \dot{x} = x_2$$

矩阵形式的输出方程为

$$Y = [0 \quad 1] X = CX \tag{1.31}$$

2)状态空间表达式的建立

(1)微分方程式作用函数不含导数。

① 单输入-单输出系统。系统微分方程的一般形式为

$$\begin{cases} \dot{X} = AX + Bu \\ Y = CX \end{cases} \tag{1.32}$$

式中:A 为 $n \times n$ 阶矩阵;B 为 $n \times 1$ 阶矩阵;C 为 $1 \times n$ 阶矩阵。

19

例 1.3 设系统的微分方程为 $\dddot{y} + 6\ddot{y} + 41\dot{y} + 7y = 6u$，求系统的状态方程和输出方程。

解：系统的输出、输入变量为 y、u。选 y 及其 1、2 阶导数为状态变量，即

$$x_1(t) = y(t), \quad x_2(t) = \dot{y}(t), \quad x_3(t) = \ddot{y}(t)$$

则状态方程和输出方程为

$$\begin{bmatrix} \dot{x}_1 \\ \dot{x}_2 \\ \dot{x}_3 \end{bmatrix} = \begin{bmatrix} 0 & 1 & 0 \\ 0 & 0 & 1 \\ -7 & -41 & -6 \end{bmatrix} \begin{bmatrix} x_1 \\ x_2 \\ x_3 \end{bmatrix} + \begin{bmatrix} 0 \\ 0 \\ 6 \end{bmatrix} u, y = \begin{bmatrix} 1 & 0 & 0 \end{bmatrix} \begin{bmatrix} x_1 \\ x_2 \\ x_3 \end{bmatrix}$$

② 多输入-多输出系统。输入矢量、输出矢量、状态矢量为

$$U = \begin{bmatrix} u_1 & u_2 & \cdots & u_r \end{bmatrix}^{\mathrm{T}}, Y = \begin{bmatrix} y_1 & y_2 & \cdots & y_m \end{bmatrix}^{\mathrm{T}}, X = \begin{bmatrix} x_1 & x_2 & \cdots & x_n \end{bmatrix}^{\mathrm{T}}$$

系统的微分方程为

$$\begin{cases} \dot{X} = AX + BU \\ Y = CX + DU \end{cases} \tag{1.33}$$

式中：A 为 $n \times n$ 阶矩阵，B 为 $n \times r$ 阶矩阵；C 为 $m \times n$ 阶矩阵；D 为 $m \times r$ 阶矩阵。

例 1.4 如图 1.21 所示，输入为 F_0、v_0，输出为质量块的位移、速度、加速度，试求状态空间表达式。

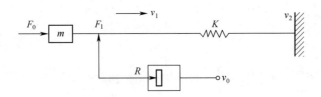

图 1.21　机械位移系统模型

解：微分方程为

$$m\ddot{x}_1 = F_0 - F_1$$

$$F_1 = Kx_1 + R(v_1 - v_0)$$

设系统的状态变量 x_1 为质量块的位移，$x_2 = \dot{x}_1$ 为质量块的速度。

系统的输入变量为

$$u_1 = F_0, u_2 = v_0$$

输出变量为

$$y_1 = x_1, \quad y_2 = x_2, \quad y_3 = \dot{x}_2$$

则状态空间表达式的各项为

$$X = \begin{bmatrix} x_1 \\ x_2 \end{bmatrix}, y = \begin{bmatrix} y_1 \\ y_2 \\ y_3 \end{bmatrix}, U = \begin{bmatrix} u_1 \\ u_2 \end{bmatrix}, A = \begin{bmatrix} 0 & 1 \\ -\dfrac{K}{m} & -\dfrac{R}{m} \end{bmatrix}$$

$$B = \begin{bmatrix} 0 & 0 \\ \dfrac{1}{m} & \dfrac{R}{m} \end{bmatrix}, C = \begin{bmatrix} 1 & 0 \\ 0 & 1 \\ -\dfrac{K}{m} & -\dfrac{R}{m} \end{bmatrix}, D = \begin{bmatrix} 0 & 0 \\ 0 & 0 \\ \dfrac{1}{m} & \dfrac{R}{m} \end{bmatrix}$$

（2）微分方程式作用函数含导数项。

这种情况下微分方程形式为

$$y^{(n)} + a_{n-1}y^{(n-1)} + a_{n-2}y^{(n-2)} + \cdots + a_1\dot{y} + a_0y =$$
$$b_nu^{(n)} + b_{n-1}u^{(n-1)} + \cdots + b_1\dot{u} + b_0u \qquad (1.34)$$

状态空间表达式为

$$\begin{cases} \dot{X} = AX + Bu \\ Y = CX + Du \end{cases} \qquad (1.35)$$

式中

$$X = \begin{bmatrix} x_1 \\ x_2 \\ \vdots \\ x_{n-1} \\ x_n \end{bmatrix}, \quad A = \begin{bmatrix} 0 & 1 & 0 & \cdots & 0 \\ 0 & 0 & 1 & \cdots & 0 \\ \vdots & \vdots & \vdots & & \vdots \\ 0 & 0 & 0 & \cdots & 1 \\ -a_0 & -a_1 & -a_2 & \cdots & -a_{n-1} \end{bmatrix}$$

$$B = \begin{bmatrix} \beta_1 \\ \beta_2 \\ \vdots \\ \beta_{n-1} \\ \beta_n \end{bmatrix}, \quad C = \begin{bmatrix} 1 & 0 & 0 & \cdots & 0 \end{bmatrix}, \quad D = \beta_0 = b_n,$$

式中

$$\begin{cases} \beta_0 = b_n \\ \beta_1 = b_{n-1} - a_{n-1}\beta_0 \\ \beta_2 = b_{n-2} - a_{n-1}\beta_1 - a_{n-2}\beta_0 \\ \beta_3 = b_{n-3} - a_{n-1}\beta_2 - a_{n-2}\beta_1 - a_{n-3}\beta_0 \\ \vdots \\ \beta_n = b_0 - a_{n-1}\beta_{n-1} - \cdots a_1\beta_1 - a_0\beta_0 \end{cases}$$

例 1.5 系统的微分方程为

$$\dddot{y} + 2\ddot{y} + 3\dot{y} + 4y = 2\dot{u} + 6u$$

试求状态方程和输出方程。

解： 通过对比得

$$n = 3, a_0 = 4, a_1 = 3, a_2 = 2, b_0 = 6, b_1 = 2, b_2 = b_3 = 0$$

计算得

$$\beta_0 = 0, \beta_1 = 0, \beta_2 = 2, \beta_3 = 2$$

系统的状态方程和输出方程为

$$\begin{bmatrix} \dot{x}_1 \\ \dot{x}_2 \\ \dot{x}_3 \end{bmatrix} = \begin{bmatrix} 0 & 1 & 0 \\ 0 & 0 & 1 \\ -4 & -3 & -2 \end{bmatrix} \begin{bmatrix} x_1 \\ x_2 \\ x_3 \end{bmatrix} + \begin{bmatrix} 0 \\ 2 \\ 2 \end{bmatrix} u$$

$$y = \begin{bmatrix} 1 & 0 & 0 \end{bmatrix} \begin{bmatrix} x_1 \\ x_2 \\ x_3 \end{bmatrix}$$

（3）由系统的传递函数写出状态空间表达式。

系统的传递函数为

$$\frac{Y(s)}{U(s)} = \frac{b_n s^n + b_{n-1} s^{n-1} + \cdots + b_1 s + b_0}{s^n + a_{n-1} s^{n-1} + \cdots + a_1 s + a_0} \tag{1.36}$$

对式（1.36）做进一步变换，可得

$$\frac{Y(s)}{U(s)} = \frac{b'_{n-1} s^{n-1} + b'_{n-2} s^{n-2} + \cdots + b'_1 s + b'_0}{s^n + a_{n-1} s^{n-1} + \cdots + a_1 s + a_0} + b_n = \frac{Z(s)}{U(s)} + b_n \tag{1.37}$$

式中

$$b'_{n-1} = b_{n-1} - b_n a_{n-1}, b'_{n-2} = b_{n-2} - b_n a_{n-2}, \cdots, b'_1 = b_1 - b_n a_1, b'_0 = b_0 - b_n a_0$$

进行反变换，选取状态变量，可得

$$\begin{cases} \dot{X} = AX + Bu \\ Y = CX + Du \end{cases} \tag{1.38}$$

$$X = \begin{bmatrix} x_1 \\ x_2 \\ \vdots \\ x_{n-1} \\ x_n \end{bmatrix}, \quad A = \begin{bmatrix} 0 & 1 & 0 & \cdots & 0 \\ 0 & 0 & 1 & \cdots & 0 \\ \vdots & \vdots & \vdots & & \vdots \\ 0 & 0 & 0 & \cdots & 1 \\ -a_0 & -a_1 & -a_2 & \cdots & -a_{n-1} \end{bmatrix}$$

$$B = \begin{bmatrix} 0 \\ 0 \\ 0 \\ \vdots \\ 1 \end{bmatrix}, \quad C = \begin{bmatrix} b'_0 & b'_1 & b'_2 & \cdots & b'_{n-1} \end{bmatrix}, \quad D = b_n$$

$$Y(s) = Z(s) + b_n U(s) \tag{1.39}$$

式（1.37）分数部分的分母和分子分别表示为

$$\frac{X_1(s)}{U(s)} = \frac{1}{s^n + a_{n-1} s^{n-1} + \cdots + a_1 s + a_0}$$

$$\frac{Z(s)}{X_1(s)} = b'_{n-1} s^{n-1} + b'_{n-2} s^{n-2} + \cdots + b'_1 s + b'_0$$

进行拉普拉斯反变换，可得

$$\begin{aligned} x_1^{(n)} + a_{n-1} x_1^{(n-1)} + \cdots + a_1 \dot{x}_1 + a_0 x_1 = u \\ z = b'_{n-1} x_1^{(n-1)} + b'_{n-2} x_1^{(n-2)} + \cdots + b'_1 \dot{x}_1 + b'_0 x_1 \end{aligned} \tag{1.40}$$

选择 n 个变量为状态变量：

$$x_1 = x_1, x_2 = \dot{x}_1, x_3 = \dot{x}_2 = \ddot{x}_1, \cdots, x_n = \dot{x}_{n-1} = x_1^{(n-1)}$$

利用式（1.40）得到系统的状态方程：

$$\begin{cases} \dot{x}_1 = x_2 \\ \dot{x}_2 = x_3 \\ \vdots \\ \dot{x}_{n-1} = x_n \\ \dot{x}_n = x_1^{(n)} = -a_0 x_1 - a_1 x_2 - \cdots - a_{n-1} x_n + u \end{cases}$$

利用式(1.39)得到系统的输出方程:

$$y = z + b_n u = b'_{n-1} x_1^{(n-1)} + b'_{n-2} x_1^{(n-2)} + \cdots + b'_1 \dot{x}_1 + b'_0 x_1 + b_n u$$

例 1.6 已知传递函数

$$\frac{Y(s)}{U(s)} = \frac{2s + 6}{s^3 + 2s^2 + 3s + 4}$$

试求状态方程和输出方程。

解: 通过比较可得

$$n = 3, a_0 = 4, a_1 = 3, a_2 = 2, b_2 = b_3 = 0$$
$$b'_1 = b_1 = 2, b'_0 = b_0 = 6$$

状态方程和输出方程为

$$\begin{bmatrix} \dot{x}_1 \\ \dot{x}_2 \\ \dot{x}_3 \end{bmatrix} = \begin{bmatrix} 0 & 1 & 0 \\ 0 & 0 & 1 \\ -4 & -3 & -2 \end{bmatrix} \begin{bmatrix} x_1 \\ x_2 \\ x_3 \end{bmatrix} + \begin{bmatrix} 0 \\ 0 \\ 1 \end{bmatrix} u$$

$$y = \begin{bmatrix} 6 & 2 & 0 \end{bmatrix} \begin{bmatrix} x_1 \\ x_2 \\ x_3 \end{bmatrix}$$

3. 状态方程的解简介

在建立了控制系统的状态空间表达式后,更重要的问题是确立系统在时间域中的解,以进一步计算出评价控制系统的性能指标。由微分方程理论可知,一个线性非齐次微分方程的解是它对应的齐次方程的通解和非齐次方程的特解之和。

1) 连续型线性定常系统齐次方程的解

对连续系统的定常齐次方程

$$\dot{X}(t) = AX(t)$$
$$t_0 = 0, X(t_0) = X_0$$

求通解。

(1) 用级数法求解:设

$$X(t) = b_0 + b_1 t + b_2 t^2 + \cdots + b_k t^k + \cdots$$

可得

$$X(t) = (I + At + \frac{1}{2!} A^2 t^2 + \frac{1}{3!} A^3 t^3 + \cdots + \frac{1}{k!} A^k t^k + \cdots) X_0 = e^{At} X_0 \qquad (1.41)$$

(2) 拉普拉斯变换法求解:考虑初始条件,可得

$$X(t) = L^{-1} \big[(sI - A)^{-1} \big] X(0) \qquad (1.42)$$

（3）转移矩阵：

$$X(t) = \boldsymbol{\Phi}(t)X(0) \tag{1.43}$$

矩阵指数函数的性质、计算方法以及转移矩阵性质可参见有关书籍。

2）连续型线性定常系统非齐次方程的解

线性定常系统非齐次方程一般表达式为

$$\dot{X}(t) = AX(t) + BU(t)$$

用拉普拉斯变换法求解，可得

$$X(t) = e^{A(t-t_0)}X(t_0) + \int_{t_0}^{t} e^{A(t-\tau)}BU(\tau)\,d\tau \tag{1.44}$$

连续型系统的离散化问题略。

3）线性时变系统状态方程的解

用状态空间法分析控制系统的优越性之一在于它能推广到线性时变系统，也分为线性时变系统齐次方程的解和线性时变系统非齐次方程的解。

4. 传递函数矩阵与系统交联的解耦

1）由状态空间表达式确定单输入-单输出系统的传递函数

状态方程和输出方程为

$$\dot{X} = AX + Bu$$
$$y = CX + Du$$

输出 y 与输入 u 在零初始条件下的拉普拉斯变换之比就是传递函数：

$$Y(s) = [C(sI - A)^{-1}B + D]U(s) \tag{1.45}$$

传递函数为

$$G(s) = C(sI - A)^{-1}B + D$$

2）多输入-多输出系统的传递函数矩阵

状态方程和输出方程为

$$\dot{X} = AX + BU$$
$$Y = CX + DU$$

通过与单输入-单输出系统相类似的推导，可得到多输入-多输出系统的传递函数矩阵为

$$G(s) = C(sI - A)^{-1}B + D$$

3）闭环系统的传递函数矩阵

对图 1.22 所示的闭环系统，其传递函数矩阵为

$$G(s) = [I + G_0(s)H(s)]^{-1}G_0(s) \tag{1.46}$$

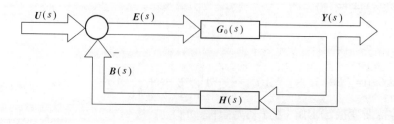

图 1.22 闭环系统框图

4）多输入-多输出系统的解耦问题

（1）问题的提出。许多工程中的实际系统往往是存在交联耦合影响的多输入-多输出系统。人们常希望一个输入的变化只对一个输出有影响，这样便可方便地通过施加输入控制作用将对应的输出控制在所希望的数值上，这就需要消除系统的交联耦合。

图1.23示出了对蒸汽锅炉进行控制的原理框图。作为控制对象的锅炉有三个输入（燃料消耗 r_1、给水消耗 r_2 及蒸汽消耗 r_3）和三个输出（汽鼓压力 y_1、水位 y_2 及蒸汽消耗 y_3），如图中的虚线所示，r_1 对 y_1、y_2 有影响，r_2 对 y_1、y_2 也有影响，r_3 只对 y_3 有影响。这里希望能消除系统的交联耦合。这个问题可以通过在对象前面增设补偿器来解决。最后达到控制 u_1 调节 y_1、控制 u_2 调节 y_2 的目的，而 $u_3 = r_3 = y_3$ 无须进行补偿与解耦。图1.24为加补偿器的闭环系统。

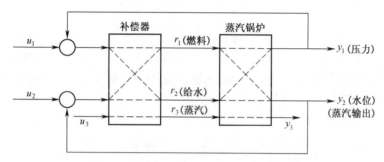

图1.23　对蒸汽锅炉进行控制的原理框图

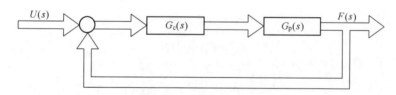

图1.24　加补偿器的闭环系统

（2）消除交联的条件。对象的传递函数矩阵 $\boldsymbol{G}_p(s)$ 为 $n \times n$ 阶矩阵，补偿器的传递函数矩阵为 $\boldsymbol{G}_c(s)$ 也为 $n \times n$ 阶矩阵，将它们构成如图1.24所示闭环控制系统。该系统消除交联的条件就是闭环传递函数矩阵 $\boldsymbol{G}(s)$ 为对角矩阵，即

$$\begin{bmatrix} Y_1(s) \\ Y_2(s) \\ \vdots \\ Y_n(s) \end{bmatrix} = \begin{bmatrix} G_{11}(s) & & & 0 \\ & G_{22}(s) & & \\ & & \ddots & \\ 0 & & & G_{nn}(s) \end{bmatrix} \begin{bmatrix} U_1(s) \\ U_2(s) \\ \vdots \\ U_n(s) \end{bmatrix} \tag{1.47}$$

根据图1.24和式（1.46）可得解耦条件下补偿器的传递矩阵：

$$\boldsymbol{G}_c(s) = \boldsymbol{G}_p^{-1}(s)\boldsymbol{G}_o(s) \tag{1.48}$$

5. 线性系统的可控性与可观测性概要

当采用状态空间法对控制系统进行设计时，首先要遇到系统的可控性与可观测性问题。

1）概述

（1）为了实现最优控制必须使系统具有可控性和可观测性。系统设计就是要设计出满足给定性能指标的系统。经典控制理论的设计方法为试探法，而现代控制理论是能以某个性能指标为目标设计一个最优控制器，使系统成为最优控制系统。为了设计最优控制器，首先判断

通过系统的输入能否控制全部状态的变化,其次为了实现最优控制就需要获得系统状态的全部信息,这就需要判断通过观测系统的输出能否确定系统的状态。

(2)经典控制理论中没有提出可控性与可观测性问题。采用传递函数法时只研究输入 $u(t)$ 与输出 $y(t)$ 之间的关系。状态度量是位置 y,观测的输出也是位置 y,输入 u 所控制的变量也是位置 y。系统内部的其他状态都被掩盖了。而 y 往往既是可控的也是可观测的。因此,在经典控制理论中并未提出可控性与可观测性的问题。图 1.25 位置系统的微分方程和传递函数为

$$\ddot{y} + 2\xi\omega_\mathrm{n}\dot{y} + \omega_\mathrm{n}^2 y = ku(t) \tag{1.49}$$

$$G(s) = \frac{Y(s)}{U(s)} = \frac{k}{s^2 + 2\xi\omega_\mathrm{n}s + \omega_\mathrm{n}^2} \tag{1.50}$$

(3)状态空间法提出了可控性与可观测性的问题。1960 年,卡尔曼在研究状态空间法时发现了可控性与可观测性问题。图 1.25 系统的表达为状态空间表达式形式:

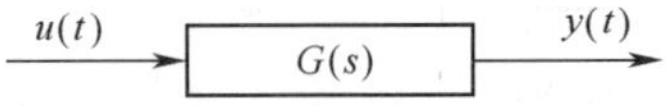

图 1.25　系统框图

$$\begin{cases} \dot{X} = AX + BU \\ Y = CX + DU \end{cases} \tag{1.51}$$

$$A = \begin{bmatrix} 0 & 1 \\ -\omega_\mathrm{n}^2 & -2\xi\omega_\mathrm{n} \end{bmatrix}, B = \begin{bmatrix} 0 \\ 1 \end{bmatrix}, C = \begin{bmatrix} 0 & 1 \end{bmatrix}, D = 0, U = u$$

对比式(1.50)和式(1.51),并将其推广至有 r 个输入和 m 个输出的 n 阶系统的一般情况可以看出,采用传递函数法看不到系统的 n 个状态 $x_1, x_2, \cdots, x_n$ 与 r 个输入 $u_1, u_2, \cdots, u_r$ 的关系;而对于状态空间法,由于采用了输入—状态—输出的这种信号分段传送的表示方法,这就揭示了系统的状态变化。

状态方程描述了输入作用引起状态变化的情况,这就提出了一个问题:输入对系统的状态是否都能控制? 如果系统能够在输入作用下从一种状态达到另一种状态,系统就是可控的;否则就是不可控的。输出方程描述了状态变化引起输出变化的情况,这又提出了一个问题:系统的全部状态能否通过输出反映出来? 如果系统的状态可以根据输出的观测值确定出来,系统就是可观测的;否则就是不可观测的。这就明确地提出了系统的可控性与可观测性问题。

2)可控性

(1)定义:如果在有限实际区间 $t_0 < t \leqslant t_\mathrm{f}$,存在一个任意取值的控制 $u(t)$,能使系统从初始状态 $X(t_0)$ 转移到任何另一状态,则称此系统在 t_0 时刻的状态 $X(t_0)$ 为可控的。如果在有限时间内,对任何 t_0 下的状态都可控,则称此系统是状态完全可控的。

(2)线性定常系统可控性判别的第一种方法:

① 连续型系统。应用矩阵指数函数、可控性矩阵判别。可控性矩阵 $\boldsymbol{Q}_\mathrm{c}$ 为满秩,则系统完全可控。(略)

② 离散型系统。应用可控性矩阵判别。可控性矩阵 $\boldsymbol{Q}_c$ 为满秩,则系统完全可控。(略)

(3)线性定常系统可控性判别的第二种方法:可控性矩阵 $\boldsymbol{Q}_c$ 不为满秩时使用。

设 n 阶线性定常系统,状态方程为

$$\dot{\boldsymbol{X}}(t) = \boldsymbol{AX}(t) + \boldsymbol{BU}(t)$$

式中:$\boldsymbol{A}$ 为 $n \times n$ 阶矩阵;$\boldsymbol{B}$ 为 $n \times r$ 阶矩阵;$\boldsymbol{X}(t)$ 为 $n \times 1$ 阶矩阵;$\boldsymbol{U}(t)$ 为 $r \times 1$ 阶矩阵。

① 系统矩阵 $\boldsymbol{A}$ 的特征值互不相同。$\boldsymbol{A}$ 的特征值为 $\lambda_1, \lambda_2, \cdots, \lambda_n$,则可通过非奇异变换矩阵 $\boldsymbol{P}$ 将 $\boldsymbol{A}$ 变为对角矩阵 $\boldsymbol{\Lambda}$,即

$$\boldsymbol{\Lambda} = \boldsymbol{P}^{-1}\boldsymbol{AP} = \begin{bmatrix} \lambda_1 & & & 0 \\ & \lambda_2 & & \\ & & \ddots & \\ 0 & & & \lambda_n \end{bmatrix} \tag{1.52}$$

式中:$\boldsymbol{P} = \begin{bmatrix} \boldsymbol{P}_1 & \boldsymbol{P}_2 & \cdots & \boldsymbol{P}_n \end{bmatrix}$ 为 $n \times n$ 阶矩阵,其中 $\boldsymbol{P}_1 \quad \boldsymbol{P}_2 \quad \cdots \quad \boldsymbol{P}_n$ 分别为与 $\boldsymbol{A}$ 的特征值 $\lambda_1, \lambda_2, \cdots, \lambda_n$ 对应的特征矢量。

令 $\boldsymbol{X} = \boldsymbol{PZ}$,代入状态方程并整理,可得

$$\dot{\boldsymbol{Z}} = \boldsymbol{\Lambda Z} + \boldsymbol{P}^{-1}\boldsymbol{BU} \tag{1.53}$$

如果矩阵 $\boldsymbol{P}^{-1}\boldsymbol{B}$ 不含整行元素为 0 的行,则系统是可控的;如果矩阵 $\boldsymbol{P}^{-1}\boldsymbol{B}$ 某行元素全部为 0,则与该行对应的状态变量不能得到输入矢量 $\boldsymbol{U}(t)$ 中任何分量的控制。

② 系统矩阵 $\boldsymbol{A}$ 含有重特征值。$\lambda_1(m_1 重), \lambda_2(m_2 重), \cdots, \lambda_k(m_k 重) \sum m_j = n$,则可通过非奇异变换矩阵 $\boldsymbol{Q}$ 将 $\boldsymbol{A}$ 变为约当标准型 $\boldsymbol{J}$,即

$$\boldsymbol{J} = \boldsymbol{Q}^{-1}\boldsymbol{AQ} = \begin{bmatrix} \boldsymbol{J}_1 & & & 0 \\ & \boldsymbol{J}_2 & & \\ & & \ddots & \\ 0 & & & \boldsymbol{J}_k \end{bmatrix} \tag{1.54}$$

式中:$\boldsymbol{J}_1, \boldsymbol{J}_2, \cdots, \boldsymbol{J}_k$ 分别为与 $\lambda_1, \lambda_2, \cdots, \lambda_k$ 相对应的约当小块。

如果矩阵 $\boldsymbol{Q}^{-1}\boldsymbol{B}$ 中与每个约当小块最后一行对应的各行不含整行元素为 0 的行,则系统的状态完全可控;如果矩阵 $\boldsymbol{Q}^{-1}\boldsymbol{B}$ 中与某个约当小块最后一行对应的行整行元素均为 0,则与该行对应的状态变量不可控。

(4)线性定常系统的输出可控性。系统可控性是针对系统状态而言的,然而,在分析与设计控制系统时,一般多以系统的输出而不是状态作为系统的控制量,故还必须研究系统的输出可控性。

设线性定常连续系统,其状态方程和输出方程分别为

$$\dot{\boldsymbol{X}}(t) = \boldsymbol{AX}(t) + \boldsymbol{BU}(t)$$
$$\boldsymbol{Y}(t) = \boldsymbol{CX}(t) + \boldsymbol{DU}(t)$$

式中:$\boldsymbol{A}$ 为 $n \times n$ 阶矩阵;$\boldsymbol{B}$ 为 $n \times r$ 阶矩阵;$\boldsymbol{C}$ 为 $m \times n$ 阶矩阵;$\boldsymbol{D}$ 为 $m \times r$ 阶矩阵;$\boldsymbol{X}(t)$ 为 $n \times 1$ 阶矩阵;$\boldsymbol{U}(t)$ 为 $r \times 1$ 阶矩阵。

如果存在一个幅度上无约束的分段连续的控制作用矢量 $\boldsymbol{U}(t)$,能在有限的时间间隔

(t_0, t_f) 内, 将任一初始输出 $Y(t_0)$ 转移到终了输出 $Y(t_f)$, 则称上述线性定常连续系统为 输出完全可控的。

判断输出完全可控的充要条件是: $m \times (n+1)r$ 阶输出可控矩阵的秩等于输出变量个数, 即

$$\text{Rank}\left[\boldsymbol{CB} \vdots \boldsymbol{CAB} \vdots \cdots \vdots \boldsymbol{CA}^{n-1}\boldsymbol{B} \vdots \boldsymbol{D} \right] = m$$

例 1.6 设线性定常连续系统状态方程和输出方程为

$$\dot{X} = \begin{bmatrix} -4 & 1 \\ 2 & -3 \end{bmatrix} X + \begin{bmatrix} 1 \\ 2 \end{bmatrix} u$$

$$Y = \begin{bmatrix} 1 & 0 \end{bmatrix} X$$

分析该系统的输出可控性与状态可控性。

解: 由状态方程和输出方程可知

$$A = \begin{bmatrix} -4 & 1 \\ 2 & -3 \end{bmatrix}, \quad B = \begin{bmatrix} 1 \\ 2 \end{bmatrix}, \quad C = \begin{bmatrix} 1 & 0 \end{bmatrix}, \quad D = 0, \quad n = 2, \quad r = 1, \quad m = 1$$

输出可控性矩阵的秩 $\text{Rank}\left[\boldsymbol{CB} \vdots \boldsymbol{CAB} \vdots \boldsymbol{D} \right] = \begin{bmatrix} 1 & -2 & 0 \end{bmatrix} = 1$, 它与输出变量数 $m = 1$ 相等, 所以系统输出完全可控。

状态可控矩阵的秩 $\text{Rank}\left[\boldsymbol{B} \vdots \boldsymbol{AB} \right] = \text{Rank} \begin{bmatrix} 1 & -2 \\ 2 & -4 \end{bmatrix} = 1 < n$, 它小于系统的阶数 $n = 2$, 所以系统状态不完全可控。

3) 可观测性

(1) 定义。如果系统在初始时刻 $t_0 = t$ 的状态 $X(t_0)$, 可在一个有限的时间间隔 $t_0 < t \le t_f$, 通过输出变量的观测值 $Y(t)$ 来确定, 则称系统在时刻 t_0 的状态 $X(t_0)$ 为可观测的。如果系统在所讨论的区间上均为可观测的, 则称系统为完全可观测。对于线性定常系统而言, 如果在某时刻 t_0 时的状态 $X(t_0)$ 可观测, 则系统一定完全可观测。

(2) 线性定常系统可观测性的判别方法:

① 连续型系统。线性定常连续系统的状态方程和输出方程分别为

$$\dot{X}(t) = AX(t) + BU(t)$$

$$Y(t) = CX(t) + DU(t)$$

式中: A 为 $n \times n$ 阶矩阵; B 为 $n \times r$ 阶矩阵; C 为 $m \times n$ 阶矩阵; D 为 $m \times r$ 阶矩阵; $X(t)$ 为 $n \times 1$ 阶矩阵; $U(t)$ 为 $r \times 1$ 阶矩阵; $Y(t)$ 为 $m \times 1$ 阶矩阵。

根据线性定常系统非齐次方程求解过程表达式, 得出系统在 t 时的状态:

$$X(t) = e^{At}X(0) + \int_0^t e^{A(t-\tau)}BU(\tau)\mathrm{d}\tau$$

代入输出方程, 可得

$$Y(t) = Ce^{At}X(0) + C\int_0^t e^{A(t-\tau)}BU(\tau)\mathrm{d}\tau + DU(t) \tag{1.55}$$

对于已知系统, A、B、C、D 及 $U(t)$ 已给定, 式(1.55)中第二项及第三项均已给定, 此研究系统的可观测性就只需要研究第一项。不失一般性, 假设

$$Y(t) = Ce^{At}X(0) \tag{1.56}$$

根据凯勒-哈密顿定理, 式(1.54)可表示为

$$Y(t) = \begin{bmatrix} \alpha_0(t) & \alpha_1(t) & \cdots & \alpha_{n-1}(t) \end{bmatrix} \begin{bmatrix} C \\ CA \\ \vdots \\ CA^{n-1} \end{bmatrix} X(0) \qquad (1.57)$$

式中:可观测性矩阵 $Q_0 = \begin{bmatrix} C \\ CA \\ \vdots \\ CA^{n-1} \end{bmatrix}$,其中,每一项均为 $m \times n$ 阶。

为了通过观测 $Y(t)$ 能够确定 $X(0)$,即系统的状态完全可观测的充要条件是 $mn \times n$ 阶可观测性矩阵 Q_0 为满秩矩阵,即 Q_0 的秩为 n。

例 1.7 图 1.26 示出了倒立摆平衡车(又称自动搜索平衡系统)的原理,它包括一个小车和一个倒置摆。给小车上施加外力 u,使质量块保持平衡在垂直位置上。这是火箭助推器稳定性的典型应用。它"平衡"于自己推力的矢量方向。将问题简化,使车与摆只在一个平面内运动。图中 z 为质量块的位置,θ 为摆与垂线的交角。选系统的状态变量为 $X = \begin{bmatrix} z & \dot{z} & \theta & \dot{\theta} \end{bmatrix}^{\mathrm{T}}$,系统的输入为 u,输出为 $y = z$。

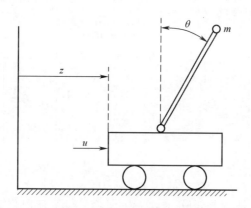

图 1.26　倒立摆平衡车原理

系统本来是不稳定的,如果不外加控制力,杆必然会倒下来。给出系统的状态方程、输出方程为

$$\dot{X} = \begin{bmatrix} 0 & 1 & 0 & 0 \\ 0 & 0 & -1 & 0 \\ 0 & 0 & 0 & 1 \\ 0 & 0 & 11 & 0 \end{bmatrix} X + \begin{bmatrix} 0 \\ 1 \\ 0 \\ -1 \end{bmatrix} u, \quad Y = \begin{bmatrix} 1 & 0 & 0 & 0 \end{bmatrix} X$$

试判断系统的可观测性。

解:

$$A = \begin{bmatrix} 0 & 1 & 0 & 0 \\ 0 & 0 & -1 & 0 \\ 0 & 0 & 0 & 1 \\ 0 & 0 & 11 & 0 \end{bmatrix}, \quad C = \begin{bmatrix} 1 & 0 & 0 & 0 \end{bmatrix}$$

则

$$Q_0 = \begin{bmatrix} C \\ CA \\ CA^2 \\ CA^3 \end{bmatrix} = \begin{bmatrix} 1 & 0 & 0 & 0 \\ 0 & 1 & 0 & 0 \\ 0 & 0 & -1 & 0 \\ 0 & 0 & 0 & -1 \end{bmatrix}$$

Q_0 满秩，系统为可观测。

② 离散型系统。（略）

4）可控标准形与可观测标准形

（1）可控标准形与可观测标准形的形式：

① 可控标准形。系统的微分方程为

$$y^{(n)} + a_{n-1}y^{(n-1)} + \cdots + a_1\dot{y} + a_0 y = u \tag{1.58}$$

设状态变量为

$$\begin{cases} x_1 = y \\ x_2 = \dot{y} \\ \vdots \\ x_n = y^{(n-1)} \end{cases}$$

可得状态方程（矩阵形式）为

$$\dot{X} = AX + Bu$$

$$A = \begin{bmatrix} 0 & 1 & 0 & \cdots & 0 \\ 0 & 0 & 1 & \cdots & 0 \\ \vdots & \vdots & \vdots & & \vdots \\ 0 & 0 & 0 & \cdots & 1 \\ -a_0 & -a_1 & -a_2 & \cdots & -a_{n-1} \end{bmatrix}, \quad B = \begin{bmatrix} 0 \\ 0 \\ \vdots \\ 0 \\ 1 \end{bmatrix} \tag{1.59}$$

系统的输出方程为

$$Y = CX, C = \begin{bmatrix} 1 & 0 & \cdots & 0 \end{bmatrix}$$

由于系统的可控性矩阵只与矩阵 A、B 有关，与 C 无关，所以将式（1.57）所示的矩阵 A 与 B 的形式称为可控标准形，又称相变量标准形。

② 可观测标准形。对式（1.58）所述系统，两边进行拉普拉斯变换，并整理。选取如下 n 个状态变量：

$$\begin{cases} x_1 = y^{(n-1)} + a_{n-1}y^{(n-2)} + \cdots + a_1 y \\ x_2 = y^{(n-2)} + a_{n-1}y^{(n-3)} + \cdots + a_2 y \\ \vdots \\ x_{n-1} = \dot{y} + a_{n-1}y \\ x_n = y \end{cases}$$

则可得状态方程：

$$\dot{X} = AX + Bu$$

系统的输出方程：

$$Y = CX$$

式中

$$A = \begin{bmatrix} 0 & 0 & \cdots & 0 & -a_0 \\ 1 & 0 & \cdots & 0 & -a_1 \\ \vdots & \vdots & & \vdots & \vdots \\ 0 & 0 & \cdots & 0 & -a_{n-2} \\ 0 & 0 & \cdots & 1 & -a_{n-1} \end{bmatrix}, B = \begin{bmatrix} 1 \\ 0 \\ \vdots \\ 0 \\ 0 \end{bmatrix}, C = \begin{bmatrix} 0 & 0 & \cdots & 0 & 1 \end{bmatrix} \tag{1.60}$$

由于系统的可观测性矩阵只与 A、C 的形式有关,与 B 的形式无关,所以将式(1.58)所给出的矩阵 A 与 C 的形式称为可观测标准形。

③ 可控标准形与可观测标准形的关系。由式(1.58)给出的同一系统既可以表示成可控标准形,又可以表示成可观测标准形,那么这两种标准形之间必有一定的关系。将式(1.59)与式(1.60)进行对比可知,可控标准形的矩阵 A、B 与可观测标准形的矩阵 A、C 互为转置矩阵。

（2）可控标准形的可控性质

① 若系统的状态方程是可控标准形,则系统是可控的。

② 若系统满足可控性,则必存在一个非奇异变换 $Y = PX$,将状态方程化为可控标准形。

（3）可观测标准形的可观测性质

① 若系统为可观测标准形,则系统是可观测的。

② 若系统是可观测的,则必存在一个非奇异变换 $X = TZ$,将状态方程化为可观测标准形。

5）极点配置

如果系统是可控的与可观测的,则可以通过设计一个带状态反馈（或还带状态观测器）的闭环控制系统,使系统具有给定的极点位置,从而改善系统的动态品质。

（1）可控系统的特征方程。设线性系统的系统矩阵（或称为状态矩阵）为 A,则该系统的特征方程为

$$|sI - A| = 0 \tag{1.61}$$

特征方程的根称为特征根,也就是系统的极点,它对系统的动态品质有很大的影响。

当系统是可控时,则可通过上一节所介绍的变换,将系统变换为可控标准形。此时矩阵 A、B 具有如下的形式:

$$A = \begin{bmatrix} 0 & 1 & 0 & \cdots & 0 \\ 0 & 0 & 1 & \cdots & 0 \\ \vdots & \vdots & \vdots & & \vdots \\ 0 & 0 & 0 & \cdots & 1 \\ -a_0 & -a_1 & -a_2 & \cdots & -a_{n-1} \end{bmatrix}, B = \begin{bmatrix} 0 \\ 0 \\ \vdots \\ 0 \\ 1 \end{bmatrix}$$

一旦系统的状态方程化为可控标准形时,便可写出系统的特征方程。将 A 代入式(1.61)并进行运算可得系统的特征方程:

$$s^n + a_{n-1}s^{n-1} + \cdots + a_1 s + a_0 = 0$$

（2）状态反馈。图 1.27 示出了带状态反馈的系统框图,图中 $K = \begin{bmatrix} k_1 & k_2 & \cdots & k_n \end{bmatrix}$ 为 $1 \times n$ 阶的行矢量,称为反馈阵。闭环系统的方程可写为

$$\dot{X} = AX + Bu = AX + B(v - KX) = (A - BK)X + Bv$$

将图 1.27 进行等效的结构变换可得图 1.28(a),进而可变成图 1.28(b)。将图 1.28(b)与图 1.27 对比,可得闭环系统的特征方程为

$$|sI - (A - BK)| = 0$$

可以证明,当 A、B 矩阵为可控标准形时,只要适当地设计反馈阵 K,就能使系统的极点(特征方程 $|sI-(A-BK)| = 0$ 的特征根)配置在任意给定的位置上。

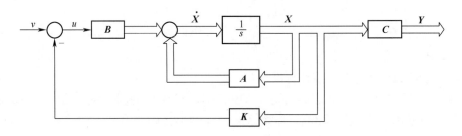

图 1.27　带状态反馈的系统框图

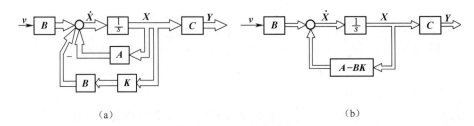

（a）　　　　　　　　　　　　　　　　　（b）

图 1.28　等效变换结果框图

（a）第一步变换；（b）第二步变换。

例 1.8　已知线性系统的传递函数为

$$G(s) = \frac{Y(s)}{U(s)} = \frac{10}{s(s + 1)(s + 2)}$$

试设计一个状态反馈闭环系统,将其极点配置在-2、-1+j、-1-j。

解: 根据状态空间法介绍的,由系统的传递函数可得其状态方程

$$\begin{bmatrix} \dot{x}_1 \\ \dot{x}_2 \\ \dot{x}_3 \end{bmatrix} = \begin{bmatrix} 0 & 1 & 0 \\ 0 & 0 & 1 \\ 0 & -2 & -3 \end{bmatrix} \begin{bmatrix} x_1 \\ x_2 \\ x_3 \end{bmatrix} + \begin{bmatrix} 0 \\ 0 \\ 1 \end{bmatrix} u$$

是一个可控标准形,$a_2 = 3, a_1 = 2, a_0 = 0$。

现在需要将极点配置在-2、-1+j、-1-j,则加状态反馈后得闭环系统的特征方程为

$$(s + 2)(s + 1 - j)(s + 1 + j) = s^3 + 4s^2 + 6s + 4 = 0$$

由上式可得

$$\hat{a}_2 = 4, \quad \hat{a}_1 = 6, \quad \hat{a}_0 = 4$$

则有

$$k_3 = \hat{a}_2 - a_2 = 4 - 3 = 1$$

$$k_2 = \hat{a}_1 - a_1 = 6 - 2 = 4$$

$$k_1 = \hat{a}_0 - a_0 = 4 - 0 = 4$$

得反馈矩阵

$$K = \begin{bmatrix} 4 & 4 & 1 \end{bmatrix}。$$

图 1.29 示出了带状态反馈的闭环系统的框图。

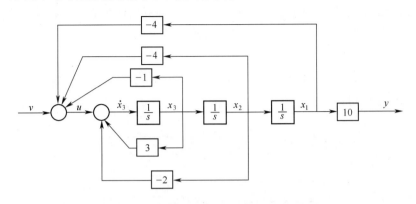

图 1.29　带状态反馈的闭环系统的框图

6）状态观测器简介

前面介绍过为了进行极点配置需要进行状态反馈,进而为了实现最优控制也需要状态反馈。当系统的部分状态不能直接获得时,就需要用状态观测器来重建系统的这部分状态(状态的重构)。

（1）实现闭环控制需要状态观测器。在经典控制理论中,为了控制一个物理量,必须先量测出这个量,然后通过反馈形成闭环控制系统。因此常见的单输入-单输出系统开环部分必须是可控的与可观测的,否则谈不上形成闭环控制。而控制对象和控制器都是用传递函数表示的,如图 1.30 所示。控制系统的设计都是建立在传递函数的基础上。

图 1.30　单输入-单输出系统结构

在现代控制理论中,特别是对于最优控制系统,也存在着类似的问题。最优控制信号是由系统的状态变量形成的。必须先得到系统的状态才能形成控制信号。图 1.31 示出了系统的状态能够直接得到的情况,即不带状态观测器的最优控制系统。

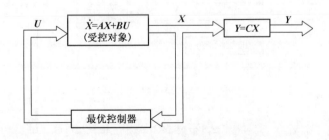

图 1.31　不带状态观测器的最优控制系统

在工程上有时只有部分的状态变量能直接由测量元件获得。例如,一个五阶的机械运动系统有五个状态变量,通常只能直接测得运动物体的位置、速度和加速度三个状态变量,而另外两个状态无法用测试手段获得。然而,要得到最优控制信号,五个状态变量必须都能得到。可观测和可测量是不同的,能测量的物理量一定是可观测的,但可观测的物理量不一定能直接测量出来。为了实现状态反馈,系统必须是可观测的,而对于其中不能直接测量出来的物理量可以用观测器获得,以便形成最优控制信号,如图 1.32 所示。观测器以对象的输入和输出为输入,它的输出则是估计状态 $\hat{X}$。对上面所说的五阶机械运动系统,只要观测出两个不能直接测量的状态变量即可。

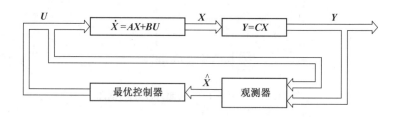

图 1.32　带状态观测器的最优控制系统

（2）状态观测器设计简介。为了得到系统的估计状态 $\hat{x}$,当系统的 A、B、C 矩阵已知时,可以用计算机来模拟原系统,即构成一个与实际系统具有同样状态方程与输出方程的模型。从模型中获得状态的估计值 $\hat{X}$。

获得估计状态的模型有获得估计状态的开环模型和获得估计状态的闭环模型。

例 1.9　油气悬架整车的振动状态观测器设计。

簧载质量的垂向振动速度和位移等难以通过传感器测量得到。目前比较可行的方法是通过设计状态观测器,利用方便测量的已知状态来观测不易测量的未知状态。状态观测器算法有卡尔曼滤波算法、龙贝格观测器等。

龙贝格观测器是基于现代控制理论,通过配置误差动力学方程的极点位置使得观测值与测量值的误差收敛于 0,实现对未知状态的估计,观测器性能与被观测系统的动力学方程和极点位置有密切的关系。采用悬架动行程和油缸压力作为龙贝格观测器的测量对象,以油气悬架油缸压力为状态观测器的输入,以悬架动行程误差作为反馈。

龙贝格状态观测器的作用是根据测量得到的油缸压力和悬架动行程,观测估计出簧载质量的垂向、俯仰和侧倾的运动状态。仿真及结果如图 1.33~图 1.35 所示。

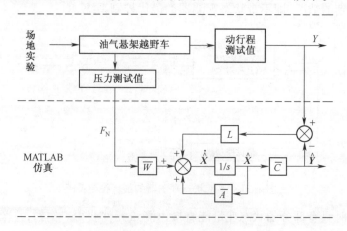

图 1.33　油气悬架整车振动状态观测器仿真验证原理

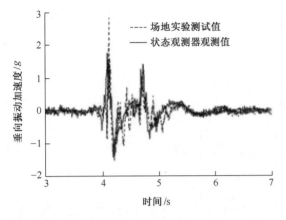

图 1.34 驾驶员处车厢底板垂向振动加速度   图 1.35 左前悬架动行程

1.5.3 控制系统的设计步骤

控制系统的设计一般可按以下的步骤进行：

（1）在开始设计时，应熟悉技术要求或性能指标，了解给定对象和元件的动态特性，若有可能，应采用综合方法来建立系统的数学模型。

（2）根据数学模型，采用数学方法进行计算，求出控制问题的数学解答。

（3）用计算机程序实现数学模型，对设计出来的系统在各种信号和扰动作用下的响应进行仿真，若不满意，必须进行再设计和相应的分析，这样反复进行，直到满意为止。

（4）根据设计的控制系统，建造系统的样机，它以适当的精度代替系统的数学模型，最后还应根据建成的样机进行实验，看是否满足性能要求；否则，应对样机进行修改或重新进行设计和试验，直到样机满足要求为止。

↗ 1.6 本书的目的

汽车机电液一体化技术相关的教材可以见到一些，但是，内容比较全面的教材还难以见到。本书的目的：整合一些内容到一本书中，使之比较系统地呈现给读者，便于学生和教师使用；为汽车设计建立一定的基础。

思 考 题

1. 谈谈对汽车机电液一体化技术的理解。

2. 系统的微分方程为

$$\dddot{y} + 4\ddot{y} + 2\dot{y} + 2y = 4\dot{u} + 3u$$

试求状态方程和输出方程。

3. 设线性定常连续系统状态方程和输出方程为

$$\dot{X} = \begin{bmatrix} -4 & 2 \\ 1 & -3 \end{bmatrix} \dot{X} + \begin{bmatrix} 2 \\ 1 \end{bmatrix} u$$

$$Y = \begin{bmatrix} 0 & 1 \end{bmatrix} X$$

分析该系统的输出可控性与状态可控性。

4. 系统的微分方程为

$$\dddot{y} + 4\dot{y} + 6y = \dot{u} + 2u$$

试写出状态方程和输出方程(用拉普拉斯变换方法求解)。

5. 设某控制系统可以用下图来描述,试写出其微分方程、状态方程、输出方程。

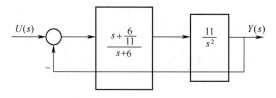

题 5 图

6. 在闭环控制系统中使用状态观测器的目的是什么?

7. 一个系统(研究对象),其状态空间表达式是否唯一,为什么?

第2章

机电液系统模型

汽车机电液系统与一般的机电液一体化系统构成的基本要素相同,包括机械本体、动力部分、检测部分、执行机构、控制器、接口等。设计系统,就要描述系统,也就需要建立系统的模型。这部分主要讨论建立系统的最基本部分的模型建立问题。

2.1　数学模型的基本概念

对机电液系统性能做出定量分析,首先须建立系统的数学模型。系统中输入、输出及各变量之间的相互关系,它们所遵循的一组数学方程式就是系统的数学模型。通常各变量均为时间的函数,它们之间的数学关系要用一组微分方程来表示。

1. 传递函数

假设零初始条件下,线性系统输出、输入及各阶导数为 0,此时系统输出量的拉普拉斯变换与输入量的拉普拉斯变换之比,称为系统的传递函数。基本单元如图 2.1 所示。

$$\frac{r(t)}{R(s)} \rightarrow \boxed{G(s)} \rightarrow \frac{c(t)}{C(s)}$$

图 2.1　基本单元

2. 框图

实际系统的数学模型往往是非常复杂的,为了简单、明确地表示系统中各变量之间的相互关系,常采用框图的表示方法。

1）框图单元

相加(减)点如图 2.2 所示,其含义为

$$Z_3(s) = Z_1(s) \pm Z_2(s)$$

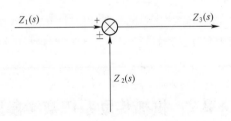

图 2.2　相加(减)点

箭头顶端正、负号表示此信号的正、负。

2）框图的联结

方框图的联结方式有串联、并联、反馈联结等方式，如图2.3所示。

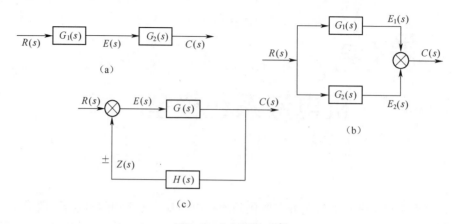

图 2.3　方框图的联结

（a）串联；（b）并联；（c）反馈。

3）框图简化

框图简化见表2.1所列，更多的简化结果可以参见有关文献。

表 2.1　方框图简化

序号	原　框　图	等　效　框　图
1		
2		
3		
4		

2.2　机械传动系统数学模型

1. 移动系统数学模型

系统的基本元件是质量、阻尼和弹簧，其物理模型如图2.4所示。

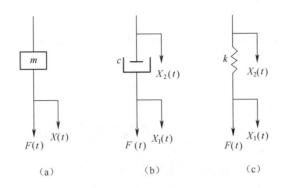

图 2.4　机械直线移动元件

(a)质量;(b)阻尼;(c)弹簧。

由图 2.4 可得质量的数学模型:

$$F(t) = m\frac{d^2 x(t)}{dt^2}$$ (2.1)

阻尼器的数学模型:

$$F(t) = C\Big[\frac{dx_1(t)}{dt} - \frac{dx_2(t)}{dt}\Big]$$ (2.2)

弹簧的数学模型

$$F(t) = K[x_1(t) - x_2(t)]$$ (2.3)

例 2.1 车辆隔振装置的力学模型如图 2.5 所示。

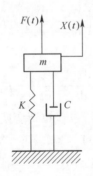

图 2.5　车辆隔振装置

根据牛顿第二定律,系统运动方程:

$$m\frac{d^2 x(t)}{dt^2} = F(t) - Kx(t) - C\frac{dx(t)}{dt}$$

对上式进行拉普拉斯变换,得传递函数:

$$\frac{X(s)}{F(s)} = \frac{1}{ms^2 + Cs + K}$$

系统传递函数框图如图 2.6 所示。

例 2.2 车辆振动系统的简化模型如图 2.7 所示。

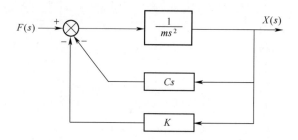

图 2.6　隔振装置传递函数框图

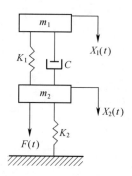

图 2.7　车辆振动系统简化模型

根据牛顿定理,可建立系统运动方程。

车体振动方程为

$$m_1 \frac{\mathrm{d}^2 x_1}{\mathrm{d}t^2} = -C\left(\frac{\mathrm{d}x_1}{\mathrm{d}t} - \frac{\mathrm{d}x_2}{\mathrm{d}t}\right) - K(x_1 - x_2)$$

车轮振动方程为

$$m_2 \frac{\mathrm{d}^2 x_2}{\mathrm{d}t^2} = F(t) - C\left(\frac{\mathrm{d}x_2}{\mathrm{d}t} - \frac{\mathrm{d}x_1}{\mathrm{d}t}\right) - K_1(x_2 - x_1) - K_2 x_2$$

对车体振动方程和车轮振动方程进行拉普拉斯变换,可得

$$m_1 s^2 X_1(s) = -Cs[x_1(s) - x_2(s)] - K_1[x_1(s) - x_2(s)]$$

$$m_2 s^2 X_2(s) = F(s) - Cs[x_2(s) - x_1(s)] - K_1[x_2(s) - x_1(s)] - K_2 x_2(s)$$

根据等效变换规则,得传递函数:

$$\frac{X_1(s)}{F(s)} = \frac{G_1(s)G_2(s)}{1 + m_1 s^2 G_1(s)G_2(s)}$$

$$= \frac{Cs + K_1}{m_1 m_2 s^4 + (m^1 + m^2)Cs^3 + (m_1 K_1 + m_1 K_2 + m_2 K_1)s^2 + CK_2 + sK_1 K_2}$$

$$\frac{X_2(s)}{F(s)} = \frac{G_1(s)}{1 + m_1 s^2 G_1(s)G_2(s)}$$

$$= \frac{m_1 s^2 + Cs + K_1}{m_1 m_2 s^4 + (m_1 + m_2)Cs^3 + (m_1 K_1 + m_1 K_2 + m_2 K_1)s^2 + CK_2 s + K_1 K_2}$$

车辆振动系统传递函数框图如图 2.8 所示。

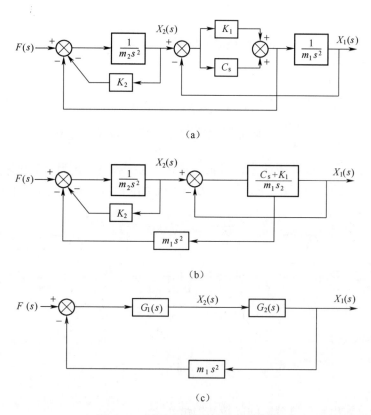

(a)

(b)

(c)

图 2.8 车辆振动传递函数系统框图

(a)系统框图;(b)框图简化;(c)化简后的框图。

2. 转动系统数学模型

转动惯量、阻尼器和弹簧是转动系统的三个基本元件,图 2.9 是三个元件的物理模型。

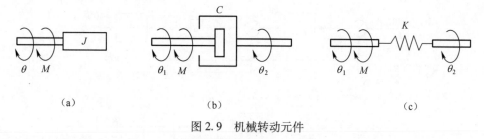

图 2.9 机械转动元件

(a)转动惯量;(b)阻尼;(c)弹簧。

转动惯量的数学模型为

$$M(t) = J \frac{\mathrm{d}^2 \theta(t)}{\mathrm{d}t^2} \tag{2.4}$$

式中:M 为外力矩;J 为转动惯量;θ 为转角。

黏滞阻尼器的数学模型为

$$M(t) = C \left[\frac{\mathrm{d}\theta_1(t)}{\mathrm{d}t} - \frac{\mathrm{d}\theta_2(t)}{\mathrm{d}t} \right] \tag{2.5}$$

式中:C 为黏性转动阻尼系数。

弹簧的数学模型为

$$M(t) = K[\theta_1(t) - \theta_2(t)] \tag{2.6}$$

式中：K 为扭转弹簧刚度。

例 2.3 机械转动系统模型的建立。

图 2.10 为发动机驱动系统力学模型。根据力矩平衡方程，发动机输出轴振动方程为

$$J_m \frac{d^2\theta_i}{dt^2} = M(t) - C\left(\frac{d\theta_i}{dt} - \frac{d\theta_o}{dt}\right) - K(\theta_i - \theta_o)$$

式中：J_m 为发动机轴转动惯量；θ_i 为发动机轴转角；θ_o 为负载转角；M 为发动机输出力矩；C 为发动机输出轴与负载之间的扭转阻尼系数；K 为发动机输出轴与负载之间的扭转弹簧刚度。

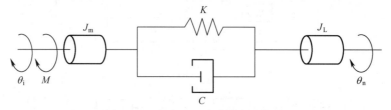

图 2.10 发动机驱动系统力学模型

负载振动方程为

$$J_L \frac{d^2\theta_o}{dt^2} = -C\left(\frac{d\theta_o}{dt} - \frac{d\theta_i}{dt}\right) - K(\theta_o - \theta_i)$$

式中：J_L 为发动机输出轴与负载之间的转动惯量。

对发动机输出轴振动方程和负载振动方程进行拉普拉斯变换，可得

$$J_m s^2 \theta_i(s) = M(s) - (Cs + K)[\theta_i(s) - \theta_o(s)]$$

$$J_L s^2 \theta_o(s) = (Cs + K)[\theta_i(s) - \theta_o(s)]$$

据此，画出系统框图如 2.11 所示。

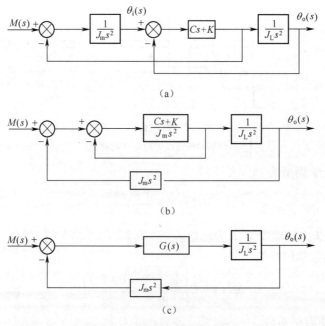

图 2.11 发动机驱动系统框图

根据的等效变换规则,可求得系统的传递函数:

$$\frac{\theta_o(s)}{M(s)} = \frac{Cs + K}{(J_L + J_m)s^2\left[J_L J_m s^2 / (J_L + J_m) Cs + K\right]}$$

2.3 电路系统数学模型

1. 电路网络数学模型

电路网络是建立电路系统数学模型的基础,电路网络包括无源电路网络和有源电路网络两部分。建模依据的是电工学方面的物理定律。电路系统与机械系统所讨论的微分方程形式完全相同,为了分析方便,常使用复阻抗的概念来建立电路系统模型,这时电阻用 R 表示,电感用 Ls 表示,而电容用 1/Cs 表示,这样可以用算子为 s 的代数方程直接代替复杂的微分方程,方便得到传递函数。

1)RC 网络

如图 2.12 所示,利用动态结构图能形象直观地表明输入信号在系统或元件中的传递过程。用动态结构图求传递函数显得简单、方便。

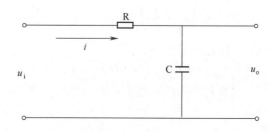

图 2.12 RC 网络

由图 2.12 可知,RC 网络的微分方程组为

$$\begin{cases} u_i - u_o = Ri \\ u_o = \dfrac{1}{C}\displaystyle\int_0^t i\,\mathrm{d}t \end{cases} \tag{2.7}$$

将式(2.7)进行拉普拉斯变换,并进行整理可得

$$U_i(s) - U_o(s) = RI(s)$$

$$U_o(s) = I(s)/Cs \tag{2.8}$$

$$[U_i(s) - U_o(s)]/R = I(s) \tag{2.9}$$

将图 2.13 和图 2.14 合并可得 RC 网络的动态结构图(图 2.15)。由图 2.15 可得

$$[U_i(s) - U_o(s)]/RCs = U_o(s)$$

故 RC 网络的传递函数为

$$\frac{U_o(s)}{U_i(s)} = \frac{1}{RCs + 1}$$

2) RCL 网络

对于图 2.16 所示的网络,由克希霍夫定律及电工学基本知识可得

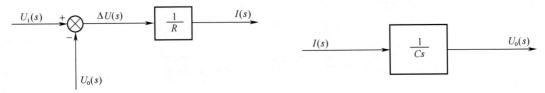

图 2.13　式(2.9)图形　　　　　　图 2.14　式(2.8)图形

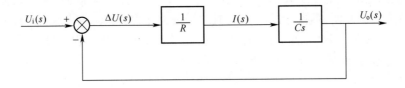

图 2.15　RC 网络动态结构

$$\begin{cases} u_i - L\dfrac{\mathrm{d}i}{\mathrm{d}t} - Ri = u_o \\[2mm] u_o = \dfrac{1}{C}\displaystyle\int_0^t i\mathrm{d}t \end{cases} \tag{2.10}$$

对式(2.10)两边分别进行拉普拉斯变换,可得

$$\begin{cases} U_i(s) = LsI(s) + RI(s) + U_o(s) \\ U_o(s) = I(s)/Cs \end{cases} \tag{2.11}$$

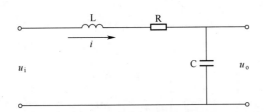

图 2.16　RCL 网络

由式(2.11)建立的 RCL 网络动态结构图,如图 2.17 所示。由图 2.17 可求出 RCL 网络的传递函数为

$$\frac{U_o(s)}{U_i(s)} = \frac{1}{LCs^2 + RCs + 1} \tag{2.12}$$

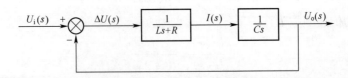

图 2.17　RCL 网络动态结构

下面讨论用复阻抗概念直接建立电路网络数学模型。

3）无源网络

对于图 2.18(a)所示的 RC 无源网络,利用复阻抗的概念可直接写出

$$\begin{cases} I_1 = (U_i - U_o)/R_1 \\ I_2 = Cs(U_i - U_o) \\ I = I_1 + I_2 \\ U_o = I \cdot R_2 \end{cases} \quad (2.13)$$

根据以上关系式可建立 RC 无源网络动态结构图,如图 2.18(b)所示。根据框图等效变换规则,由图 2.18(b)可得出

$$[U_i(s) - U_o(s)](1/R_1 + Cs)R_2 = U_o \quad (2.14)$$

整理式(2.14)可得系统传递函数:

$$\frac{U_o(s)}{U_i(s)} = \frac{(Cs + 1/R_1)R_2}{1 + (Cs + 1/R_1)R_2} = \frac{CsR_1R_2 + R_2}{CsR_1R_2 + R_1 + R_2} \quad (2.15)$$

可以看出,采用复阻抗概念求传递函数较传统方法更加简单,对于只需要求传递函数的无源网络,也不必画出动态结构图。由于无源电路网络只由电阻、电容、电感等元件组合而成,因此:对于串联,复阻抗等于各串联复阻抗之和;对于并联,复阻抗的倒数等于各并联复阻抗的倒数之和。通过这样的简化,利用复阻抗分压,就可以直接求出多数无源网络的传递函数。

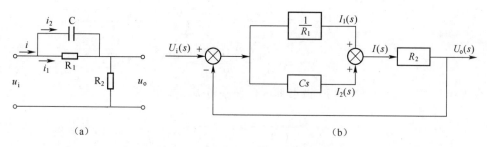

（a）   （b）

图 2.18　RC 无源网络及动态结构图

（a）RC 无源网络;（b）动态结构图。

4）有源网络

运算放大器由于开环放大倍数大、输入阻抗高、价格低等特点,在实际中获得了越来越广泛的应用。由运算放大器组成的有源网络,由于各运算放大器输入阻抗很高,运算放大器相互联结时,可以忽略负载效应。系统数学模型可通过分别求取各运算放大器的数学模型得到,这样可大大简化建立模型的步骤。各个运算放大器的传递函数一般可通过反馈复阻抗对输入复阻抗之比求得。

图 2.19 为运算放大器工作原理。由于运算放大器的开环增益非常大,输入阻抗也非常大,所以可把 A 点看成"虚地",即 $U_A \approx 0$,同时,$i_2 \approx 0$。

由 $i_1 \approx i_f$,可得

$$\frac{u_i}{Z_0} = -\frac{u_o}{Z_f} \quad (2.16)$$

对上式两边进行拉普拉斯变换,整理可得运算放大器的传递函数:

$$\frac{U_o(s)}{U_i(s)} = -\frac{Z_f(s)}{Z_0(s)} \tag{2.17}$$

由式(2.17)可见,若系统选择不同的输入电路阻抗 Z_0 的反馈回路阻抗 Z_f,就可组成各种不同的传递函数。利用运算放大器这一特性,可以得到各种模拟电路和调节器的传递函数。

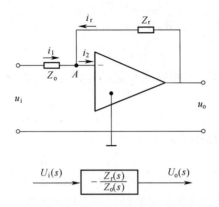

图 2.19　运算放大器工作原理

例 2.4　图 2.20 为比例-积分(PI)调节器结构,采用复阻抗概念,由图可直接求出传递函数:

$$\frac{U_o(s)}{U_i(s)} = -\frac{Z_f(s)}{Z_0(s)} = -\frac{R_1 + 1/C_1 s}{R_0}$$

$$= -\frac{R_1}{R_0} \cdot \frac{R_1 C_1 s + 1}{R_1 C_1 s} \tag{2.18}$$

令 $K_1 = R_1/R_0$,$\tau_1 = R_1 C_1$,则 PI 调节器的传递函数为

$$\frac{U_o(s)}{U_i(s)} = -K_1 \frac{\tau_1 s + 1}{\tau_1 s} \tag{2.19}$$

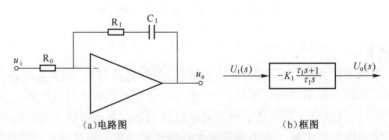

（a）电路图　　　　　　　　　　　　　　（b）框图

图 2.20　比例-积分调节器结构

例 2.5　图 2.21 为比例-微分(PD)调节器的结构。同理,可求出其传递函数为

$$\frac{U_o(s)}{U_i(s)} = -\frac{Z_f(s)}{Z_0(s)} = -\frac{R_1}{R_0/(R_0 C_0 s + 1)} = -\frac{R_1}{R_0}(R_0 C_0 s + 1)$$

2. 控制电动机数学模型

电动机是机电液控制系统中重要的动力元件之一,在数学建模时既要考虑电动机内部的电磁相互作用,又要考虑电动机带有负载的情况。电动机分直流电动机和交流电动机两大类,直流电动机的控制技术已经比较成熟。

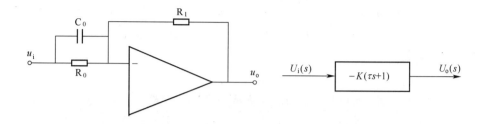

图 2.21　比例-微分调节器结构

1）电枢控制式直流电动机

图 2.22 为电枢控制式直流电动机原理。对于电枢回路，有下述关系：

$$e_i(t) = R_a i_a(t) + L_a \frac{\mathrm{d}i_a(t)}{\mathrm{d}t} + e_m(t) \tag{2.20}$$

式中：e_i 为电机电枢输入电压；R_a 为电枢绕组电阻；i_a 为电枢绕组电流；L_a 为电枢绕组电感；e_m 为电动机感应电动势。

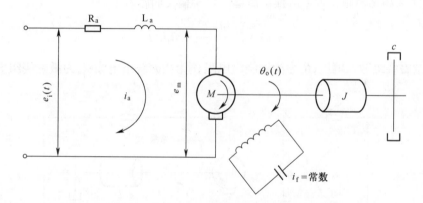

图 2.22　电枢控制式直流电动机原理

电动机转矩 $M(t)$ 与电枢电流 $i_a(t)$ 成正比，设电动机力矩常数为 K_T，则有

$$M(t) = K_T i_a(t) \tag{2.21}$$

电动机感应电动势与角速度成正比，设反电动势常数为 K_e，则有

$$e_m(t) = K_e \frac{\mathrm{d}\theta_0(t)}{\mathrm{d}t} \tag{2.22}$$

式中：θ_0 为电动机输出转角。

根据力的平衡原理，有

$$M(t) = J \frac{\mathrm{d}^2\theta_0(t)}{\mathrm{d}t^2} + c \frac{\mathrm{d}\theta_0(t)}{\mathrm{d}t} \tag{2.23}$$

式中：J 为电动机及负载折算到电动机轴上的转动惯量；c 为电动机及负载折算到电动机轴上的阻尼系数。

联立式（2.20）~式（2.23），消去中间变量可得

$$L_a J \ddot{\theta}_0(t) + (L_a c + R_a J) \ddot{\theta}_0(t) + (R_a c + K_T K_e) \dot{\theta}_0(t) = K_T e_i(t) \tag{2.24}$$

对式(2.24)进行拉普拉斯变换可得系统传递函数：

$$\frac{\theta_o(s)}{E_i(s)} = \frac{K_T}{s[L_aJs^2 + (L_ac + R_aJ)s + (R_ac + K_TK_e)]} \tag{2.25}$$

式(2.25)近似为

$$\frac{\theta_o(s)}{E_i(s)} = \frac{\dfrac{K_T}{R_ac + K_TK_e}}{s\left(\dfrac{R_aJ}{R_ac + K_TK_e}s + 1\right)} = \frac{K_m}{s(T_ms + 1)} \tag{2.26}$$

式中：K_m为电动机的增益常数；T_m为电动机的机电时间常数。

若忽略阻尼系数c的影响时，则传递函数可进一步简化为

$$\frac{\theta_o(s)}{E_i(s)} = \frac{\dfrac{1}{K_e}}{s\left(\dfrac{R_aJ}{K_TK_e}s + 1\right)} = \frac{K_m}{s(T_ms + 1)} \tag{2.27}$$

2）磁场控制式直流电动机

图2.23为磁场控制式直流电动机原理。对于输入回路有

$$e_i(t) = L_f\frac{di_f(t)}{dt} + R_fi_f(t) \tag{2.28}$$

式中：e_i为激磁绕组输入电压；R_f为激磁绕组电阻；i_f为激磁绕组电流；L_f为激磁绕组电感。

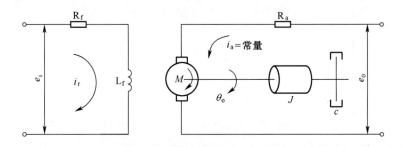

图2.23　磁场控制式直流电动机原理

由于电动机转矩$M(t)$与电枢电流i_a和气隙磁通的乘积正成比，i_a为常量，而磁通与激磁电流成正比，故转矩$M(t)$与激磁电流i_f成正比。所以有

$$M(t) = K_Ti_f(t) \tag{2.29}$$

根据力的平衡方程可得

$$M(t) = J\ddot{\theta}_0(t) + c\dot{\theta}_0(t) \tag{2.30}$$

联立式(2.28)~式(2.30)，消去中间变量，拉普拉斯变换后得系统传递函数：

$$\frac{\theta_o(s)}{E_i(s)} = \frac{\dfrac{K_T}{R_fc}}{S\left(\dfrac{L_f}{R_f}S + 1\right)\left(\dfrac{J}{c}S + 1\right)} \tag{2.31}$$

通常，由于$L_f/R_f \ll J/c$，因此传递函数可简化为

48

$$\frac{\theta_o(s)}{E_i(s)} = \frac{\dfrac{K_T}{R_f c}}{S\left(\dfrac{J}{c}S + 1\right)} = \frac{K_m}{S(T_m S + 1)} \tag{2.32}$$

3）两相伺服交流电动机

图2.24为两相伺服交流电动机原理。两相伺服交流电动机的转矩$M(t)$是电机轴转速和控制电压的二元函数,其特性曲线如图2.25所示。线性化后可近似表示为

$$M(t) = -K_n \dot{\theta}_o(t) + K_c e_i(t) \tag{2.33}$$

式中:e_i为输入控制电压;θ_o为电动机轴输出转角;K_n、K_c为大于0的常数。

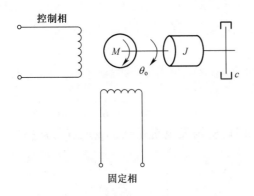

图2.24　两相伺服交流电动机原理　　　　图2.25　交流电动机转矩-转速特性

根据牛顿定律,电动机轴的动力学方程为

$$M(t) = J\ddot{\theta}_o(t) + c\dot{\theta}_o(t) \tag{2.34}$$

联立式(2.33)和式(2.34),消去中间变量,拉普拉斯变换后可得系统传递函数:

$$\frac{\theta_o(s)}{E_i(s)} = \frac{\dfrac{K_c}{K_n + c}}{s\left(\dfrac{J}{c + K_n}s + 1\right)} = \frac{K_m}{s(T_m s + 1)} \tag{2.35}$$

4）直流发电机

图2.26为直流发电机原理。对于输入回路,根据基尔霍耳定律有

$$e_i(t) = L_f \frac{\mathrm{d}i_f(t)}{\mathrm{d}t} + R_f i_f(t) \tag{2.36}$$

式中:e_i为输入电压;R_f为电阻;i_f为输入回路电流;L_f为电感。

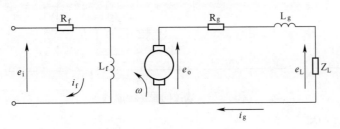

图2.26　直流发电机原理

当发电机的转轴恒速转动时,发电机输出电压 $e_o(t)$ 与控制电流 $i_f(t)$ 成正比,即

$$e_o(t) = i_f(t) K_g \tag{2.37}$$

将式(2.37)代入式(2.36),经过拉普拉斯变换后可得系统传递函数:

$$\frac{\theta_o(s)}{E_i(s)} = \frac{\dfrac{K_g}{R_f}}{\dfrac{L_f}{R_f}s + 1} = \frac{K_m}{T_m s + 1} \tag{2.38}$$

5)直流发电机-直流电动机机组

图 2.27 为直流发电机-直流电动机组原理。图中左边为直流发电机,右边为电枢控制式直流电动机,因此,系统总的数学模型可看作由两部分组成,传递函数为式(2.25)和式(2.38)的乘积,即

$$\frac{\theta_o(s)}{E_i(s)} = \frac{\theta_o(s)}{E_g(s)} \cdot \frac{E_g(s)}{E_i(s)}$$

$$= \frac{K_T K_g}{\{(L_g + L_a)Js^2 + [(L_g + L_a)c + (R_g + R_a)J]s + [(R_g + R_a)c + K_T K_e]\}(L_f s + R_f)}$$

式中:K_T 为电动机力矩常数;K_e 为电动机反电势常数;K_g 为发电机系数;R_g、R_a、R_f 为电阻;L_g、L_a、L_f 为电感;J 为转动惯量;C 为阻尼系数。

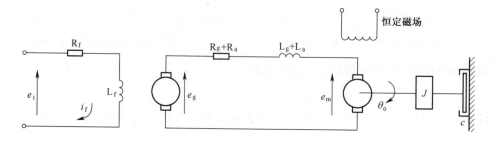

图 2.27 直流发电机-直流电动机组原理

3. 机电一体化系统数学模型

数控伺服系统是非常典型的机电一体控制系统,数控伺服系统原理如图 2.28 所示。该系统由伺服电动机、机械传动,反馈传感器及放大器等环节组成。下面通过分析典型环节的数学模型,然后得到整个系统的数学模型。

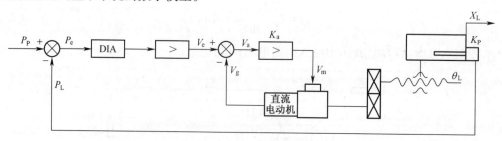

图 2.28 数控伺服系统原理

1)直流伺服电动机

图 2.29 为直流伺服电动机原理图。根据克希霍夫定律有

$$L_m \frac{\mathrm{d}i_m}{\mathrm{d}t} + R_m i_m + V_b = V_m \tag{2.39}$$

式中：L_m 为电动机绕组电感；i_m 为电动机绕组电流；R_m 为电动机绕组电阻；V_b 为电动机反电势；V_m 为电动机输入电压。

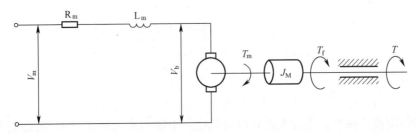

图 2.29　直流伺服电动机原理

反电势与电动机的角速度 $\mathrm{d}\theta/\mathrm{d}t$ 成正比，即

$$V_b = k_v \frac{\mathrm{d}\theta}{\mathrm{d}t} \tag{2.40}$$

式中：k_v 为比例系数。

电动机输出扭矩与电动机电流成正比，即

$$T_m = ki_m \tag{2.41}$$

式中：k 为比例系数。

设摩擦转矩为黏性摩擦，阻尼系数为 k_f，则摩擦转矩为

$$T_f = k_f \frac{\mathrm{d}\theta_m}{\mathrm{d}t} \tag{2.42}$$

电动机转矩平衡方程为

$$T_m - T_f - T = J_m \frac{\mathrm{d}^2\theta}{\mathrm{d}t^2} \tag{2.43}$$

式中：T 为负载转矩；J_m 为电动机转动惯量。

将式(2.40)代入式(2.39)，将式(2.41)、(2.42)代入式(2.43)可得

$$L_m \frac{\mathrm{d}i_m}{\mathrm{d}t} + R_m i_m + k_v \frac{\mathrm{d}\theta_m}{\mathrm{d}t} = V_m \tag{2.44}$$

$$J_m \frac{\mathrm{d}^2\theta_m}{\mathrm{d}t^2} + k_f \frac{\mathrm{d}\theta_m}{\mathrm{d}t} = ki_m - T \tag{2.45}$$

负载力矩 T 由电动机所驱动的负载决定：

$$T = T_L/i \tag{2.46}$$

$$T_L = k_L \left(\frac{1}{i}\theta_m - \frac{2\pi}{L}x_L \right) \tag{2.47}$$

式中：i 为齿轮传动比；T_L 为丝杠轴驱动力矩；k_L 为丝杠轴等效刚度；x_L 为工作台位移；L 为丝杠导程。

将式(2.46)、式(2.47)代入式(2.45)，并对式(2.44)、式(2.45)进行拉普拉斯变换，可得

$$V_m(s) = L_m(s)I_m(s) + R_m I_m(s) + k_v s\theta_m(s) \tag{2.48}$$

$$kI_m(s) = J_m s^2 \theta_m(s) + f_m s \theta_m(s) + \frac{k_L}{i^2}\theta_m(s) - \frac{k_L 2\pi}{iL}x_L(s) \tag{2.49}$$

由式(2.48)和式(2.49)可得

$$I_m(s) = \frac{V_m(s) - k_v s \theta_m(s)}{L_m + R_m} \tag{2.50}$$

$$s\theta_m(s) = \frac{kI_m(s) - \dfrac{k_L}{i}\left[\dfrac{\theta_m(s)}{i} - \dfrac{2\pi}{L}x_L(s)\right]}{J_m s + f_m} \tag{2.51}$$

2）机械传动链

机械传动链由齿轮传动和丝杠螺母传动组成,如图 2.30 所示。

引入等效刚度的概念。等效刚度是仅对其中一个轴列出力矩平衡方程,而将其余各轴的刚性都折合到这根轴的刚性系数上来计算。

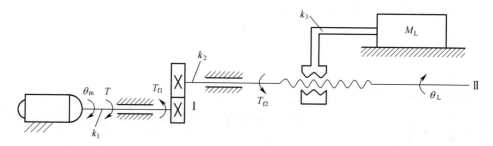

图 2.30　机械传动

例如,对图 2.30 所示的传动链,仅对丝杠轴列出力矩平衡方程,这时,丝杠轴的等效刚度为

$$K_L = \cfrac{1}{\cfrac{1}{k_1 i^2} + \cfrac{1}{k_3 (L/2\pi)^2 + 1/k_2}} \tag{2.52}$$

式中:i 为齿轮传动比 $i = Z_2/Z_1$;k_1、k_2 分别为ⅠⅠ和轴Ⅱ的扭转刚度;k_3 为工作台推杆刚度;L 为丝杠导程。

同理,可给出等效转动惯量:

$$J_L = J_1 i^2 + J_2 + M (1/2\pi)^2 \tag{2.53}$$

式中:M 为工作台质量;J_1、J_2 分别为轴Ⅰ和轴Ⅱ的转动惯量;J_L 为轴Ⅰ和轴Ⅱ的等效转动惯量。

等效阻尼系数为

$$f_L = f_1 i^2 + f_2 + f_3 (1/2\pi)^2 \tag{2.54}$$

式中:f_1、f_2 分别为轴Ⅰ、轴Ⅱ的黏性摩擦因数;f_3 为工作台移动时的黏性摩擦因数。

轴Ⅱ的力矩平衡方程如下:

$$T = J_L \frac{d^2\theta_L}{dt^2} + f_L \frac{d\theta_L}{dt} \tag{2.55}$$

$$T = k_L(\theta_m/i - \theta_L) \tag{2.56}$$

所以

$$x_{\mathrm{L}} = \frac{\theta_{\mathrm{L}}}{2\pi}L \tag{2.57}$$

将式(2.57)代入式(2.56),再将(2.56)代入式(2.55)可得

$$k_{\mathrm{L}}\theta_m = J_{\mathrm{L}}\frac{2\pi i\mathrm{d}^2 x_L}{L\mathrm{d}t^2} + f_{\mathrm{L}}\frac{2\pi i\mathrm{d}x_L}{L\mathrm{d}t} + k_{\mathrm{L}}\frac{2\pi i}{L}x_L \tag{2.58}$$

对式(2.58)进行拉普拉斯变换可得以 θ_m 为输入、以 x_{L} 为输出的系统传递函数:

$$G(s) = \frac{Z_{\mathrm{L}}(s)}{\theta_m(s)} = \frac{L}{2\pi i}\frac{K_{\mathrm{L}}}{J_{\mathrm{L}}s^2 + f_{\mathrm{L}}s + K_{\mathrm{L}}} \tag{2.59}$$

系统的输出为

$$Z_{\mathrm{L}}(s) = \theta_m(s)\frac{L}{2\pi i}\frac{K_{\mathrm{L}}/J_{\mathrm{L}}}{s^2 + f_{\mathrm{L}}s/J_{\mathrm{L}} + K_{\mathrm{L}}/J_{\mathrm{L}}} \tag{2.60}$$

由图 2.29 还可得

$$V_m(s) = [V_c(s) - V_g(s)]K_a \tag{2.61}$$

$$V_c(s) = [P_p(s) - P_{\mathrm{L}}(s)]K_1 \tag{2.62}$$

$$V_g(s) = k_f s\theta_m(s) \tag{2.63}$$

$$P_{\mathrm{L}}(s) = k_p Z_{\mathrm{L}}(s) \tag{2.64}$$

由式(2.50)~式(2.64),即可得到数控伺服系统的框图,如图 2.31(a)所示。

应用等效变换规则对框图简化,得到图 2.31(b),进一步简化得到图 2.32、图 2.33 框图。

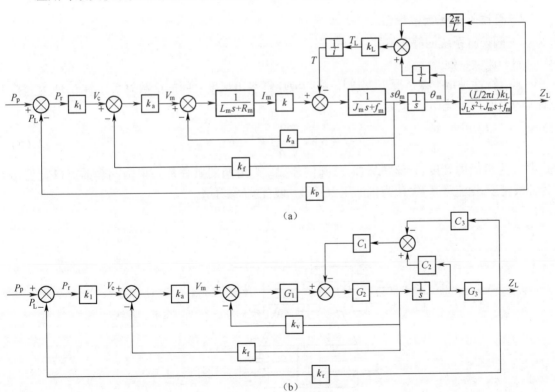

图 2.31　数控伺服系统

(a)系统框图;(b)简化框图。

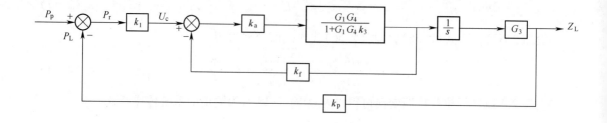

图 2.32　数控伺服系统框图简化过程

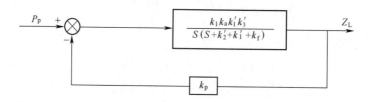

图 2.33　数控伺服系统简化框图

2.4　液压系统数学模型

1. 阀控缸系统数学模型

1）阀控缸系统的静态特性

（1）速度特性。

速度特性是指空载情况下,滑阀位移与液压缸输出速度之间的函数关系。图 2.34 为阀控系统的原理,滑阀输出流量为

$$Q = \alpha W x \sqrt{\frac{1}{\rho}(P_s - P_1)} \tag{2.65}$$

式中:x 为滑阀的开度,$x = x_v - \Delta x$(x_v 滑阀位移,Δx 为滑阀的重叠量);W 为阀套的窗口宽度;ρ 为油液密度;α 流量系数;P_s 为供油压力;P_1 为油缸的负载压差。

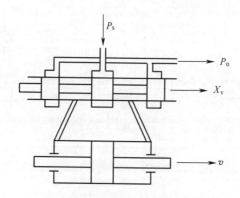

图 2.34　阀控系统原理

根据油液流量连续性原理可知

$$Q = Q_c + Q_M = cP_1 + Av \tag{2.66}$$

式中：Q_c 为油缸的泄漏流量；Q_M 为油缸运动所需流量；c 为油缸的泄漏系数；A 为活塞的有效面积。

空载情况下负载压差 P_1 用来克服活塞和缸体的摩擦力，所以

$$P_1 = R_T/A \tag{2.67}$$

式中：R_T 为活塞和油缸之间的摩擦力。

将式(2.66)和式(2.67)代入式(2.65)，可得阀控缸的速度特性方程：

$$v = \frac{1}{A} \alpha W (x_v - \Delta_x) \sqrt{\frac{1}{\rho}\left(P_s - \frac{R_T}{A}\right)} - c\frac{R_T}{A^2} \tag{2.68}$$

阀控缸的速度特性曲线如图 2.35 所示，速度增益为

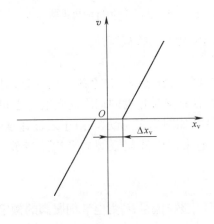

图 2.35　阀控液压缸的速度特性

$$K = \frac{\mathrm{d}v}{\mathrm{d}x_v} = \frac{1}{A} \alpha W \sqrt{\frac{1}{\rho}\left(P_s - \frac{R_T}{A}\right)} \tag{2.69}$$

$v = 0$ 时，滑阀的最大位移称为阀控缸的死区，故由式(2.68)可得死区长度为

$$x_v = \Delta x_v = \Delta x + \frac{cR_T}{A\alpha W \sqrt{\frac{1}{\rho}\left(P_s - \frac{R_T}{A}\right)}} \tag{2.70}$$

由式(2.69)和式(2.70)可确定阀控缸的两个重要参数，即速度放大系数和死区长度。

(2)机械特性。

机械特性是指滑阀位移一定时，活塞输出速度同负载力之间的关系。

这时负载压差 P_1 要克服的载荷为 R_T 和外载荷 P 两个部分，故

$$P_1 = (R_T + P)/A \tag{2.71}$$

所以活塞的运行速度为

$$v = \frac{1}{A} \alpha W (x_v - \Delta_x) \sqrt{\frac{1}{\rho}\left(P_s - \frac{R_T + P}{A}\right)} - c\frac{R_T + P}{A^2} \tag{2.72}$$

式(2.72)为阀控缸的机械特性方程，在不同的位移 x_v 下的特性曲线如图 2.36 所示，它全面地反映了阀控缸的静态特性。阀控缸的机械特性也称为负载特性。

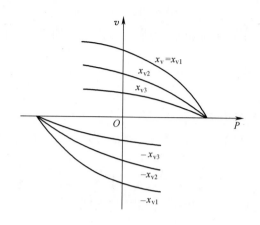

图 2.36　阀控缸的机械特性

（3）伺服阀控制油缸的速度特性与机械特性。

① 速度特性。

电液伺服控制系统应用广泛，与普通阀控缸系统不同的是，对于电液伺服阀控制的油缸系统，其速度特性是指在空载时，油缸输出速度同伺服输入电流之间的关系。由于电磁迟滞效应的影响，其速度特性呈回线形状，如图 2.37 所示。由于表征速度特性的参数很难用理论方法求得，为了估算增益的大小，通常用电液伺服阀的平均流量放大倍数作为伺服阀的放大倍数，即

$$K_Q = Q_H / i_H \tag{2.73}$$

式中：Q_H 为电液伺服阀的额定（空载）流量；i_H 为电液伺服阀的额定输入电流。

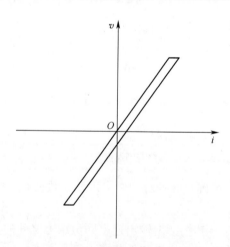

图 2.37　伺服阀控制缸的速度特性

伺服阀控制液压缸的速度放大系数可用下式近似计算：

$$K = K_Q / A \tag{2.74}$$

但真正的增益值，只有通过测试速度特性回线才能获得。

② 机械特性。

伺服阀控制液压缸系统的机械特性与普通阀控缸系统的机械特性有所不同，它是指伺服阀输入电流一定时，活塞输出速度同负载力之间的关系：

$$v = f(P)\big|_{i = 常数} \tag{2.75}$$

2）阀控缸的传递函数

（1）只有惯性负载的情况（图 2.38）。

① 滑阀的流量方程。

设滑阀位移为 x_v，经滑阀流入活塞左腔的流量为 Q_1，活塞右腔经滑阀回油箱的流量为 Q_2，故系统平均流量为

$$Q_1 = (Q_1 + Q_2)/2 \tag{2.76}$$

滑阀输出的平均流量，经线性化后得到基本方程 1：

$$Q_1 = K_q x_v - K_c P_1 \tag{2.77}$$

式中：K_q 为流量放大系数；K_c 为流量放大系数。

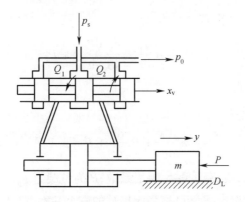

图 2.38　带惯性负载的阀控缸系统

② 液流连续性方程。

由液流连续性可得

$$Q_1 = Q_M + Q_{11} + Q_{c1} \tag{2.78}$$

$$Q_M = A \frac{dy}{dt} \tag{2.79}$$

式中：Q_M 为使活塞运动所需流量；Q_{11} 为泄漏流量；Q_{c1} 为压缩流量；A 为活塞的面积；y 为活塞位移。

泄漏流量包括内漏和外漏两部分。内漏与油缸左、右腔压差成正比，外漏则是液流通过活塞杆流到缸体以外的油液，主要由油压腔油压决定，所以

$$Q_{11} = c_e p_1 + c_i(p_1 - p_2) \tag{2.80}$$

式中：c_e 为外漏损系数；c_1 内漏损系数。

油液的压缩量可由下式计算：

$$\Delta V_1 = \frac{V_1}{\beta} p_1 \tag{2.81}$$

式中：V_1 为压力为 P_1 的一侧管路上油液的容积；β 为油液和管壁的等效容积弹性模量，一般取 $7 \times 10^8\,\mathrm{Pa}$。

故压缩流量为

$$Q_{c1} = \frac{V_1}{\beta} \frac{dP_1}{dt} \tag{2.82}$$

将式(2.79)~式(2.82)代入式(2.78),可得

$$Q_1 = A\frac{dy}{dt} + c_e p_1 + c_i(p_1 - p_2) + \frac{V_1}{\beta}\frac{dp_1}{dt} \tag{2.83}$$

$$Q_2 = A\frac{dy}{dt} - c_e p_2 + c_i(p_1 - p_2) - \frac{V_2}{\beta}\frac{dp_2}{dt} \tag{2.84}$$

式中:V_2为压力为p_2的一侧管路上油液的容积。

所以系统平均流量为

$$Q_L = A\frac{dy}{dt} + \frac{1}{2\beta}\left(\frac{V_1 dp_1}{dt} - \frac{V_2 dp_2}{dt}\right) + c_e(p_1 - p_2) + c_i(p_1 - p_2) \tag{2.85}$$

式(2.85)可用以下方法进行简化,当活塞处在中间位置时,即 $V_1 = V_2 = V_t/2$(V_t为油缸两侧管路和油腔的总容积),则得基本方程2:

$$Q_L = A\frac{dy}{dt} + \frac{V_t}{4\beta}\frac{dP_l}{dt} + c_t P_1 \tag{2.86}$$

③ 活塞的力平衡方程。

由牛顿定理可得基本方程3:

$$m\frac{d^2 y}{dt^2} + D_1\frac{dy}{dt} + P = p_1 A \tag{2.87}$$

式中:m为负载的质量;D_1为负载的黏性阻尼系数;P为负载力。

式(2.77)、式(2.86)和式(2.87)称为阀控缸的三个基本方程。对基本方程进行拉普拉斯变换可得

$$Q_1 = K_q X_v - K_c P_1 \tag{2.88}$$

$$Q_1 = AsY + \frac{V_t}{4\beta}sP_1 + c_t P_1 \tag{2.89}$$

$$P_1 A = ms^2 Y + D_1 sY + P \tag{2.90}$$

联解这三个方程,当D_1较小时,有

$$Y = \frac{\dfrac{K_q}{A}x_v - \dfrac{K_{ce}}{A^2}\left(1 + \dfrac{V_t}{4\beta K_{ce}}\right)P}{s\left(\dfrac{s^2}{\omega_h^2} + \dfrac{2\xi_h}{\omega_h}s + 1\right)} \tag{2.91}$$

式中:K_{ce}为系统压力 - 流量系数,$K_{ce} = c_t + K_e$;$\omega_h = \sqrt{\dfrac{4\beta A^2}{V_t m}}$;$\xi_h = \dfrac{K_{ce}}{A}\sqrt{\dfrac{\beta m}{V_t}} + \dfrac{D_1}{4A}\sqrt{\dfrac{V_t}{\beta m}}$。

由式(2.91)可得系统框图如图2.39所示。

令 $P = 0$,由图2.39可得到滑阀位移 x_v 与活塞位置 y 之间的传递函数:

$$\frac{Y(s)}{X_v(s)} = -\frac{K_q/A}{s\left(\dfrac{s^2}{\omega_h^2} + \dfrac{2\xi_h}{\omega_h}s + 1\right)} \tag{2.92}$$

令 $x_v = 0$,由图2.39可得到负载扰动 P 与活塞位置 y 之间的传递函数:

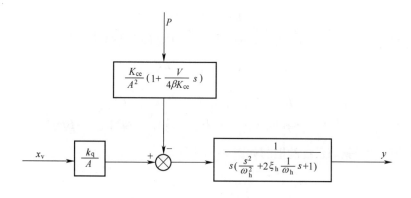

图 2.39 带惯性负载时阀控缸的框图

$$\frac{Y(s)}{P(s)} = -\frac{\dfrac{K_{ce}}{A^2}\left(1 + \dfrac{V_t}{4\beta K_{ce}}s\right)}{s\left(\dfrac{s^2}{\omega_h^2} + \dfrac{2\xi_h}{\omega_h}s + 1\right)} \tag{2.93}$$

（2）同时带有惯性负载和弹性负载的情况。

同时带有惯性负载和弹性负载的阀控缸系统如图 2.40 所示。此时三个基本方程中,只是活塞的力平衡方程中纯惯性负载改为弹性负载与惯性负载之和即可。故基本方程的拉普拉斯变换为

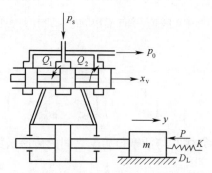

图 2.40 同时带惯性负载和弹性负载的阀控缸系统

$$Q_1 = K_q X_v - K_c P_1 \tag{2.94}$$

$$Q_1 = AsY + \frac{V_t}{4\beta}sP_1 + c_t P_1 \tag{2.95}$$

$$P_1 A = ms^2 Y + D_1 sY + KY + P \tag{2.96}$$

式中:K 为刚度。

同理,联解这三个方程,忽略小量,可得

$$Y = \frac{\dfrac{K_q}{A}x_v - \dfrac{K_{ce}}{A^2}\left(1 + \dfrac{1}{\omega_1}s\right)P}{\omega_2\left(1 + \dfrac{1}{\omega_r}s\right)\left(\dfrac{s^2}{\omega_0^2} + \dfrac{2\xi_0}{\omega_0}s + 1\right)} \tag{2.97}$$

式中

$$\omega_0 = \omega_h \sqrt{1 + \frac{KV_t}{4\beta A^2}}, \omega_r = \frac{K_{ce}}{A^2}\left(\frac{1}{K} + \frac{V_t}{4\beta A^2}\right)$$

$$\omega_1 = 4\beta K_{ce}/V_t, \omega_2 = KK_{ce}/A^2$$

$$\xi_0 = \frac{K_{ce}}{A}\left(1 + \frac{KV_t}{4\beta A^2}\right)^{-\frac{3}{2}} \cdot \left(\frac{\beta m}{V_t}\right)^{\frac{1}{2}} + \frac{D_1}{4A}\left(1 + \frac{KV_t}{4\beta A^2}\right)^{-\frac{1}{2}}\left(\frac{V_t}{\beta m}\right)^{\frac{1}{2}}$$

由式(2.97)可得驱动系统的框图如图 2.41 所示。

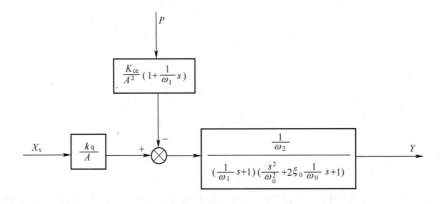

图 2.41　同时带惯性负载和弹性负载阀控缸的框图

令 $P = 0$,由图 2.41 可得滑阀位移 x_v 与活塞位置 y 之间的传递函数:

$$\frac{Y(s)}{X_v(s)} = -\frac{\dfrac{K_q}{A\omega_2}}{\left(\dfrac{1}{\omega_r}s + 1\right)\left(\dfrac{s^2}{\omega_0^2} + \dfrac{2\xi_0}{\omega_0}s + 1\right)} \tag{2.98}$$

令 $x_v = 0$,由图 2.41 可得负载 P 与活塞位置 y 之间的传递函数;

$$\frac{Y(s)}{P(s)} = -\frac{\dfrac{1}{\omega_2}\dfrac{K_{ce}}{A^2}\left(\dfrac{1}{\omega_r}s + 1\right)}{\left(\dfrac{1}{\omega_r}s + 1\right)\left(\dfrac{s^2}{\omega_0^2} + \dfrac{2\xi_0}{\omega_0}s + 1\right)} \tag{2.99}$$

（3）电液伺服阀控油缸。

电液伺服阀控制的油缸系统如图 2.42 所示。其动力学方程推导与普通阀控缸系统完全相同,三个基本方程中只需将表 2.2 中参数做对应替换外,其余完全相同:

$$Y = \frac{\dfrac{K_Q}{A}I - \dfrac{K_{ce}}{A^2}\left(1 + \dfrac{V_t}{4\beta K_{ce}}s\right)P}{s\left(\dfrac{s^2}{\omega_h^2} + \dfrac{2\xi_h}{\omega_h}s + 1\right)} \tag{2.100}$$

由式(2.100)可得系统框图如 2.43 所示。

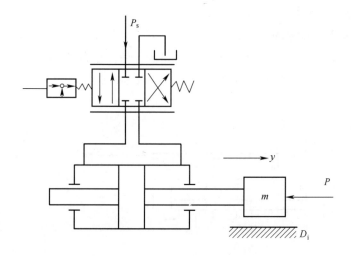

图 2.42　电液伺服阀控制的油缸

表 2.2　电液伺服阀控缸与普通阀控缸系统参数对应

普通阀控缸	伺服阀控制的油缸
K_q	K_Q
K_c	K_c
X_v	I
注:K_Q、K_c、i 分别为电液伺服阀控油缸的流量系数、压力流量系数和输入电流	

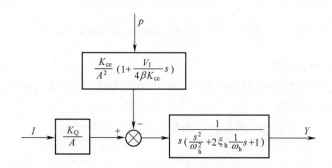

图 2.43　电液伺服阀控制的油缸系统框图

令 $P=0$,由图 2.43 可知,伺服阀输入电流 i 与活塞位置 y 之间的传递函数为

$$\frac{Y(s)}{I(s)} = -\frac{K_Q/A}{s\left(\dfrac{s^2}{\omega_h^2} + \dfrac{2\xi_h}{\omega_h}s + 1\right)} \tag{2.101}$$

令 $i=0$,由方框图可得外载 P 与活塞位置 y 之间的传递函数为

$$\frac{Y(s)}{P(s)} = \frac{-\dfrac{K_{ce}}{A^2}\left(1 + \dfrac{V_t}{4\beta K_{ce}}s\right)}{s\left(\dfrac{s^2}{\omega_h^2} + \dfrac{2\xi_h}{\omega_h}s + 1\right)} \tag{2.102}$$

2. 阀控马达系统数学模型

1）阀控马达系统的静态特性

阀控马达系统的原理如图 2.44 所示。只要将阀控液压缸的参数（表 2.3）替换为阀控马达系统的对应参数，便可由阀控缸系统的速度特性和机械特性公式得到阀控马达的静态特性。

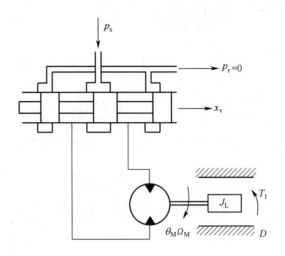

图 2.44　阀控马达

表 2.3　阀控液压缸与阀控马达系统参数对应

阀控缸	阀控马达	阀控缸	阀控马达
v	Q_M	R_T	T_t
A	q_r	p	T_v
注：Ω_M、q_r、T_t、T_v 分别为液压马达的角速度、每弧度排量、启动摩擦力矩和负载力矩			

2）阀控马达的动态特性

将阀控缸系统的参数替换成阀控马达系统的对应参数（表 2.4），便可得到阀控马达系统的三个基本方程和传递函数。

表 2.4　阀控缸与阀控马达系统参数对应关系

阀控缸	阀控马达	阀控缸	阀控马达
y	θ_M	M	J_1
A	q_r	c_t	c_M
P	T_1	—	—
注：θ_M 为输出转角；T_1 为负载力矩；J_1 为负载惯量；c_M 为泄漏系数			

（1）纯惯性负载情况。

三个基本方程为

$$Q_1 = K_q X_v - K_c P_1 \tag{2.103}$$

$$Q_1 = q_r \frac{\mathrm{d}\theta_M}{\mathrm{d}t} + \frac{V_t}{4\beta} \frac{\mathrm{d}P_l}{\mathrm{d}t} + c_M P_1 \tag{2.104}$$

$$p_1 q_r = J_1 \frac{\mathrm{d}^2 \theta_M}{\mathrm{d}t^2} + D_1 \frac{\mathrm{d}\theta_M}{\mathrm{d}t} + T_1 \tag{2.105}$$

通过拉普拉斯变换可得系统输入与输出关系：

$$\theta_M(s) = \frac{\dfrac{K_q}{q_r}X_v - \dfrac{K_{ce}}{q_r^2}\left(1 + \dfrac{V_t}{4\beta K_{ce}}s\right)T_1}{s\left(\dfrac{s^2}{\omega_h^2} + \dfrac{2\xi_h}{\omega_h}s + 1\right)} \tag{2.106}$$

式中

$$\omega_h = \sqrt{\frac{4\beta q_r}{V_t J_1}},\ \xi_h = \frac{K_{ce}}{q_r}\sqrt{\frac{\beta J_1}{V_t}} + \frac{D_1}{4q_r}\sqrt{\frac{V_t}{\beta J_1}},\ K_{ce} = K_c + c_M$$

由式(2.106)可得系统框图如 2.45 所示。

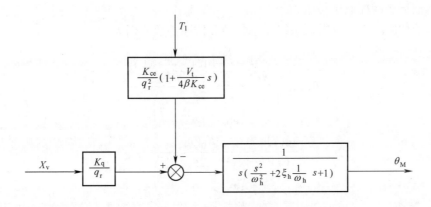

图 2.45　阀控马达框图

由图 2.45 可得系统传递函数：

$$\frac{\theta_M(s)}{X_v(s)} = \frac{\dfrac{K_q}{q_r}}{s\left(\dfrac{s^2}{\omega_h^2} + \dfrac{2\xi_h}{\omega_h}s + 1\right)} \tag{2.107}$$

$$\frac{\theta_M(s)}{T_1(s)} = \frac{\dfrac{K_{ce}}{q_r^2}\left(1 + \dfrac{V_t}{4\beta K_{ce}}s\right)}{s\left(\dfrac{s^2}{\omega_h^2} + \dfrac{2\xi_h}{\omega_h}s + 1\right)} \tag{2.108}$$

$$\theta_M(s) = \frac{\dfrac{K_q}{q_r}X_v - \dfrac{1}{q_r^2}\left(K_{ce} + \dfrac{V_t}{4\beta}s\right)T_1}{\omega_2\left(\dfrac{1}{\omega_r}s + 1\right)\left(\dfrac{s^2}{\omega_0^2} + \dfrac{2\xi_0}{\omega_0}s + 1\right)} \tag{2.109}$$

式中

$$\omega_0 = \omega_h\sqrt{1 + \frac{KV_t}{4\beta q_r^2}},\ \omega_r = \frac{K_{ce}}{q_r^2}\bigg/\left(\frac{1}{K} + \frac{V_t}{4\beta q_r^2}\right)$$

$$\omega_1 = 4\beta K_{ce}/V_t,\ \omega_2 = KK_{ce}/V_t$$

$$\xi_0 = \frac{K_{ce}}{q_r}\left(1 + \frac{KV_t}{4\beta q_r^2}\right)^{-\frac{3}{2}} \cdot \left(\frac{\beta J_1}{V_t}\right)^{\frac{1}{2}} + \frac{D_1}{4q_r}\left(1 + \frac{KV_t}{4\beta q_r^2}\right)^{-\frac{1}{2}}\left(\frac{V_t}{\beta J_1}\right)^{\frac{1}{2}}$$

$$\frac{\theta_M(s)}{X_v(s)} = \frac{K_q/q_r\omega_2}{\left(\dfrac{1}{\omega_r}s + 1\right)\left(\dfrac{s^2}{\omega_0^2} + \dfrac{2\xi_0}{\omega_0}s + 1\right)} \tag{2.110}$$

$$\frac{\theta_M(s)}{T_v(s)} = -\frac{\dfrac{1}{\omega_2}\dfrac{K_{ce}}{q_r^2}\left(\dfrac{1}{\omega_1}s + 1\right)}{\left(\dfrac{1}{\omega_r}s + 1\right)\left(\dfrac{s^2}{\omega_0^2} + \dfrac{2\xi_0}{\omega_0}s + 1\right)} \tag{2.111}$$

（2）电液伺服阀控液压马达。

参考电液伺服缸系统可得该系统动态特性和传递函数分别为

$$\theta_M(s) = \frac{\dfrac{K_Q}{q_r}I - \dfrac{K_{ce}}{q_r^2}\left(1 + \dfrac{V_t}{4\beta K_{ce}}s\right)T_1}{s\left(\dfrac{s^2}{\omega_h^2} + \dfrac{2\xi_h}{\omega_h}s + 1\right)} \tag{2.112}$$

$$\frac{\theta_M(s)}{I(s)} = \frac{K_Q/q_r}{s\left(\dfrac{s^2}{\omega_h^2} + \dfrac{2\xi_h}{\omega_h}s + 1\right)} \tag{2.113}$$

$$\frac{\theta_M(s)}{T_L(s)} = \frac{\dfrac{K_{ce}}{q_r^2}\left(1 + \dfrac{V_t}{4\beta K_{ce}}s\right)}{s\left(\dfrac{s^2}{\omega_h^2} + \dfrac{2\xi_h}{\omega_h}s + 1\right)} \tag{2.114}$$

3. 泵控液压马达系统数学模型

1）泵控液压马达系统的静态特性

（1）机械特性。

图 2.46 为泵控马达系统原理。系统的机械特性是指伺服泵输入斜盘的倾角一定时,液压马达输出角速度同负载转矩之间的关系,即

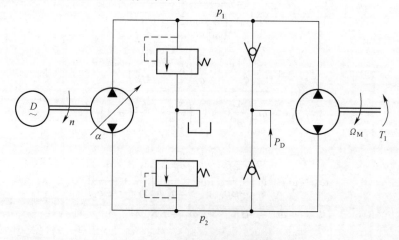

图 2.46　泵控马达系统原理

$$\Omega_M = f(T_1) \tag{2.115}$$

$$Q_H = Q_0 - Q_c - Q_n \tag{2.116}$$

式中:Q_H 为伺服泵的实际输出流量;Q_0 为泵的理论输出流量;Q_c 为伺服泵的泄漏流量;Q_n 为因原动机转速下降引起的流量损失。

$$Q_0 = K_H \alpha \tag{2.117}$$

$$Q_c = c_H \Delta p_H \tag{2.118}$$

$$Q_n = f(\Delta p_H, \alpha) \tag{2.119}$$

式中:α 为泵斜盘倾角;K_H 为泵的增益;c_H 为伺服泵的泄漏系数;Δp_H 为靠近泵的进、出口之间的压差。

当三相电动机在额定工作范围内工作时,可近似地认为 Q_n 与负载压差成正比,即

$$Q_n = f(\Delta p_H, \alpha) \approx c_0 \Delta p_H \tag{2.120}$$

将式(2.117)、式(2.118)和式(2.120)代入式(2.116),可得

$$Q_H = K_H \alpha - c_H \Delta p_H - c_0 \Delta p_H \tag{2.121}$$

式中:c_0 为与原动机转差率有关的系数。

由于液压马达同样存在泄漏,液压马达的输入流量可由下式计算:

$$Q = Q'_c + Q_M = c_M \Delta p_M + \frac{\Omega_M}{K_D} = c_M \Delta p_M + q_r \Omega_M \tag{2.122}$$

式中:Q'_c 为液压马达的泄漏流量;Q_M 为液压马达的理论流量;c_M 为液压马达的泄漏系数;Δp_M 为液压马达进、出口之间的压差;K_D 为液压马达的增益;Ω_M 为液压马达的输出速度。

液压马达的增益为

$$K_D = 1/q_r \tag{2.123}$$

式中:q_r 为液压马达每弧度的排量。

由于泵的实际输出流量等于马达的输入流量,故有

$$K_H \alpha - c_H \Delta p_H - c_0 \Delta p_H = c_M \Delta p_H + q_r \Omega_M \tag{2.124}$$

$$\Delta p_H = \Delta p_M + \Delta p_T \tag{2.125}$$

式中:Δp_T 为泵和液压马达之间管路压力损失。

当管路中的液流为层流时,有

$$\Delta p_T = K_H \alpha / G_{TP} \tag{2.126}$$

式中:G_{TP} 为管路的液导。

而液压马达进、出口端的压差为

$$\Delta p_M = \Delta p_K + \Delta p \tag{2.127}$$

式中:Δp_K 为液压马达通道的流动损失;Δp 为负载压差。

假设通过液压马达通道的液流为紊流,则

$$\Delta p_k = (K_H \alpha / G_k)^2 \tag{2.128}$$

$$\Delta p = \frac{T_1}{K_M} + \frac{D_M \Omega_M}{K_M} \tag{2.129}$$

$$K_M = q_r \tag{2.130}$$

式中:G_k 为液压马达通道的液导;T_1 为负载力矩;D_M 液压马达和负载的黏性阻尼系数;K_M 为液压马达的力矩系数。

将式(2.125)~式(2.130)代入式(2.124),可得

$$\Omega_{M} = K_{D}K_{H}\alpha\left[1 - \frac{c_{H}}{G_{TP}} - \frac{c_{0}}{G_{TP}} - (c_{H} + c_{M} + c_{0})\frac{K_{H}\alpha}{G_{k}^{2}}\right.$$

$$\left. - \frac{K_{D}(c_{H} + c_{M} + c_{0})}{K_{D}K_{H}\alpha}\frac{D_{M}\Omega_{M}}{K_{M}}\right] - K_{D}\frac{T_{1}}{K_{M}}(c_{H} + c_{M} + c_{0}) \qquad (2.131)$$

由于

$$\frac{K_{D}(c_{H} + c_{M} + c_{0})}{K_{D}K_{H}\alpha}\frac{D_{M}\Omega_{M}}{K_{M}} \approx \frac{K_{D}(c_{H} + c_{M} + c_{0})}{K_{M}}D_{M}$$

则得泵控液压马达的机械特性方程:

$$\Omega_{M} = K_{D}K_{H}\alpha\left[1 - \frac{c_{H}}{G_{TP}} - \frac{c_{0}}{G_{TP}} - (c_{H} + c_{M} + c_{0})\frac{K_{H}\alpha}{G_{k}^{2}}\right.$$

$$\left. - \frac{K_{D}(c_{H} + c_{M} + c_{0})}{K_{M}}D_{M}\right] - K_{D}\frac{T_{1}}{K_{M}}(c_{H} + c_{M} + c_{0}) \qquad (2.132)$$

由式(2.132)表示的机械特性如图2.47所示。

在进行动态分析时,可取机械特性的斜率来计算系统的等效泄漏系数,即

$$c = \left|\frac{\mathrm{d}\Omega_{M}}{\mathrm{d}T_{1}}\right|q_{r}^{2} \qquad (2.133)$$

式(2.133)右边第一项为机械特性的斜率。

(2)速度特性。

速度特性是指在空载情况下,液压马达的输出速度与液压伺服泵输入倾斜角之间的关系。速度特性可由式(2.132)引申而来,当泵和液压马达之间管道很短,且液压马达通道阻力很小时,有

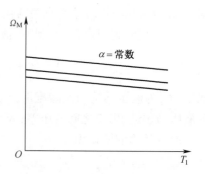

图2.47 泵控液压马达的机械特性

$$d_{k} = 1 - \frac{C_{H}}{G_{TP}} - (c_{H} + c_{M} + c_{0})\frac{K_{H}\alpha}{G_{k}^{2}} - \frac{K_{P}(c_{H} + c_{M} + c_{0})}{K_{M}}D_{M} \approx 1$$

$$K_{\Omega} = K_{D}K_{H}d_{k} \approx K_{D}K_{H}$$

对于速度特性,令负载力矩T_{1}等于液压马达的启动摩擦力矩T_{t},同时考虑伺服泵的死区$\Delta\alpha$,便可得到泵控马达的速度特性方程:

$$\Omega_{M} = K_{\Omega}(\alpha \pm \Delta\alpha) - K_{D}\frac{T_{t}}{K_{M}}(c_{H} + c_{M} + c_{0}) \qquad (2.134)$$

令$\Omega_{M} = 0$,伺服泵服泵倾角最大时为泵控液压马达的死区,则

$$\Delta\alpha' = \Delta\alpha + \frac{K_{D}}{K_{\Omega}}\frac{T_{t}}{K_{M}}(c_{H} + c_{M} + c_{0}) \qquad (2.135)$$

泵控马达系统的速度特性如图2.48所示。

2)泵控马达系统的动态特性

基本方程1为

$$Q_{0} = K_{H}\alpha \qquad (2.136)$$

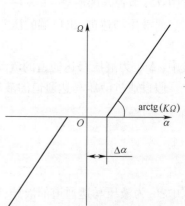

图2.48 泵控液压马达的速度特性

式中:K_H 为液压伺服泵的流量增益。

带惯性负载的泵控液压马达系统如图 2.49 所示。伺服泵输出流量与斜盘倾角成正比。

当 $\alpha \neq 0$ 时,一侧管路处于压力状态,另一侧管路保持在补油压力上。因此,斜盘摆动或者负载变化时,只有一侧管路的压力是变化的。这时伺服泵输出流量即为基本方程式 2:

$$Q_0 = \frac{V}{\beta}\frac{\mathrm{d}p_1}{\mathrm{d}t} + Q_c + Q_M = \frac{V}{\beta}\frac{\mathrm{d}p_1}{\mathrm{d}t} + cp_1 + q_r\frac{\mathrm{d}\theta_M}{\mathrm{d}t} \tag{2.137}$$

式中:V 为泵控液压马达一侧管路的容积;Q_c 为泵控液压马达的泄漏流量;Q_M 为泵控液压马达转动所消耗的流量;c 为泵控液压马达的等效漏损系数。

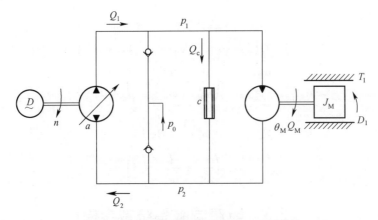

图 2.49 带惯性负载的泵控液压马达系统

由牛顿定理可得泵控液压马达的力矩平衡方程,即基本方程 3:

$$q_r p_1 = J_M\frac{\mathrm{d}^2\theta_M}{\mathrm{d}t^2} + D\frac{\mathrm{d}\theta_M}{\mathrm{d}} + T_1 \tag{2.138}$$

对泵控液压马达系统的三个基本方程进行拉普拉斯变换,可求得泵控马达系统的动力响应方程和传递函数动力响应方程(拉普拉斯变换形式):

$$
\theta_M(s) = \frac{\dfrac{K_H q_r}{q_r^2 + cD_t}\alpha - \dfrac{c}{q_r^2 + cD_1}\left(1 + \dfrac{V}{\beta c}s\right)T_1}{s\left[\dfrac{V}{\beta}\dfrac{J_1}{q_{r1}^2}s^2 + \left(\dfrac{cJ_1}{q_r} + \dfrac{V}{\beta}\dfrac{D_1}{q_r}\right)\dfrac{q_r}{q_r^2 + cD_1}s + 1\right]}
$$

$$
\approx \frac{\dfrac{K_H}{q_r^2}\alpha - \dfrac{1}{q_r^2}\left(c + \dfrac{V}{\beta}s\right)T_1}{s\left(\dfrac{s^2}{\omega_h^2} + \dfrac{2\xi_h}{\omega_h}s + 1\right)}
\tag{2.139}
$$

式中:ω_h 为泵控马达无阻尼液压固有频率,$\omega_h = \sqrt{\dfrac{\beta q_r^2}{VJ_1}}$;$\xi_h$ 为泵控马达的液压阻尼比,$\xi_h = \dfrac{c}{2q_r}$

$\sqrt{\dfrac{\beta J_1}{V}} + \dfrac{D_1}{2q_r}\sqrt{\dfrac{V_t}{\beta J_2}}$。

由式(2.139)可得泵控液压马达系统的框图如图 2.50 所示。

由图 2.50 可得系统的传递函数:

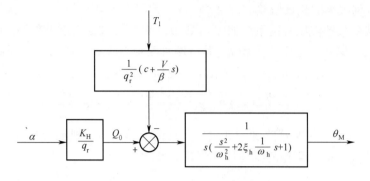

图 2.50 泵控液压马达系统框图

$$\frac{\theta_M(s)}{\alpha(s)} = \frac{K_H/q_r}{s\left(\dfrac{s^2}{\omega_h^2} + \dfrac{2\xi_h}{\omega_h}s + 1\right)} \qquad (2.140)$$

$$\frac{\theta_M(s)}{T_1(s)} = \frac{\dfrac{c}{q_r^2}\left(1 + \dfrac{V}{\beta c}s\right)}{s\left(\dfrac{s^2}{\omega_h^2} + \dfrac{2\xi_h}{\omega_h}s + 1\right)} \qquad (2.141)$$

2.5 电液伺服系统数学模型

电液伺服系统的基本原理如图 2.51 所示,将输入指令电压 u_r 与反馈测量传感器提供的反馈电压 u_f 相比较,误差值经伺服放大器放大后,转换为伺服阀的控制电流。

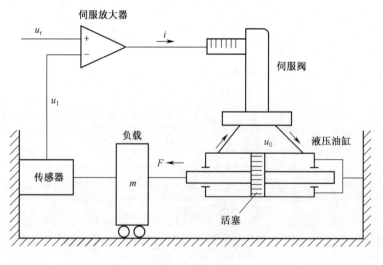

图 2.51 电液伺服系统基本原理

伺服阀的阀芯位移与控制电流 i 成正比,以控制阀开口的方向和大小,从而控制进入液压油缸的油流方向和大小,推动活塞与负载一起向减小误差的方向移动,构成了电液伺服反馈控制系统。

伺服阀静特性如图 2.52 所示。在平衡位置附近($i=0,\Delta p=0,q=0$),可得到线性化方程

$$q = K_1 i - K_2 \Delta p \qquad (2.142)$$

式中:q 为流入油缸的油液流量(L/min);i 为直流力矩马达电枢电流(mA);Δp 为活塞左、右两边的油压差(Pa);K_1、K_2 为系数。

根据流量连续性原理,q 由以下三部组成:

$$q = q_0 + q_L + q_c \qquad (2.143)$$

式中:q_0 为推动活塞移动的有效流量;q_L 为通过活塞与内壁之间的缝隙而泄漏的流量;q_c 为油缸及管道内的油液(包括混入的空气在内)的可压缩性而需要增加的流量。

$$q_0 = A \frac{\mathrm{d}u}{\mathrm{d}t} \qquad (2.144)$$

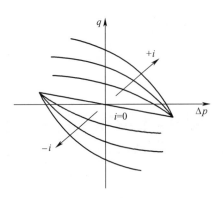

图 2.52　伺服阀静特性

式中:A 为活塞的有效面积(扣除了活塞杆);u 为活塞位移。

$$q_L = L \cdot \Delta p \qquad (2.145)$$

式中:L 为泄漏系数。

$$q_c = \frac{V}{4\beta} \frac{\mathrm{d}\Delta p}{\mathrm{d}t} \qquad (2.146)$$

式中:V 为液压缸的等效压缩体积 $V = V_1 + V_2$;β 为系统有效容积弹性模量。

将式(2.144)~式(2.146)代入式(2.143)可得

$$q = A \frac{\mathrm{d}y}{\mathrm{d}t} + L\Delta p + \frac{V}{4\beta} \frac{\mathrm{d}\Delta p}{\mathrm{d}t} \qquad (2.147)$$

将式(2.142)代入式(2.147)可得

$$A \frac{\mathrm{d}y}{\mathrm{d}t} + L\Delta p + \frac{V}{4\beta} \frac{\mathrm{d}\Delta p}{\mathrm{d}t} = K_1 i - K_2 \Delta p \qquad (2.148)$$

由牛顿定律可得活塞的受力平衡方程:

$$m \frac{\mathrm{d}^2 y}{\mathrm{d}t^2} + f \frac{\mathrm{d}y}{\mathrm{d}t} + Ky = A\Delta p - f_d \qquad (2.149)$$

式中:m 为活塞及活塞杆质量;f 为阻尼系数;K 为弹簧刚度;f_d 为外载荷。

对式(2.148)、式(2.149)进行拉普拉斯变换,可得

$$\left(\frac{V}{4\beta}s + L + K_2 \right) \Delta P(s) = K_1 I(s) - AsY(s)$$

$$(ms^2 + fs + K)Y(s) = A\Delta P(s) - F_d(s)$$

联立求解上面两式可得

$$Y(s) = \frac{K_1 A I(s) - \left(\frac{V}{4\beta}s + L + K_2 \right) F_d(s)}{\frac{mV}{4\beta}s^3 + \left[\frac{fV}{4\beta} + m(L + K_2) \right]s^2 + \left[\frac{KV}{4\beta} + m(L + K_2)A^2 \right]s + K(L + K_2)} \qquad (2.150)$$

由式(2.150)可得阀控油缸系统框图如图 2.53 所示。

以位置伺服系统为例,此时,液压执行装置的输入量为电流 i,输出量为位移 y,若负载为纯质量块 $m(f = k = 0)$。式(2.150)可简化为

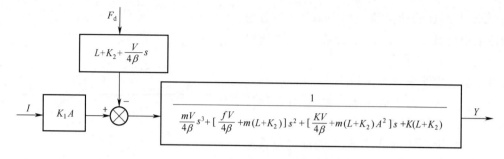

图 2.53 阀控油缸系统框图

$$R(s) = \frac{\frac{K_1}{A}\omega_n I(s) - \frac{1}{m}(s + 2\xi\omega_n)F_d(s)}{s(s^2 + 2\xi\omega_n s + \omega_n^2)} \tag{2.151}$$

式中

$$\omega_n = A\sqrt{\frac{4\beta}{mV}}, \xi = \frac{L + K_2}{2A}\sqrt{\frac{4\beta m}{V}}$$

令 K_s、K_f 分别为伺服放大器和位置反馈测量传感器的增益,则电液位置伺服系统传统的传递函数框图如图 2.54 所示。由图 2.54 可得系统闭环传递函数为

$$\frac{Y(s)}{U_r(s)} = \frac{K_s K_1 \omega_n^2 / A}{s^3 + 2\xi\omega_n s^2 + \omega_n^2 s + K_f K_s K_1 \omega_n^2 / A} \tag{2.152}$$

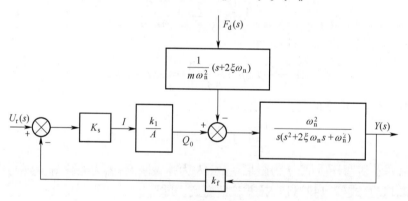

图 2.54 阀控马达框图

通过以上介绍可以看出,建立系统模型一般先建立各个部分的模型,然后将其有机联系起来,即完成了系统模型建立工作。

2.6 机电液系统仿真软件简介

1. 各个领域仿真软件

(1) ADAMS(Automatic Dynamics Analysis of Mechanical Systems):机械系统动力学分析软件,美国 MDI 公司开发,其中有车辆工程专用模块。

(2) AMESim(Advanced Modeling Enviroment for Simulation of Engineering System):法国 Imagine公司开发,为流体、液体、气体、机械、控制、电磁等工程系统提供一个较完善的综合仿

真环境及较灵活的解决方案。

（3）MATLAB：是美国 MathWorks 公司产品，是一体化的仿真平台，有各种工具箱供许多领域的研究者使用。

（4）其他软件：ABAQUS、LabView、NASTRAN、ANSYS/Fluent 等可供机械、流体、测控等一些不同领域计算仿真使用。

2. 多领域系统联合仿真

多领域建模与仿真是指将来自于机械、控制、液压、气动、电子、软件等不同学科领域的模型组装成为一个整体模型，并对其进行仿真分析。

1）多领域系统联合仿真技术

机电液一体化系统联合仿真技术是虚拟样机技术的一个分支，其联合仿真是指在不同专业软件环境下，建立诸如多体系统模型、控制器模型等，将它们构成开环/闭环系统的整机模型进行仿真分析，如图 2.55 所示。因此，需要机械、电子、液压等多个领域的设计者密切配合。

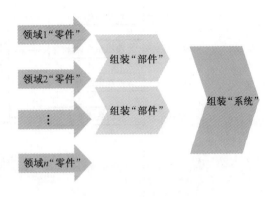

图 2.55　多领域系统联合仿真

2）多领域系统建模与仿真方法

（1）基于软件接口的方法。基于软件接口的多领域建模与仿真方法，首先采用本领域商用仿真软件进行本学科领域的建模，然后利用各领域商用仿真软件之间的接口实现多领域建模，最后利用"协同仿真运行"，获取仿真运行结果。例如，AMESim、MATLAB/Simulink、ADAMS 等软件的接口，实现机械多体系统动力学、液压与控制等系统的多领域建模与仿真。

（2）基于统一语言的方法。

① 基于方程式的方法：各领域商用仿真软件具有可视化功能，并能够将各个不同学科领域仿真模型转化成对应的微分和代数方程组，合成一个完整的方程组（耦合方程），即可以实现多领域建模。而后，可利用单个求解器对耦合方程进行求解，即可获得仿真结果。

② 基于多极点的方法：将涉及多个不同学科领域的系统表示成相互交互的元素（如子系统、部件、零件等）网络。每个元素利用已知的内部方程进行描述，而元素之间的交互则利用有关的变量和规则进行描述，从而实现多领域建模。

③ 基于功率键合图（BOND）的方法：类似于基于多极点的方法。

④ Modelica 语言建模方法：采用数学方程描述不同领域子系统的物理模型和现象，根据物理系统的拓扑结构，基于语言内在的组件连接机制实现系统模型构成和多领域集成，通过求解微分代数方程系统实现仿真运行。

建模工具：Dymola（瑞典）；MathModelica（瑞典）。

（3）基于高层体系结构（HLA）的方法。以子系统模型与参数关联关系的建立为基础进行建模（与基于接口的方法相同）。在子系统模型间的联合仿真方式上与基于接口的方法有所不同。

3）多领域系统联合仿真特点

其特点是：涉及多个学科领域；仿真手段或类别多，既有单领域仿真，又有多领域协同仿真；仿真模型以物理模型为主，也有少量用于性能仿真的数学模型，联合仿真之间需要实现部分模型的共享、重用与互操作;多数仿真分析属于异步联合仿真,仿真过程之间的耦合度较低,对联合仿真的实时性要求不高;仿真之间存在着协调关系(数据需求与信息共享);所涉及的仿真软件较多。

机电产品研发过程如图 2.56 所示。

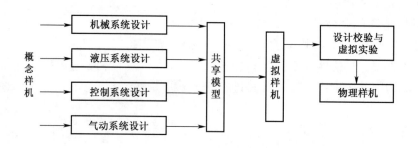

图 2.56　机电产品研发过程

思 考 题

1. 从机电液控制角度讲,基本机械系统和电路系统有哪些? 基本的液压系统有哪些?
2. 谈谈对建立数学模型的认识。
3. 谈谈如何建立一个较复杂机电液系统的数学模型。

第3章

车辆工程中常用检测元件
与执行机构

本章介绍车辆工程中常用的传感器及其主要测控系统中常用的执行机构,它们是汽车机电液一体化设计的基础。

3.1 车辆工程中常用的传感器

3.1.1 工程测控中常用的传感器

  传感器是将被测物理量转换为与之相对应的,容易检测、传输或处理的电信号的装置。传感器是测试系统的首要环节,也是测控系统的重要环节,传感器的性能直接影响整个测试与控制系统的工作可靠性。机械工程中常用的传感器按工作原理可分为两大类:一类是发电式传感器,它将非电量转换为电动势,因此不需要额外的电源即可正常工作;另一类需要供电才能工作。第一类传感器如压电式传感器、光电式传感器、热电式传感器,第二类传感器如电阻应变片式传感器与磁电式传感器、电感式传感器、电容式传感器。这些传感器在"测试技术"课程中都已经接触过,因此,其原理不再赘述。

  霍耳传感器在"测试技术"课程中一般较少涉及,因此在此介绍其基本原理。霍耳元件的工作原理如图 3.1 所示。由图可知,霍耳元件为一种半导体薄片,四端均有引出线。其工作原理是:当在其 a、b 端以电流激励并有垂直于薄片的磁场作用时,在垂直于电流和磁场方向的 c、d 端会产生与激励电流 I 和磁场强度 H 乘积成正比的电动势,这种现象称为霍耳效应,该半导体薄片称为霍耳元件,所产生的电动势 E_H 称为霍耳电动势。霍耳电动势为

$$E_H = K_H I \times H \qquad (3.1)$$

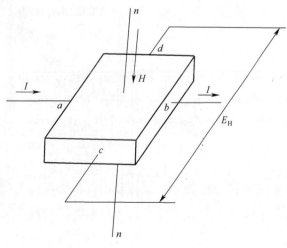

图 3.1　霍耳元件工作原理

式中:K_H为霍耳参数。

将霍耳元件、放大器、稳压电源、功能电路及输出电路集成在一个芯片上,就构成了霍耳集成电路。霍耳集成电路可分为线性和开关型两类。汽车上所装用的霍耳集成电路一般为开关型。

3.1.2 空气流量传感器结构与工作原理

发动机电子控制系统中很重要的一项控制内容是最佳空燃比控制。为此,必须对发动机进气空气流量进行精确测量,即采用空气流量传感器组成系统进行测量。目前常用的空气流量传感器有风门式空气流量计、卡门旋涡式空气流量计、热线式空气流量计和热膜式空气流量计。

1. 风门式空气流量计

风门式空气流量计安装在空气滤清器和节气门之间,其作用是检测吸入空气量,并把检测结果转换成电信号。

风门式空气流量计由两大部分组成:一是担任检测任务的风门部分;二是担任转换任务的电位计。风门式空气流量计结构如图3.2所示,工作原理如图3.3所示。

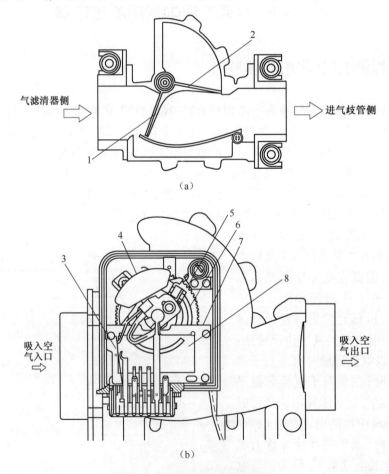

图 3.2 风门式空气流量计结构

(a)风门;(b)电位计

1—测量叶片;2—缓冲叶片;3—电动汽油泵开关;4—平衡配重;5—调整齿圈;6—回位弹簧;7—电位计;8—印制电路板。

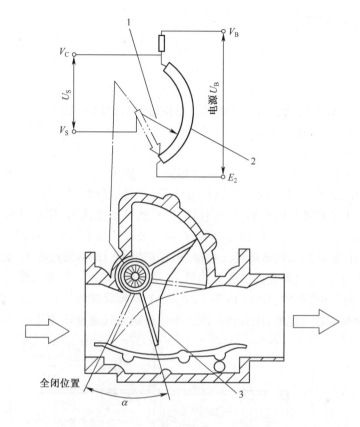

图 3.3　风门式空气流量计工作原理

1—电位计滑臂;2—电位计镀膜电阻;3—风门叶片。

由图 3.2 可知,空气流量计的风门部分由测量叶片、缓冲叶片及壳体组成。测量叶片随空气流量的变化在空气主通道内偏转。电位计部分主要由电位计、回位弹簧、调整齿圈等部分组成。由于电位计与风门叶片是同轴的,所以当叶片偏转时,电位计滑臂必然转动。由于转轴一端装有螺旋回位弹簧,当其弹力与吸入空气气流对测量叶片产生的推力平衡时,风门叶片就会处于某一稳定偏转位置,而电位计滑臂也处于镀膜电阻的某一对应位置。由图 3.3 可以看出,电位计滑臂对电源的分压输出 U_s 即代表此时的空气流量。把此电压经 A/D 转换后送计算机,计算机依据空气量的多少,经过运算、处理,确定应该喷射的汽油量,并经执行器控制喷油,从而得到最佳空燃比。该种空气流量计的结构简单、可靠性高,但进气阻力大,响应较慢且体积较大。

2. 卡门旋涡式空气流量计

利用流体因附面层的分离作用而交替产生的一种自然振荡型旋涡(卡门旋涡)原理测量气体流速,并通过流速的测量直接反映空气流量的流量计,称为卡门旋涡式空气流量计。

卡门旋涡的原理:当流体中放置一个柱状物体时,在柱状物体的下游就会产生如图 3.4 所示的两列旋转方向相反,并交替出现的旋涡。对于一具体的卡门旋涡式空气流量计,有关系式

$$q_v = kf \tag{3.2}$$

式中:q_v 为体积流量;f 为单列旋涡产生的频率;k 为比例常数,与管道直径、圆柱体直径等有关。

图 3.4　卡门旋涡产生的原理

从式(3.2)可知,体积流量与卡门旋涡流量传感器的输出频率成正比。利用这一原理,只要检测卡门旋涡的频率,就可以求出空气流量。常用的有光学式卡门旋涡空气流量计和超声波式卡门旋涡空气流量计。

光学式卡门旋涡空气流量计的工作原理如图 3.5 所示。由图可知,这种空气流量计主要由管路、旋涡发生器、整流栅、导孔、金属箔板弹簧、发光二极管(LED)、光敏晶体管等部分组成。它是利用光电原理进行信号检测与转换的。光的粒子说认为,光是具有一定能量的粒子流,这些粒子即为光子。当物体受到光照射时,由于吸收了光子的能量而产生的效应称为光电效应。光学式卡门旋涡空气流量计的工作原理:在产生卡门旋涡的过程中,旋涡发生器两侧的空气压力会发生变化,通过导孔作用在金属箔上,从而使其振动,发光二极管的光照在振动的金属箔上时,光敏晶体管接收到的金属箔上的反射光是被旋涡调制的光,其输出经解调得到代表空气流量的频率信号。此外,还有超声波式卡门旋涡空气流量计,如图 3.6 所示。

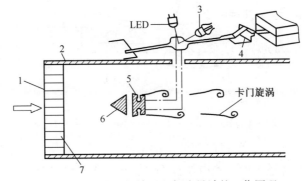

图 3.5　光学式卡门旋涡空气流量计的工作原理

1—空气进口;2—管路;3—光敏晶体管;4—板弹簧;5—导孔;6—旋涡发生器;7—整流栅。

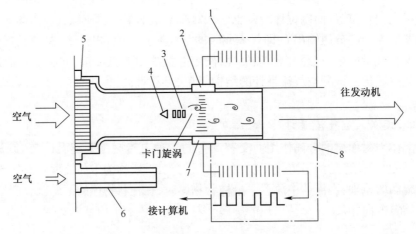

图 3.6　超声波式卡门旋涡空气流量计

1—超声波信号发生器;2—超声波发射探头;3—涡流稳定板;4—涡流发生器;
5—整流器;6—空气辅助通道;7—超声波接收探头;8—转换电路。

3. 热线式空气流量计

热线式空气流量计的基本构成包括感知空气流量的白金热线、根据进气温度进行修正的温度补偿电阻(冷线)、控制热线电流的控制电路以及壳体等。根据白金热线在壳体内安装的部位不同，可分为安装在空气主通道内的主流测量方式和安装在空气旁通道内的旁通测量方式。这种空气流量计由于无运动部件，因此工作可靠，而且响应特性较好；缺点是在流速分布不均匀时误差较大。

图 3.7 为采用主流测量方式的热线式空气流量计结构和工作原理图。由图可知，取样管置于主空气通道中央，两端有防护网，白金热线电阻 R_H 布置在一个支撑环内，其阻值随温度变化，热线支撑环前后端分别安装作为温度补偿的冷线电阻 R_K 和作为惠斯登电桥臂的精密电阻 R_A，电桥另外一个臂是安装在控制电路板上的精密电阻 R_B。R_H、R_K、R_A、R_B 共同组成惠斯登电桥；电桥的两个对角线分别接控制电路的输入和输出。当无空气流动时，电桥处于平衡状态，控制电路输出某一加热电流至热线电阻 R_H；当有空气流动时，由于 R_H 的热量被空气吸收而变冷，其电阻值发生变化，电桥失去平衡，如果保持热线电阻与吸入空气的温差不变并为一定值(通常为 100℃)，就必须增加流过热线电阻的电流 I_H。因此，热线电流 I_H 就是空气质量流量的函数。实际工作中，代表空气流量的加热电流是通过电桥中的 R_A 转换成电压输出的。该空气流量计的工作过程：当空气流量发生变化时，引起 R_H 值的变化，电桥失去平衡，其输出电位差发生变化；控制电路根据电桥输出电位差的变化调整加热电流 I_A，使电桥处于新的稳定状态，并且在 R_A 上得到代表空气流量的新的电压输出。

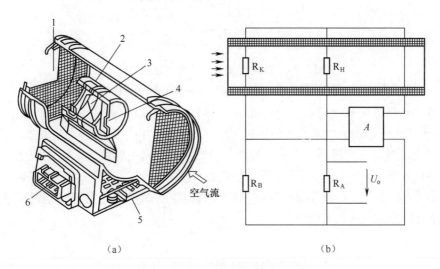

图 3.7　热线式空气流量计结构和工作原理
(a)结构；(b)工作原理
1—防护网；2—取样管；3—白金热丝；4—温度补偿电阻；5—控制电路板；6—电插头。

4. 热膜式空气流量计

热膜式空气流量计的工作原理与热线式空气流量计类似，都是用惠斯登电桥工作的。

3.1.3　压力传感器

在汽车上，压力传感器的作用：一是气压的检测，包括进气真空度、大气压力、汽缸内的气压及轮胎气压等;二是油压的检测,包括变速箱油压、制动阀油压及悬挂油压等。能够用于压力检测的传感器有电阻应变片、电容式传感器、电感式传感器、压电式多种传感器。

1. 电容式压力传感器

图3.8为差动电容式进气压力传感器的结构。由图可知,这种电容式压力传感器由置于空腔内的动片(弹性金属膜片)、两个定片(弹性膜片上、下凹玻璃上的金属涂层)、输出端子和壳体等组成,其动片与两个定片之间形成两个串联的电容。当进气压力作用于弹性膜片时,弹性膜片产生位移,与一个定片距离减小,而与另一个定片的距离加大,则一个电容量增加,另一个电容量减小,从而把压力的变化转换成电容量的变化。在图3.8中,如果弹性膜片置于被测压力与大气压之间(弹性膜片上部空腔通大气),测得的是表压力;如果弹性膜片置于被测压力与真空之间(弹性膜片上部空腔为真空),测得的是绝对压力。

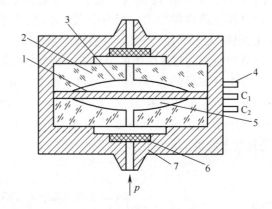

图3.8 差动电容式进气压力传感器结构

1—弹性膜片;2—凹玻璃圆片;3—金属涂层;4—输出端子;5—空腔;6—过滤器;7—壳体。

与电容式传感器配合使用的测量电路有多种,如电容电桥、谐振电路等。以电桥电路为例,差动电容式传感器测量电路的工作原理如图3.9所示。由于电容是交流参数,所以电桥通过变压器用交流激励。变压器二次侧两线圈与差动结构的两电容组成电桥,当无进气压力时,电桥处于平衡状态,两电容值相等并且为 C_0;当有压力作用时,其中一个电容值为 $C_0 + \Delta C$,另一个电容值为 $C_0 - \Delta C$(ΔC 为外部压力作用时引起的电容值的变化量),则电桥失去平衡,电桥产生代表进气压力的电压输出 U_o。

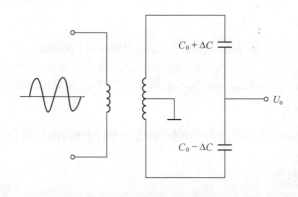

图3.9 差动电容式传感器的测量电路

2. 差动变压器式进气压力传感器

差动变压器是一种开磁路互感式电感传感器,由于其具有两个接成差动结构的二次线圈,所以又称为差动变压器,如图 3.10 所示。

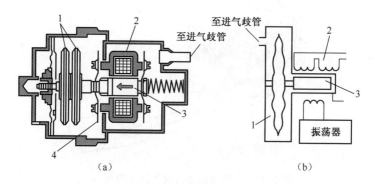

图 3.10　差动变压器式进气压力传感器

(a)结构;(b)工作原理。

1—膜盒;2—差动变压器;3—铁芯;4—回位弹簧。

图 3.11 为差动变压器的测量电路常用相敏整流器(也称相敏检波器)。相敏整流输出的信号经滤波、放大后,即可送计算机进行处理。

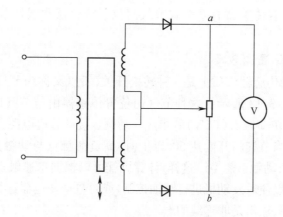

图 3.11　差动变压器相敏整流电路

3. 半导体应变式进气压力传感器

半导体应变式进气压力传感器(绝对压力传感器)是利用半导体的应变效应工作的,电阻应变片是利用应变效应原理,由高电阻率金属电阻丝或经光刻、蒸镀等工艺制作的高电阻率电阻的一种片状电阻传感器。

半导体应变片是利用半导体材料当在其轴向施加一定载荷产生应力时,它的电阻率会发生变化的压阻效应原理工作的。由半导体应变片构成的进气压力传感器的结构如图 3.12 所示。半导体应变式进气压力传感器主要由半导体应变片、真空室、混合集成电路板和外壳等组成。半导体应变片是在一个膜片上用半导体工艺制作四个等值电阻,并且接成电阻电桥。该半导体电阻电桥应变片置于一个真空室内,在进气压力作用下,应变片产生变形,电阻值发生变化,电桥失去平衡,从而将进气压力的变化转换成电阻电桥输出电压的变化。

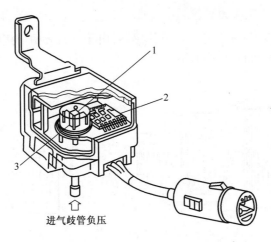

图 3.12 半导体应变片进气压力传感器
1—半导体应变片;2—混合集成电路;3—真空室。

3.1.4 节气门位置传感器

节气门位置传感器安装在节气门体上,它将节气门开度转换成电压信号输出,以便计算机控制喷油量。节气门位置传感器有开关式节气门位置传感器和线性节气门位置传感器两种类型。

1. 开关式节气门位置传感器

开关式节气门位置传感器实质上是一种转换开关,所以又称为节气门开关。开关式节气门位置传感器结构如图 3.13 所示。这种节气门位置传感器由与节气门轴联动的凸轮、动触点、怠速触点(IDL)、满负荷触点(PSW)等组成。动触点接计算机电源,当节气门全关闭时,怠速触点与动触点接通;当节气门开度达 50°以上时,满负荷触点与动触点接通;而当节气门开度在全闭至 50°之间时,动触点悬空。这样,计算机就可以根据怠速触点和满负荷触点提供的信号判断节气门位置,以便对发动机进行喷油控制,或对自动变速器进行控制。该种节气门位置传感器结构比较简单,输出是非连续的。

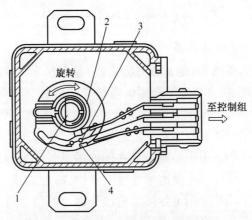

图 3.13 开关式节气门位置传感器结构
1—节气门轴;2—满负荷触点;3—动触点;4—怠速触点。

2. 线性节气门位置传感器

线性节气门位置传感器装在节气门上,可以连续检测节气门的开度。图 3.14 为该种传感器的结构、等效电路及输出特性。由图可知,它由与节气门轴联动的电位器、怠速触点及外壳等组成。电位器的动触点(节气门开度输出触点)随节气门开度在电阻膜上滑动,从而在该触点上(V_{TA}端子)得到与节气门开度成比例的线性电压输出,如图 3.14(c)所示。当节气门全闭时,另外一个与节气门联动的动触点与怠速输出触点接通,传感器输出怠速信号。节气门位置输出的线性电压信号经 A/D 转换后送计算机。

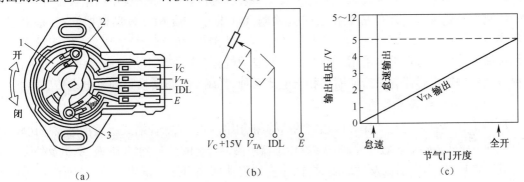

(a)   (b)   (c)

图 3.14 线性节气门位置传感器结构、等效电路及输出特性
(a)结构;(b)等效电路;(c)输出特性。
1—电阻膜;2—节气门开度输出动触点;3—怠速动触点。

3.1.5 温度传感器

为了获得发动机的热状态,计算进气的质量流量及进行排气净化处理,需要有能够连续、精确地测量冷却水温度、进气温度与排气温度的传感器。温度传感器的种类很多,如热敏电阻式、半导体二极管式、热电偶式等。

热敏电阻是指电阻对温度敏感,当作用在电阻上的温度发生变化时,阻值会随温度变化。随温度升高阻值增加的为正温度系数(PTC)型热敏电阻;而随温度升高阻值减少的为负温度系数(NTC)型热敏电阻。热敏电阻温度传感器结构如图 3.15 所示。

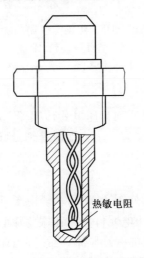

热敏电阻

图 3.15 热敏电阻温度传感器结构

热敏电阻温度传感器的测量电路比较简单,只要把传感器与一个精密电阻串联接到一个稳定的电源上,就能够用串联电阻的分压输出反映温度的变化。热敏电阻温度传感器可以用于冷却水温度、进气温度、排气温度等的检测。

3.1.6 爆震传感器

爆震传感器用来检测发动机有无爆震发生,是发动机集中控制系统中的重要部件。

检测发动机爆震通常有三种路径:一是检测汽缸压力;二是检测发动机振动;三是检测燃烧噪声。检测汽缸压力存在的主要问题是传感器安装困难,而且耐久性差。而检测噪声的方法因灵敏度与精度低也很少采用。现常用检测发动机振动的方法来判断有无爆震。采用振动检测方法的爆震传感器有磁滞伸缩式和压电式两种,都属于能量转换型即发电型传感器。

1. 磁滞伸缩式爆震传感器

如图3.16为磁滞伸缩式爆震传感器的结构和输出特性。磁滞伸缩式爆震传感器应用较早,它是一种电感式传感器。磁滞伸缩式爆震传感器由高镍合金的铁芯、永久磁铁、绕组及外壳等组成。其工作原理:当发动机发生爆震时,铁芯受到震动使绕组磁通发生变化,从而产生感应电动势。当传感器的固有振荡频率与发动机爆震时的振动频率相同时,传感器输出最大信号。

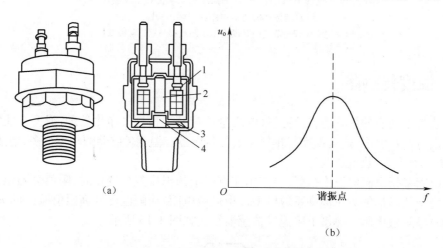

（a）　　　　　　　（b）

图3.16　磁滞伸缩式爆震传感器结构和输出特性

（a）结构　（b）输出特性

1—绕组;2—铁芯;3—外壳;4—永久磁铁。

2. 压电式爆震传感器

利用压电效应原理制成的传感器称为压电式传感器。压电式传感器是一种力敏元件,凡是能够变换为力的动态物理量,如应力、压力、加速度等,均可进行检测。压电式爆震传感器可分为共振型和非共振型两种。

1）共振型压电式爆震传感器

共振型压电式爆震传感器结构如图3.17所示。由图可知,共振型压式爆震传感器由压电元件、振荡片、基座、外壳等组成。压电元件紧贴在振荡片上,振荡片固定在基座上。选择振荡片的固有频率与被测发动机爆震时的振动频率一致,则当爆震发生时两者共振,压电元件有最大谐振输出。输出特性与磁滞伸缩式爆震传感器类似。

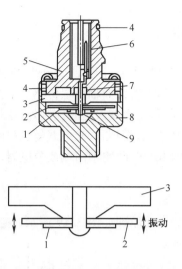

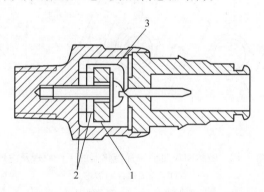

图 3.17　共振型压电式爆震传感器结构

1—压电元件；2—振荡片；3—基座；4—O 形环；5—连接器；6—接头；7—密封剂；8—外壳；9—引线。

2）非共振型压电式爆震传感器

非共振型压电式爆震传感器实际上是一种加速度传感器，它是以接收加速度信号的形式来检测爆震的。图 3.18 为非共振型压电式爆震传感器结构。

图 3.18　非共振型压电式爆震传感器结构

1—配重块；2—压电元件；3—引线。

非共振型压电式爆震传感器与共振型压电式爆震传感器不同，它内部无振荡片，但设置了一个配重块。配重块以一定预应力压紧在压电片上。当发动机产生爆震时，配重块以正比于加速度的交变力施加在压电片上，从而产生输出信号。这种爆震传感器在爆震时输出的电压较无爆震时无明显增加，爆震是否发生是靠滤波器检出传感器输出信号中有无爆震频率进行判别。

比较共振和非共振型压电式爆震传感器的特点：共振型压电式爆震传感器在爆震时输出电压明显增大，易于测量，但传感器必须与发动机配套使用；非共振型压电式爆震传感器用于不同发动机时，只需调整滤波器的频率范围就可以工作，通用性强，但爆震信号的检测复杂一些。并且，压电式爆震传感器与其他压电传感器一样，必须配合一定的电压放大器或电荷放大器，将信号放大并将高阻抗输入变换为低阻抗输出。

3.1.7 曲轴位置传感器

曲轴位置传感器也称点火信号发生器,用于点火正时控制。传统点火系统中的曲轴位传感器是分电器凸轮轴和断电器。这里所说曲轴位置传感器是指用于电子点火系统的。无论是传统的还是电子曲轴位置传感器,除用于点火正时控制外,还是检测发动机转速的信号源。

曲轴位置传感器可分为磁脉冲式、霍耳式、光电式等,其中磁脉冲式和霍耳式应用得比较多。就其安装部位而言,有在曲轴前端、凸轮轴前端或分电器内的,车型不同,采用的结构形式也不完全相同。

1. 磁脉冲式曲轴位置传感器

磁脉冲式曲轴位置传感器的工作原理如图 3.19 所示。磁脉冲式曲轴位置传感器由定时转子、永久磁铁、耦合线圈等组成。

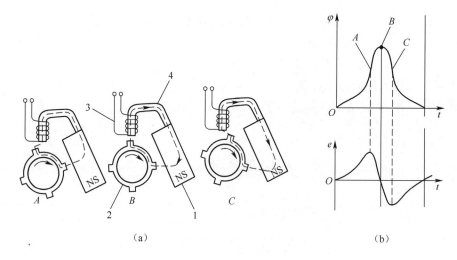

(a)　　　　　　　　　　　　　　　(b)

图 3.19　磁脉冲式曲轴位置传感器的工作原理及波形
(a)工作原理;(b)波形。
1—永久磁铁;2—转子;3—耦合线圈;4—衔铁。

定时转子装在分电器轴上,并由良好的导磁材料制成。转子外缘设有与汽缸数相等且等距离分布的齿,该齿即为定时齿。图 3.19 中转子有 4 个齿,分别代表四缸发动机的 4 个缸。耦合线圈绕在衔铁上,衔铁固定在分电器壳体上。当曲轴带动分电器轴旋转时,由于转子定时齿相对线圈位置的变化,使线圈内的磁通变化,从而在线圈内产生感应电动势输出。在图 3.19(a)中,当该缸定时齿接近线圈时,磁通增加(图中 A 段曲线);当定时齿对准线圈时,磁通达到最大值(图中 B 点);当定时齿离开线圈时,磁通开始下降(图中 C 段曲线)。这样,每个定时齿都会引起线圈内磁通由 0 变到最大,又由最大变到 0 的周期性变化。由法拉第电磁感应定律可知:当回路中的磁通发生变化时,回路中就会产生感应电动势,其大小与磁通的变化率成正比。感应电动势的方向由楞次定律来确定。对应于磁通的变化,每个定时齿都会在线圈内产生一个类似正弦波的感应电动势输出。感应电动势与磁通的波形及它们之间的对应关系如图 3.19(b)所示。把上述输出信号经整形、放大并送功率开关电路,就可控制点火线圈一次侧电流的通断,从而在其二次侧产生高压并经火花塞放电点火。

为了提高检测精度,实际的发动机电子控制系统中的磁脉冲式曲轴位置传感器较复杂。例如,定时转子外缘的定时齿数较多,或增设轴向定时齿;耦合线圈也不止一个。例如,日产汽车公司的磁脉冲传感器可以输出曲轴的1°转角信号,因此,控制系统可以根据发动机的各种运转条件,精细地调节点火提前角及喷油时刻,不但实现点正时控制,而且实现喷油正时控制及发动机转速的检测。

2. 霍耳式曲轴位置传感器

霍耳传感器是一种磁敏元件,它是利用导体或半导体的磁电转换原理工作的,具有灵敏度高、可靠性好、体积小、耗电少、寿命长、价格低及易于集成等优点。图3.20为霍耳式曲轴位置传感器结构。霍耳式曲轴位置传感器由两个部件组成:一个部件是与分火头制成一体的定时转子,即触发叶轮;另一个部件是霍耳信号发生器。触发叶轮由导磁材料制成,其上的叶片数与发动机汽缸数相同,触发叶轮由分电器轴带动。霍耳信号发生器由霍耳开关集成电路、永久磁铁等组成,两者之间留有一个空隙,以便叶轮的叶片能在空隙内转动。霍耳式曲轴位置传感器工作原理如图3.21所示。

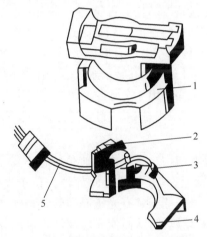

图 3.20　霍耳式曲轴位置传感器结构

1—定时叶轮;2—霍耳开关电路;3—永久磁铁;4—底板;5—导线及电接头。

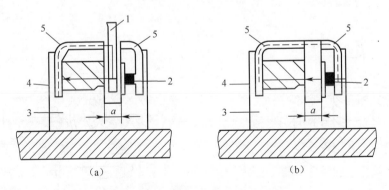

图 3.21　霍耳式曲轴位置传感器工作原理

(a)触发叶片进入空气隙内;(b)触发叶片离开空气隙。

1—触发叶片;2—霍耳开关集成电路;3—永久磁铁;4—底板;5—导磁板。

触发叶轮由分电器轴带动旋转,每当叶片进入永久磁铁与霍耳开关集成电路之间的空气隙时,永久磁铁的磁场就被叶片旁路,霍耳开关集成电路表面无磁场作用,它内部的霍耳元件不产生霍耳电动势。当叶片离开空气隙时,永久磁铁的磁场经导磁板、空气隙形成磁路并作用在霍耳开关集成电路上,其内部的霍耳元件产生霍耳电动势输出。这样,随着叶轮的旋转,每个叶片都会使霍耳开关集成电路产生脉冲输出。该脉冲或经电子点火组件控制点火或经计算机控制点火。

3.1.8 转速传感器

在汽车上应用的转速传感器主要用于发动机转速及车速的检测及控制。发动机转速检测与曲轴位置检测原理相同,但是,为了提高转速检测精度,需增加每一转的输出脉冲。通常将曲轴位信号称为 G 信号,而将发动机转速信号称为 Ne 信号。转速传感器主要有舌簧开关式车速传感器、光电式车速传感器、霍耳开关式车速传感器等类型。

1. 舌簧开关式车速传感器

图 3.22 为舌簧开关式车速传感器结构。舌簧开关是在一个玻璃管内装有两个细长的触头构成的开关元件,其触头由磁性材料制成。当其附近有磁场作用时,其触头就会互相吸引而闭合或者互相排斥而断开。车速传感器由带有四磁极的转子、舌簧开关组成。当变速器输出轴通过软轴带动转子旋转时,舌簧开关就会在转子永久磁铁作为下周期性地开关动作,转子每转一周,舌簧开关开闭 4 次,通过外电路输出 4 个脉冲。如果将该脉冲信号送数字电路或计算机进行定时计数及运算,就可以得到车速输出;如果进行累计计数和运算,则可以求出行驶里程。

2. 光电式车速传感器

图 3.23 为光电式车速传感器结构。光电式车速传感器由转子、遮光板、光电传感器及外壳等组成。遮光板安装在转子轴上,其开槽的径向部位恰位于光电传感器的 U 形开口内,U形开口一侧安装有发光二极管,另一侧安装有光敏晶体管。当软轴带动遮光板旋转时,发光二极管射向光敏晶体管的光线被断续遮挡,从而使光敏晶体管输出脉冲。如遮光板开槽数为 n,则转子每转一圈,传感器输出 n 个脉冲。该脉冲信号经计算机处理后,就可得到车速输出。

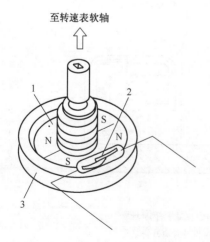

图 3.22 舌簧开关式车速传感器结构
1—磁铁;2—舌簧开关;3—转子。

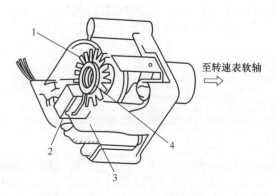

图 3.23 光电式车速传感器结构
1—遮光板;2—光电传感器;3—外壳;4—转子。

3. 霍耳开关式车速传感器

如果将前述舌簧开关式车速传感器中的舌簧开关换成霍耳开关集成电路,就构成了霍耳开关式车速传感器,在此不再赘述。

3.1.9 氧传感器

氧传感器用于检测气体中氧的含量,在汽车上测控时多安装在排气管内。由于排气中的氧浓度可以反映空燃比的大小,所以,在电子控制汽油喷射系统中广泛使用氧传感器。氧传感器随时将检测的氧浓度反馈给电控装置,控制装置据此判断空燃比是否偏离理论值,一旦偏离,就调节喷油量,以控制空燃比收敛于理论。氧传感器主要有二氧化钛(TiO_2)型和二氧化锆(ZrO_2)型。

1. 二氧化钛氧传感器

二氧化钛氧传感器是一种体电阻型气敏传感器,是利用化学反应强、对氧气敏感、易于还原的氧化物半导体材料二氧化钛在与氧气接触时产生氧化还原反应,使晶格结构发生变化,从而导致电阻值发生变化的原理工作的。二氧化钛氧传感器结构如图3.24所示。

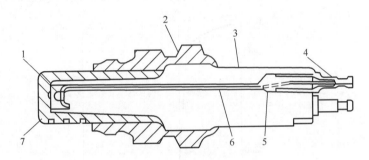

图 3.24 二氧化钛氧传感器结构

1—二氧化钛元件;2—金属外壳,3—陶瓷绝缘材料;4—接线端子;

5—陶瓷元件;6—导线;7—金属保护管。

二氧化钛氧传感器由二氧化钛元件、温度补偿热敏元件、外壳、接线端子等组成。其工作过程:当排气中氧含量较高时,二氧化钛的阻值增大,当排气中氧含量较低时,二氧化钛的阻值减小,从而将氧浓度转换成电参数,经过适当电路的处理,就可以获得有用的电压或电流信号。二氧化钛氧传感器的优点是结构简单、造价低、可靠性高。

2. 二氧化锆氧传感器

图3.25为二氧化锆氧传感器结构。二氧化锆氧传感器的基本元件是专用陶瓷体,即二氧化锆固体电解质管,也称锆管。锆管固定在带有安装螺纹的固定套内,锆管内表面与大气相通,外表面与排气相通,其内、外表面都覆盖着一层多孔性的铂膜作为电极。氧传感器安装在排气管上,为了防止排气管内废气中的杂质腐蚀铂膜,在锆管外表的铂膜上覆盖一层多孔的陶瓷层,并加有带槽口的防护套管。在其接线端有一个金属护套,上面开有一孔,使锆管表面与大气相通。

当锆管接触氧气时,氧气透过多孔铂膜电极,吸附于二氧化锆,并经电子交换成为负离子。由于锆管内表面通大气,外表面通排气,其内、外表面的氧气分压不同,则负氧离子浓度也不同,从而形成负氧离子由高浓度侧向低浓度侧的扩散。当扩散处于平衡状态时,两电极间便形

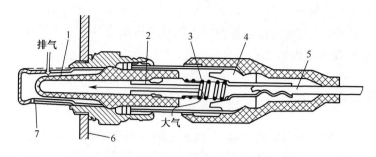

图 3.25　二氧化锆氧传感器结构

1—锆管;2—电极;3—弹簧;4—电极座(绝缘);5—导线;6—排气管;7—气孔。

成电动势,二氧化锆氧传感器的本质是化学电池,也称氧浓差电池。二氧化锆氧传感器电压特性如图 3.26 所示。当混合汽较稀时,排气中含氧必然多,锆管内、外的氧浓度差小,只产生小的电压;而当混合气较浓时,排气中含氧量较少,同时伴有较多的一氧化碳(CO)、碳氢化合物等,这些成分在锆管外面的铂催化下,与氧发生反应,消耗排气中残余的氧,使锆外表面氧浓度变为 0,这样就使得锆管内外氧浓度差突然增大,传感器输出电压也突然增大。因此,其输出特性在过量空气系数 $\alpha=1$ 时突变,$\alpha>1$ 时输出几乎为 0,$\alpha<1$ 时输出电压接近 1V。

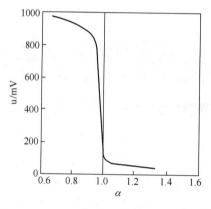

图 3.26　二氧化锆氧传感器电压特性

除了上述传感器外,常用传感器还有:加速度传感器,也称 G 传感器(G 是加速度的意思);光传感器,用于电视机音响设备用遥控器、照相机的自动调焦机构、CD 唱机用的传感装置等;利用浮子与连杆,用机械方式判定液面水平使仪表动作的液位传感器;超声波传感器、雷达传感器、图像传感器、红外元件及热型传感器;地磁场传感器。这些可参阅相关文献。

3.2　车辆工程中常用执行机构

在汽车电子控制系统中,执行器的形式很多。按其操纵方式可分为液压操纵、气压操纵和电气操纵等。

3.2.1　电动汽油泵及外围电路

1. 电动汽油泵的构造与工作原理

电动汽油泵的功用是从油箱中吸入汽油,将油压提高到规定值,然后通过供给系统送到喷油器。电动汽油泵为了能利用汽油进行冷却,通常做成永磁式驱动电动机、泵体和外壳三部分。按结构不同,电动汽油泵分为滚柱式、涡轮式、齿轮式和叶片式等。按安装位置的不同,电动汽油泵分为内装式和外装式。内装式电动汽油泵安装在油箱内部,优点是不易产生气阻和泄漏,有利于热油输送,且工作噪声小;外装式电动汽油泵串接在油箱外部的输油管路中,容易布置,但噪声大,且易产生气泡形成气阻,外装式一般采用滚柱式电动汽油泵。

1)滚柱式电动汽油泵

滚柱式电动汽油泵属于外装泵,主要由驱动电动机、滚柱泵、安全阀、单向阀和阻尼减振器等组成,如图3.27所示。滚柱式电动汽油泵工作原理如图3.28所示。

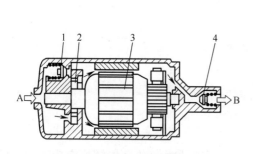

图3.27 滚柱式电动汽油泵结构
1—安全阀;2—滚柱泵;3—驱动电动机;
4—单向阀;A—进油口;B—出油口。

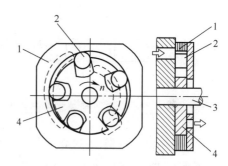

图3.28 滚柱泵工作原理
1—泵体;2—滚柱;3—轴;4—转子。

汽油喷射系统中,要求汽油泵供给比发动机最大喷油量还要多的汽油,因而汽油泵的最大工作压力比实际需求值大得多,但喷射系统中油压不能过高,故在汽油泵中设有一安全阀。汽油泵工作压力升高到400kPa时,安全阀打开,汽油泵泵出油腔与吸油腔相通,汽油在泵内循环,避免供油压力过高。

为防止发动机停转时,供油压力突然下降而引起汽油倒流,在汽油泵出油口安装了单向阀。当发动机熄火时,汽油泵停止转动,单向阀关闭,这样在供油系统中仍有残余压力。油路中残余压力的存在有利于发动机再启动,并能避免高温时气阻现象的发生。由于滚柱泵工作过程的非连续性,在油路中的油压有波动,因此在汽油泵出油端还装有阻尼减振器。阻尼减振器内的膜片和弹簧组成的缓冲系统吸收汽油的压力波,降低压力波动和噪声,提高喷油控制精度。

2)涡轮式电动汽油泵

涡轮式电动汽油泵属于内装泵,主要由驱动电动机、涡轮泵、单向阀和安全阀等组成。其结构与工作原理如图3.29所示。涡轮式电动汽油泵的驱动电动机、单向阀和安全阀等的工作过程与滚柱式电动汽油泵相似。

涡轮式电动汽油泵的特点是供油压力的脉动小,供油系统中不需要设置减振器,因而很容易于实现小型化,适合装在油箱内,简化供油系统管路,降低噪声。但由于输送效率低,故主要用于低压且输送量大的场合。

3)齿轮式和叶片式电动汽油泵

齿轮式电动汽油泵工作原理与滚柱式十分类似,主要是利用内外齿啮合过程中腔室容积大小的变化,将汽油以一定的压力泵出。由于泵腔数目较多,因而出油压力波动较滚柱式要小。

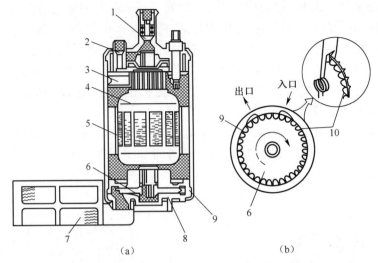

图 3.29　涡轮式电动汽油泵结构及工作原理

(a)结构;(b)工作原理。

1—单向阀;2—卸压阀;3—电刷;4—电枢;5—磁极;6—叶轮;7—滤网;8—泵盖;9—壳体;10—叶片。

　　叶片式电动汽油泵工作原理与涡轮式类似,主要利用液体之间的动能转换实现汽油的输送和压力升高。叶片式和涡轮式的主要区别在于叶轮的形状、数目和滚道布置。两者都能以蒸气和汽油的混合物运转,并能通过适当的放气口分离蒸气,防止气阻。

　　图 3.30 为齿轮式和叶片式电动汽油泵工作原理。由于汽油极易汽化而形成气泡,引起泵油量明显减少,并导致输送压力的波动。为此,电动汽油泵采用双级泵的结构形式日趋增加。图 3.31 为由一台驱动电动机驱动的双级泵。双级泵由初级泵和主输油泵组成。初级泵(一般为叶片泵)分离蒸气并以较低的压力输送到主输油泵。主输油泵一般为齿轮式或涡轮式汽油泵,用以提高压力。双级泵具有良好的热输油性能。

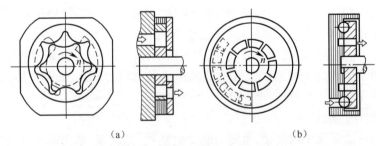

图 3.30　电动汽油泵工作原理

(a) 齿轮式;(b) 叶片式。

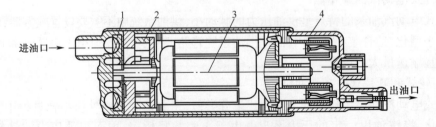

图 3.31　双级电动汽油泵结构

1—初级泵;2—主辅油泵;3—永磁电动机;4—壳体。

2. 电动汽油泵的控制电路

电动汽油泵的控制主要包括汽油泵的开关控制和汽油泵转速控制两个方面。

1）汽油泵开关控制

在电控汽油喷射系统中，为了保证安全，即使接通点火开关，只要发动机没有运转，汽油泵也不会工作。汽油泵的开关控制通常是由断路继电器的控制来实现的。不同的电控汽油喷射系统有不同的控制方式。装有叶片式空气流量计的 L 型系统汽油泵开关控制电路如图 3.32 所示。断路继电器线圈 L_1 由流量计上的触点控制，线圈 L_2 接在点火开关的启动接柱"ST"上。当发动机启动时，点火开关接通线圈 L_2，断路继电器闭合，汽油泵工作。如果发动机处于工作状态，叶片式空气流量计的触点闭合，接通线圈 L_1，使断路继电器触点闭合，汽油泵工作。当点火开关从"ST"接柱回到其他位置，如果发动机不转动，汽油泵将停止工作。

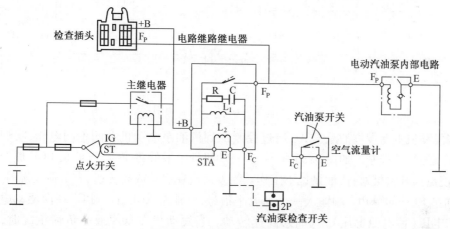

图 3.32 汽油泵开关控制电路

图 3.33 是由 ECU 通过输出电路进行控制的电路。这种控制方式由 ECU 根据发动机转速信号是否存在来控制，适用于 D 型系统以及采用卡门旋涡式和热式空气流量计的 L 型系统。当发动机启动时，线圈 L_2 被接通，触点闭合，使汽油泵通电工作。点火开关从"ST"接柱回位后，若发动机不转动，则汽油泵停止工作；若发动机运转，ECU 得到转速信号 Ne，使晶体管 VT 导通，线圈 L_1 接通，触点闭合，则汽油泵通电工作。

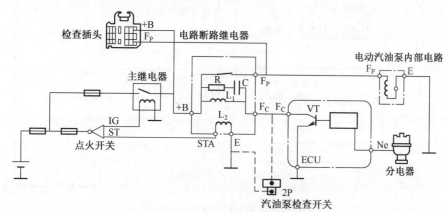

图 3.33 ECU 控制的汽油泵电路

2）汽油泵转速的控制

为了降低汽油泵的工作强度,减少磨损,一些发动机采用两级调速的控制方式控制汽油泵的转速。图 3.34 为汽油泵转速控制电路。当发动机在中、小负荷工作时,ECU 使晶体管 VT 导通,控制继电器工作,触点 B 接通,由于电路中串联了电阻器,汽油泵以低转速运转。当发动机在高速、大负荷状态下工作时,油耗增加,ECU 使晶体管 VT 截止,控制继电器断电,触点 A 闭合,汽油泵工作电压提高,工作转速升高,增加供油量。

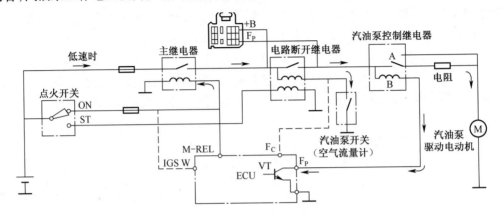

图 3.34　汽油泵转速控制电路(电阻器式)

有些发动机上专设汽油泵 ECU,通过控制加到汽油泵电动机上的不同电压,实现对汽油泵转速和泵油量的控制。如图 3.35 所示,当发动机低于最低转速时,汽油泵 ECU 断开汽油泵电路,即使点火开关接通,汽油泵也不工作。当发动机在启动或高转速、大负荷工况时,发动机 ECU 给油泵 ECU 的"FPC"端输入一个高电平信号,汽油泵 ECU 的"FPC"端向驱动电动机提供较高的电压(蓄电池电压),汽油泵高速转动。当发动机在怠速或小负荷工况时,发动机 ECU 向汽油泵 ECU 的"FPC"端输入一个低电平,汽油泵 ECU 的"FP"端向驱动电动机提供低于蓄电池电压的约 9V 电压,汽油泵以低转速转动。

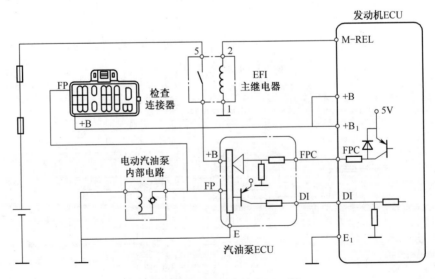

图 3.35　汽油泵控制电路(ECU 式)

3.2.2 电磁喷油器及外围电路

汽油喷射系统采用的喷油器是由发动机 ECU 直接控制的电磁控制式喷油器。电磁喷油器的功用是根据 ECU 的控制信号向进气歧管、进气总管内喷射定量的雾化汽油。按照不同的划分方法,电磁喷油器有多种类型。

1. 喷油器的组成与分类

喷油器一般由进油管接头、控制线接头、磁化线圈、衔铁、回位弹簧、针阀等组成,如图 3.36 所示。

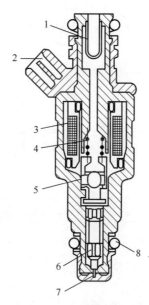

图 3.36 电磁喷油器结构

1—滤网;2—电接头;3—磁化线圈;4—回位弹簧;5—衔铁;6—针阀;7—轴针;8—密封圈。

1) 工作原理

如图 3.36 所示,电磁喷油器通过绝缘垫圈安装在进气歧管或进气道附近的缸盖上,根据 ECU 发出的喷油脉冲信号将磁化线圈接通,在磁化线圈磁场的作用下,针阀克服弹簧力而升起,向进气歧管或总管喷射汽油。当 ECU 将电路切断时,吸力消失,弹簧使针阀复位关闭喷油口,停止喷射。喷油量的多少取决于柱塞升起高度、喷口截面积、喷射压差和喷油脉宽等参数。在结构确定的情况下,喷油量主要决定于喷油脉宽信号,即磁化线圈通电时间。

2) 电磁喷油器的分类

电磁喷油器按用途和工作条件分,有很多种形式,主要分类:按喷油器用途,分为多点喷射用和单点喷射用两种;按供油方式,分为上部供油和下部供油两种;按结构形式,分为轴针式和孔式两种;按磁化线圈阻值,分为高阻值和低阻值两种。

轴针式的优点是不易堵塞,但喷射雾化效果差(图 3.37(a)、(c))。孔式喷油器的最大优点是雾化质量高。孔式喷油器的使用越来越多,且随着多气门发动机的使用,向双孔和多孔式方向发展,如图 3.37(b)、(d)所示。

高阻值喷油器的磁化线圈电阻为 $12 \sim 17\Omega$。低阻值喷油器的磁化线圈电阻为 $0.6 \sim 3\Omega$。

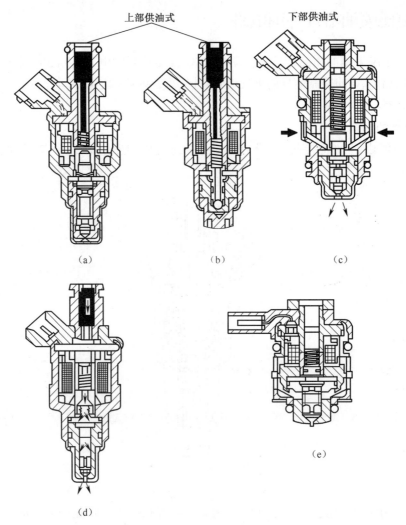

图 3.37　电磁喷油器形式

(a)、(b)、(c)孔式;(d)轴针式;(e)单点喷射式。

高阻值磁化线圈的电感较大,对控制信号的响应较慢。为了提高响应速度,一般减少线圈匝数以降低电感,即产生了低阻值喷油器。

2. 喷油器的结构

1)轴针式喷油器

如图 3.36 所示,轴针式喷油器主要由滤网、弹簧、磁化线圈、针阀和衔铁等组成。其特点是:轴针可使汽油环状喷出,有利于雾化;针阀在喷口中往复运动,不易引起喷口的堵塞。

2)孔式喷油器

孔式喷油器有球阀式和片阀式等几种。球阀式喷油器与轴针式喷油器类似。球阀杆为空心杆,质量小。另外,由于球阀有自动定心作用,因而具有较高的密封性能。

片阀式喷油器常用低阻值(2~3Ω)电流驱动型和高阻值(13~17Ω)电压驱动型两种。图 3.38 为片阀式电磁喷油器结构。当磁化线圈未通电时,阀片被弹簧力和汽油压力压紧在阀座上。在 ECU 控制下,磁化线圈通电后,电磁力克服弹簧力和液压力之和,使弹簧压缩、阀片升起,汽油通过计量孔喷出。如图 3.39 所示,当 ECU 输出的喷油脉冲结束后,阀片在弹簧力作用下复位。

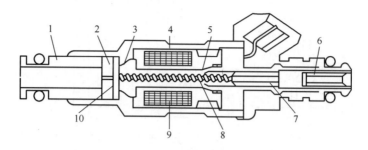

图 3.38 片阀式喷油器结构

1—喷油嘴套;2—阀座;3—挡圈;4—喷油器体;5—衔铁;6—滤网;

7—调压滑套;8—回位弹簧;9—磁化线圈;10—阀片。

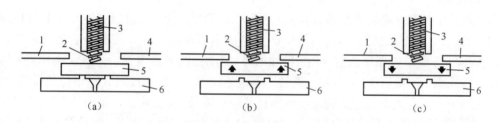

图 3.39 片阀式喷油器工作情况

(a)阀片压紧阀座;(b)阀片上升;(c)阀片回落。

1,4—挡圈;2—回位弹簧;3—铁芯;5—阀片;6—阀座。

3）单点喷射用喷油器

单点喷射用喷油器安装在节气门体上,也称为中央喷射单元。图 3.40 是将压力调节器、进气温度传感器和 1 只或 2 只喷油器等安装在节气门体上的中央喷射单元。

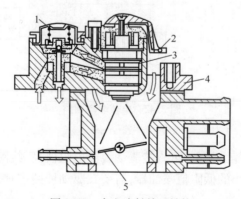

图 3.40 中央喷射单元结构

1—压力调节器;2—进气温度传感器;3—喷油器;4—节气门体;5—节气门。

3. 喷油器的驱动与控制

喷油器的驱动方式分为电压驱动和电流驱动两种形式。电压驱动是按 ECU 输出电压信号驱动喷油器工作,电流驱动是按 ECU 输出较大的电流进行驱动,如图 3.41 所示。

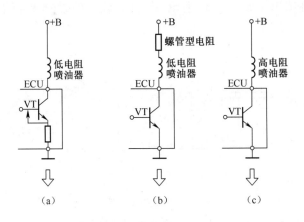

图 3.41 喷油器驱动控制

(a)电流驱动;(b)电压驱动(低阻值);(c)电压驱动(高阻值)。

1)电流驱动

电流驱动的控制回路结构复杂,但驱动电流大,回路的阻抗和感抗均较小,因此对控制信号的响应速度快,动态控制效果好。图 3.42 为电流驱动回路。ECU 控制是否搭铁来决定喷油器的工作。当 ECU 控制三极管 VT 基极导通时,驱动回路为蓄电池(+)—点火开关—熔断器—喷油器线圈—三极管 VT—电阻—搭铁—蓄电池(-)。ECU 通过对 A 点电位的检测,可知喷油器线圈中电流的大小。为了满足喷油器打开速度要快,又要防止电流过大使线圈过热损坏,ECU 控制线圈电流在开始通电时,提供约为 8A 的较大电流;打开后,则提供约为 2A 的较小保持电流。过程中 VT 以 20kHz 的频率导通或截止。

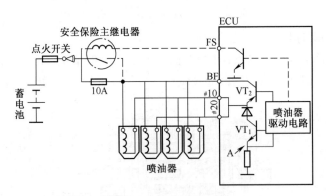

图 3.42 电流驱动回路

2)电压驱动

电压驱动方式的驱动能力较低,可直接驱动线圈电阻值高、线圈匝数多、工作电流小的高阻值喷油器。对线圈阻值小的低阻值喷油器,需要在驱动回路中加入一附加电阻。附加电阻连接方式如图 3.43 所示。

3)无效喷射时间

针阀开启与喷油信号导通间有一段迟滞期,称为无效喷射期。其对应的时间称为无效喷射时间。电压驱动由于附加电阻连接在回路中,无效喷射时间比电流驱动长。电压驱动中高阻值型较低阻值型无效喷射时间长。

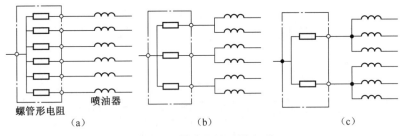

图 3.43 附加电阻连接方式
(a)独立式;(b)、(c)共用式。

3.2.3 压电控制式喷油器

柴油机高压共轨技术已经发展到第三代,其代表性技术是压电喷油执行器的出现。压电式喷油器由压电晶体堆、位移放大器、活塞、针阀和喷油嘴等组成,如图 3.44 所示。高压燃油从共轨管进入喷油器后,一路进入盛油腔,另一路通过进油节流孔进入针阀腔,针阀腔通过出油节流孔与控制腔相连。部分喷油器还在喷嘴处具备压力室。喷油器通电时,压电晶体堆在电场作用下伸长,经过位移放大器后作用于活塞,使控制阀下行,控制腔与回油管接通,油压降低。此时盛油腔压力大于控制腔压力与针阀弹簧压力之和,针阀受到向上的合力迅速抬升,喷油嘴开启,喷油过程开始。喷油器断电后,压电晶体堆恢复原长,活塞在弹簧力的作用下回位,控制腔油压与盛油腔油压相同,此时针阀被弹簧力压在阀座上,喷油嘴关闭,喷油结束。

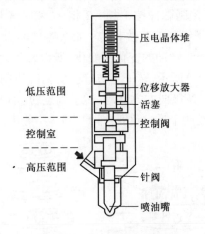

图 3.44 压电式喷油器结构

实际上,压电式喷油器是依据电致伸缩微位移器基本原理(或称逆压电效应)实现喷油嘴打开并喷油的。研究表明,位移 S 与电压 U 之间可以拟合出数学关系式:

$$S = a_0 + a_1 U + a_2 U^2 + a_3 U^3$$

式中:a_0、a_1、a_2、a_3 为与材料、结构等有关的系数。由于压电材料上施加的电信号是在一定的范围内,如图 3.45 为某研究者实验获得的压电材料的静态特性,如 $0 \sim 100\text{V}$ 或 $0 \sim 150\text{V}$,则可以近似认为微位移与施加的电压成正比,即:

$$S \approx a_0 + a_1 U$$

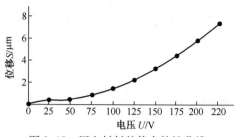

图 3.45　压电材料的静态特性曲线

3.2.4　步进电动机

步进电动机是一种角度执行机构,当控制系统输入一定数量的控制脉冲后,步进电动机按指令指定的方向旋转一定的角度。由于其转动是非连续的,控制一步转动一个角度,因而称为步进电动机。步进电动机中有几组磁化线圈,ECU 通过控制相线中的通电顺序,实现其正、反转的控制。

1. 基本工作原理

如图 3.46 所示,步进电动机由转子、线圈和爪极等组成。转子由 8 对磁极(永久磁铁),N极和 S 极相间排列。定子有 A、B 两个,相应的内部有 A、B 两组线圈,各个定子各有 8 对爪极,每对爪极相差一个爪的差位,如图 3.47 所示。爪极的极性是变换的,由 ECU 控制相线绕组的电压脉冲决定。A、B 定子上两绕组分别为 1 相、3 相绕组和 2 相、4 相绕组,由 ECU 控制各相的搭铁,如图 3.48 所示。相线控制脉冲按 1 相—2 相—3 相—4 相顺序依次退后 90° 相位角,定子上 N 极向右移动,由于定子线圈电磁铁和转子永久磁铁的 N 极与 S 极互相吸引到最短距离,而定子的爪极极性随相线控制脉冲的变化而变化,所以转子将随之转动,以保持转子 N 极与定子 S 极相对齐,如图 3.49(a)所示,转子正转;反之,相线控制脉冲按 1 相—2 相—3 相—4相依次超前 90° 相位角,定子上 N 极向左方移动,转子则反转,如图 3.49(b)所示。转子一周分为 32 个步级进行,每个步级转动一个爪的角度,即 11.25°(一般步进电动机为 0~125 个步级)。

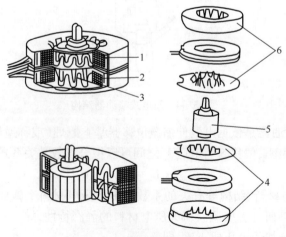

图 3.46　步进电动机结构

1—线圈 A;2—线圈 B;3—爪极;4—定子 B;5—转子;6—定子 A。

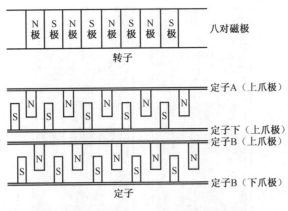

图 3.47 爪极布置

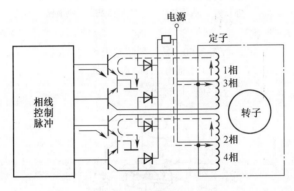

图 3.48 相线控制电路

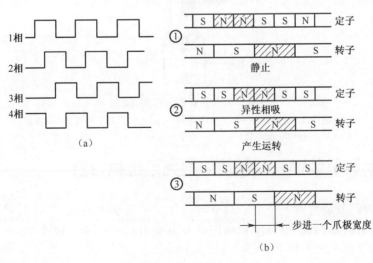

图 3.49 步进原理

(a)相线脉冲(正转);(b)步进原理。

2. 步进电动机的应用

图 3.50 为减振器阻尼力控制,其控制是由步进电动机实现执行的,其工作如图 3.51 所示。步进电机受到 ECU 控制,根据车况以及程序调节齿扇的角方位,改变阻尼力。

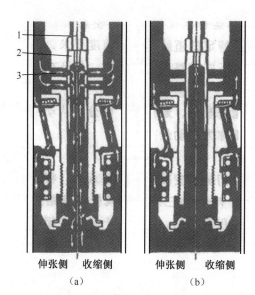

伸张侧　收缩侧　　　伸张侧　收缩侧
（a）　　　　　　（b）

图 3.50　减振器阻尼力控制
（a）普通模式;（b）运动模式。
1—控制杆;2—旋转阀;3—节流孔。

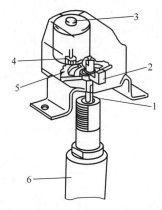

图 3.51　执行器工作示意图
1—控制杆;2—止动块;3—步进电动机;4—小齿轮;5—扇形齿轮;6—减振器。

3.2.5　制动调节装置——制动防抱死系统执行器

制动液压力调节装置的主要用来调节制动分泵中制动液的压力,是制动防抱死装置的执行器,主要由电磁换向阀、储液罐和液压泵和电动机总成组成。图 3.52 是其外形图和结构图。

1. 三位电磁换向阀

三位电磁换向阀通过控制制动液的流动方向,来调节制动分泵中制动液的压力。图 3.53 三位电磁换向阀结构。该阀是三位三通电磁换向阀,阀芯由衔铁充当,它有上、中、下三个工作位置;阀体上有制动总泵接口、主油路接口和车轮制动分泵接口三个接口;其阀芯(衔铁)上下移动所需的外力,除主弹簧和副弹簧的弹力外,还受线圈产生的电磁力的控制。所以,该阀称

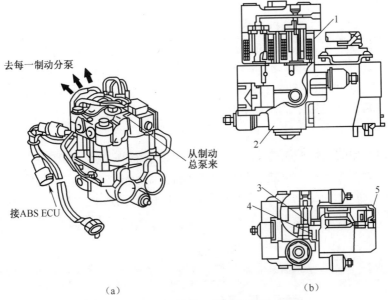

（a）　　　　　　　　　　　　　　（b）

图 3.52　制动防抱死系统执行器外形及结构

（a）制动防抱死系统执行器的外形；（b）制动防抱死系统执行器的结构。

1—三位电磁换向阀；2—储液罐；3—柱塞；4—凸轮轴；5—液压泵和电动机总成。

为三位三通电磁换向阀。

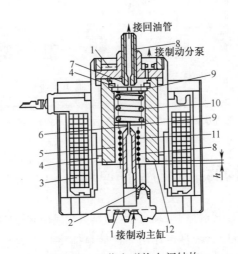

图 3.53　三位电磁换向阀结构

1—过滤器；2—单向阀；3—线圈；4—非磁性支撑环；5—衔铁；6—进油阀；7—排油阀；8—阀体；
9—支板；10—副弹簧；11—主弹簧；12—油压高度调整间隙。

　　当 ECU 不向线圈供电时，衔铁在主、副弹簧作用下处在最下端位置，此时制动防抱死系统处在常规制动状态或制动液压力升高状态。当 ECU 向线圈供 5A 的电流时，衔铁在电磁力的作用下处在最上端位置，此时制动防抱死系统处在压力降低状态。当 ECU 向线圈供 2A 的电流时，衔铁在电磁力和弹簧力共同作用下处在中间工作位置，这时制动防抱死系统处在压力保持状态。

　　由此可见，电磁阀的工作位置受 ECU 提供电流大小的控制；而电磁阀处在不同的工作位置时，制动分泵中制动液的压力也不相同。所以，ECU 通过改变向电磁阀提供电流的大小，来控制制动分泵中制动液的压力。

2. 储液罐、液压泵和电动机总成

储液罐、液压泵和电动机总成是执行器的压力降低装置。在制动过程中,当压力降低时,从车轮制动分泵中流出的制动液暂时储存在储液罐中,储液罐对高压的制动液起到缓冲作用。液压泵和电动机总成由微电动机和柱塞式液压泵组成。微电动机由 ECU 控制,当微电动机启动后,柱塞泵把暂存在液罐中的制动液输送回制动总泵。

3. 执行器的布置

图 3.54 为典型的四轮控制的三通道系统。在该系统中,执行器共有三个三位三通电磁换向阀,控制前轮的电磁阀各自单独控制左、右前轮,控制后轮的一个电磁阀同时控制左、右两个后轮。两前轮共用一个液压泵和电动机总成以及储液罐,两后轮共用一个液压泵和电动机总成以及储液罐。

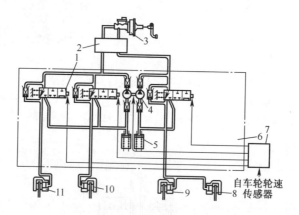

图 3.54　典型的控制三通道系统

1—三位电磁换向阀;2—比例阀与旁通阀;3—制动总泵;4—液压泵;5—储液罐;6—执行器;
7—ABS ECU;8—右后轮制动分泵;9—左后轮制动分泵;10—右前轮制动分泵;11—左前轮制动分泵。

3.2.6　换挡执行机构的结构与工作原理

行星齿轮变速器的换挡执行机构由离合器、制动器和单向超越离合器三种不同的执行元件组成,它有连接、固定和锁止三个基本作用。连接是指将行星齿轮变速器的输入轴与行星排中的某个基本元件连接,以传递动力,或将前一个行星排的某一个基本元件与后一个行星排的某一个基本元件连接,以约束这两个基本元件的运动。固定是指将行星排的某一基本元件与自动变速器的壳体连接,使之被固定住而不能旋转。锁止是指把某个行星排的三个基本元件中的两个连接在一起,从而将该行星排锁止,使三个基本元件以相同的转速一同旋转,产生直接传动。换挡执行机构各执行元件通过按一定规律对行星齿轮机构的某些基本元件进行连接、固定或锁止,让行星齿轮机构获得不同的传动比,从而实现挡位变换。

单向超越离合器又称单向啮合器或自由轮离合器,与其他离合器的区别:单向超越离合器无需控制机构,它是依靠其单向锁止原理来发挥固定或连接作用的,力矩的传递是单方向的,其连接和固定完全由与之相连接元件的受力方向所决定,当与之相连接元件的受力方向与锁止方向相同时,该元件即被固定或连接;当受力方向与锁止方向相反时,该元件即被释放或脱离连接,即在驱动轴与从动轴之间,只能使从动轴作一个方向回转,反方向具有空转机能。单向超越离合器有多种形式,常用的有棘轮式、滚柱斜槽式和楔块式三种。

思 考 题

1. 氧量传感器用于什么场合?
2. 在机电液系统中,传感器的作用是什么?
3. 与电磁喷油器相比,压电控制式喷油器优点是什么?
4. 汽车各个系统使用的执行机构主要有哪些?

第4章

汽车动力与传动

　　动力与传动是汽车完成基本功能的最基本构成部分,也是典型的机电液系统。从设计研发角度讲,首先需要进行动力系统、传动系统的功能(包括性能)方案的确定,然后建立机电液一体化的系统。本章介绍和探讨的相关问题,有助于对动力与传动系统的认识,并为设计建立基础。

4.1　燃油供给控制概述

4.1.1　汽油机燃烧基础

1. 燃烧过程

　　汽油机的燃烧过程是将燃料的化学能转变为热能的过程。燃烧过程影响发动机的动力性、燃油经济性、排气污染等性能,发动机的噪声、振动、启动性能和使用寿命也与燃烧过程有很大关系。为分析方便,人为地将汽油机燃烧过程划分为三个阶段,如图 4.1 所示。

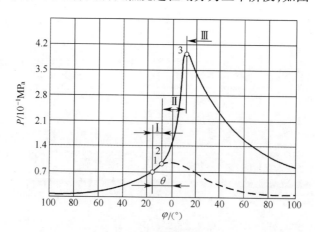

图 4.1　汽油机燃烧过程

Ⅰ—着火延迟期;Ⅱ—明显燃烧期;Ⅲ—补燃期;

1—开始点火;2—形成火焰中心;3—最高压力点。

从火花塞点火至汽缸压力明显脱离压缩线急剧上升时的时间或曲轴转角称为着火延迟期。火花塞放电时,高压击穿极间混合气,电极间有电流流过,产生局部高温,使电极附近的混合气立即点燃,形成火焰中心,火焰向四周传播。这一阶段的长短与混合气成分、点火开始时缸内气体温度和压力、缸内气体流动、火花能量及残余废气量等因素有关。

从形成火焰中心到火焰传遍整个燃烧室所经历的时间称为明显燃烧期。示功图上常以压力开始离开压缩线的时刻为起点,以最高压力为终点。火焰中心形成之后,火焰向四周传播,形成近似球面的火焰层,即火焰前锋,从火焰中心开始层层向四周未燃混合气传播,直到火焰前锋扫过整个燃烧室。明显燃烧期是汽油机燃烧的主要时期,明显燃烧期越短,越靠近上止点,汽油机燃油经济性、动力性越好,但可能导致压力上升速度过高,噪声、振动增大,工作粗暴,排放升高。

由于混合气中的燃料与空气混合不完全均匀以及燃烧产物在高温下可能有热分解,在火焰前锋面传到末端混合气后,仍有燃烧继续在膨胀过程中进行,这个时期称为补燃期。这种燃烧已远离上止点,热效率低,应尽量减少。

2. 爆震燃烧

火花点火后火焰开始传播,火焰传播过程中,因受到压缩和热辐射的作用,末端混合气温度、压力升高,加速了焰前反应。如果在正常火焰尚未到达之前,这部分混合气的化学准备过程已经完成,则引起自燃,这种火焰传播速度极快,末端混合气以极高的速度燃烧。由于燃烧迅速,气体体积来不及膨胀,温度和压力急增,形成压力波,撞击发动机缸壁,发出尖锐的敲缸声,这种现象称为爆震燃烧。由于强压力波对汽缸壁的往复冲击,使缸壁表面附面层和油膜遭到破坏。因而燃气对缸壁的传热增加,使汽缸等机件的温度升高,冷却系过热,热损失增加。因此,爆燃是汽油机的一种不正常燃烧,不允许长时间地在爆燃情况下工作,否则不仅引起发动机功率和燃油经济性下降,而且会产生活塞和气门烧坏、轴瓦破裂、火花塞绝缘体破坏等故障。影响爆震燃烧的因素很多,主要有燃料品质、压缩比、燃烧室设计、点火时刻、混合气成分及发动机的转速和负荷等。

3. 分层充气燃烧

虽然点燃很稀的混合气是非常困难的,但燃用稀混合气有很大的降低排放和提高燃油经济性的潜力。实现发动机稀混合气稳定燃烧的一种方法是分层充气预混合稀薄燃烧(MPFI)。如果火花塞处的混合气比较浓,而燃烧室中其他位置的混合气比较稀,则总的混合气比较稀,这样既能保证发动机可靠地工作又可提高发动机的热效率。普通汽油机的空燃比 10~20,理论空燃比为 14.6,高压缩比的发动机可以将空燃比提高到 25。分层充气预混合稀薄燃烧发动机能够将压缩比提高到大于 50。分层充气预混合稀薄燃烧的原则是使在火花塞附近的混合气接近理论空燃比,使在燃烧室的余下的大部分气体为稀混合气,燃烧在易燃的混合气部分开始,然后火焰再传到稀混合气部分。由于具有较高的燃油经济性和较低的废气排放,各种分层充气预混合稀薄燃烧发动机得到了较大发展。按照分层充气的方法,燃烧系统可以分为轴向、放射状、横向分层稀燃系统等。

为了实现稀薄燃烧应用了燃油喷射系统,方法是直接喷射,这种方法可以在汽油机中燃用非常稀的混合气。发动机运行参数的精确控制以及流体力学设计是控制燃烧过程的关键。图 4.2 是学者进行的流场计算与实验结果对比,图 4.3 是相关研究的缸内混合气分布及速度矢量。

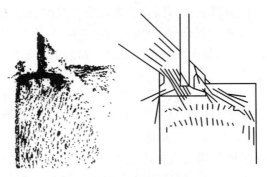

图 4.2　汽缸内流场计算结果和实验值的比较

(a)计算结果;(b)实验结果。

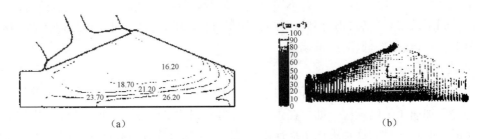

图 4.3　压缩上止点前 40°CA 缸内混合气分布及速度矢量

(a)汽缸内天燃气分布等空燃比曲线;(b)混合气速度矢量图。

4.1.2　工况与混合气浓度

1. 混合气浓度对发动机性能的影响

可燃混合气的浓度对发动机的性能有直接的影响,在一定的发动机节气门开度和转速下,可以通过改变可燃混合气的浓度得到不同的发动机性能,即不同的功率、比油耗和排放性能。

图 4.4 为汽油机火焰温度、输出功率与燃油消耗率随空燃比的变化关系。对应最大功率的混合气浓度称为功率混合气。其具体参数值视发动机和使用环境等条件略有差异,但一般空燃比为 12.0~13.0。获得最低油耗率时的混合气浓度称为经济混合气,与之相对应的空燃比约为 16.0。

发动机燃烧时,进入发动机的是燃料和空气,理想情况下的燃烧产物是二氧化碳、水和氮气,但发动机工作时所排出的气体除上述三种成分之外,还有一氧化碳、碳氢化合物、氮氧化物和微粒。一氧化碳为无色无刺激的有毒气体,即使浓度很低,也会很危险。吸入少量的一氧化碳后,它会在体内与血红蛋白结合,阻止氧的输送。如果被身体吸收,很短时间内便会致命。

对健康有害的排放物为一氧化碳、氮氧化物、碳氢化合物和微粒,四种有害成分的排放量随着不同的发动机机型与运转条件不同有所变化。图 4.5 是汽油机有害气体排放成分 CO、HC 和 NO_x 随混合气浓度不同而变化的曲线。由图可以看出,CO 和 HC 均随混合气浓度变稀即空燃比增大而下降。但对 CO 而言,空燃比大于 14 时最好;而对 HC 来说,空燃比约等于 16 时为宜。若减少 NO_x 的排放量,应使空燃比小于 12 或大于 17 效果最佳。

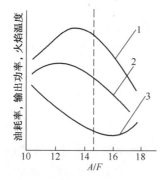

图 4.4　火焰温度、输出功率与
燃油消耗率随空燃比的变化关系
1—火焰温度；2—输出功率；3—燃油消耗率。

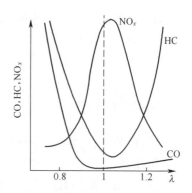

图 4.5　有害气体排放随混合气浓度的变化

发动机在功率混合气条件下运转，可以使汽缸中的空气利用最充分，使功率得到提高。但由于燃料得不到充分利用，发动机燃油消耗率增大。发动机在经济混合气条件下运转时，可以使汽缸中的燃料利用得最充分，获得最低的燃油消耗率，但受燃烧速度等的影响，发动机的功率有所下降。而当发动机在过浓或过稀混合气条件下运行时，不仅造成发动机的功率下降，而且还会造成发动机燃油消耗率上升和有害气体排放量增大。

2. 不同工况对混合气的要求

车用发动机的运行条件十分复杂，发动机的工况变化范围大，在汽车的各种使用条件下，都要求发动机的运行工况与外界的阻力矩的变化相适应。在可能的工况范围内，不仅要求发动机在任一工况下稳定工作，而且还要求发动机有足够的工况变化的适应能力。发动机各种工况下对混合气浓度分别有如下五点要求：

（1）启动和暖机工况。此时发动机的转速很低，进气的流速较慢，而且发动机的温度较低，从而燃料雾化较差，与空气混合不好；实际进入发动机汽缸的燃料较少，需要增加供油量予以补偿，以保证启动所需燃料量。为此需要供给很浓的混合气以确保启动混合气能正常着火，空燃比为 3~9。随着发动机温度和转速的提高，所要求混合气的浓度也相应变稀，空燃比为 9~12。

（2）怠速工况。此时发动机节气门接近全关状态且转速较低，燃油雾化不良，残余废气系数增加，发动机需要混合气相对较浓，空燃比为 9~12。从燃油经济性的观点出发，怠速转速可以调整得低些，但从限制排放的观点出发，有将怠速转速调高的发展趋势。

（3）部分负荷工况。该工况是车用发动机主要工况，随着节气门开度的加大，进入汽缸内的可燃混合气的数量也随之增加，燃油雾化良好，混合气的燃烧条件得到很大的改善。此时要求供油系统向发动机供应经济混合气，以确保发动机在部分负荷工况下处于经济工作状态，空燃比为 10.5~16.5。

（4）全负荷工况。此时节气门处于全开或接近全开的位置，应供给发动机功率混合气，以使发动机发出较大的功率，而燃油经济性则处于从属地位，空燃比为 12~13.5。

（5）加速工况。为使发动机的扭矩和转速迅速提高，节气门突然开大时，进气流速变化较快，而燃油以气态、油粒和油膜三种形态存在，其加速滞后于空气，混合气会突然变稀。此时，应及时额外地补给适量的燃料，以保证加速状态下节气门突然开大附的适应能力，保证加速灵敏、可靠。此时的混合气浓度一般相当于功率混合比,空燃比在 10.5 左右。若不及时供给额外的燃料,则会因混合气瞬间变稀而导致发动机失火、回火甚至熄火停机。

综上所述,混合气的配剂误差和浓度的大小,直接关系到汽车发动机的动力性、燃油经济性和排放性能。因此,可燃混合气必须满足上述发动机不同工况的要求。

4.1.3　燃料供给系

当前,汽油机的燃料供给装置有多点汽油喷射和单点汽油喷射。它是从传统的化油器式发展为电控化油器式,而进一步发展而来。汽油喷射系统中,用各种传感器检测发动机的工况及环境状态,由传感器提供的这些信息被控制单元用来进行发动机运行参数的优化,控制单元所确定的最优控制参数由执行机构进行输出,对燃油等控制参数进行全数字化的精确控制,使发动机的性能得到进一步的提高,汽油喷射供油系统具有更大的优势。电控喷油技术需要燃油喷雾模型作为基础。

1. 汽油喷射系统的优点

(1) 具有较高的动力输出。进气系统不需要喉管,减小了进气系统的阻力;进气管设计更有效,从而可提高发动机进气量和充气效率;在燃油喷射系统中,进气管不需要特殊加热促使燃油蒸发,装有这种系统的发动机中,充气效率较高。因此汽油喷射发动机的动力输出较高。

(2) 具有较高的热效率。不需对进气加热来促进燃油蒸发,压缩始点的温度较低,从限制爆震的角度来考虑,可以应用较高的压缩比,而提高压缩比可以提高发动机的热效率。

(3) 在多点汽油喷射系统中,各缸均用单独的喷油器喷油,各缸燃油的均匀性问题容易得以解决。

(4) 不容易发生爆震,所用燃料的辛烷值可以低一些。

(5) 由于在各种条件下都采用压力供油,因此,具有压力供油的许多优点。例如:燃油喷射发动机节气门变化响应较快,这对加速是很重要的;高温时因燃料蒸发而引起的气阻问题减少;供油量不像化油器那样易受浮子室液面的影响,不会因位置和运动而影响混合比的计量。

(6) 启动性好。燃油的雾化由喷油器的特性决定,与发动机的转速无关,因此启动时仍能保持良好的雾化,启动性能良好。

(7) 对应海拔和温度等变化,供油量的校正容易实现。

(8) 燃油喷射发动机中碳氢化合物和 CO 等有害物排放比较少,燃油消耗低。主要原因在于燃油喷射系统中,各缸空燃比分配均匀,且对应发动机各种工况,能根据发动机的需要,准确控制空燃比。

(9) 可降低汽油机的高度。供油系统是单独布置的,用重新设计的进气管还可以降低发动机机罩高度,有利于采用低矮的机罩。

(10) 燃油喷射系统减少了燃油蒸气排放控制系统的部件。由于取消了化油器,不再需要浮子室到活性炭罐的通气孔,活性炭罐的尺寸也可减小。

2. 汽油喷射系统的分类

汽油喷射系统在发动机上被广泛应用,类型较多,可以用不同的方法进行分类:

(1) 按喷油器喷油位置的不同,汽油喷射系统分为直接喷射、进气管喷射和进气道喷射。

(2) 按喷射方式不同,汽油喷射系统分为断续喷射和连续喷射。

(3) 按喷油器数量,汽油喷射系统分为单点喷射(具有 1 个或 2 个喷油器)和多点喷射。

多点式为电控喷射,一般分为 D 型(以进气管内的压力和发动机转速控制喷油量)、L 型(以空气流量传感器直接测量进气管内的空气流量,与计算机内预定的方案比较确定喷油量)、LH型(改进 L 型空气流量传感器,采用热丝式和卡门涡旋式,集中控制喷射系统,将点火与喷射结合起来)。

（4）按控制系统有无反馈,汽油喷射系统分为开环系统和闭环系统。

（5）按喷射系统喷射装置形式的不同,汽油喷射系统分为机械喷射和电控喷射。

（6）按控制系统检测主要参数的不同,汽油喷射系统分为进气管压力检测系统、进气量测量系统和节气门开度检测系统。

4.2　电子控制点火系统

汽油机中可燃混合气的燃烧是由高压电火花点燃的,为了在汽缸中产生高压电火花,在汽油机中设有点火系统。点火系统性能优劣影响发动机性能,设计时需要考虑相关问题。

4.2.1　概述

1. 点火系统的功用

点火系统的功用主要有两方面:将电路的低电压转换成高电压,为发动机汽缸内的火花塞提供高电压脉冲,产生电火花;将所产生的电火花适时、按次序地送到各个汽缸中,点燃压缩混合气使发动机做功,以获得高效的燃烧。

2. 对点火系统的要求

为实现上述功能,点火系统应该在发动机各种工况和使用条件下都能在合适的时刻产生能量足够强的火花以保证可靠而准确地点火。点火系统必须保证发动机取得所需的动力性、燃油经济性和排放性等性能指标。为此对点火系统的要求主要有以下三点。

1）点火电压

不同的发动机运行条件对点火电压有不同的要求,为了实现点火系统的功用,点火系统的点火电压必须有一定的高压储备,以便在不同发动机运行条件下,点火系统所提供的高电压脉冲均能在火花塞处产生电火花。但是,过高的次级电压将会造成绝缘困难,使点火系统的成本增高。

2）点火能量

为使发动机可靠点火,点火能量必须足够大。不同发动机运行工况对点火能量有不同的要求,发动机启动、怠速以及加速运转时,需要较高的点火能量。

闭合角是影响点火能量的因素之一。当断电器触点闭合时,点火线圈初级绕组中的电流不能立即从 0 上升到最大值,因此,欲使初级电流足够大,断电触点必须闭合足够长的时间。若闭合角太小,点火线圈初级绕组中的电流就达不到所需要的值。但闭合角太大时,可能引起点火线圈过热,机械断电触点烧蚀。在传统点火系统中,闭合角由分电器凸轮与活动触点臂等零件之间的配合来控制。当发动机转速升高时,尽管闭合角是一定的,但触点闭合的时间会随发动机转速的升高变得越来越短,初级绕组中的电流可能来不及达到最大值,其结果是导致次级绕组中电压降低。

3）点火时刻

燃烧质量优劣与点火时刻密切相关,点火系统必须在合适的时刻点燃混合气。最佳点火时刻应该能保证发动机燃烧产生的有用功最大,热量利用率最高,此时,汽缸内最高燃烧压力在上止点后一定曲轴转角范围内产生。

最佳点火时刻受发动机转速的影响。转速升高时,汽缸中紊流增强,火焰速度增加,燃烧时间缩短,但由于时间也缩短,一般燃烧过程相对应的曲轴转角增大,应相应加大点火提前角。因此,为保证最佳点火时刻,有效地燃烧,在点火系统中设有与发动机转速相关的点火提前角调节装置,当发动机转速增加时,点火时间随之提前。

最佳点火时刻还受发动机负荷的影响。随着发动机负荷或者节气门开度的变化,发动机燃烧室中的充气量及残余废气系数都发生变化,这也影响发动机的最佳点火时刻。在小节气门开度时,进气管真空度较高,发动机的进气量较少,缸内最高压缩压力较低,残余废气量增加,此时,可燃混合气的燃烧速度较低,点火应该提前。部分节气门开度比节气门全开及怠速运行条件都需要更大的点火提前角。在低速大负荷时,节气门开度大,进气阻力小,发动机中的充气量增加,混合气的压缩压力增加,密度增大,残余废气量减少,燃烧速度加快,点火时刻滞后。

点火时刻对发动机排放有很大的影响。推迟点火时刻,发动机排气中的NO_x的排放量随之减少。这是因为推迟点火,燃烧废气的最高温度降低。但推迟点火会使发动机热力循环的等容度减小,从而导致动力性、燃油经济性变坏。所以在一些控制发动机排放的发动机中,可以通过改变点火时刻来降低有害排放物,而这种改变通常要降低发动机的热效率,使发动机的燃油经济性下降。

点火时刻是影响发动机爆震的主要因素之一。仅有轻微爆震时,发动机的等容度增大,膨胀功可以得到充分利用,动力性及燃油经济性有所提高。但当剧烈的爆震发生时,燃烧压力和温度剧烈升高,产生高频燃烧压力波,从而破坏了燃烧室壁的激冷层,导致散热量大幅度增加,冷却系统过热,各部分的温度上升。其结果会引起活塞烧结,活塞环卡死和气门烧蚀等故障,而且输出功率下降,油耗增高。点火过早,由于上止点附近的压力升高率增加,使末端混合气处的压缩压力上升,增加了爆燃的可能性。相反,推迟点火可以避免爆燃的产生。因此,在许多发动机中,设有通过点火提前角调节来消除爆燃的爆震控制系统。

3. 点火系统的分类

蓄电池点火系统根据储能元件的不同,可分为线圈式点火系统和电容放电式点火系统。线圈式点火系统结构简单、性能可靠,应用较多,是汽车上常见的一种点火系统。

点火系统按点火正时的检测方式分类,可以分为触点式和无触点式。传统触点式点火系统用触点直接接通与断开初级电流;晶体管辅助触点式由流过触点的小电流检测点火正时;无触点式不用触点检测点火正时,而用电磁、光电等器件进行点火正时检测。上述点火系统中,晶体管辅助触点点火系统也称为半晶体管点火系统,无触点点火系统也称为高能点火或全晶体管点火系统。

传统应用的触点式点火系统的一些缺点可以用晶体管辅助触点式点火系统加以消除。由于机械触点所能通过的电流(最大值约为5A)有限,所以其次级电压的增加受到了限制。若从机械触点系统的初级电路中取消机械触点,而用晶体管将初级电流提高到10A,这样就可以增高次级电压。在晶体管辅助触点点火系统中,触点接在晶体管的基极,以控制晶体管的通断。在这种系统中,触点所通过的电流仅为1A,比传统点火系统要小得多。因此,触点无烧蚀现象,使触点的寿命有很大的提高。实际上很小的电流足以控制晶体管通断,但是,过小的电流会使触点容易变脏,通常将晶体管的基极电流调整到1A。

由于触点的存在,即使是晶体管辅助触点点火系统,也有一定的缺点。例如,触点表面烧蚀、氧化以及自洁不良而变脏,凸轮、顶块等产生磨损后,点火闭合角与点火正时要发生变化等。

无触点点火系统用无触点传感器代替机械触点并控制初级绕组的通断,取消了断电触点、凸轮和顶块等机构,点火性能有很大提高。

触点点火系统中,在发动机高速时,因机械触点的跳动,触点不能有效地闭合,甚至产生发动机缺火,限制了发动机的进一步高速化。而在无触点点火系统中,即使在8缸发动机中,也能有效地提供大于40°的点火闭合角。

在线圈式点火系统中,初级绕组中所存储的电能随电流的增大而增加,因此,初级电流的提高,可以大大提高点火能量。在电控的无触点点火系统中,初级电流可以有较大提高。

4. 各种点火系统的比较

电子技术在点火系统中的应用,使人们可以根据发动机的使用,设计生产出各种点火系统。可以根据需要改变点火系统的各种参数,如点火能量、点火电压、次级电压增高时间以及火花持续期等。目前,国内外汽车上基本上已经使用电控的点火系统。

点火系统次级电压大小是一个很重要的参数,太低的次级电压点燃不了可燃混合气。各种点火系统的次级电压与放电频率的关系如图4.6所示。

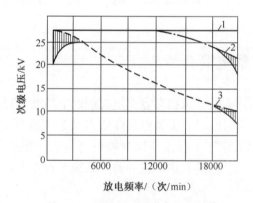

图 4.6　次级电压与放电频率的关系
1—电容放电式;2—晶体管式;3—传统触点式。

次级电压增长得快,是点火系统的优点之一。在点火系统中,电压一开始增加,便会产生漏电现象,尤其是当火花塞污染时更为明显。当电压增长时间很长时,次级电压就可能一边产生,一边泄漏,严重时,还可能产生丢火。各种点火系统次级电压与时间的关系如图4.7所示。很明显,电容放电式点火系统的次级电压上升最快,这样可以完全避免因火花塞沉积物向地的漏电,有利于提高点火性能,且对火花塞间隙的敏感性最小。而在传统的触点式点火系统中,当火花塞污染时,次电压将急剧下降。

在点火系统中,要求火花必须持续足够长的时间。因为在燃烧室中,会有压缩涡流等各种流动,在良好火焰前锋面形成之前,最初形成的火焰可能被吹灭。若火花持续期太短,混合气就不能被点燃,最终可能导致失火。

在发动机燃烧稀混合气时,需要更大的点火能量,同时还要加大火花持续期,才能有效地点火。传统线圈式点,火系统的火花持续期约为 1200μs,无触点点火系统的火花持续期则为

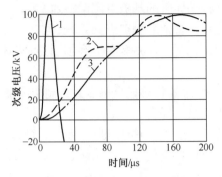

图 4.7　次级电压与时间的关系
1—电容放电式;2—传统触点式;3—晶体管式。

$1800\mu s$,而电容放电式点火系统的火花持续期只有 $300\mu s$。

点火系统的维修性能也是相当重要的因素,但电子式点火系统出故障的时候相对较少。

实际上,不同的点火系统不可能在发动机所有运行条件下性能都保持最佳。例如,发动机燃烧稀混合气时需要较长持续期的火花点火,这时若应用传统触点式点火系统和晶体管点火系统更为有利,而应用电容放电式点火系统还可能会导致失火。当火花塞有污染时,应用电容放电式点火系统就可以减少漏电损失,以保持正常点火;但若应用其他的点火系统时,就可能导致失火。对于发动机的启动工况以及燃烧浓混合气的工况,用电容放电式点火系统是较有利的。

4.2.2　晶体管点火系统简介

排放法规和能源短缺等问题,要求提高点火定时的调节精度、增大点火能量和提高点火系统的可靠性。从 20 世纪 60 年代开始,无触点晶体管点火系统就在美国通用汽车公司生产的汽车上付诸使用。80 年代后,汽车上投入使用数控点火系统。在这种点火系统中,已经不再设置离心及真空点火提前装置,而是利用电控的调节系统实现点火定时的多维调节,大大提高了点火系统的性能。

晶体管点火系统有晶体管辅助触点点火系统和无触点点火系统两种。为了消除传统触点点火系统的缺点,出现了各种电子点火系统。电子点火系统具有的优点:次级电压较高,尤其在高转速时也是如此;在各种转速下,性能可靠,重复性好;具有点火提前角曲线更灵敏和易控的潜力;系统维护费用低。

图 4.8 为晶体管辅助触点点火系统的电路。它主要由蓄电池、晶体管开关装置、点火线圈以及分电器等部件所组成。该点火系统与传统触点式点火系统的主要区别是断电触点和点火线圈间的初级电路不同。在传统触点式点火系统中,触点闭合时,电流直接从点火开关经闭合触点,流过点火线圈的初级绕组,当触点断开时,电流被切断,而在次级电路中感应出高压电动势,击穿火花塞的间隙,产生火花而点燃混合气。在图 4.8 中的点火系统中,用一只大功率晶体管串联在初级电路中,代替触点开关工作,触点则接在晶体管的基极回路中,基极电路有电流时,晶体管发射极和集电极电路有电流,基极电路断开,发射极和集电极的电流消失。触点闭合时,初级电流通过发射极和集电极流到线圈的初级绕组。触点断开,基极电路断开,阻止电流由发射极和集电极流到点火线圈,结果在次级电路中感应出高压电脉冲。

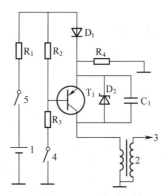

图 4.8 晶体管辅助触点点火系统的电路

1—蓄电池；2—点火线圈；3—分电器；4—断电出点；5—点火开关。

晶体管点火系统一般由点火线圈、分电器、传感器、点火模块、火花塞等组成，图 4.9 为无触点晶体管点火系统点火模块。

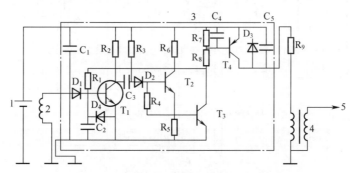

图 4.9 无触点晶体管点火系统点火模块

1—蓄电池；2—传感器；3—点火模块；4— 点火线圈；5— 分电器。

4.2.3 电容放电式点火系统简介

由于电容放电式点火系统的特点，常应用于赛车等大功率、高转速、高性能的发动机中。电容放电式点火系统中，点火能量存储在电容器中。

这种点火系统的优点是可以提供合适的火花持续时间，而且点火能量的增加很快，这对点火系统是很重要的。在点火系统中，若火花持续期能超过 0.3ms，则在各种正常条件下的混合气都可能良好地被点燃，同时，缩短点火能量增加到最大值的时间，也有助于点火，以补偿火花塞污染对点火性能的影响，电容放电式点火系统正是具有上述特点。电容放电式点火系统中，火花电压的上升时间比大多数线圈式点火系统大约快 10 倍。但是，这种点火系统必须要求先给电容器充电，需要有升压电路，因此造价较高，另外由于使用时电磁噪声较大，在大多数常规应用的汽车中，并不采用这种点火系统。

图 4.10 为电容放电式点火系统的工作原理。整个系统主要由振荡器、整流电路、点火线圈、分电器、晶闸管、变压器以及电容等部件所组成。图 4.11 为典型的触点式电容放电点火装置。振荡器和变压器主要由变压器和晶体管 T_1 等组成，整流电路主要由整流二极管 D_2 构成，晶闸管控制极的触发电路主要由晶体管 T_2、晶体管 T_3 等元件构成。

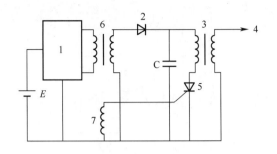

图 4.10 电容放电式点火系统的工作原理

1—振荡器;2—整流二极管;3—点火线圈;4—分电器;5—晶闸管;6—变压器;7—传感器线圈。

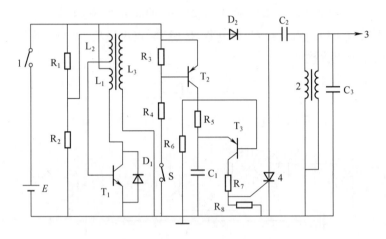

图 4.11 典型的触点电容放电式点火装置

1—点火开关;2—点火线圈;3—分电器;4—晶闸管。

4.2.4 数字控制点火系统

晶体管点火系统在提高次级电压和点火能量,延长触点使用寿命等方面都是很有成效的,但是,它们对点火定时的调节,还是与传统触点式点火系统一样,多数由离心和真空提前装置来完成。由于机械的滞后,磨损等原因,机械式的提前装置并不能保证发动机的点火特性总处于最佳。

近年来,由于汽车排放法规的严格化,汽车电控喷油系统的应用,对发动机的点火系统要求也越来越高,因而采用计算机控制的点火系统。在这种系统中,借助各种传感器测量发动机的运行状态及条件,经过计算机的处理与计算,在各种条件下,都可以将点火提前角控制在最佳值。

1. 数字控制点火系统的组成

计算机控制的点火系统也称为数字控制的点火系统,一般由传感器、各种接口电路、微型计算机以及点火控制器等部分组成。

1)传感器

在计算机控制的点火系统中,要有正确测量发动机运行状态的各种传感器,以把表征发动机运行工况的各种物理量、电量和化学量等信号转换成计算机能够识别的数字信号,然后才能经过计算机进行处理、判断与运算,确定输出对发动机进行点火控制。各系统所使用的传感器类型、数量等有所不同,但其作用大同小异。基于第3章的传感器基本原理,主要有曲轴转角传感器、上止点位置传感器、发动机转速传感器、进气压力传感器、空气流量传感器、进气温度传感器、冷却水温度传感器、节气门位置传感器、爆震传感器以及各种开关量输入。其中,大部分传感器与燃油喷射、怠速转速控制等共用。

点火提前角闭环控制常用的传感器为爆震传感器。为了提高发动机的燃油经济性和动力性,需要对点火定时进行调节,以便发动机汽缸中的燃烧及时完全,使燃烧最高压力在上止点后约12°的时间达到。点火太迟,将使发动机中的燃烧压力下降,点火提前太早,发动机容易发生爆震。在一定条件下,因为燃料辛烷值的不同,汽缸冷却效果的变化,以及制造加工等误差引起的发动机压缩比变化等原因,发动机可能发生爆震。为了控制发动机爆震,而又使点火提前角一直处于最佳值,在发动机的控制系统中,应采用爆震传感器,以便在测得有爆震迹象时,通过控制点火系统,及时推迟点火提前角,来消除爆震。

爆震的检测方法:检测汽缸压力作为反馈信号;检测发动机机体的振动;直接检测发动机的燃烧噪声;等等。目前使用的方法是检测发动机机体的振动。

检测爆震信号时,还要考虑:所选择电控系统的信噪比要高;因为工作环境恶劣,使用传感器的耐久性要好;传感器安装与拆卸要方便;等等。爆震传感器一般拧在发动机上易于测得高频振动的地方,例如装在机体汽缸上侧的爆震传感器等。

为了提高爆震传感器的信噪比,可以在时域和频域两个方面采取措施。在时域内,在发动机发生爆震的曲轴转角范围内,检测爆震信号。在频域内,考虑应用共振型的爆震传感器,或使用非共振型的爆震传感器,用滤波器对所测的信号进行滤波,以排除各种干扰的影响。

2)电子控制单元

电子控制单元为点火控制的核心部分,用来接收上述各种传感器的信号,经判断和运算后给点火控制器输出最佳点火提前角和闭合角的控制信号。

3)点火控制器

点火控制器为微机控制点火系统的功率输出级,接收电子控制单元输出的点火控制信号,进行功率放大,并驱动点火线圈工作。各系统的点火控制器的结构和功能也不尽相同。

2. 发动机点火的控制

影响发动机点火控制的因素很多,如发动机转速、负荷、进气压力、进气温度、大气压力等。汽车发动机点火的实用控制系统有开环控制与闭环控制两类。

1)开环点火控制系统

汽车发动机中常用的是开环控制的点火系统。开环点火控制一般有两种功能:对点火提前角进行控制,使发动机汽缸中的混合气能在适当的时候燃烧;对点火闭合角进行控制,使点火系统具有足够的点火能量以及合适的电压输出。

(1)点火提前角的控制。

在这种电控的点火系统中,点火提前角由程序控制。发动机各种运行工况下的最佳点火提前角,制成点火脉谱作为发动机转速与负荷的函数,已经事先以表格的形式存入控制系统的存储器中。图4.12为电控系统的点火提前角脉谱,图中各条曲线的交点,即为相应发动机转速与负荷下的最佳点火提前角。它是在进行发动机控制系统的设计时,对被控发动机进行了大量的实验,使发动机动力性、排放性能、燃油经济性等达到最佳值时的点火提前角数值,同时又在汽车行驶中,按照预定的准则要求,对燃油消耗、扭矩、排放、爆震以及其他行驶性能等优化处理后得到的。在发动机实际运行时,根据各种传感器的信号,经过电控单元计算出点火时刻,同时,电控系统还将根据发动机冷却水温、节气门开度、进气温度以及海拔等各种信息,对点火提前角进行修正。实际的修正值常根据发动机的运行条件和结构来确定。

暖车时,可以用点火定时来控制怠速转速。这时变速箱处在空挡位置,空调被关闭,没有附加负荷,点火可以稍迟后,以维持理想的怠速转速,这样发动机散热较多,可以使燃烧室壁面保持温度,从而也可以减少碳氢化合物的排放。随着负荷的加大,点火应提前,以产生较大的功率与扭矩,同时可以提高燃油经济性。在节气门开度很大,发动机温度或进气温度较高时,就容易发生爆震,应适当推迟点火定时。发动机加速,节气门开度瞬时加大,应推迟点火,但在加速后期要逐渐地恢复到加速以前的点火定时,这样既可减少爆震,又能降低氧化氮的排放。

(2)点火闭合角的控制。

闭合角影响点火线圈存储的能量,为了使点火系统在各种发动机转速及蓄电池电压的情况下,都有足够的点火能量,必须对闭合角进行控制。同时,对点火闭合角的控制也可以减少点火系统中不必要的能量消耗以及减少线圈中的过热。

闭合角控制有多种方法,其中可以根据闭合角调节特性进行控制。闭合角的调节特性如图4.13所示。点火线圈初级绕组中的电流由初级绕组的接通时间和蓄电池的电压决定,而其实际值最后是由闭合角控制的,它可以保证点火系统有足够的能量。图4.13中,闭合角作为蓄电池电压和发动机转速的函数形成三维脉谱图,并以表格的形式,存入控制系统的程序存储器中,其工作原理与点火提前角的控制相似。

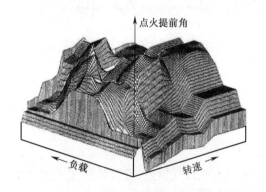

图4.12　电控系统的点火提前角脉谱

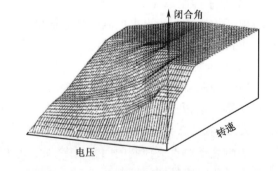

图4.13　电闭合角的调节特性

点火提前角开环控制方式,运算程序简单、运算速度快、控制系统也简单。但其控制精度取决于各传感器的精度以及修正计量公式的适用程度;传感器所产生的任何偏差都有可能使发动机偏离最佳点火时刻工作;不能对一些使用因素和发动机使用中磨损等对点火产生的影响加以修正,从而影响其控制精度。

2)闭环点火控制系统

闭环控制方式在控制点火提前角的同时,可以不断检测发动机爆震等有关情况,根据检测到的变化量大小,及时对点火提前角进行进一步修正,使发动机始终处于最佳的点火状态,而不受发动机零部件磨损、老化以及有关使用因素的影响,控制精度高。

点火系统典型的闭环控制是采用爆震传感器,对发动机的爆震进行检测控制的系统。它可以控制发动机在爆震限的附近区域工作,也是改善发动机动力性能的一种手段。

爆震燃烧是由于燃烧室内的末端混合气被压缩自燃的一种异常燃烧现象。爆震产生时,在燃烧室内产生强度很大的压力波,其频率为 3~10kHz,该高频压力波传给缸体后会使机体产生振动,同时可以听到尖锐的金属敲缸声。图 4.14 为爆震时的示功图。由图可以看出,发生爆震后,燃烧后期的压力有急剧的波动,这是爆震波存在的证明。

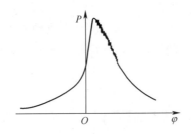

图 4.14　爆震时的示功图

影响发动机爆震的因素很多,因此,消除爆震的方法也很多。在使用的爆震控制系统中,常用的是控制点火提前角或控制增压压力,在爆震时要减小点火提前角,或降低增压压力。爆震与点火正时的关系如图 4.15 所示,当发动机在爆震界限附近工作时,发动机性能有所提高,这是爆震控制的目的。同时可以看出,点火提前角对爆震的影响是很大的,因此,通过推迟点火提前角消除爆震是很有效的。

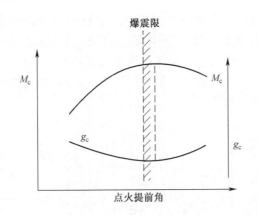

图 4.15　爆震与点火正时的关系

判断爆震的方法也很多,最简单的办法:测量爆震传感器输出的峰值,若其值超过某一设定值时,就可认定为发动机爆震。爆震强度的测量可以在点火后一定时间内,测定爆震传感器的输出峰值,并将测量值与设定值相比较,由信号峰值超过设定基准的次数,来判断爆震强度。

根据爆震传感器检测得到的信号,发现爆震后,再按其爆震的强度来控制点火提前角的推迟程度,当爆震消除后,还应逐步将点火提前角复原,以将发动机的点火定时控制在爆震限以内。

3. 无分电器点火系统

随着汽车电子技术的发展,汽车点火系统已从传统机械触点点火系统发展到晶体管点火系统和数字控制的点火系统,使发动机的性能有了很大的提高。但在这些点火系统中,高压电的分配还都是依靠分电器来进行的,分电器仍有机械驱动,有易磨损、需维护和体积大等缺点。

因此,开发的是一种全电子的无分电器点火系统。这种点火系统具有无运动件、无须维护管理、可抑制电磁干扰、点火正时可变范围大、点火系统的高压线长度变短、火花塞电压增加、高压线的容性效应降低等优点。

去掉分电器可用两种方法来实现:一种是每缸用一个点火线圈;另一种是每两缸用一个线圈。图4.16为无分电器点火系统。发动机两个汽缸共用一个点火线圈—双火花点火线圈,其中一缸点火为有效点火,在压缩冲程终了产生,另一缸点火为无效点火,发生在排气冲程。这种点火系统被用在汽缸数为偶数的汽车发动机中,点火线圈的个数为汽缸数目的1/2。但这种无分电器式点火系统也有一定的缺点:①产生的点火火花成对出现,使点火的次数加倍,能量的消耗有所增大,且有一半浪费;②由于双火花点火,它不适合应用在汽缸数为奇数的发动机上;③需要有两个功率输出级触发,电路较复杂。

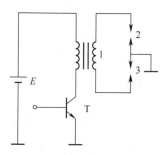

图 4.16 无分电器点火系统

图4.17为无分电器的点火系统简图。在此点火系统中,发动机每两缸配有一个点火线圈,两个火花塞的极性刚好相反。图4.17中是一种四缸发动机,配有两个点火线圈。点火时,两个火花塞都产生电火花,一个火花在发动机压缩接近终了时产生,为有效点火;另一个火花在发动机排气行程时产生,为无效点火。排气行程中,由于汽缸压力低,电火花所需的电压较低,这样能有效地保证压缩行程终了时的点火有足够高的电压。

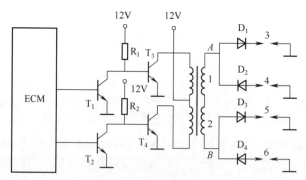

图 4.17 无分电器点火系统简图
1、2—点火线圈;3、4、5、6—四个汽缸的火花塞。

电控系统将根据不同的输入信号,确定输出量,输出1、4缸或2、3缸的点火信号。对应1、4缸或2、3缸点火信号,将在点火线圈中产生具有相应极性的高压。例如:当1、4缸有点火信号时,图中的上部电路工作,由于 A 点的电位比 B 点高,二极管 D_1、D_4 中应有电流流过,使1、4缸点火。因 D_2、D_3 反向,无电流流过,2、3缸就无火花产生。与此相对应,当2、3缸有点火信号时,图4.17中的下部电路工作,B 点的电位将比 A 点高,D_2、D_3 中有电流流过,使2、3缸点火,而 D_1、D_4 反向,无电流流过,1、4缸就无火花产生。

4.3　汽油机电子控制

汽车中最重要的计算机控制系统之一是发动机电子控制系统,这种控制系统与机械和气动的控制系统相比,对点火和空燃比等参数进行了更加精确的控制,能在任何工况下满足排放法规限制的同时优化发动机的其他性能指标。而控制理论和技术已经发展到使发动机控制既能满足排放法规的要求,又能获得可以接受的性能。

4.3.1　经典控制理论

有一个控制变量时的发动机反馈控制系统框图如图4.18所示。系统输出由 $y(t)$ 表示,控制信号 $r(t)$ 决定所希望的输出值,传感器产生与控制输出成比例的信号 $V_y(t)$,即有

$$V_y(t) = k_s y(t) \tag{4.1}$$

与实际输出和希望输出的差值成比例的误差信号为

$$V_e(t) = r(t) - V_y(t) \tag{4.2}$$

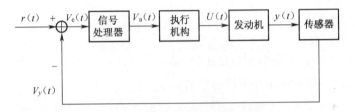

图4.18　发动机反馈控制系统框图

若系统运行良好,则 $V_e(t) = 0$,当 $V_e(t) \neq 0$ 时,通过信号处理,误差信号产生一个输出信号 $V_a(t)$,这一信号控制执行机构产生控制输入 $U(t)$,它改变系统使误差为0。

现代控制理论中,与上述简单反馈控制系统有些不同,传统系统中传感器和执行机构等很多特点现代控制系统都有,现代控制系统具有多个控制信号和多个输出。

4.3.2　控制规律

空燃比、点火提前角和废气再循环率等参数对发动机的排放和燃油经济性有很大的影响,应用数控技术,可以通过这些参数的调节对汽车发动机排放进行控制,以满足严格的排放法规的要求。

数控中很重要的问题之一就是应用什么样的控制规律,汽车发动机控制规律是一组以运行工况为函数的控制变量的标定值。发动机控制中可以应用的控制规律有很多,每一种控制规律都有改善发动机某种性能的潜力。

在计算机控制系统中,标定参数是通过算法而确定的值,这些算法根据一些确定的标准来优化发动机的性能。确定发动机最优标定值的过程是经典约束最优问题。

以暖机之后发动机燃油经济性为例,约束最优问题的目标是追求最好的燃油经济性,并同时满足排放法规的约束。发动机控制系统可以用三个矢量来定义:

$$\boldsymbol{y} = (y_1, y_2, y_3, y_4) \tag{4.3}$$

$$\boldsymbol{u} = (u_1, u_2, u_3, u_4, u_5) \tag{4.4}$$

$$\boldsymbol{x} = (x_1, x_2, x_3) \tag{4.5}$$

$y(t)$ 为系统的输出,具有下列变量:

$y_1(x(t), u(t))$——燃油流率;

$y_2(x(t), u(t))$—— HC 排放率;

$y_3(x(t), u(t))$—— CO 排放率;

$y_4(x(t), u(t))$—— NO$_x$ 排放率。

$\boldsymbol{x}(t)$ 为描述发动机运行状态,具有下列变量:

x_1——进气管压力;

x_2——发动机转速;

x_3——汽车速度。

$\boldsymbol{U}(t)$ 为电子控制系统的控制矢量,具有下列变量:

u_1——空燃比;

u_2——点火提前角;

u_3——废气再循环率;

u_4——节气门开度;

u_5——传动系变速比。

在每一个特殊的控制系统中都会有其附加的变量而加在上述矢量函数中。对所讨论的约束最优问题,性能指标是实验循环中燃油总消耗量:

$$F = \int_0^T y_1(x(t), u(t)) \, \mathrm{d}t \tag{4.6}$$

式中:$x_3(t)$ 为排放实验循环中汽车的速度;T 为实验的周期。

如果在满足排放约束的条件下 F 最小,则燃油经济性最好。排放约束为

$$\int_0^T y_2(x(t), u(t)) \, \mathrm{d}t < G_2 \tag{4.7}$$

$$\int_0^T y_3(x(t), u(t)) \, \mathrm{d}t < G_3 \tag{4.8}$$

$$\int_0^T y_4(x(t), u(t)) \, \mathrm{d}t < G_4 \tag{4.9}$$

式中:G_2 为允许的 HC 限值;G_3 为允许的 CO 限值;G_4 为允许的 NO$_x$ 限值。

发动机-汽车动态特性模型用一组微分方程描述:

$$x = f(x, u) \tag{4.10}$$

这一问题的附加约束为发动机的性能需要、驾驶性能、实际物理极限。这些限制可描述如下:

$$x^{\mathrm{l}} < x(t) < x^{\mathrm{u}} \tag{4.11}$$

$$u^{\mathrm{l}} < u(t) < u^{\mathrm{u}} \tag{4.12}$$

$$y(t) > 0 \tag{4.13}$$

$$x_3(t) = V_{\mathrm{E}}(t) \tag{4.14}$$

在约束最优的实际应用中,$y_K(x(t), u(t))$ 由实验确定,函数 $f(x, u)$ 由简单线性理论或实验测试得到。

最优控制问题在满足排放约束的情况下减小 F 而得到最优控制 u^*,使 $F(x, u)$ 最小而

满足

$$\int_0^T y_{K_j}(x(t), u(t))\,\mathrm{d}t < G_K, K = 2, 3, 4 \tag{4.15}$$

$$x^l < x(t) < x^u$$

$$u^l < u(t) < u^u$$

实际工程中,发动机可能的控制规律有燃油最低消耗率、排放最佳、动力性最佳等,具体如何选择,根据各自的产品研发理念以及用户的特殊要求来确定。

4.3.3 以三效催化转换器为基础的控制概念

目前,在汽油机中满足排放法规最好的办法就是应用三效催化转换器,它可以减少排放法规限制的排放成分,在满足排放法规的同时,又取得较好的发动机性能。发动机中的三种限制有害排放成分与发动机工作时的空燃比有很大的关系,不可能仅通过控制空燃比而使三种有害排放成分同时达到最低。但在装三效催化转换器的控制系统中,空燃比控制在理论值附近的很小范围内时,可以取得较为满意的折中。因此这类系统中,将平均空燃比控制在理论空燃比的±0.05以内,而其他变量的控制用来满足发动机的其他性能要求,同时进行辅助发动机排放的控制。在实际应用中,发动机控制已经发展成为当今的发动机管理系统,应用三效催化转换器对空燃比进行理论值控制的同时,还对其他一些参数进行控制,如二次空气控制、点火提前角控制、怠速转速控制、故障自诊断等。这种系统的主要作用是将空燃比控制在理论值,为此系统以开环和闭环两种方式运行,在某些条件满足时才能进行闭环控制。在每一种情况下,若系统的空燃比控制正确,则发动机的排放可以控制在所限定的范围内。在部分负荷时,控制系统是一个典型的传统闭环控制系统,用执行机构控制发动机的空燃比,同时用一个传感器测量发动机的输出空燃比。但在系统启动和大负荷时,要供给浓混合气,进行相应的加浓控制。

系统的另一个重要功能是控制点火时间,点火时刻的控制用来提高发动机的输出扭矩和降低发动机的油耗。二次空气控制用来配合排放控制子系统工作。

1. 控制系统

发动机启动时系统通常以开环方式运行,在某些运行条件满足后系统开始以闭环方式运行。

系统的闭环控制以燃油计量控制机构和氧传感器两个关键的部件来进行。其中,所用的执行机构可以用单点汽油喷射系统和多点汽油喷射系统来完成。传感器可以用氧传感器来完成,其输出信号与排气中氧的分压有关,是空燃比的函数,只在输入空燃比为理论空燃比($\lambda = 1$)时才发生变化,特性如图4.19所示,对空燃比的控制并不是很理想的。

空燃比的闭环反馈控制是一个有限循环的闭环控制系统,空燃比在理论值附近波动,波动的频率通常为0.3~10Hz。波动幅度峰-峰值小于2个空燃比单位。

最简单的闭环控制系统结构如图4.20所示,燃油计量系统调节供油量,确定λ_i;排气浓度为λ_o。氧传感器输出V_o是λ_o函数,控制器输出V_f是V_o函数,这个信号用于控制供油系统从而控制λ_i。控制器连续调节输入空燃比,尽量使平均空燃比接近于其理论值。

2. 控制模型

系统的近似模拟模型简化如下:

假设控制器为积分器,对传感器的输出进行时间积分,即

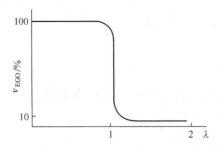

图 4.19 ZrO$_2$ 氧传感器的输出特性

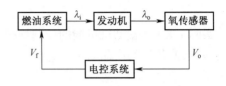

图 4.20 氧传感器闭环控制系统框图

$$V_f(t) = \frac{K}{\tau} \int_0^l V_o(t')\,dt' \qquad (4.16)$$

假定发动机对 λ_i 具有简单的时间延迟,则有

$$\lambda_o(t) = \lambda_i(t - t_D) \qquad (4.17)$$

式中:t_D 为传感器的输入传输延时。

假定燃油计量系统产生与 V_f 成比例的 λ_i,则有

$$\lambda_i(t) = K_f V_f(t) \qquad (4.18)$$

氧传感器可近似描述为相对于理论混合比的 λ_o 的双值函数:

$$V_o(t) = -V_o \operatorname{sgn}(\lambda_o(t) - 1) \qquad (4.19)$$

稳定工况下各种波形的变化如图 4.21 所示。由空燃比刚过理论值开始,在 $0\sim t_D$ 时间内,$\lambda_o(t)$ 随时间线性增加,在 t_D 时达到其最大值,然后 $\lambda_o(t)$ 随时间线性下降,在 $2t_D$ 时通过 λ_o 等于 1 点,此时氧传感器改变输出,积分器输出开始随时间线性增长。再过一个传输延时时间,$\lambda_o(t)$ 达到其最小值之后,$\lambda_o(t)$ 再一次增加,在 $4t_D$ 时通过 λ_o 等于 1 点。循环以固定频率持续进行,有一个最大的过量空气系数误差,其值由系统参数决定,由下列各式给出:

$$f_L = \frac{1}{4t_D} \qquad (4.20)$$

$$\lambda_{max} = K_f \frac{KV_o}{\tau} t_D \qquad (4.21)$$

发动机中气体流动与发动机转速有关,所以发动机中的传输延时是发动机转速的函数。

4.3.4　电控汽油喷射系统

现代汽车采用电控燃油喷射系统,并获得了很好的效果。这种系统应用于汽车上,不仅降低了发动机的排放,而且提高了发动机的燃油经济性,改善了发动机的性能。

1. 多点汽油喷射系统

1) 电控汽油喷射系统的结构及工作原理

L 型电控汽油喷射系统的结构。由燃油供给系统、空气供给系统及电控单元组成,如图 4.22 所示。燃油供给系统用于产生系统油压、传递燃油、调节油压以及进行滤清,主要由油泵、阻尼器、滤清器、冷启动阀、喷油器以及压力调节器等组成。汽油从油箱吸到油泵,流出油泵时,已具有一定压力,燃油流过阻尼器以减轻油压脉动,使压力稳定,然后通过滤清器,以滤

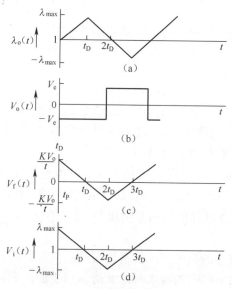

图 4.21 燃油控制系统的波形

除杂质及水分,经过燃油分配管流至喷油器,喷入进气管后进入汽缸,剩余的燃油则经过调压器及回油管返回油箱。冷启动阀在冷启动时工作,若启动时发动机的冷却水温低于规定值,冷启动阀打开,燃油经冷启动阀进入进气管,额外向发动机供应一部分燃油,供应较浓混合气,以利于发动机冷启动。

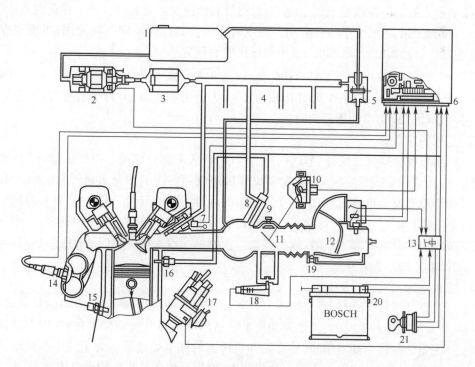

图 4.22 L 型电控汽油喷射系统的结构

1—油箱;2—油泵;3—滤清器;4—分配管;5—压力调节器;6—控制单元;7—喷油器;8—冷启动阀;9—怠速调节螺钉;
10—节气门开关;11—节气门;12—空气流量计;13—继电器组;14—氧传感器;15—发动机温度传感器;16—温度时间开关;
17—分电器;18—辅助空气调节阀;19—怠速混合气调节螺钉;20—蓄电池;21—启动开关。

空气供给系统由空气滤清器、空气流量计、辅助空气调节器、节气门室以及怠速调节螺钉等组成。进气空气首先流经空气滤清器,由空气流量计测量空气进气量后,进气经节气门室,进气歧管进入各汽缸。汽车行驶时,发动机进气量的多少由节气门来调节。发动机怠速时,节气门几乎是关闭的,空气由节气门旁通通路通过,旁通通路大小可由怠速调节螺钉调节,通路减小,流过的空气减少,喷油量减少,怠速转速降低。

发动机电控单元中,空气流量传感器用于测量发动机进气量的多少,燃油喷射量随之作精确的调节。在电控汽油喷射系统中,汽油喷射压力保持一定,喷油器的有效流通面积一定,要改变喷油量,就必须改变喷油器的开启时间。

传感器测量发动机燃油量计算所需的所有参数。电控单元处理来自各传感器的输入信号,电控单元经过精确计算以后,决定喷油器的开启时间,由此控制喷油量。

2) 电控汽油喷射系统各部件的结构及功用

(1) 燃油供给系统。

燃油系统中,电动油泵由油箱将燃油传递给喷油器,喷油器的油压由调压器保持一定,多余的燃油返回油箱,装于油泵和喷油器之间的滤清器用于滤清燃油。燃油供给系统主要由油泵、滤清器、喷油器、压力调节器、冷启动阀、温度时间开关等部分组成。

油泵用于向喷油器及冷启动阀供应具有一定压力的燃油。滤清器用于滤除燃油中的杂质和水分。喷油器安装在进气管上靠近进气道处,受控制单元的控制,将适量的燃油喷成雾状。具体结构参见第 3 章。压力调节器用以控制喷油压力,使燃油供给系统和进气管压力两者之间的压力差保持一定值,以使发动机在各种转速和负荷工况下,喷油压力差为一个定值,以精确控制喷油量。有的电控汽油喷射系统中,设有冷启动阀及温度时间开关。在低温启动时,额外喷射一部分燃油,以便于发动机启动。温度时间开关与冷启动阀串联使用,可感知冷却水温,由此控制冷启动阀打开或关闭。喷油器每次喷油量为

$$\Delta b = \mu A \sqrt{2g\rho_f (P_f - P_o) \Delta t} \tag{4.22}$$

式中:μ 为喷油器的流量系数;A 为喷孔截面积;g 为重力加速度;ρ_f 为燃油密度;P_f 为供油压力;P_o 为进气压力;Δt 为喷油器开启时间。

(2) 空气供给系统。

空气供给系统由空气流量计、节气门室、节气门开关等部分组成。空气流量计(结构原理参见第 3 章)用以测量进气空气量,给发动机提供进气量多少的信息,以计算供油量的多少。节气门室用于控制发动机进气量,以改变发动机的运行工况。节气门室由节气门、怠速空气通道、怠速调节螺钉和节气门开关等组成。节气门开关中设有怠速触点及全负荷触点,节气门关闭怠速及节气门全开全负荷工作时,该传感器给控制单元输入相应的信号,用于进行怠速及全负荷供油控制。

(3) 电控单元。

接收来自空气流量传感器、点火线圈以及其他传感器的信号,确定所需喷油量的多少,控制喷油器,在发动机各种工况下,供给发动机最合适的喷油量。发动机运转时,以发动机转速信号和空气流量信号作为基本信号,计算发动机所需的基本喷油量。为了使电控系统供给的混合气成分能够适应发动机各种工况变化的要求,电控系统还接收冷却水温传感器、进气温度传感器、启动信号以及节气门位置等辅助信号来校正与补偿喷油量。

(4) 汽油喷射控制。

汽油喷射控制主要指喷油正时及喷油量控制。

喷油正时由曲轴转角传感器发出的脉冲信号决定。电控汽油喷射系统中,每缸装一个喷油器,由控制单元来控制,喷油器可采取同时喷射、分组喷射或顺序喷射。在同时喷射系统中,所有喷油器并联,各喷油器收到电控单元的信号以后,一起启动进行喷油。

进行喷油量控制时,根据发动机工况的不同,对供油量进行修正。绝大多数发动机电控系统都是根据发动机运行条件,由控制系统存储器中查取合适的空燃比和点火时刻对发动机进行控制,以取得最大的动力输出和好的燃油经济性,并同时满足最低的排放性能。降低排放最理想的空燃比是 14.7∶1,此时利用三效催化反应器的转换效率最高,此时的混合气称为理论混合气。通常可以将发动机的运行工况分为以下八种:

① 冷启动工况:发动机的第一种运行工况是启动运行工况,向发动机供应浓混合气,以利于启动,混合气的浓度由发动机的冷却水温定,冷却水温可以表征发动机的实际温度。水温越低,混合气越浓。在一些发动机上,该加浓可以用冷启动喷油器进行,在有的发动机上用加宽供油脉宽的办法进行加浓。

② 暖机工况:发动机暖机时,根据冷却水温确定燃油加浓,供应加浓混合气,该加浓持续进行到发动机冷却水温达到预定值为止。

③ 开环控制:氧传感器温度足够高时,才能提供有用的反馈信号,发动机启动以后,氧传感器没有加热目前,忽略氧传感器信号,进行开环控制,按程序存储器中所存数据工作。

④ 闭环控制:电控系统并不是在发动机冷启动后就对所有的参数进行闭环控制,只有当氧传感器可以自计算机提供有效的发动机排气含氧量信号以后,且发动机温度高于某一温度时,才进行发动机闭环控制。电控单元测量氧传感器、冷却水温和节气门开度等信号,确定合适的供油量,以赢得最大的动力输出、最低燃油消耗率和最好的排放性能。

⑤ 加速工况:在电控汽油喷射系统中,电控单元首先接到节气门位置变化信号,说明需要加浓,即需要增加供油脉宽。此时主要考虑动力输出,而不是燃油经济性。在 L 型汽油喷射系统中,节气门突然开大时,大量空气迅速地流过空气流量计,摆板短时间内在其全开的位置上摆动,摆板的上冲量将导致较多的燃料供给,以得到加浓和良好的加速过渡性能。

⑥ 全负荷加浓:发动机全负荷运行时,要发出较大的扭矩,应供给较浓的功率混合气。此时对发动机进行开环控制。

⑦ 减速运行工况:发动机减速时,减少发动机供油量。

⑧ 怠速控制:L 型汽油喷射系统中,空气流量计中有一个可调的旁通空气通道,设有怠速调节螺钉,可以调整旁通横截面的大小,以此调整怠速混合气成分与怠速。暖机期间,旁通空气阀也对怠速的稳定起作用。

2. 单点汽油喷射系统

1) 单点汽油喷射的发展

汽油喷射已有很长的发展历史,计算机控制汽油喷射系统根据喷油器数量不同可分为单点系统和多点系统。从各系统产生的年代看,先有多点系统,在此基础之上又产生了单点系统,这一发展过程受到性能及价格等各种因素的影响。

单点汽油喷射系统与多点相比,具有自己的特点,主要有:结构简单,在每台发动机中只用 1 个或 2 个喷油器,减少了所用喷油器的数量;后期所引入的低压单点汽油喷射系统降低了对汽油泵零部件的制造要求,可以采用低造价的油泵;作为主要零部件的节气门体的结构很紧凑,它可以包括系统的大部分传感器和执行机构,工作可靠维修方便,适用性较强。

2）单点汽油喷射系统的结构特点

单点汽油喷射系统,节气门体安装在进气管上,在结构上与化油器有许多类似的地方。单点喷射系统中,采用1个或2个喷油器,装在节气门体中。以博世公司生产的单点汽油喷射系统为例,它是一种低造价的汽油喷射系统,专为闭环控制而设计。系统油压为0.1MPa,应用节气门开度和发动机转速进行控制,它有很多特点:节气门布置与化油器一样;喷油器在节气门上部;部分负荷时,喷油器喷出的锥面油雾直接喷入节气门的缝隙;每个进气冲程,喷一次油;每个喷油器最多给四个汽缸供油,八缸及六缸发动机用两个喷油器,每个喷油器给具有相同点火间隔的汽缸供油。

由于采用的是低压系统,在低压系统中,热启动和燃油供给问题,靠强烈冲洗来解决,而不靠高压来解决。单点喷射系统加速加浓,在大多数场合下根据节气门直接驱动的电位器信号进行。博世公司的单点系统中,应用精密电位器加速度传感器,将发动机转速及节气门开度作为基本信号,进行自适应控制,省去了进气管压力传感器。

3）系统构成及其组成部件

图4.23为低压单点汽油喷射系统,油压0.1MPa,装于油箱中的油泵经过滤清器将燃油传至中央喷射单元。

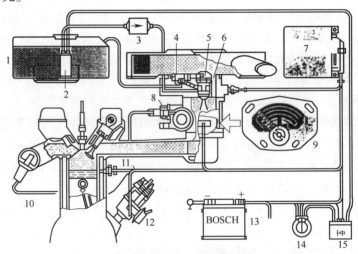

图4.23　单点汽油喷射系统

1—油箱;2—电动油泵,3—滤清器;4—压力调节器;5—喷油器;6—空气温度传感器;7—控制单元;8—节气门执行机构;
9—节气门电位计;10—氧传感器;11—发动机温度传感器;12—分电器;13—蓄电池;14—点火开关;15—继电器。

调压器用来保持系统油压一定。喷油器在节气门上部,是系统最重要的部件之一,它将燃油直接喷入节气门与其壳体间的环形缝隙,以降低壁湿,节气门开度和发动机转速作为电控单元的主要输入信号,用来决定发动机的燃油需要量,节气门开度由集成在节气门体壳上的电位器来测量。

发动机转速由点火系统得到,每点一次火,供一次油,这样燃油分配均匀性最好。所测的辅助信号来自进气温度和水温传感器,根据发动机温度,节气门执行机构控制怠速转速。

上述系统中,喷油器、压力调节器、空气温度传感器、节气门电位器和节气门执行机构都集成在中央喷射单元中,如图4.24所示。

用氧传感器进行闭环控制,配合三元催化转换器的应用,进行低排放控制。在有些系统中,氧传感器还用于识别系统的偏差,当该偏差较大时,电控单元中的自适应算法可将发动机

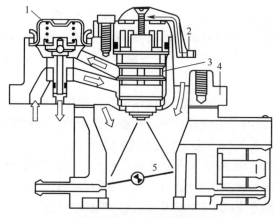

图 4.24　中央喷射单元

1—压力调节器;2—空气温度传感器;3—电磁喷油器;4—节气门体;5—节气门。

基本脉谱进行重新标定,这样在系统整个使用期间可对系统进行准确的标定。

4)空燃比控制

由于供油系统的油压一定,所以喷油器喷出的燃油量与喷油器开启的时间成正比,因此可通过控制喷油器的开启时间来控制系统的供油量。发动机控制系统以节气门开度和发动机转速作为主要输入信号,由此来确定基本供油量,基本供油量经过水温等修正参数进行修正以后由控制单元控制喷油器进行输出。在发动机进气门开启时,喷油器在节气门上部将燃油直接喷入节气门体和节气门之间形成的环形缝隙,喷入的燃油在发动机吸气行程经进气管进入相应的汽缸中,从而给发动机提供其工作时所需的燃油。

为得到良好的驾驶性能和低排放性能,需要较复杂的加速加浓和减速减浓功能。这些功能称为过渡燃油补偿。它与触发阈值、发动机温度、节气门位置、节气门开度变化速率以及发动机的转速有关。节气门开度变化率的正、负号决定加速加浓还是减速减浓。

脉谱中包括多个节气门开度和发动机转速,对应各节气门开度和转速点为 $\lambda = 1$ 时的值,它们是暖机后稳定运行时系统的基本供油量值,基准线之间的点用临近四基准点进行插值来确定,由发动机脉谱求得的供油脉宽,用暖机加浓、启动加浓、过渡燃油补偿等不同参数进行修正。对应上述各脉谱点,附加了自适应的脉谱,用于进行自造应修正,它可以补偿发动机和燃油计量元件的误差及变化。节气门关闭和大节气门开度运行条件的测量,对减速停油和全负荷加浓控制是很重要的,这种状态由节气门电位器作为最大和最小电压信号进行测量,发动机运行时,一直对该信号进行测量,用自适应算法修正其变化。

4.4　柴油机电控系统简介

4.4.1　混合气形成与燃烧

柴油机的燃烧过程与汽油机的燃烧过程明显不同,柴油比汽油黏度大,蒸发性差,需要采用高压喷射的方法,在压缩过程终了时才把柴油喷入汽缸,直接在汽缸内部形成混合气,并经过冷焰、蓝焰、热焰等阶段复杂的化学反应而自行发火燃烧。由于在压缩终了时才喷油,使得柴油机的混合气形成时间很短,因而造成混合气成分在燃烧室各处是很不均匀的,而且由于不可能一下子把所有燃料都喷入汽缸,故随着燃料不断喷入,汽缸内的混合气成分是不断变化的。在混合气浓的地方,燃料因缺氧燃烧迟缓,甚至燃烧不完全而引起排气冒烟,而混合气稀的地方空气却得不到充分利用。这种不均匀的混合气是在高温、高压下多点自燃着火燃烧的。

1. 混合气形成

柴油机进气行程中吸入汽缸的是纯空气,在压缩行程接近终了时,采用高压喷射的方法把柴油喷入汽缸,直接在汽缸内部形成混合气。喷油量和喷油时间对发动机性能、燃油经济性和排放有很大的影响。其混合气的形成受下列因素的影响:

(1)供油时刻和喷油时刻:喷油泵向发动机供油的时间通常用供油开始时刻来描述,喷油器向发动机的喷油开始时刻比喷油泵供油开始时刻稍有延迟,其延迟受燃油的可压缩性、油管的弹性和油管的长度等因素影响,它影响发动机的排放等性能指标。

(2)喷油规律:受喷油泵机械特性的影响,喷油规律不是常数,它影响发动机的动力性、燃油经济性、排放和振动噪声等性能指标。

(3)喷油压力:喷油压力影响喷油量,但更重要的是影响燃油的雾化,高压喷射时,油滴更细,燃烧质量较好,直喷式柴油机喷油压力比分隔式柴油机喷油压力高。

(4)燃油喷雾:燃油喷雾必须与燃烧室中气流运动和燃烧室的设计紧密配合。

(5)过量空气系数:柴油机负荷采用量调节,即通过控制供油量来调节发动机的负荷,柴油机中为了完全燃烧和降低排放,采用了较大的过量空气系数。

2. 燃烧过程

为了便于分析,可将柴油机燃烧过程分为着火延迟期、速燃期、缓燃期和补燃期四个阶段,如图 4.25 所示。

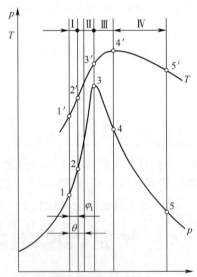

图 4.25　柴油机燃烧过程

Ⅰ—着火延迟期;Ⅱ—速燃期;Ⅲ—缓燃期;Ⅳ—补燃期;

1—燃油开始喷入;2—开始燃烧;3—最大压力点;4—最高温度点;5—燃烧结束点。

从燃油开始喷入燃烧室到由于开始燃烧而引起压力升高使压力脱离压缩线开始急剧上升的时间称为着火延迟期。在该阶段,燃烧室内进行着混合气的物理与化学过程。除对化学反应需要做准备以外,还需要进行如燃油在燃烧室中的分布、受热、蒸发与扩散等一系列物理准备。影响着火延迟期的主要因素是此时燃烧室内工质的状态。

从压力脱离压缩线急剧上升到达最大压力阶段为速燃期。在该阶段,着火延迟期内准备好的混合气几乎同时开始燃烧,使燃烧室内的压力和温度急剧上升,压力升高率较高。压力升高率决定了柴油机运转的平稳性,若压力升高率过大,则柴油机工作粗暴,燃烧噪声较大。同时运动零件承受较大的冲击负荷,影响其工作可靠性和使用寿命。为控制压力升高率,应减少在着火延迟期内准备好的可燃混合气的数量。

从最大压力到最高温度阶段称为缓燃期。在该阶段,开始燃烧很快,后来由于燃烧室内氧气减少,废气增多,燃烧条件变得不利,所以使后期的燃烧越来越慢。这一阶段内,某些燃料是在高温缺氧的条件下进行燃烧的,可能会燃烧不完全,产生碳烟随废气排出,降低了燃油经济性并使排放增加。所以缓燃期的主要问题是燃料的燃烧速度与混合气形成速度之间的矛盾。如果加强燃烧室内的气流运动,加速向燃料供给氧气,改善混合气形成的质量,就能加速燃烧,缩短缓燃期,使燃烧完全,进而提高柴油机的动力性和燃油经济性。

从最高温度点到燃油基本燃烧完的一段时间为补燃期。由于燃烧时间短,混合气又不太均匀,总有少量燃油拖延到膨胀过程中继续燃烧。特别在高速高负荷工况下,因过量空气系数小,混合气形成和燃烧的时间更短,这种后燃现象就更为严重。在补燃期中缸内压力不断下降,燃烧放出的热量得不到有效利用,还使排气温度提高,导致散热损失增大,对柴油机的燃油经济性不利。此外,后燃还增加了有关零部件的热负荷。因此,应尽量缩短补燃期,减少补燃期内燃烧的燃油量。

3. 柴油机的排放

燃烧的总排放比汽油机低。由于柴油机压缩比高、过量空气系数大,所以 CO、HC 和 NO_x 的排放均低。同时高压缩比提高了柴油机的热效率,大的过量空气系数可使燃烧完全,从而提高了燃油经济性。柴油机燃烧中比较大的问题是微粒的排放,这样的碳分子链中可能包含 HC,主要是醛,这种排放物可能致癌而引起人们的关注,它们飘浮在空气中,可通过呼吸而吸入体内。

4.4.2 柴油机电控系统

电控柴油机喷油系统的应用,为了在满足排放法规的条件下,使柴油机燃油经济性和动力性等性能达到最优提供了前提条件。具有优点:①喷油量的精确控制;②喷油定时的精确控制;③怠速控制;④废气再循环控制;⑤线控制系统(油门踏板电位器);⑥防止发动机喘振;⑦向数据采集系统输出便于使用;⑧温度补偿;⑨自动车速控制。

尽管已经开发了多种形式的电控喷射系统,其功能也有强弱,但系统的基本控制量主要是循环供油量和供油提前角。典型柴油机电控系统如图 4.26 所示,电控喷射系统主要由传感器、控制单元和执行机构三个部分组成,柴油机电控喷射系统为整机(或整车)的一个重要组成部分。理想的供油量和供油时间值存在电控单元的存储器中,喷油量由加速踏板位置

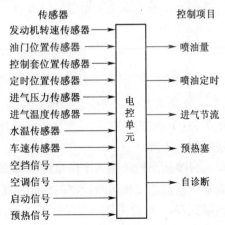

图 4.26　典型柴油机电控系统

和发动机转速计算,喷油开始时刻由供油量、发动机转速、发动机温度和进气压力确定。电控单元可以通过针阀升程传感器信号比较希望的喷油始点和实际的喷油始点。

废气再循环通过一个简单的电磁阀来控制,废气再循环控制是发动机转速、温度和供油量的函数。电控单元也通过继电器控制电热塞。

由于电磁阀存在着滞后等问题,新型的柴油机的高压共轨技术中使用了新型的执行器,即压电式执行器(参见第3章)。压电执行器的使用,使得喷油量的调节更加精准,喷油时刻的控制更加准确,因此,将会逐渐取代电磁喷油器。

4.5 传动系统匹配问题

传动系统匹配涉及结构、传递转矩、扭转振动等方面的问题,特别是扭转振动现在越来越受到人们的重视。传动系统的扭转振动现象主要有三方面的问题:①汽车在怠速、行驶、停泊工况下传动系统的振动与噪声;②激振源发动机与动力传动系统轴系扭转共振;③行驶过程中动力转换导致扭转振动冲击。汽车传动系统的扭转振动问题,一般是通过合理设计发动机曲轴输出端与变速器输入端之间的飞轮和离合器加以解决的,即匹配问题。有两种解决方法:一种是合理设计离合器从动盘总成的扭转减振器,另一种是以双质量飞轮代替离合器从动盘总成的扭转减振器。双质量飞轮代替离合器从动盘总成扭转减振器有许多优点,在柴油机车辆中得到了广泛应用。在匹配过程中,涉及动力与传动的诸多方面,下面通过一个实例推演介绍传动系统扭转振动匹配。

4.5.1 扭转振动系统模型建立

研究扭转振动系统特性,首先建立该系统模型。在研究传动系统固有频率和扭振主振型时,将动力与传动系统各个部分简化成为惯量盘,各个部分之间采用具有一定刚度的弹性轴连接,忽略阻尼的影响。在此以一个四缸发动机动力源所匹配的传动系统作为研究对象,建立怠速工况、行驶工况扭振系统模型如图4.27和图4.28所示。

图4.27、图4.28中的符号物理意义见表4.1、表4.2所列。

根据图4.27和图4.28所示的力学模型,可以建立怠速工况和行驶工况无阻尼自由振动方程和发动机激励下的振动微分方程:

$$J\ddot{\theta} + K\theta = 0 \tag{4.23}$$

$$J\ddot{\theta} + K\theta = T \tag{4.24}$$

式中:θ 为由各个质量间的角度组成的角度矢量;$\ddot{\theta}$ 为由各个质量间的角加速度组成的角加速度矢量;T 为激励扭矩矢量;J 为各个质量的惯量组成的惯量矩阵;K 为各个惯量间的刚度组成的刚度矩阵。

只要适当地给定各个质量的转动惯量和扭转刚度,所建立的力学模型就可以描述装用离合器从动盘总成扭转减振器的传动系统,也可以描述以双质量飞轮代替离合器从动盘总成扭转减振器的传动系统。式(4.23)、式(4.24)以及图4.27、图4.28中参数的物理意义如表4.1、表4.2所示。

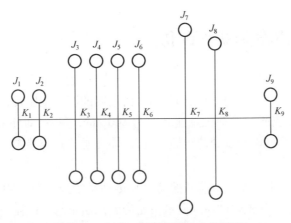

图 4.27　怠速工况扭振简化力学模型

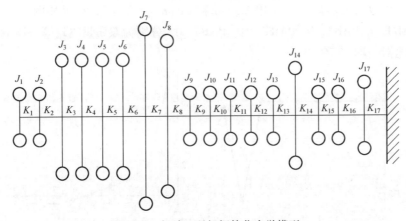

图 4.28　行驶工况扭振简化力学模型

<table>
<tr><th colspan="2">表 4.1　转动惯量的物理意义</th><th colspan="2">表 4.2　刚度的物理意义</th></tr>
</table>

转动惯量	物 理 意 义	转动刚度	物 理 意 义
J_1	皮带轮转动惯量	K_1	橡胶减振器扭转刚度
J_2	1/2 曲轴自由端及橡胶减振器转动惯量	K_2	曲轴自由端扭转刚度
J_3	发动机第一缸曲轴连杆组转动惯量	K_3	曲拐 1 扭转刚度
J_4	发动机第二缸曲轴连杆组转动惯量	K_4	曲拐 2 扭转刚度
J_5	发动机第三缸曲轴连杆组转动惯量	K_5	曲拐 3 扭转刚度
J_6	发动机第四缸曲轴连杆组转动惯量	K_6	曲轴飞轮端扭转刚度
J_7	1/2 曲轴飞轮端转动惯量以及 DMF 第一飞轮转动惯量	K_7	DMF 扭转刚度
J_8	1/2 变速器输入轴转动惯量、次级飞轮转动惯量、离合器转动惯量之和	K_8	离合器结合后扭转刚度
J_9	离合器当量转动惯量	K_9	变速器输入轴及齿轮当量扭转刚度
J_{10}	变速器输入轴及输入齿轮当量转动惯量	K_{10}	变速器中间轴及齿轮当量扭转刚度
J_{11}	变速器中间轴及中间轴齿轮的当量转动惯量	K_{11}	变速器输出轴及齿轮当量扭转刚度
J_{12}	变速器输出轴及输出轴齿轮转动惯量	K_{12}	传动轴第一轴当量扭转刚度
J_{13}	万向传动轴第一轴当量转动惯量	K_{13}	传动轴第二轴当量扭转刚度
J_{14}	万向传动轴第二轴当量转动惯量	K_{14}	主减速器当量扭转刚度
J_{15}	主减速器输入轴当量转动惯量	K_{15}	半轴当量扭转刚度
J_{16}	差速器及半轴当量转动惯量	K_{16}	车轮当量扭转刚度
J_{17}	车身当量转动惯量		

4.5.2 传动系统扭转减振匹配仿真

仿真分析是解决扭转振动问题的手段之一，下面进行仿真分析。影响传动系统匹配的因素有刚度、惯量、阻尼，其中刚度的影响更大。并且，刚度的调节也比较容易实现，因此，在这里主要探讨刚度问题。系统所配发动机怠速转速为 800r/min 左右，即外激励频率为 26.7Hz 左右，只要系统的固有频率与该外激励的频率不重合，即可避免系统共振。

1. 怠速工况

分析表明，怠速工况下需要尽可能低的动力与传动系统连接环节刚度，为此，可以考虑在两个部位实现这个目标。首先尝试在双质量飞轮的第二质量与变速器一轴之间的离合器中添加怠速扭转减振机构。采用图 4.27、式(4.23)的模型，将飞轮第二质量与变速器一轴之间的刚度 K_8 尝试设定为 10，然后分别应用 Matlab 和 Adams 仿真计算，结果如图 4.29、图 4.30 所示。图中 PART_8、PART_9、PART_10、PART_18 分别为双质量飞轮第一质量、第二质量、离合器及变速器一轴、车轮。

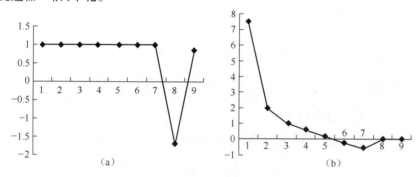

图 4.29　K_8 = 10 方案主振型

(a)3 阶固有频率 10.5Hz；(b)4 阶固有频率 246.2Hz。

从图 4.29 可以看出，K_8 = 10 时的主振型符合要求，并避开了激振频率。从图 4.30 可以看出，变速器一轴的振动加速度数值小于 DMF 第二质量数值的 10%。这说明 K_8 = 10 方案的怠速工况下振动加速度被极大衰减。

从设计角度讲，也可以通过调整 K_7 来改善怠速性能，这也是一个解决问题的可选方案。为此，令 K_7 = 10，分别应用 Matlab 和 Adams 仿真计算，结果是 2 阶、3 阶、4 阶频率分别为 1.6Hz、246.2Hz、272.2Hz，主振型符合要求。并且也避开了激振频率。激励响应如图 4.31 所示，图 4.31 中 PART_10 的响应峰值比 K_8 = 10 时要高得多，而且呈低频振荡模式，对传动系统隔振不利。这说明，K_7 = 10 的减振效果不如 K_8 = 10 的减振效果。

从以上的仿真分析结果可以看出，在怠速工况下，为了更好地匹配传动系统，可以采用尽可能低的 K_8 数值的解决方案。

2. 行驶工况

根据 4.5.1 节建立的行驶工况力学模型和式(4.24)，分别应用 Matlab 和 Adams 仿真工具进行固有特性与激励的响应计算。在怠速工况下分析表明，采用尽可能低的 K_8 数值的解决方案可以更好地匹配传动系统。这个结论是否适合于行驶工况，需要确定。在行驶工况下仿真分析时，对刚度 K_8 做简化处理：考虑到 K_8 改为很小的数值是在离合器上添加一组低刚度的弹性元件来实现的,在行驶工况下,这组低刚度弹簧已经并圈(相应的扭转刚度很大),即飞轮第二质量与变速器一轴间的刚度 K_8 仍然较大,即用研究对象的原值 19588。

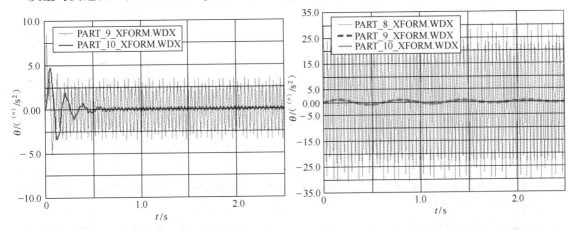

图 4.30 $K_8 = 10$ 变速器一轴的振动加速度   图 4.31 $K_7 = 10$ 变速器一轴的振动加速度

仿真计算得到的 3 阶、4 阶、5 阶固有频率分别为 12.8Hz、158Hz、246.2Hz,相应的振型符合要求,避开了激振频率。仍以发动机的输出端的单位正弦激励为输入,获得变速器一轴输出的振动加速度如图 4.32 中的 PART_10 曲线所示。

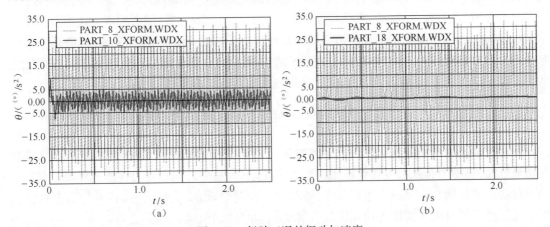

图 4.32 行驶工况的振动加速度
(a)飞轮第一质量与变速器一轴振动加速度;(b)车轮与飞轮第一质量振动加速度。

综合怠速工况与行驶工况仿真结果,可以采用 K_8 为低刚度的方案匹配传动系统,这样可以更好地解决传动系统扭转减振问题。

4.5.3 匹配方案的实现

传动系统扭转减振性能的设计与各个部分的转动惯量、刚度和阻尼有关,即传动系统设计是合理确定相应的转动惯量、刚度和阻尼。由于扭转减振机构一般均使用小阻尼,对于各个部分转动惯量已经基本确定的传动系统,重要的是确定各个部分的扭转刚度,即合理确定扭转刚度获得良好的扭转减振性能。

根据 4.5.1 节、4.5.2 节的仿真分析结果可以发现,在采用双质量飞轮解决扭转振动的基

133

础上,降低K_8的扭转刚度,可以在保证怠速工况主振型合理的情况下,使得位于变速器一轴的振动加速度峰值明显降低,即改善了怠速工况的性能。

一般设计装配了双质量飞轮的传动系统,从发动机曲轴凸缘至变速器一轴,这中间仅有双质量飞轮和离合器,即改进传动系统性能仅能从这两个部分入手。

根据4.5.1节的分析可知,若保持K_8不变而让$K_7 = 10$或很小的数值,唯一可能的方案是将双质量飞轮改为三质量飞轮,即在曲轴凸缘与双质量飞轮的第一质量之间增加一个扭转弹性装置。但该结构的激励响应特性与双质量飞轮相近,且伴随有低频的较高峰值的振荡,对传动系统非常不利。因此,这种方案并不能令人满意,且不可行。

由于双质量飞轮第二质量与变速器一轴之间有离合器存在,设计装配有双质量飞轮的传动系统目前均装配有不带扭转减振器的离合器。若要实现$K_8 = 10$或很小的数值,在传动系统设计时,可以在离合器中添加一个扭转刚度很小的扭转减振机构。为了保证行驶工况下传动系统仍能保持良好的扭振特性,设计时采用螺旋弹簧作为该扭转减振机构的弹性元件。即在行驶工况下,离合器中的扭转减振机构不起作用,螺旋弹簧处于并圈的状态。虽然降低刚度K_8将影响行驶工况的主振型,但是,因$K_8 = 10$或很小数值仅仅为怠速工况设计,在行驶工况下,离合器中的扭转减振机构的螺旋弹簧并圈,则飞轮第二质量与变速器一轴之间的刚度K_8仍然维持为10^4数量级。因此,传动系统合理匹配的实现方案:采用常规设计方法匹配双质量飞轮,并在离合器中设计怠速扭转减振机构(扭转减振刚度尽可能低)。

通过分析表明,合理的传动系统匹配解决扭转振动问题的方案:配有常规方法设计的双质量飞轮,同时,通过调整双质量飞轮第二质量与变速器一轴之间的扭转刚度,可以降低怠速工况下的振动加速度数值,并能够满足行驶工况的要求。双质量飞轮第二质量与变速器一轴之间的扭转刚度的调整,其实现方法是在离合器中添加怠速扭转减振机构。

4.6 金属带式无极自动变速器的结构和原理

传动系是发动机动力与车轮负载之间的传动装置,其任务是通过变换传动比,调节或变换发动机特性,将动力有效而可靠地传递到驱动车轮上,以适应对汽车使用性能的要求。汽车传动系自动变速是指它在完成上述任务中,传动比变换是自动的。自动变速传动与目前广泛使用的人工操纵的有级式机械传动相比具有的优点:简化操作,减轻驾驶员劳动强度,提高行车安全性;驾驶平顺、舒适,在汽车起步和速比变化过程中不致产生纵向冲击或抖动;可使汽车行驶过程中经常地处于良好的性能状态;可使汽车行驶过程中经常地处于良好的性能状态。实现汽车传动系自动变速的方法可有多种,目前在汽车中应用较多的有有级式机械传动自动变速、液力机械传动自动变速、全液压自动无级变速和机械式无级自动变速。

由于无级变速具有接近于理想的传动特性,越来越受到人们的关注,这里仅就金属带式无级自动变速传动问题进行介绍。

4.6.1 金属带式无级自动变速传动的发展

根据实现无级变速传动的方式不同,无级变速传动可以分为:变节圆传动,如带式、链式传动;摩擦传动,如锥、盘、环及球面传动;流体静压传动;流体动压传动。从车用传动器要求的速比范围、功率重量比、使用寿命、可靠性及成本等方面综合考虑,在现代轿车上最佳的选择首推变节圆无级变速传动方案。而金属带式无级自动变速传动就是使用的这个方案。

金属带式无级自动变速传动方案的最早形式是 V 形橡胶带式无级自动变速传动。它最早出现在 1886 年由德国 Daimlar-Benz 公司生产的汽油机汽车上。而后,荷兰达夫(DAF)公司 H.Van Doorne 于 1958 年研制成功双 V 形橡胶带式无级自动变速器,并装备于 DAF 公司的小型轿车(发动机排量为 0.59L)上。此后经过多种改进,于 1975 年起装备于 Volvo340 系列轿车上。

Doorne 自 20 世纪 60 年代开始研究能传递功率容量大、效率高、结构紧凑的无级自动变速传动,提出了以 V 形金属传动带来代替 V 形橡胶带。这种传动改变了传统带传动的原理,把传递转矩由拉式变为推式。这样,一种新型的金属带式无级自动变速器诞生了,即 "Transmatic" 变速器。为专门进行金属带式无级自动变速器的研究与开发,Doorne 博士于 1972 年在荷兰 Tiburg 正式成立 Van Doorne's Transmissie B.V 公司,简称 VDT 公司,所开发的这种产品以后常称为 VDT-CVT(简称 CVT)。由于金属带大量生产过程的复杂性,CVT 商品化是直到 1987 年左右才得以实现。

日本 Subaru 汽车厂是首先开始大量生产 CVT 的汽车厂。1987 年他们将电子控制的 CVT (称为 P821 型)装备于 Justy 汽车(发动机排量为 1~1.2L)上,成功地占领了日本市场。继 Subaru 后,欧洲的 Ford 和 Fiat 把 CVT(机械式,称为 P811 型)装备于发动机排量为 1.1~1.6L 的轿车投入市场。

20 世纪 90 年代,VDT 公司开发了第二代产品。第二代产品主要设计技术指标较多地超过液力机械自动变速器,具有更好的经济性和操纵平顺性,并在结构上做了较多改进:①采用新型金属传动带;②双级滚子叶片泵;③全电子控制系统。目前,随着技术的进步,使得 CVT 可以满足一般轿车的使用要求。

4.6.2 金属传动带式无级变速传动的技术特点

1. 基本结构与工作原理

图 4.33 为发动机前置前驱动汽车金属传动带式无级变速传动器结构与原理。形式上与 V 形橡胶带式无级变速传动相类似。传动器的主、被动工作轮由固定和可动的两部分组成,形成 V 形槽,与金属传动带啮合。当主、被动工作轮可动部分作轴向移动时,改变了传动带的回转半径,从而可改变传动比。可动轮的轴向移动是根据汽车使用要求,通过液压控制系统进行连续地调节,实现无级变速传动。在这种无级变速传动中,两轴工作轮间动力传递不是依靠金属传动带的拉力,而是靠推力来实现的,传动方式如图 4.34 所示。

2. 关键部件

1) 金属传动带

金属传动带由多个金属片 1 和两组金属环 2 组成,如图 4.35 所示。每个金属片的厚度为 1.4 mm。在两侧工作轮挤压力作用下传递动力。每组金属环由数条厚度为 0.18mm 的薄环带叠合而成,在动力传递过程中,主要被用来把金属片约束在一起,并正确地引导金属片的运动。

2) 工作轮

主、被动工作轮可动半锥轮和固定的半锥轮两部分组成,如图 4.36 所示,其工作面大多为直线锥面体。在液压控制系统的作用下,依靠铜球-滑道结构做轴向移动,可连续地改变传动带工作半径,实现无级变速传动。

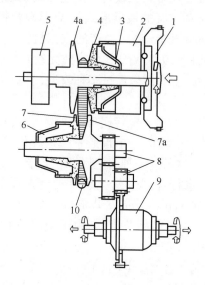

图 4.33　CVT 传动器结构与工作原理

1—发动机飞轮;2—离合器;3—主动工作轮液压控制缸;4—主动工作轮可动部分;
4a—主动工作轮不动部分;5—油泵;6—从动轮液压控制缸;7—从动工作轮可动部分;
7a—从动工作轮不动部分;8—中间减速器;9—主减速器与差速器;10—金属传动带。

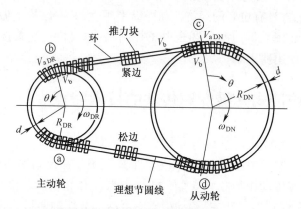

图 4.34　金属带传递转矩的方式

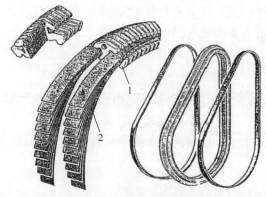

图 4.35　金属传动带的结构

1—金属片;2—金属环。

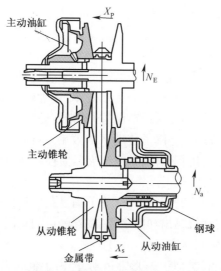

图 4.36 传动带及锥轮总成

3）液压油泵

为 CVT 传动系提供控制、冷却和润滑的液压油源。常用的液压油泵有齿轮泵和叶片泵。

4）起步离合器

目前,用作汽车起步有湿式多片离合器、电磁离合器和液力变矩器。液力变矩器与 CVT 系统合理匹配,可使汽车以足够大的牵引力平顺地起步,提高驾驶舒适性。当发动机转速高时,闭锁离合器将泵轮与涡轮锁住,成为整机传动,提高了传动效率。

5）控制系统

控制系统用来实现 CVT 系统传动比无级自动变化。在 CVT 系统中,初期产品多采用机-液控制系统,目前多采用电-液控制系统,总体方案如图 4.37 所示。

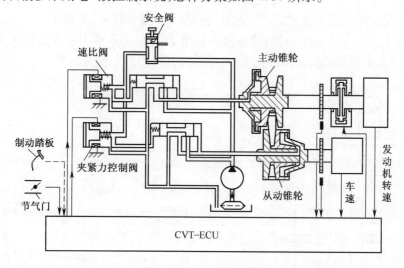

图 4.37 电-液控制系统

4.7 CVT 控制问题

CVT 传动系的两个主要任务:①将发动机输出功率可靠地传递到驱动轮,并尽可能减小功率损失;②根据汽车的运行条件,按驾驶员选定的工作模式,自动改变传动速比,使发动机维持在理想的工作点。

CVT 控制问题可归结为如下两个目标:

(1)金属带夹紧力控制。为了提高传动效率,必须合理控制对金属带的夹紧力。如夹紧力过小,则金属带在轮上滑转。这不仅降低传动效率,还加快金属带与轮的磨损,缩短带与轮的使用寿命。而夹紧力过大,因为除带的节圆层外,带与轮之间必然存在滑动,故夹紧力过大也将增加不必要的摩擦损失,同样会降低传动系的效率。同时,会导致金属带的张力过大,缩短带的使用寿命。根据汽车的运行条件,始终把夹紧力控制在目标值的小范围内是 CVT 传动系的第一个控制问题。

(2)速比控制。在汽车的所有运行工况,为了满足其经济性和动力性要求,应使传动系的速比在汽车的行驶阻力和发动机输出功率之间,按驾驶员的意图自动实现动态最佳匹配,把汽车的经济性、动力性发挥到极限状态。

CVT 传动装置从形式上看类似于 V 形带传动,但由于金属带特殊的结构和不同于传统带传动的原理,使精确实现速比和夹紧力的控制变得十分复杂:首先是因为夹紧力与速比控制存在耦合效应,夹紧力控制与速比控制互相影响;其次是不能用解析式精确描述它们期望的控制目标。为此,在论述 CVT 控制系统所采用的控制算法之前,首先介绍主动轮(速比控制)和被动轮(夹紧力控制)之间的耦合效应和有关影响因素。

4.7.1　主、被动轮夹紧力的稳态比值

由于金属带的长度为一定值,当在被动缸施加的夹紧力为 Q_{DN} 时,则在锥面的楔力作用下,使带向外移动,于是在带内产生张紧力。在主动轮上,被张紧的金属带产生向里运动的趋势。为使金属带维持在稳定的节圆位置上,必须在主动缸上作用一个推力 Q_{DR},使它与被动缸的推力 Q_{DN} 通过金属带在主动轮上产生的轴向负荷相平衡如图 4.38 所示。

以金属带上的一个推力块为例,分析推力块滑动时的受力平衡条件如图 4.39 所示。图中,P 为金属带张紧力对滑块产生的正压力,在垂直方向的力平衡方程为

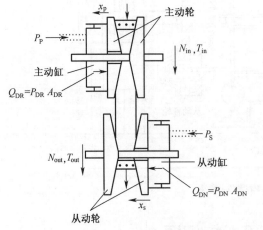

图 4.38　主、被动缸推力平衡关系

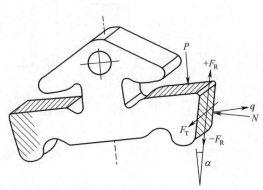

图 4.39　推力块上的作用力

$$\frac{P}{2} = N\sin\alpha \pm F_R\cos\alpha \tag{4.25}$$

式中:N 为锥轮对推力块的正压力;α 为带轮锥形角;F_R 为径向摩擦力(当金属带向外滑动,F_R 取正号,反之取负号),径向摩擦力为

$$F_R = \mu_R N \tag{4.26}$$

其中:μ_R 为径向方向摩擦因数。

在切向方向的摩擦力为

$$F_T = \mu_T N \tag{4.27}$$

式中:μ_T 为切向摩擦因数。

径向摩擦因数和切向摩擦因数满足摩擦圆约束条件:

$$\mu = \sqrt{\mu_R^2 + \mu_T^2} \tag{4.28}$$

由于总的摩擦因数是一定的,所以如果 μ_R 增大,则 μ_T 必然减小,反之亦然。假定金属带传递的转矩为 0,则金属带在切线方向传递的力为 0,于是可以假定在径向方向的摩擦因数达到最大值。对主动轮,作用在带轮的总推力为

$$Q_{DR} = N_{DR}(\cos\alpha \mp \mu_{DRR}\sin\alpha)R_{DR}\theta_{DR} \tag{4.29}$$

式中:N_{DR} 为主动轮与推力块之间单位弧长的正压力;R_{DR} 为主动轮节圆半径;θ_{DR} 为金属带在主动轮上的包角;μ_{DRR} 为主动轮径向摩擦因数。

因金属带传递的转矩为 0,则金属带内的张紧力处处相等。带对轮的正压力在主、被动轮的接触弧上也相等。在接触弧上取一微元,如图 4.40 所示,则张紧力 S_0 与正压力 P 之间的关系为

$$2S_0\sin\frac{d\theta}{2} = PRd\theta \tag{4.30}$$

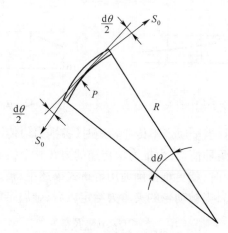

图 4.40　张紧带对轮的压力

因为 $d\theta \approx 0$,故 $\sin\dfrac{d\theta}{2} \approx \dfrac{d\theta}{2}$,于是式(4.30)可进一步简化为

$$P = S_0/R \tag{4.31}$$

式中:R 为金属带接触弧半径。

由式(4.25)、式(4.26)及式(4.31),则主动轮的推力可进一步表示为

$$Q_{DR} = \frac{S_0}{2} \cdot \frac{\cos\alpha \mp \mu_{DRR}\sin\alpha}{\sin\alpha \pm \mu_{DRR}\cos\alpha} \theta_{DR} \qquad (4.32)$$

同理,被动轮的总推力为

$$Q_{DN} = \frac{S_0}{2} \cdot \frac{\cos\alpha \mp \mu_{DNR}\sin\alpha}{\sin\alpha \pm \mu_{DNR}\cos\alpha} \theta_{DN} \qquad (4.33)$$

式中:θ_{DN} 为带在被动轮上的包角;μ_{DNR} 为被动轮径向摩擦因数。

应注意的是,主、被动轮的符号相反。因为金属带长度一定,如金属带在主动轮上向外滑动,则它在被动轮上必然向里滑动。由式(4.32)和式(4.33)得金属带无负载时,主、被动轮推力之比为

$$\frac{Q_{DR}}{Q_{DN}} = \frac{\tan\alpha \pm \mu_{DNR}}{1 \mp \mu_{DNR}\tan\alpha} \cdot \frac{1 \mp \mu_{DRR}\tan\alpha}{\tan\alpha \pm \mu_{DRR}} \frac{\theta_{DR}}{\theta_{DN}} \qquad (4.34)$$

如果主、被动轮的摩擦因数相等,则推力比不受摩擦因数的影响。此时主、被动轮的推力比与速比之间的关系如图 4.41 所示。图中虚线是按式(4.34)并假定 $\mu_{DRR} = \mu_{DNR}$ 计算得到的,带"。"的为实验曲线。可见,除速比为 1 时两者是重合的外,计算曲线与试验曲线仅在变化趋势上保持一致,而在数量上误差较大。为了使计算曲线和试验曲线一致吻合,不能假定主、被动轮的摩擦因数在所有速比条件下是相等的。由实验结果计算,主、被动轮摩擦因数比与速比之间的关系如图 4.42 所示。

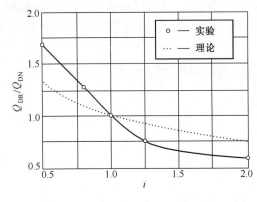

图 4.41　无负载时推力比与速比的关系

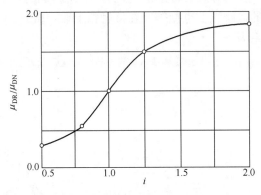

图 4.42　μ_{DRR}/μ_{DNR} 与速比的关系

图 4.41 和图 4.42 说明,当金属带不传递转矩时,各推力块传递的切向力从宏观上是相互抵消的,尤其在 $i<1$ 和 $i>1$ 两种情形,由推力块传递的力在整个接触弧段上一定存在复杂的分布规律。当金属带传递转矩时,就更难精确地用解析式描述主、被动轮推力比与速比的关系。

通过理论分析可以得出,当被动轮的夹紧力给定以后,金属带能传递的最大转矩为

$$T_{in}^* = \frac{2Q_{DN}\mu_{DR}R_{DR}}{\cos\alpha} \qquad (4.35)$$

实际传递的转矩 T_{in} 与最大转矩 T_{in}^* 之比 $r = T_{in}/T_{in}^*$ 称为转矩比。通过实验测得推力比与转矩比在不同速比条件下的变化曲线如图 4.43 所示。实验的结果表明,推力比主要取决于速比,而转矩比和能传递的最大转矩对推力比的影响较小。特别是转矩比大于 0.5 以后,转矩比对推力比几乎没有影响。对实际的 CVT 传动装置,r 必在 0.5 以上。因此,r 对推力比的影响可以忽略不计。精确计算推力比的目的是:当被动轮的夹紧力给定以后,它通过金属带按照

Q_{DR}/Q_{DN} 转化为主动轮的轴向负荷。要把传动装置的速比稳定控制在某一给定的值,则作用在主动轮的推力(主动缸的控制力)必须依据 Q_{DR}/Q_{DN} 的关系变化。

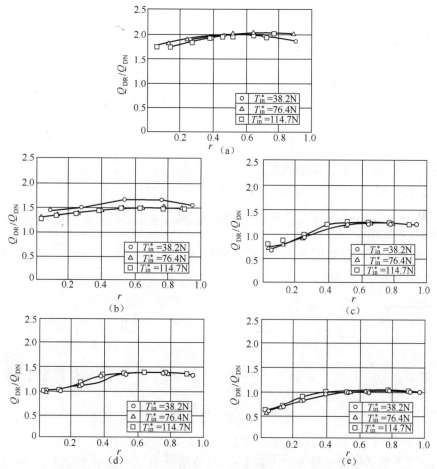

图 4.43　推力比、转矩比与转速比之间的关系($n_{in} = 300 \text{r/min}$)

(a)$i = 0.5$;(b)$i = 0.8$;(c)$i = 1.0$;(d)$i = 1.25$;(e)$i = 2.0$。

为了描述金属带传递转矩时,Q_{DR}/Q_{DN} 与 i 的关系。有学者推出了被动轮推力的近似计算公式为

$$\frac{Q_{DN}}{F_s} = \frac{\cot(\alpha + \rho)[\theta_{DN} - \sin\alpha(\alpha\lambda + b)/\mu]}{4}(1 - \lambda) + \frac{\cos\alpha}{2\mu} \tag{4.36}$$

式中:F_s 为金属带在两轮之间的张紧力,在不传递转矩时,$F_s = 2S_0$;$\lambda = T_{in}/(R_{DR}F_s)$;$\rho = \arctan\mu$。

主动轮推力为

$$\frac{Q_{DR}}{F_s} = \frac{\cot(\alpha + \rho)\theta_{DR}}{4}(1 + \lambda) \tag{4.37}$$

由式(4.36)和 $\lambda = T_{in}(R_{DR}F_s)$ 解出两轮之间的张紧力:

$$\theta_{DN}F_s^2 - \left\{\alpha\frac{\sin\alpha}{\mu}\frac{T_{in}}{R_{DR}} + \frac{T_{in}}{R_{DR}}\theta_{DN} - 4\tan(\alpha + \rho)\left(\frac{\cos\alpha T_{in}}{2\mu R_{DR}} - Q_{DN}\right)\right\}F_s + \alpha\frac{\sin\alpha}{\mu}\left(\frac{T_{in}}{R_{DR}}\right)^2 = 0$$

$$\tag{4.38}$$

解式(4.38)可得

$$F_{s} = \frac{B \pm \sqrt{B^2 - 4AC}}{2A} \qquad (4.39)$$

式中

$$A = \theta_{DN}$$

$$B = \alpha \frac{\sin\alpha}{\mu} \frac{T_{in}}{R_{DR}} + \frac{T_{in}}{R_{DR}} \theta_{DN} - 4\tan(\alpha + \rho)\left(\frac{\cos\alpha \, T_{in}}{2\mu R_{DR}} - Q_{DN}\right)$$

$$C = \alpha \frac{\sin\alpha}{\mu}\left(\frac{T_{in}}{R_{DR}}\right)^2$$

其中:μ 为带与轮之间的最大摩擦因数。

由上述各式,即可求得主、被动轮在平衡状态的推力之比:

$$Q_{DR}/Q_{DN} = f(i,r) \qquad (4.40)$$

式中:i 为传动器速比。

Q_{DR}/Q_{DN} 的计算过程如图 4.44 所示。图中:A_{DN}、A_{DR} 分别为被动缸、主动缸工作面积;P_{DR}、P_{DN} 为主被动缸工作油压。

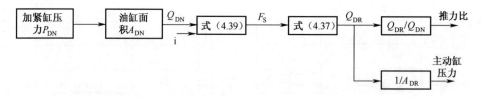

图 4.44　Q_{DR}/Q_{DN} 的计算过程

按式(4.40)计算推力比与速比变化关系如图 4.45 所示。可见,实验结果与计算曲线在 $i=0.5$ 和 $i=2.5$ 的两端误差较大。当 $i<1$ 时,计算结果 Q_{DR}/Q_{DN} 小于实验值。当 $i>1$ 时,计算值大于实验值。只有 $i=1$ 时,两者保持一致。产生误差的主要原因是假定在大轮(大节圆半径轮)上,所有接触弧的摩擦因数都达到最大值,即所有接触弧均为工作弧。然而根据摩擦传动理论,在大轮上所有的接触弧中,可能存在部分非工作弧。如果不存在这样的非工作弧,则在大轮上所有接触区的有效摩擦因数一定小于最大值。于是在大轮上的有效摩擦因数应按下式修正:

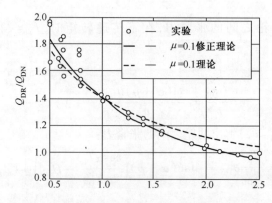

图 4.45　传递转矩时推力比与速比之间的关系($r=0.77$,$\mu=0.1$)

$$\mu = \frac{\pi}{\theta_L}\mu \tag{4.41}$$

式中:θ_L 为大带轮上金属带的包角。

当 $i<1$,则主动轮上的摩擦因数,即式(4.37)中的 μ,应按式(4.41)修正。当 $i>1$,被动轮上的摩擦因数,即式(4.38)中的 μ,应按式(4.41)进行修正。修正后推力比与速比的计算曲线如图 4.45 中的实线所示。可见,修正后计算与实验结果能较好地吻合。所用的实验条件 $r = T_{in}/T_{in}^* = 0.77$,它等价于 CVT 传动装置传递转矩的储备系数 $\beta = 1/r = T_{in}^*/T_{in}$,取值为 $1.0 \sim 1.30$。对实际的传动系统,β 为定值,即 r 为定值。r 的取值与对油缸压力的控制精度有关,控制精度越高,r 的取值越接近于 1。由于实用的 r 是恒定的(略大于 0.77),因而可用修正公式估算推式 V 形金属带传动,最有效地传递发动机输出转矩时作用在主、被动轮达到动态平衡时所需的推力。该式是实现速比、夹紧力控制的近似理论依据,其推力比的变化范围也是 CVT 液压控制系统设计的重要依据。当 $i = 0.5$ 时,稳定在该速比下工作的推力比 $Q_{DR}/Q_{DN} = 1.85$。当采用单压力回路时,为了保证可控性条件,则要求主动轮缸的作用面积至少应是被动缸的 1.85 倍。

4.7.2 CVT 的速比

传动装置的速比定义为主动轮的转速与被动轮的转速之比,即

$$i = n_{DR}/n_{DN} \tag{4.42}$$

它也可用主、被动轮的节圆半径比表示。当被动轮处在最大节圆,主动轮处在最小节圆半径,得到最大传动比:

$$i_{max} = R_{DNmax}/R_{DRmin} \tag{4.43}$$

通常 CVT 传动装置的最大传动比为 2.5。当主动轮在最大节圆半径,被动轮在最小节圆半径,得最小传动比:

$$i_{min} = R_{DNmin}/R_{DRmax} \tag{4.44}$$

此比值一般为 0.5。通常 CVT 传动装置的速比范围为 2.5 ~ 0.5。

4.7.3 CVT 的控制目标

1. 夹紧力控制目标

设 CVT 的输入转矩为 T_{in}(或发动机的输出转矩),能传递转矩的储备系数为 β,则要求传动装置能传递的最大转矩为 βT_{in}。由式(4.35)就可得到被动轮的目标控制压力:

$$P_{DN}^* = \frac{\beta T_{in}\cos\alpha}{2\mu R_{DR}A_{DR}} = K\frac{T_{in}}{R_{DR}} \tag{4.45}$$

式中:K 为与设计参数和结构参数有关的常数,$K = \beta\cos\alpha/(2\mu A_{DN})$。可见,被动缸的目标控制压力发动机输入转矩和当前速比有关。

2. 速比控制目标

实际 CVT 控制系统,把目标转速定义为发动机目标转速与被动轮实际转速之比,即

$$i_t = \begin{cases} i_{max}, & n_{e0}/n_{out} > i_{max} \\ n_{e0}/n_{out}, & i_{min} \leqslant n_{e0}/n_{out} \leqslant i_{max} \\ i_{min}, & n_{e0}/n_{out} < i_{min} \end{cases} \tag{4.46}$$

式中:i 为 CVT 当前速比;n_{out} 为传动器输出转速;n_{e0} 为发动机的目标转速,由油门开度和驾驶员选定的工作模式(如经济模式、动力模式)确定。

4.8 CVT 的控制

CVT 一般是采用电液控制方案,由电控部分控制液力液压系统,液力液压系统再控制直接执行机构,使汽车换挡。在 CVT 控制系统的关键技术中,包括三个方面:①夹紧力控制,这是提高 CVT 传动装置本身的传动效率和关键部件使用寿命的保证;②速比控制,在各种条件下,维持发动机运行在驾驶员选定的工作点,使整车的燃油经济性、动力性及行驶平顺性处在最佳状态;③起步离合器控制,根据驾驶员的意图,在不同使用条件均能使汽车平稳起步,并能充分发挥汽车起步时的动力性。

只有这三个方面的控制都达到最佳状态,才能充分发挥汽车的各项性能指标。现有 CVT 许多采用 PID(比例、积分、微分)调节,控制算法都比较简单。可见解决 CVT 控制问题,首先不是算法问题,而是 CVT 传动装置的模型问题。然而,到目前为止,仍难找到解析的方法精确描述 CVT 的变速过程,生产厂商通过大量的试验数据确定夹紧力、速比及起步离合器的控制规律。

4.8.1 CVT 电液控制系统

早期的系统是机液控制系统,由于它某些固有的缺陷,它不能使汽车的各项性能指标发挥到最佳状态,所以各个厂商进行电液控制系统的开发。初期开发的电液控制系统,几乎全部保留了机液控制系统的结构特点,如图 4.46 所示。只是把机械操纵改为电控,各物理量的传感与传输改为电信号方式。为了更好地满足汽车的行驶要求,增加了节气门开度与工作模式选择开关。整个 CVT 的工作油压仍由夹紧力控制阀调节(油泵的出口压力)。由于夹紧力控制与速比控制为同一液压回路,所以主动缸的工作面积必须大于被动缸的工作面积。而夹紧力控制阀、速比阀还保留了机–液控制系统的结构,只是把原来由机械杠杆操纵弹簧的张紧力改为比例阀控制,并根据节气门开度、发动机转速及传动装置当前速比自动控制速比阀和夹紧力控制阀的输出压力。

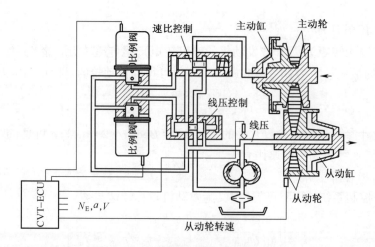

图 4.46 初期的电液控制系统方案

采用电液控制可以克服机液控制的固有缺陷,如主、被动缸的压力可以独立控制,因而可能使传动器按驾驶员选定的工作模式达到最佳匹配。利用精确测定的发动机与被动轮的转速信号,可实现对 CVT 传动器速比和夹紧力的精确控制。又通过增加工作模式选择开关,可使汽车在不同行驶条件下把它的经济性和动力性恰当地发挥到最佳状态。所以电液控制系统比机液控制系统在汽车的经济性、动力性、舒适性和操纵性等方面都得到明显改善。但系统还存在以下问题:

(1) 工作压力由夹紧力控制阀调节,为了实现速比的可控性,不得不加大主动缸的面积。由于主、被动缸工作面积相差较大,不便结构布置。并在高速时,由于主动缸的尺寸较大,液体在离心力作用下,将产生较大的动压,影响速比精确控制。

(2) 汽车以紧急制动停车时,传动装置速比来不及回到最大速比位置,导致汽车在上次停车时的速比工况而不是在最大速比下起步。由此可能影响汽车的舒适性、经济性和动力性。为克服初期电液控制系统的缺陷,后期开发的电液控制系统,都在不断地进行改进。如为了解决提及的问题(2),在 CVT 的 ECU 中,引入了 ABS-ECU 的信息(图 4.47)。当停车制动时,ABS-ECU 把车辆的初始速度 V_s 和制动时的车轮的减角速度等信息传递给 CVT-ECU 。CVT-ECU 利用这些信息估算汽车的负加速度:

$$a = -\,\mathrm{d}v_s/\mathrm{d}t \tag{4.47}$$

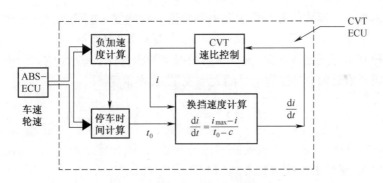

图 4.47　停车制动速比的控制策略

停车所用时间:

$$t_0 = v_s/a \tag{4.48}$$

为了保证 CVT-ECU 在 t_0 时间内把速比从当前速比变到最大速比,对计算得到的停车时间 t_0 计入一个余量,最后得到汽车停车时 CVT 的速比变化率:

$$\frac{\mathrm{d}i}{\mathrm{d}t} = \frac{i_{\max} - i}{t_0 - c} \tag{4.49}$$

式中:c 为大于零的常数,以保证汽车在停车之前把传动器的速比从当前位置换到最低挡。

此外,还做了更多改进,如采用双液压控制回路等,这里不再赘述。

4.8.2　夹紧力控制

夹紧力控制和速比控制是相互耦合的,即夹紧力变化必然要引起速比的变化。在实时控制时,在控制被动缸的压力时,并不考虑它对速比的影响。因此,夹紧力控制相对速比控制而

145

言要相对容易一些。由式(4.35),传动装置的最大转矩与夹紧力和主动轮半径之间的关系为

$$T_{in}^* = 2Q_{DN}\mu R_{DR}/\cos\alpha$$

当发动机的油门开度 α 和当前发动机的转速 n_e 已知时,由发动机数据模型,即可确定发动机的输出转矩 T_e。为了保证 CVT 传动装置能可靠传递发动机的转矩,要求 T_{in}^* 应略大于 T_e,若用储备系数 $\beta > 1$ 表示,则

$$T_{in}^* = \beta T_e$$

于是得到被动缸的目标工作压力为

$$P_{DN}^* = \frac{\beta T_e \cos\alpha}{2A_{DN}\mu R_{DR}} \tag{4.50}$$

式中:A_{ND} 为被动油缸的有效工作面积。

1. 直接控制

基于式(4.50),于是最简单的夹紧力控制系统可由图4.48描述。在实际应用中,由于所采用的控制阀的工作方式不同,其实现也有所不同。如采用比例压力控制阀,则可不需要调制脉冲。如采用高精度的比例阀,还可省去压力传感和反馈回路,直接采用开环控制。而采用开关控制阀实现比例控制时,施加调制脉冲也有两种方式:

(1) 控制信号 u 是连续信号与固定频率和幅值的脉冲信号的叠加。所采用的脉冲信号的频率和幅值对控制质量都有影响,如振动噪声、压力波动等,因而必须合理选择调制脉冲的频率和幅值。这种方式算法比较简单,但控制阀的振动的次数比较多,影响阀的使用寿命。

(2) 控制阀开启时间 t 与控制信号的大小成正比,通常为

$$t = \frac{u}{u_{max}}T \tag{4.51}$$

式中:T 为控制时间间隔。它是影响控制质量的参数,必须合理选取。当控制信号充分小时,控制阀停止工作,故累计工作次数比方式(1)少。

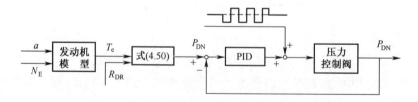

图4.48　夹紧力控制系统(脉冲调制,方式1)

2. Honda 夹紧力控制

Honda 液压控制系统和夹紧力控制方案如图4.49和图4.50所示。它采用了双压力回路,首先它更精确地计算了 CVT 传递的转矩,如散热风扇、发电机及液压油泵的驱动转矩,加速时的惯性力矩以及传动带运转时的离心力等。

CVT 控制的方法并非是唯一的,各 CVT 制造公司都有各自解决的办法,最终使 CVT 的总体性能达到最佳。例如,Subaru E2 CVT 夹紧力控制系统为了精确控制金属带的夹紧力,引入了对测量信号的前置滤波的处理,以抑制测量噪声的影响。另外,由于压力控制阀具有非线性特性,在实现方案中加入了控制阀特性补偿环节。

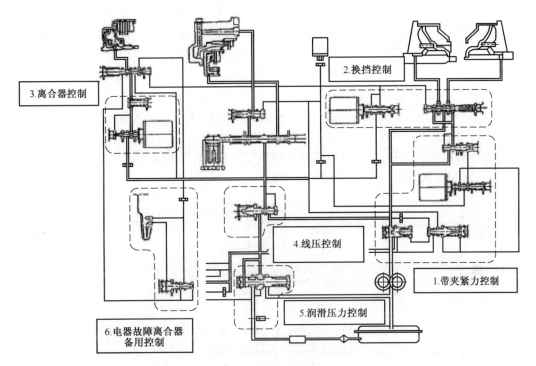

图 4.49　Honda 液压系统

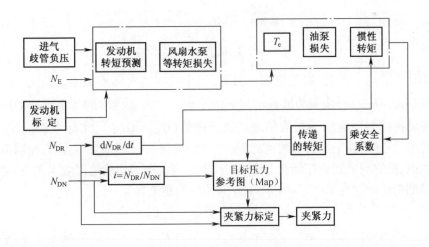

图 4.50　Honda 夹紧力控制方案

4.8.3　速比控制

夹紧力控制是以 CVT 传递的转矩和它当前的速比为依据。当主动轮受力处在平衡状态时,增加被动轮上的夹紧力则被动轮的可动锥轮向里运动,如图 4.51 所示,使带向外移动张紧金属带。于是在主动轮上,金属带对锥轮的正压力增加,产生的合力与主动缸推力方向相反使可动轮向外移动。从这一过程可见,当被动缸的夹紧力发生变化时,由于金属带是定长这一约束条件,被动轮的夹紧力通过金属带转化为主动缸的轴向负荷也随之变化。因主、被动缸的这

147

种耦合关系,故要使 CVT 的速比维持不变,则当 CVT 传动器传递的转矩增加时,主、被动缸应按如图 4.45 所示的规律同时改变夹紧力。另外,如被动轮的夹紧力保持不变,则单独改变主动缸的夹紧力就可改变速比。但一当速比发生变化,主、被动缸原有的平衡关系被打破。为了在新的速比条件下保持平衡状态,被动缸的压力也必须相应变化。由此可见,仅改变 CVT 的速比并不困难。但根据汽车对 CVT 的要求,并按驾驶员的意图,在不同的运行条件,恰当地控制速比变化率,使汽车各项性能指标同时达到最佳状态,这就是 CVT 速比控制的难点。图 4.45 表示了主、被动轮夹紧力在不同速比达到平衡的相互关系,但它只有定性方面的意义。在定量方面有较大的误差,有时难以满足工程精度要求。如当传递的转矩比 $r = T_e/T_{in}^* = 0.77$ 时,由图描述的计算结果和试验结果较为一致。

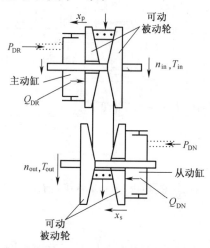

图 4.51　主、被动缸的耦合效应

　　当转矩比不在这一点上,误差更大。另外,当主动缸的实际推力 Q_{DN} 偏离平衡状态 Q_{DN}^* 时,其差值($Q_{DN} - Q_{DN}^*$)将使主动缸运动到新的平衡点。需要指出的是主动缸的压力偏离平衡点引起主动缸的移动速度不是简单地取决于差值($Q_{DN} - Q_{DN}^*$),实际上影响的因素较多。如主动轮转速、传递的转矩及当前的速比等。因此,目前 CVT 速比和夹紧力控制系统通常是基于实验数据,把它制成数表存储在 ECU 储存器中,通过查表和插值形成速比、夹紧力控制信号。为获得期望的速比变化率,Subaru Vivio 采用的控制策略为

$$\mathrm{d}i/\mathrm{d}t = k_i n_{in}(P_{DR} - P_{DR}^*) \tag{4.52}$$

式中:n_{in} 为主动轮转速,当离合器完全结合时,$n_{in} = n_e$;P_{DR}^* 为主动缸平衡压力,由等值图 4.52(a)确定;P_{DR} 为主动缸实际工作压力;k_i 为速比影响系数,它随速比变化规律如图 4.52(b)所示。

　　Subaru Vivio 速比控制框图如图 4.53 所示。当驾驶员猛踩油门时,会导致目标速比突然变化。为了满足汽车行驶平顺性要求,该系统通过监测油泵的输出流量,对实际最大变化率加以限制,确保最大变化率在给定的范围内。同时,该系统还观测控制阀芯的位置:一方面可限制控制阀芯移动的工作区间,保证控制阀在稳定的范围工作;另一方面可根据阀芯的位移对它的非线性特性进行补偿,保证对主动缸动态压力变化率的精确控制。

　　在图 4.53 的下方,根据目标速比、转矩比及实际速比与目标速比之差进行前馈补偿的实质是按图 4.52 确定出平衡压力 P_{DR}^*,并根据速比变化率对 P_{DR}^* 做适当修正。而 PID 控制器

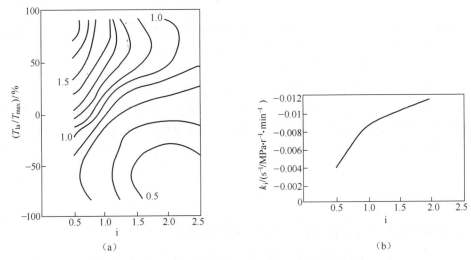

图 4.52　主动缸平衡压力和速比变化规律

(a)夹紧力等值图($i=$常值);(b)k_i 随速比的变化。

的输出是调节速比的偏差压力,加上平衡压力 P_{DR}^* 即为主动缸的绝对工作压力。再由电流-压力特性转换对液压控制阀的电流信号,与调制信号叠加就得到控制阀的实际控制信号。

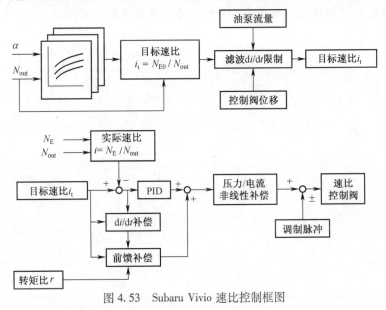

图 4.53　Subaru Vivio 速比控制框图

4.8.4　起步离合器控制

CVT 通过连续改变速比,使汽车的燃油经济性、动力性和操作方便性达到最佳状态。但它与机械变速器相比,也有不足之处,即不能通过改变速比使变速器实现真正意义下的空挡。所以当汽车由前进改为倒退行驶时,它必须通过离合器切断发动机的动力实现。与其他变速方式相比,CVT 变速器虽然仅在汽车起步和改变行驶方向时才用离合器。但与所有的变速器一样,其起步离合器的性能也是 CVT 传动系具有挑战性的关键技术之一。按汽车行驶要求,起步离合器应满足功能:①结合动力平顺,分离动力彻底;②结合时发动机不熄火、不空转;③结合速度能随驾驶员意图变化,并给乘员的感觉保持不变;④上坡起步不溜坡,发动机不熄火;⑤可靠的低速爬行功能,帮助车辆平稳越障;⑥限制传递最大的转矩。

为满足上述功能,各大汽车公司根据各自的专长,将有不同的设计方案。例如,在传动系中加入液力变矩器,这样离合器和倒挡制动器就成为简单的前进-倒退机构。但由于传动系部件增多,结果使汽车的生产成本增加。为降低生产成本,又能达到接近液力变矩器的性能指标,人们倾向采用电子控制技术来满足起步离合器的多种功能。电磁离合器、湿式多片离合器都可用作 CVT 的起步离合器。

思 考 题

1. 说明分层充气预混合稀薄燃烧是如何实现的。

2. 发动机排放的主要污染物 CO、HC、NO_x 是否可以控制同时达到最小值?

3. 柴油机高压共轨技术中,使用压电式喷油器,与电磁式喷油器比其优点是什么?

4. 发动机点火控制与其他系统的控制是否有关,若有关,试举例说明。

5. 对于 CVT,控制系统主要控制哪些物理量,为什么?

6. CVT 在未来的电动汽车中是否有存在的必要?

7. 传动系统扭转振动问题的解决主要考虑哪几个方面的因素?

第5章

汽车防滑控制

↗ 5.1 绪 论

汽车驱动时的滑转和制动时的滑移对汽车的行驶性能都将产生重要影响,这些是防滑控制要考虑的问题。研究表明,驱动时的滑转与制动时的滑移,虽然有所区别,但又有联系,因而在此一同讨论。防滑控制是现代汽车设计研发必须面临的问题,所涉及的系统也是典型的机电液系统。限于篇幅等因素,本章仅讨论防滑控制的相关问题,以作为汽车设计的基础。

汽车防抱死制动系统(ABS)是指汽车在制动过程中能实时判定车轮的滑移率,自动调节作用在车轮上的制动力矩,防止车轮抱死取得最佳制功效能的装置。

汽车行驶中遇到危急情况就会采取紧急制动,有相当多的交通事故是由于汽车在紧急制动时车轮抱死,从而导致各种非稳定因素(如侧滑、跑偏、失去转向操纵能力)造成的。汽车的ABS就是为消除在紧急制动过程中出现的这些非稳定因素而研制的。当汽车在行驶过程中遇到紧急情况时,驾驶员通常会猛踩踏板施加全制动以期望取得最强的制动效果,但对装备常规制动器的汽车,它的四个车轮很快会处于"抱死"状态,即车轮不再滚动而是在路面上拖滑,结果不但不能带来最佳的制动效果,反而还会带来负效应:①由于车轮被抱死,车辆不能实现弯道转向,躲避障碍物或行人而造成交通事故;②在非对称附着系数的路面,车轮抱死将丧失直线行驶稳定性,易出现侧滑、甩尾及急转等危险现象;③车轮抱死时的附着力一般低于路面所能提供的最大附着力,车轮在全抱死状态的制动距离比不抱死状态有所增加;④因为车轮被抱死导致轮胎局部急剧摩擦,降低了轮胎的使用寿命。

由此可见,车轮抱死的常规制动方式弊端很多。为了提高制动安全性,在现代汽车上装备了 ABS。电子防抱死制动系统能把车轮的滑移率控制在一定的范围内,可充分地利用轮胎与路面之间的附着力,有效地缩短制动距离,显著地提高车辆制动时的可操纵性和稳定性,避免车辆抱死时易出现的各种交通事故,使制动器的效能发挥到最佳状态。故此 ABS 是目前世界上普遍公认的提高汽车安全性的有效措施之一。

防抱死制动装置最早用于 20 世纪初的火车上,第二次世界大战前后研制出了用于汽车的纯机械式防抱死制动装置。60 年代,电子技术的发展解决了复杂逻辑控制的难题,世界上许多国家开始进行电子防抱死制动装置的研究。由于成本和可靠性原因,电子防抱死制动装置的研究还处在实验室研究阶段。70 年代初,ABS 开始作为豪华汽车的选装设备进入了实用阶段。80 年代后期,ABS 在汽车上获得较为广泛的应用。随着 ABS 技术的发展,它的控制质量和可靠性在不断完善和提高,并赢得了用户的信赖,同时装车成本也在逐年下降。因此,目前ABS已经成为汽车必需的安全行车装置,其装车率达到100%。

从ABS的出现到在汽车上广泛使用,已经历了约1个世纪的发展过程。到目前为止,ABS的总体结构方案已趋于成熟,要进一步扩大ABS在汽车上的应用范围,并把ABS各方面性能指标提高到最佳状态,今后的研究工作将主要集中在以下四个方面:

(1)跟踪路面特性的变化,使ABS各项性能指标始终处在最佳状态的控制算法,以弥补现今汽车上广泛采用的逻辑控制的不足之处。

(2)提高关键元件的可靠性和性能指标,如目前汽车上广泛使用开关阀和调制脉冲宽度实现比例控制,制动过程不平滑,噪声大,容易引起传动轴的共振。如采用低成本比例阀实现连续控制,可弥补开关阀的缺陷。

(3)降低ABS的装车成本,扩大ABS在汽车上的普及率。

(4)由单一的ABS控制目标转向多目标的综合控制,故ABS的软、硬件设计应能扩充为多目标的综合控制。

随着交通量的增加和车速的提高,驾驶员对汽车的起步性能和操纵性能的要求日益提高。汽车在行驶过程中,驾驶员、汽车和环境三者之间是相互关联的。根据路面条件,驾驶员通过操纵油门、转向盘及制动踏板,使汽车按照驾驶员的意图行驶。汽车作为被控对象,由路面条件和驾驶员的控制作用决定了它的真实运动状态。汽车真实的运动状态是否与驾驶员的意图一致取决于两个条件:①驾驶员的动作和他的意图是否能达到一致,这通常由驾驶员的经验和反应速度决定;②系统是否处在可控状态。

导致汽车运动状态失控的主要因素是轮胎和路面间的摩擦因数。要使汽车处在可控的状态,车轮的滑转或滑移率必须控制在允许的范围内。要及时精确控制车轮的滑转或滑移率在允许的范围内,驾驶员的反应速度往往达不到要求,于是采用比人工响应速度快、精度高的自动控制系统已成为提高汽车的经济性、主动安全性的必然的趋势。

ABS是防止制动过程中车轮被抱死,保持方向稳定性、操纵性并缩短制动距离的装置。而驱动控制装置(ASR或TRC)的作用是防止汽车在加速、起步过程中的滑转,特别防止汽车在非对称路面或在转弯时驱动轮的空转,是保持方向稳定性、操纵性和最佳驱动力的装置。可以说在利用μ-λ曲线的性质,并把滑转/移率控制在某一范围,驱动控制与制动控制两者是一致的。以下先讨论制动控制问题。

5.2 制动工况的模型

5.2.1 轮胎与路面的关系

1. 附着系数与制动力

汽车通过轮胎与路面之间的相互作用,把发动机传至车轮的驱动转矩转变为推动汽车前进的驱动力,在制动时把作用在车轮上的制动力矩转变为制动力。在弯道行驶时,由于地面对轮胎的侧向作用力,使车辆能按驾驶员的要求改变它的运动方向。路面所能提供的附着力(最大纵向、侧向作用力)与附着系数有关,附着系数定义为路面附着力F_t与作用在车轮上的垂直负荷F_N之比:

$$\mu = \frac{F_t}{F_N} \tag{5.1}$$

μ 与轮胎的结构、材料、花纹、气压及路面特性等多种因素有关。如子午线轮胎在干燥路面上附着系数最大。不同路面的附着系数为 $0.05 \sim 1$，在冰面上最小，约为 0.05，其他路况介于这两者之间。根据汽车的行驶方向可将附着系数分为纵向附着系数 μ_b 和侧向附着系数 μ_s。在车轮制动时，作用在车轮上的纵向制动力和侧向附着力分别为

$$F_b = \mu_b F_N \tag{5.2}$$

$$F_s = \mu_s F_N \tag{5.3}$$

2. 滑移/滑转率问题

附着系数还与车轮的滑移/滑转率有关。在分析 ABS 制动问题时，把车轮的滑移/滑转率定义为

$$\begin{cases} \lambda = \dfrac{V_v - V_w}{V_w}, 驱动, \lambda < 0 \\[2mm] \lambda = \dfrac{V_v - V_w}{V_v}, 制动, \lambda \geqslant 0 \end{cases} \tag{5.4}$$

式中：V_v 为实际车速，r_e 为车轮有效滚动半径（图 5.1），ω_w 为车轮转动角速度；V_w 为车轮的切线速度。

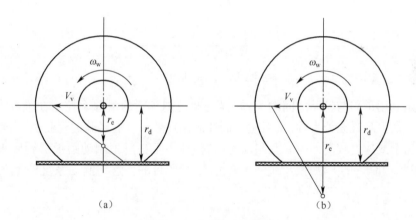

（a）　　　　　　　　　　　（b）

图 5.1　车轮的滚动半径

（a）驱动工况；（b）自由滚动或制动工况。

如把实际车速用动力滚动半径 r_d 表示，则车辆在自由滚动时的有效角速度为

$$\omega_v = \frac{V_v}{r_d} \tag{5.5}$$

把式（5.5）和 $v_w = \omega_w r_d$ 代入式（5.4），式（5.4）还可写成另一种形式：

$$\begin{cases} \lambda = \dfrac{\omega_v - \omega_w}{\omega_w}, 驱动, \lambda < 0 \\[2mm] \lambda = \dfrac{\omega_v - \omega_w}{\omega_v}, 制动, \lambda \geqslant 0 \end{cases} \tag{5.6}$$

式中：λ 在 $-100\% + 100\%$ 变化，λ 在 $-100\% \sim 0\%$ 区间为驱动工况，其轮速大于车速，车轮相对地面滑转，对应的 λ 值称为滑转率。λ 在 $0\% \sim 100\%$ 为制动工况，此时车速大于轮速，车轮相

对地面滑移,λ 值称为滑移率。当 λ 为 0、–100% 和 100% 时,对应着车轮自由滚动、车轮纯空转和车轮被完全抱死三个特殊状态。

车轮的滑移率与纵向、横向附着系数间的关系如图 5.2 所示。不同的路面特性、轮胎参数及轮胎的侧偏角都会影响 μ–λ 曲线。但在各种不同的条件下,μ–λ 曲线都具有一特定的形态。如对纵向 μ_b–λ 曲线,滑移率从 0 开始,附着系数随 λ 上升到最大值 $\mu_{bmax}(\lambda_k)$。λ_k 点以后,附着系数将保持下降的趋势。根据控制理论把滑移率小于 λ_k 的区间称为稳定制动区,λ_k 点以后为非稳定制动区,λ_k 为临界稳定点。制动时一旦车轮的滑移率 $\lambda > \lambda_k$,如不迅速减少制动力,则车轮就会很快抱死。对实际 ABS,滑移率 λ 被控制在 λ_k 附近的小范围内,即图 5.2 所示的阴影部分。侧向附着系数 μ_s 在 μ–λ 图上,在 $\lambda = 0$ 时具有最大值,随 λ 增加 μ_s 呈下降趋势。ABS 把 λ 控制在 λ_k 附近,既能使路面提供最大的制动力,又能提供足够大的侧向附着力满足车辆制动时直线行驶稳定性和操纵稳定性。

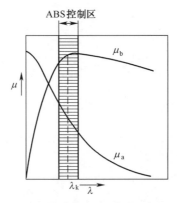

图 5.2 μ–λ 曲线

ABS 正是利用道路与轮胎之间的关系,强制性地把车轮的滑移率控制在临界点 λ_k 附近,使路面附着性能得到最充分发挥,从而达到最佳的制功效果。有经验的驾驶员,当驾车行驶于比较湿滑路面上或速度较高而需紧急制动时,它往往不是一脚把制动踏板踩到底来施加全制动,而是采用"点刹车"的方法来达到安全减速、停车的目的。这与制动系统防抱死制动模式是相同的。

5.2.2 单轮车辆系统的数学模型

1. 车轮制动状态数学模型

为研究防抱死制动的控制过程及其在纵向平面的特性,车辆可简化为单轮车辆系统。由于车速通常是指直线运动速度,轮速用角速度表示,故在车速用 V 表示,车轮角速度用 ω 表示。车轮和整车的运动微分方程分别为

$$J\dot{\omega} = r_d F_b - T_b - T_f \tag{5.7}$$

$$m\dot{V} = -F_b - F_w \tag{5.8}$$

式中:T_f 为车辆的滚动阻力矩;T_b 为制动力矩;m 为汽车质量;V 为汽车制动时的负加速度;F_w 为车体受到的迎风阻力;J 为车轮转动惯量,对驱动轮还应计入传动系的转动惯量 J_T,单轮车辆系统可取 $J = J_T/2 + J_{qw}$(J_{qw} 为驱动轮的转动惯量);

地面对车辆的制动力按式(5.2)计算,式中的纵向附着系数与滑移率之间有不同的经验公式,下面是一种常用的表达式:

$$\mu_{\rm b}(\lambda) = \mu_{\rm bo} + A\sin\{B{\rm arctan}[C\lambda - D(C\lambda - {\rm arctan}(\lambda C))]\} \tag{5.9}$$

式中:A、B、C、D为与路面状态等因素有关的待定参数。通过改变这些待定常数,可以仿真得到相应的结果,两种路况的仿真结果如图5.3所示。

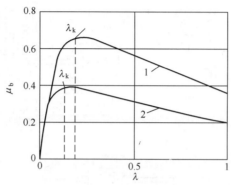

图5.3　$\mu_{\rm b}$-λ 的仿真曲线

1—$A = 0.46$,$B = 2.4$,$C = 6.0$,$D = 0.9$;2—$A = 0.8$,$B = 2.4$,$C = 6.0$,$D = 0.9$。

2. 驱动机构的数学模型

制动回路主要由制动踏板、主制动缸、控制阀、轮缸及速度传感器等部分组成,如图5.4所示。根据液压控制阀的位置可使制动器对应三种不同状态(图5.5):①控制阀使油源与轮缸接通,制动缸增压;②控制阀关闭,制动缸保压;③控制阀使制动器和回油路相通,制动缸减压。

当油源的压力为常数,根据液压流体力学理论,进入制动轮缸的流量为

$$Q = C_{\rm d}A\sqrt{\frac{2(P_{\rm s} - P)}{\rho}} \tag{5.10}$$

式中:$C_{\rm d}$为阀的流量系数;A为控制阀过流面积;$P_{\rm s}$为油源压力;P为制动缸压力;ρ为油液密度。

若不考虑油液的可压缩性,则活塞的运动速度为

$$V_{\rm p} = \frac{Q}{A_{\rm p}} \tag{5.11}$$

式中:$A_{\rm p}$为油缸作用面积。

在制动开始时,进入制动缸的油液用于推动活塞消除制动钳与制动盘之间的制动器间隙 S_0。消除制动器间隙 S_0 所需的时间为

$$t_{\rm d} = \frac{S_0}{V_{\rm P}} = \frac{S_0 A_{\rm p}}{Q} \tag{5.12}$$

所求的 $t_{\rm d}$ 即为制动器响应的滞后时间。消除制动器间隙以后,进入制动缸的油液被压缩增压,增压变化规律为

$$Q = \frac{V_{\rm D}}{\beta_{\rm e}}\frac{{\rm d}P}{{\rm d}t} \tag{5.13}$$

式中:$V_{\rm D}$为油缸及管路的容积;$\beta_{\rm e}$为油液的容积弹性模量。

把式(5.10)代入式(5.13)可得轮缸油液增压变化规律:

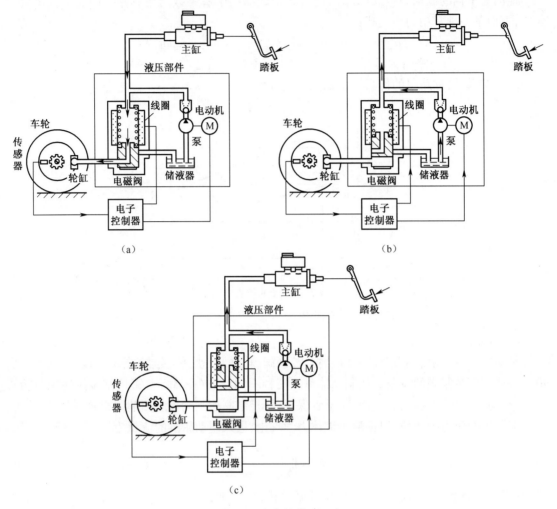

图 5.4　汽车的制动回路
（a）增压；（b）保压；（c）减压。

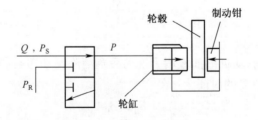

图 5.5　轮缸施加制动力示意图

$$\frac{\mathrm{d}P}{\mathrm{d}t} = K\sqrt{P_\mathrm{s} - P} \tag{5.14}$$

式中

$$K = \frac{\beta_\mathrm{e}}{V_\mathrm{D}} C_\mathrm{d} A \sqrt{\frac{2}{\rho}}$$

对开关阀 K 为常数。由式（5.14）可见，当控制阀的开口保持恒定时，油缸的压力升率不

是常数,而是随制动缸的压力升高而减小。在减压过程,由制动缸排出的油液为

$$Q_R = -C_d A \sqrt{\frac{2(P - P_R)}{\rho}} \tag{5.15}$$

式中:P_R 为回油路压力;A_R 为控制阀回油路过流面积。

此时油缸内被压缩的油液被释放,油缸压力下降变化率为

$$\frac{dP}{dt} = -K_R \sqrt{P - P_R} \tag{5.16}$$

式中

$$K_R = \frac{\beta_e}{V_D} C_d A_R \sqrt{\frac{2}{\rho}}$$

在进行系统分析与设计时,为了简化系统和方便设计,可按图 5.6 所示的方法把式(5.14)和式(5.16)在常用的工作压力点(图中标注为 P_0)附近线性化处理。线性化可得

$$\frac{dP}{dt} = uk_0 \tag{5.17}$$

式中:$u = \begin{cases} 1, & 增压 \\ -1, & 减压 \\ 0, & 保压 \end{cases}$;$k_0$ 为阀的线性化系数。

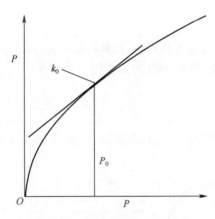

图 5.6　压力变化率线性化方法

由式(5.17)可得作用在车轮上的制动力矩的变化率:

$$\frac{dT_b}{dt} = k_b u \tag{5.18}$$

式中:K_b 为与制动器的结构参数和线性化系数 k_0 有关的常数。

考虑到制动缸在增压和减压时需要不同的变化率以满足不同的使用性能,作用在车轮上的制动力矩的变化率可写成如下的形式:

$$\frac{dT_b}{dt} = u \tag{5.19}$$

式中

$$u = \begin{cases} U_i, & 增压 \\ -U_d, & 减压 \\ 0, & 保压 \end{cases}$$

5.3 ABS 逻辑控制算法

防抱死制动的目的是为了把车轮的滑移率控制在峰值点附近,使路面的附着系数得到最充分的利用。那么,应以哪些参数作为控制目标才能使控制的效能最佳?目前存在多种方法,这些方法都可以达到预期的目标,但每种方法将以不同的规律逼近期望的点。为了认识各种方法的特点,下面先分析目前车辆上普遍采用的逻辑控制算法,为分析和了解其他算法提供必要的基础。

5.3.1 简单逻辑控制算法

假设路面条件是一定的,则无论车轮的滑移率在任何范围内变化,其路面附着系数都不会超过某一给定的值,也就是作用在四个车轮上的总的制动力必须满足:

$$F_b \leqslant \mu_{\max} mg \tag{5.20}$$

即有汽车制动时的最大减速度也必然满足

$$a \leqslant |-\mu_{\max} g| \quad (a > 0) \tag{5.21}$$

当车轮的角减速度超过极限条件:

$$\dot{\omega} r_d < -a \tag{5.22}$$

1. 负加速度为门限的控制方法

在符合式(5.22)的情况下,表明制动力已超出路面所提供的最大附着力,车轮可能出现抱死倾向。基于上述分析,最简单的 ABS 控制逻辑可确定为

$$\dot{\omega} < -a/r_d \tag{5.23}$$

当式(5.23)成立,表明车轮可能出现抱死因倾向,于是制动缸减压,反之制动缸增压,这就是最简单的防抱死制动控制方案。它的动态调节过程如图5.7所示。

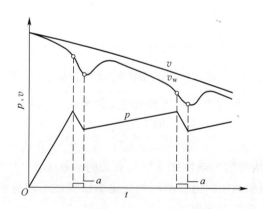

图 5.7 以车轮负加速度作为门限的防抱死制动过程

在制动刚开始时,采用快速升压,车轮角减速度超出了固定的门限值-a 开始减压,至负加速度进入门限值-a 内结束。随后以慢速升压到车轮减速度再次超出-a 限值,似此周期性地重复,直至汽车完全制动。仅以减速度-a 作为门限值的逻辑控制,车轮的滑移率变化较大,也不能适应路面附着系数的变化。

2. 正负加速度为门限的控制方法

分析上面从减压到增压转变的过程可以得出,车轮的减速度由门限值-a之外进入到门限值之内,并逐由减速变为加速。在这一转变过程中,车轮的角减速度必然经过等于0的点,减速度为0的点即为制动力矩与路面所能提供的制动力产生反驱力矩的平衡点。可见,只要车轮的加速度大于0(路面所能提供制动力对车轮中心之矩大于所施加的制动力矩)就可避免抱死的倾向出现。于是又可取一个适当大的正数+a(+a,-a仅表示车轮加、减速度,它们的值可以是不同的)作为车轮加速度的门限,构成双门限的逻辑控制,经组合可得到三个常用的逻辑判定条件:

$$\begin{cases} \dot{\omega} < -a, 减压 \\ \dot{\omega} > +a, 保压 \\ \dot{\omega} \leqslant +a_2, 增压 \end{cases} \tag{5.24}$$

按式(5.24)实现防抱死制动的调节过程如图5.8所示。双门限控制逻辑可以适应不同的路面特性,一般可消除车轮抱死现象。但当路面附着系数出现跃变时,就不能快速适应,故对快速变化的路面跟踪性能较差,需要改进。

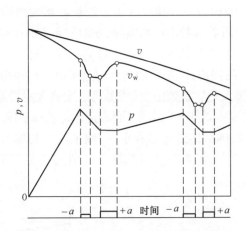

图 5.8   车轮正负加速度门限值防抱死控制

5.3.2   以车轮加、减速度和滑移率结合的逻辑控制

1. 参考车速和滑移率的计算

为了适应路面特性的变化,必须通过相应的逻辑条件识别出这些变化,再对控制逻辑做相应的修改,使车辆在不同运行环境下都能取得最佳的效果。为此引入了车轮的滑移率作为辅助的门限值,与车轮负加速组合成双参数逻辑控制算法。由式(5.6)可知,确定滑转率要用到车体速度。测定车体速度有接触式和非接触式两种方法,采用非接触式测定(如多普勒仪)价格较高。采用接触方式(如五轮仪),既不方便,其形态也难以被用户所接受。故目前汽车上一般不采用直接测量的方法获得实际车速,而是采用间接的方法由车轮的角速度和负加速度构造车辆的参考速度。图5.9是参考速度构造方法中的一种。在初始制动过程中,当车轮的负加速度小于-a时,把此时对应的车轮速度作为初始参考速度V_{Re0},以后以减速度a_{Re}(通常

取汽车在一般路面制动时能达到的减速度)计算参考速度：

$$V_{Re} = V_{Re0} - a_{Re}t \tag{5.25}$$

由于车轮的角速度是已知的，当参考速度估算出来以后，则车轮的参考滑移率为

$$\lambda = \frac{V_{Re} - r_d\omega}{V_{Re}} \times 100\% \tag{5.26}$$

在减压阶段，车轮在路面制动力的作用下反驱增速。当车轮的速度大于参考速度后，则说明此时的车速不会低于当前的轮速，于是应把参考速度设定为当前的轮速，使参考速度得到修正。在第一个循环以后，减速度 a_{Re} 可根据路况重新设定，以适应不同的路况并提高估算精度。

2. 大附着系数路面上的制动控制

图 5.10 为引入车轮的加速度门限 $+a$，在典型的大附着系数路面防抱死制动的调节过程。

在制动开始阶段轮缸压力快速上升，车轮负加速度很快超出门限 $-a$，电磁阀从升压切换到保压状态，同时由式(5.25)和式(5.26)估算出参考车速和滑移率为 λ_1 的门限曲线。在保压阶段，轮速继续下降，当轮速降至低于 λ_1 门限时，电磁阀由保压切换到减压状态。在减压过程中，轮速过一段时间开始回升，当车轮的负加速度进入 $-a$ 门限又开始保压。若在规定的保压时间内，车轮的加速度不能超过 $+a$ 门限，则属于低附着系数路面的情况。反之，若超过 $+a$ 门限则继续保压。为了适应附着系数不同的路况，如附着系数较大的情况，又设定了识别高附着系数路面的第二门限值 $+A$。在继续保压过程中可能出现两种情况，一是车轮的 A 加速度没超过第二门限 $+A$ 就回到 $+a$ 门限内；二是角加速度超过了第二门限值 $+A$。对于前者，属于一般附着系数路面。对后者则属大附着系数路面(或是已跃变到大附着系数路面)，则要对轮缸进行一次增压，直至车轮的加速度低于 $+A$ 门限，再保压至低于 $+a$ 门限。可见，两种情形都是以低于 $+a$ 门限进入稳定区。在随后的升压过程中，一般采用比初始升压慢得多的上升梯度，开关阀以增压-保压的方式不断切换(相当于调制脉宽控制)，直至车轮负加速度再次低于 $-a$ 门限。此后似此周期地重复。

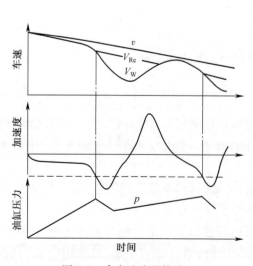

图 5.9 参考速度的构造

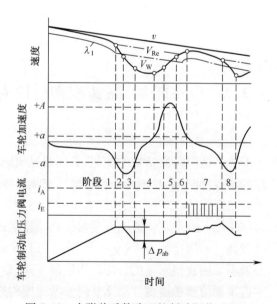

图 5.10 大附着系数路面的制动调节过程

160

3. 小附着系数路面上的制动控制

图 5.11 为小附着系数路面的制动调节过程,在初始的阶段 1、2 与大附着系数的路面相同。阶段 3 首先有一段定时保压阶段,由于给定的时间内车轮的加速度达不到+a 门限,于是可以判定:此时是属于小附着系数路面的情形,控制逻辑产生一个小的减压-保压脉冲,使车轮慢慢升速,然后比较车轮加速度是否到+a 门限,如低于此门限再次产生减压降压-保压脉冲,车轮继续升速直至超过+a 门限。至此,阶段 3 结束,并转入阶段 4——保压阶段。当车轮加速度再次低于+a 门限时,阶段 4 结束。阶段 5 是以增压-保压(脉冲方式)方式的慢速升压过程,直至出现-a 门限,到此第一个控制周期结束。因为在高附着系数路面和在小附着系数路面的控制逻辑不同,故制动开始的第一个周期往往用于识别路面特性。然后自第二周期采用和路面附着系数相对应的控制算法,如第一个周期的阶段 3 加了一个缓慢减压过程,结果导致车轮以较大滑移率运行较长时间,这对汽车的操纵稳定性来说不是最佳的。为纠正这种现象,在阶段 6(第二周期)的制动压力是持续下降到出现+a 门限,其结果是车轮只在短时间处于大滑移状态,改善了操纵稳定性。

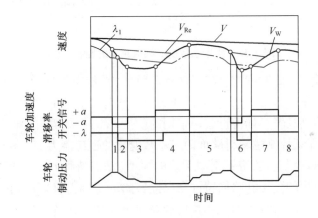

图 5.11　小附着系数路面的制动调节过程

当路面附着系数向大值突变,其识别方法是采用第二加速度门限值+A。而当路面附着系数向小值跃变,则以第二滑移率门限值 λ_2 作为识别依据。图 5.12 给出了路面的附着系数由大到小值跃变的识别方法和调节过程。在阶段 1 出现了附着系数由大到小的跃变,车轮的减速度在超出-a 门限值时切换到减压状态——阶段 2。在这一阶段,车轮滑移率超出了第二门限 λ_2,原因是路面附着系数的突然降低,导致使车轮速度回升的摩擦力也随着降低。所以,当电子装置监测到车轮滑移率门限信号 λ_2 时,即可判定路面的附着系数出现了由大到小跃变,随后将按小附着系数路面特性确定控制逻辑。

综上所述,逻辑控制是把车轮的加速度分为-a、+a、+A 三个门限值,再辅之以车轮的滑移率门限值 λ_1,λ_2。在由下降信号切换到保压的阶段,在规定的定时间隔里监测可能出现的几种门限信号(+a,+A,λ_1,λ_2)作为识别路面特性(低、一般和高附着系数路面三种情况)的依据。再根据识别结果,分别采用不同的控制逻辑,确保防抱死制动系统对路面状况的跟踪性能,在各种路面条件都能取得期望的制动效果。

4. 常用的边界条件

常用的防抱死制动的边界条件见表 5.1 所列。表中:P 边界条件,就是当满足这些条件

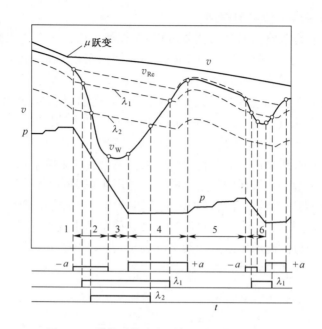

图 5.12　附着系数由高到低越变的控制过程

时,车轮就有抱死的倾向,此时就应当降低制动轮缸压力,使车轮增速;R 边界条件,即当这些条件满足时就避免了车轮抱死的倾向,轮缸压力可再次升高。从 P 和 R 中挑选不同的条件可以组成各种不同的控制逻辑。如博世公司采用的就是 P_1R_3 控制逻辑,再辅之其他特征量识别路面特性的变化,以保证控制逻辑对路面附着系数变化的适应能力。

　　从形式上看,逻辑控制与防抱死制动系统的模型(动态特征)无关,但实际上决定逻辑控制的门限值是根据所用的车型和路面特性在反复实验的基础上确定的,它隐含了系统模型与路面特性的依赖关系。因为系统的动态特性和路面条件在较大的范围内连续变化,而逻辑控制把这些变化分为有限的三种状态。显然,不能期望逻辑控制算法在不同路面条件都能达到最佳控制的效果。但采用逻辑控制算法,它首先避免了一系列繁杂的理论分析和对一些不确定因素的定量计量,简化了控制器的设计;其次,逻辑控制算法仅需要测定车轮的角速度,便于实现,装车成本低。此外,这种算法经历了几十年的发展,积累了丰富的经验,设计方案已趋近成熟,并在制动性能方面已达到工程应用的要求,故逻辑控制算法仍普遍被采用。

表 5.1　常用的边界条件

边界		对应的条件
P 边 界	P_1	$-\dot{\omega}r_d > k_1$
	P_2	$-\dot{\omega}/\omega > k_2$
	P_3	$-\dot{\omega}r_d > k_1,\ -\dot{\omega}/\omega > k_2$
R 边 界	R_1	当所有的 P 条件都不满足时
	R_2	满足 P 条件后延迟固定的时间 τ_d
	R_3	$\dot{\omega}r_d > k_3$
	R_4	$\ddot{\omega} < 0$
	R_5	$\ddot{\omega} < 0, \dot{\omega}r_d > k_3$

5.4 防抱死制动逻辑的相平面分析

逻辑控制算法已在汽车上得到普遍采用,那么这种算法是否收敛?如果收敛,它以什么方式收敛到 μ_b-λ 曲线的峰值点?以及在系统设计时,是否存在确定边界及边界条件的通用方法?这都是设计防抱死制动系统所关注的问题。本节以相平面为基础对这些问题一一进行探讨。

5.4.1 车轮与路面间的力学模型

为分析方便,需对车轮和路面间的制动力进行线性化处理,为此采用了 Dugoff 等提出的非线性模型:

$$F_b = \begin{cases} \dfrac{C_s\lambda}{1-\lambda}, & \dfrac{C_s\lambda}{1-\lambda} < \dfrac{\mu_b F_N}{2} \\[3mm] F_N\left[\mu_b - \mu_b^2 \dfrac{F_N(1-\lambda)}{4C_s\lambda}\right], & \dfrac{C_s\lambda}{1-\lambda} \geq \dfrac{\mu_b F_N}{2} \end{cases} \tag{5.27}$$

$$\mu_b = \mu_{b0}(1 - A_s V\lambda)$$

式中:C_s 为轮胎纵向变形对制动力影响系数;F_N 为作用在车轮上的垂直负荷;μ_{b0} 为车速为 0 时的附着系数;A_s 为附着系数随车速的减小因子。

对式(5.27)在 $\lambda = 0$ 和 $\lambda = 1$ 两点进行线性化处理,可得

$$k_f = \frac{\partial F_b}{\partial \lambda}\bigg|_{\lambda = 0} = C_s$$

$$k_f' = \frac{\partial F_b}{\partial \lambda}\bigg|_{\lambda = 1} = F_N\mu_{b0}A_s V + \frac{\mu_{b0}^2(1 - A_s V)^2}{4C_s}F_N$$

于是,式(5.27)又可用分段线性表示为

$$F_b = \begin{cases} k_f\lambda, & \lambda < \lambda_k \\ k_f'\lambda + F_{b0}, & \lambda \geq \lambda_k \end{cases} \tag{5.28}$$

$$F_{b0} = F_N\mu_{b0}$$

式中:λ_k 为峰值点的附着系数,是两分段直线的交点,可表示成

$$\lambda_k = F_N\mu_{b0}/(k_f - k_f') \tag{5.29}$$

为了定量计量式(5.27)和式(5.28)的变化趋势,在数字计算中用到的防抱死制动系统的参数见表 5.2 所列。制动力非线性曲线和分段线性曲线如图 5.13 所示。

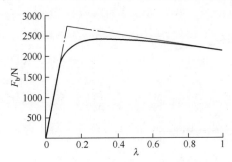

图 5.13 制动力非线性和分段线性曲线

表 5.2 所用的 ABS 的参考值

参数	数值
1/4 车体质量/kg	360
车速/(m/s)	25
车轮转动惯量/(kg·m²)	2.11
车轮滚动变量/(m)	0.3
轮胎纵向刚度系数/N	21168
静态附着系数	0.8
减小因子/(s/m)	0.01
$|\dot{T}_b|$的变化率/(N·m/s)	7500

5.4.2　平衡制动力矩

为了分析方便,重写车辆在制动时运动方程和车轮滑移率方程:

$$m\dot{V} = -F_{\rm b} \tag{5.30}$$

$$J\dot{\omega} = r_{\rm d}F_{\rm b} - T_{\rm b} \tag{5.31}$$

$$\lambda = 1 - r_{\rm d}\omega/V \tag{5.32}$$

式(5.32)对时间求导可得

$$\frac{{\rm d}\lambda}{{\rm d}t} = r_{\rm d}(T_{\rm b} - T_{\rm e})/JV \tag{5.33}$$

式中

$$T_{\rm e} = r_{\rm d}F_{\rm b}[1 + J(1 - \lambda)/mr_{\rm d}^2] \tag{5.34}$$

从式(5.33)可以看出,当施加在车轮上的制动力矩 $T_{\rm b} = T_{\rm e}$ 时,则车轮的滑移率保持常数($\lambda = 0$),故此 $T_{\rm e}$ 得名为平衡力矩。显然,$T_{\rm b} - T_{\rm e}$ 决定了滑移率的变化率。由式(5.34)可以得出,括号中的第二项比第一项小得多(因为 $m \gg J$),因而平衡力矩 $T_{\rm e}$ 和路面制动力对车轮中心的力矩 $r_{\rm d}F_{\rm b}$ 相差很小。同理,对式(5.34)曲线进行分段线性化,两直线的斜率可由下面两式计算:

$$k_{\rm t} = \frac{\partial T_{\rm e}}{\partial \lambda}\Big|_{\lambda = 0} = r_{\rm d}C_{\rm s}[1 + J/mr_{\rm d}^2] \tag{5.35}$$

$$k_{\rm t}' = \frac{\partial T_{\rm e}}{\partial \lambda}\Big|_{\lambda = 0.5} = -r_{\rm d}F_{\rm N}\mu_{\rm b0}[A_{\rm s}V + J/mr_{\rm d}^2] \tag{5.36}$$

式(5.34)又可近似用线性方程表示为

$$T_{\rm e} = \begin{cases} k_{\rm t}\lambda, & \lambda < \lambda_{\rm ke} \\ k_{\rm t}'\lambda + T_{\rm e0}, & \lambda \geqslant \lambda_{\rm ke} \end{cases} \tag{5.37}$$

$$T_{\rm e0} = r_{\rm d}F_{\rm N}\mu_{\rm b0}[1 + J/mr_{\rm d}^2]$$

式中:$\lambda_{\rm ke} = r_{\rm d}F_{\rm N}\mu_{\rm b0}(1 + J/mr_{\rm d})/(k_{\rm t} - k_{\rm t}')$ 为平衡力矩两分段直线的交点,注意区别峰值附着系数对应的滑移率 $\lambda_{\rm k}$,但分析时可认为 $\lambda_{\rm ke} = \lambda_{\rm k}$。

制动力对车轮的反驱动力矩 $T_{\rm d}F_{\rm b}$ 与平衡力矩 $T_{\rm e}$ 随滑移率 λ 的变化趋势如图 5.14 所示,由图中可见两者非常接近。

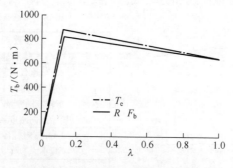

图 5.14　$r_{\rm b}F_{\rm b}$ 和 $T_{\rm e}$ 分段线性曲线

5.4.3 状态空间模型的简化

1. 相平面法

相平面法是一种在时域中求解二阶微分方程的图解法,它不仅能分析系统的稳定性和自振荡,而且能给出系统运动轨迹的清晰图像。

2. 相平面和相轨迹

设一个二阶系统可以用常微分方程

$$\ddot{x} + f(x, \dot{x}) = 0$$

来描述。其中 $f(x, \dot{x})$ 是 x 和 $\dot{x}$ 的线性或非线性函数。在一组非全零初始条件下 $[\dot{x}(0)$ 和 $x(0)$ 不全为 0$]$,系统的运动可以用解析解 $x(t)$ 和 $\dot{x}(t)$ 描述。如果取 x 和 $\dot{x}(t)$ 构成坐标平面,系统的每一个状态均对应于该平面上的一点。当 t 变化时,这一点在 $x - \dot{x}(t)$ 平面上描绘出的轨迹,表征系统状态的演变过程,该轨迹称为相轨迹。下面的分析将应用到相轨迹和相平面。

由式(5.21)、式(5.24)得到 ABS 在状态间的数学模型:

$$\dot{V} = - F_b(V, \lambda)/m$$

$$\dot{\lambda} = r_d [T_b - T_e(V, \lambda)]/JV \tag{5.38}$$

$$\dot{T}_b = u$$

式中:V 为由式(5.25)估算的参考速度;U 为控制信号。

由于式(5.38)是三状态方程,不便用相平面分析,考虑 ABS 在几个调节周期的短时间内车速的变化较小,因而可假定车速的变化可忽略不计。在这一假定条件下,式(5.38)可简化为

$$\dot{\lambda} = r_d [T_b - T_e(\lambda)]/JV \tag{5.39}$$

$$\dot{T}_b = u$$

给定初始条件 (λ_0, T_{b0}),就可确定在控制信号的驱动下,状态轨迹在相平面的变化趋势。

5.4.4 T_b-λ 相平面分析

1. 相轨迹和等斜线

状态轨迹的斜率可由式(5.39)确定如下:

$$\frac{\partial T_b}{\partial \lambda} = \frac{\dot{T}_b}{\dot{\lambda}} = C/(T_b - T_e) \tag{5.40}$$

式中

$$C = \begin{cases} C_i = UJV/r_d, 增压 \\ C_d = UJV/r_d, 减压 \end{cases}$$

式(5.40)说明状态轨线的斜率取决于控制作用和不平衡力矩 $T_b - T_e$。所以当控制作用确定以后,状态轨线的等斜线(或等倾线)可由平衡力矩曲线在 $T_b - \lambda$ 平面沿垂直方向平移一段距离得到。于是根据等斜线,可以很容易近似绘制出在 $T_b - \lambda$ 相平面的状态轨线。在减压、增压时,绘制出典型的状态轨线如图5.15所示。从图中可以看出:当制动力矩 T_b 在 T_e 曲线之上时,车轮的滑移率趋于增加;当制动力矩 T_b 在 T_e 之下,滑移率趋向减小。

2. 收敛线与发散

增压时状态轨线有非常重要的性质:当车轮的滑移率在 $\lambda > \lambda_{ke}$ 的区域内,相轨线将收敛到等倾线的左侧线(图5.15(a))。收敛的趋势是在等倾线上方的轨线,斜率减小收敛于它;在它下方的轨线,斜率增加收敛于它。而在它之上的相轨线,或一旦相轨线被驱动到此线上,则一直保持在该线上滑动直到车轮的滑移率 $\lambda > \lambda_{ke}$,所以左侧等倾线也是一段特殊的。由于等倾线是平衡力矩 T_e 垂直向上平移得到的,故收敛线也平行于在 $\lambda < \lambda_{ke}$ 区域内的 T_e 线,因此收敛线的斜率为

$$k_c = \frac{\partial T_b}{\partial \lambda} = k_t \tag{5.41}$$

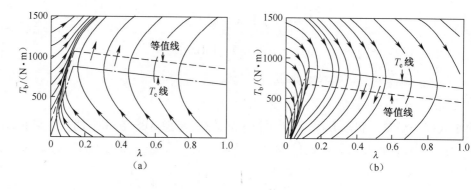

图5.15　典型的状态轨线

(a)增压;(b)减压。

把式(5.41)代入式(5.40),并注意 $C = UJV/r_d$,得到 $\lambda < \lambda_{ke}$ 区域内在增压时的收敛线方程:

$$T_b = T_e + UJV/r_d k_t \tag{5.42}$$

类似地,当 $\lambda \geqslant \lambda_{ke}$ 时,对应发散线的斜率应该为 k_t',在发散线的轨迹将向外发散。但由于 k_t' 为负,绝对值较小,最后使得在发散线 $T_b = T_e + UJV/r_d k_t'$ 对应的制动力矩为负,故在 $T_b - \lambda$ 相平面上,发散线实际上并不存在。

同上述分析,可确定在 $\lambda < \lambda_{ke}$ 区域内减压相轨线的收敛线为

$$T_b = T_e - UJV/r_d k_t \quad \lambda < \lambda_{ke} \tag{5.43}$$

发散线为

$$T_b = T_e - UJV/r_d k_t' \quad \lambda \geqslant \lambda_{ke} \tag{5.44}$$

同样,因为 $k_t' < 0$ 且绝对值较小,故在发散线上的制动力矩很大,通常超过了 ABS 的实际

工作范围,所以发散线一般也是不存在的。收敛线和发散线对分析 ABS 的动态特性是非常重要的,因而对确定控制规律也是十分有用的。

3. 共轭边界法

1) P、R 边界线

表 5.1 已给出了几种 P 边界和 R 边界条件。由这些 P 边界和 R 边界可组合得到在车上常用的几种控制规律。本节把上面提到 P、R 边界条件代入下面的方程:

$$\omega = (1 - \lambda)V/r_d \tag{5.45}$$

$$\dot{\omega} = (r_d F_b - T_b)/J \tag{5.46}$$

即可得到在 T_b-λ 相平面中得到相应的边界条件。

首先讨论 P_1 边界条件($\dot{\omega}r_d > k_1$),把它代入式(5.46)可得

$$T_b > r_d F_b + Jk_1/r_d \tag{5.47}$$

由式(5.47)可见,P_1 边界是把 $r_d F_b$ 曲线向上平移 Jk_1/r_d 得到的,它表示在该曲线上 $\dot{\omega}$ 是一常数($-k_1/r_d$)。又因为 $r_d F_b$ 非常接近 T_e,所以 P_1 边界也几乎是平行 T_e 曲线。

对 P_2 边界条件($-\dot{\omega}/\omega > k_2$),同理由式(5.45)和式(5.46)可得到它在 T_b-λ 相平面的不等式为

$$T_b > r_d F_b + JV(1 - \lambda)k_2/r_d \tag{5.48}$$

对 R_3 条件 $\dot{\omega}r_d > k_3$,有

$$T_b < r_d F_b - Jk_3/r_d \tag{5.49}$$

可见,R_3 条件是 $r_d F_b$ 曲线向下移动 Jk_3/r_d 的结果。

同理,对 R_4 条件($\ddot{\omega} < 0$),先对式(5.46)微分并代入相应条件,可得

$$\dot{T}_b > r_d \dot{F}_b$$

考虑到减压相轨线在 $T_b < T_e$ 的区域时,$\dot{\lambda} < 0$,于是上面不等式同除以 $\dot{\lambda}$,则变为

$$\dot{T}_b/\dot{\lambda} < r_d \dot{F}_b/\dot{\lambda}$$

它等价为

$$\frac{\partial T_b}{\partial \lambda} < r_d \frac{\partial F}{\partial \lambda}$$

在 $\lambda \geqslant \lambda_k$ 区域中,$\frac{\partial T_b}{\partial \lambda}$ 的斜率 k_f' 为负,不等式右边小于 0。而等式的左边,当 $T_b < T_e$ 时,对应的相轨迹 $\frac{\partial T_b}{\partial \lambda} > 0$,不等式不成立。所以上面不等式仅在 $\lambda < \lambda_{ke}$ 才有意义。把式(5.31)和 F_b 的斜率代入上式即可得到 R_4 边界条件:

$$T_b < T_e - UJV/k_f r_d \tag{5.50}$$

P_1、R_2 及 R_4 边界在 T_b-λ 平面的曲线如图 5.16 所示。由图可见,R_4 边界包括一条垂直线 $\lambda = \lambda_{ke} \approx \lambda_k$,一条斜线 $T_b = T_e - UJV/k_f r_d^2$,也就是把 T_e 的左侧线向下平移 $UJV/k_f r_d^2$ 的结果。又因为 $r_d k_f$ 略小于于 k_t,所以该斜线是在减压收敛线 $T_b = T_e - UJV/k_t r_d$ 之下,且非常接近于减压收敛线。由于减压轨线从右侧抵达 R_4 斜线段必先穿过 R_4 垂线,故斜线 $T_b = T_e - UJV/k_f r_d^2$ 此时将不起作用。当减压相轨线在 $\lambda < \lambda_{ke}$ 区域下降时,由于收敛线在斜线之上,故相轨线必先

趋近到收敛线。可见,相轨线不可能穿越 R_4 的斜线段,也不可能同时穿越 R_4 的两个线段。特别是当相轨线抵达 $T_b = 0$ 边界时,由于制动力矩不可能为负,故相轨线不能穿越 $\lambda = 0$ 附近的 $T_b = 0$ 线段,它即为 R_4 边界的第三线。同理,它也不能穿过 R_4 垂线右侧 $T_b = 0$ 的横线段,这就是 R_4 的第四边界线。

2) P^*、R^* 边界线

为了产生最大的制动力,ABS 通过调制制动压力,使车轮的滑移率被控制在围绕 F_b-λ 曲线的峰值点 λ_k 变化,并形成一稳定的极限环。本节从状态相轨线的求解中导出有关极限环重要特征,利用与 P、R 共轭边界的概念,分析极限环存在的条件及其稳定性。因为 ABS 采用 P、R 边界条件(相轨迹的反弹线)作为控制规律,故极限环的一个顶点仅能位于 P 边界上,而它的另一个端点必位于 R 边界上。因为 T_e 是力矩平衡线,所以为了达到理想的制动效果,制动力矩必以 T_e 为中心向上、下两个方向变化,这就决定了 P 边界一定是在 T_e 的上方,边界 R 一定在 T_e 线下方(图 5.17)。

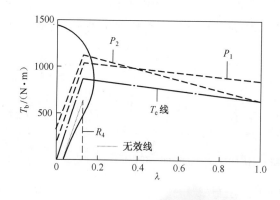

图 5.16 P_1、P_2 和 R_4 边界

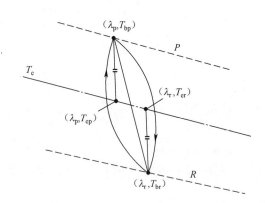

图 5.17 极限环特征

由汽车制动系统动力学模型求相轨线的解析解,可得到产生极限环的一个重要结论,即极限环在 P 边界的端点到 T_e 线的距离等于 R 边界的端点到 T_e 线的距离,用公式描述为

$$T_{bp} - T_{ep} = T_{er} - T_{br} \tag{5.51}$$

式中:下标 p 表示 P 边界上的点,r 表示 R 边界上的点。

当极限环的一个顶点 (λ_p, T_{bp}) 在 $\lambda > \lambda_{ke}$ 区域里,则它的另一个顶点 (λ_r, T_{br}) 可由下式求得:

$$T_{br} = T_{bp} + \frac{C_d}{k_t'} \ln\left(\frac{C_d/k_t' + T_{bp} - T_{ep}}{C_d/k_t' - T_{bp} + T_{ep}}\right) \tag{5.52}$$

$$\lambda_r = (T_{bp} + T_{br} - 2T_{eo})/k_t' - \lambda_p \tag{5.53}$$

式中:$C_d = -UJV/r_d$。

类似地,如果极限环的顶点 (λ_p, T_{ep}) 在 $\lambda < \lambda_{ke}$ 区域内,它的另一个顶点可由公式表示为

$$T_{br} = T_{bp} - \frac{C_d}{k_t} \ln\left(\frac{C_d/k_t + T_{bp} - T_{ep}}{C_d/k_t - T_{bp} + T_{ep}}\right) \tag{5.54}$$

$$\lambda_r = (T_{bp} + T_{br})/k_t - \lambda_p \tag{5.55}$$

上述的解析解仅当极限环全部在 $\lambda > \lambda_{ke}$ 或 $\lambda < \lambda_{ke}$ 的单一区域内才是适用的。如极限环在

两个区域内同时出现,则上述的关系仅是近似的。

如果 P 边界的点是一组极限环的顶点,那么相同极限环的另一组顶点的集合称为 P 的共轭边界,记为 P^* 边界。类似地,如 R 上的点是一组极限环的顶点,那么相同极限环的另一组顶点的集合称为 R 的共轭边界,记为 R^* 边界。在 P 边界的各点都可能存在极限环,因而也存在它的共轭边界 P^*。又因为极限环的两个顶点是关于 T_e 曲线对称的,故而共轭边界也可以近似用手工绘制。同理,可由 R 边界确定它的共轭边界 R^*,并按对称关系用手工绘制 R^* 边界。R 和 P 的共轭边界曲线也可由解析法,即由式(5.52)~式(5.55)求解。也可由数值法求解,用数值法求解的具体过程为在 P 上任取一初始点,在减压和增压制动状态下对 T_b、λ 状态方程积分,计算相轨迹变化的数值解。但对减压制动过程的积分,在时间上是采用从后向前进行。从同一点向两个方向积分直到两状态相轨线相交,所得的交点即为所求。图 5.18 为 P_1 边界及其共轭曲线。由图示结果可见,解析解和数字解在 $\lambda = \lambda_{ke}$ 和 $\lambda = 1$ 两点附近有一定的差别。在峰值点 $\lambda = \lambda_{ke}$,由于 T_e 曲线是线性分段的,故线性化后的解析解则是不相交的两分段线。而在 $\lambda = 1$ 这点,因为所有的相轨线只要一遇到 $\lambda = 1$,就被强制约束在此线上垂直向下滑动,于是导致 P_1^* 的数值解在 $\lambda = 1$ 附近出现了上翘现象。

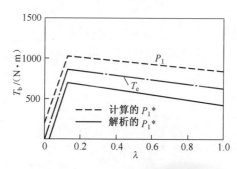

图 5.18　P_1 边界及其共轭曲线

3）极限环及稳定性

P、R 是构成 ABS 控制律的一对边界条件,因为在 P 和它的共轭边界 P^* 上的各点都可能存在极限环。如果系统存在极限环,那么它必将在 R 与 P^* 边界的交点上出现。所以检验是否存在极限环,只要检验 R 与 P^* 边界是否有交点。例如,当 P 边界在 T_e 线之下,就不存在 P^* 边界,也就不存在极限环。类似地,也可通过检验 P 和 R^* 边界的交点来确定 T_b-λ 相平面内是否存在极限环。

如按上述的方法已确定了极限环的存在(找到 R 和 P^*,或 P 和 R^* 边界的一个交点),进一步的问题就是如何根据 R 和 P^* 边界相交的方式判定极限环的稳定性。

设 R 和 P^* 边界在 T_b-λ 平面交于 O 点,现采用摄动法分析在该点出现极限环的稳定性。考虑在 R 和 P^* 边界相交点 O 的一个小邻域内的某点,它是 R 边界线上一个极限环的顶点(图 5.19(a)),记为 $A(\tilde{\lambda}_n, \tilde{T}_{bn})$,符号"~"表示摄动变量,下标 n 表示在 R 边界上出现的序号。因为在该小邻域内摄动,故在减压和增压制动状态,相轨线都可假定为直线。从 A 点沿增压轨迹穿越 P^* 边界的点记为 $B(\tilde{\lambda}, {}^*\tilde{T}_b)$,下一个穿过 P^* 边界并通过 B 点的极限环,它在 R 边界上的顶点记为 $C(\tilde{\lambda}_{n+1}, \tilde{T}_{bn+1})$。

根据上述的假定,则减压相轨线和增压相轨线在摄动点的斜率可分别表示为 k_d、k_i,R 边

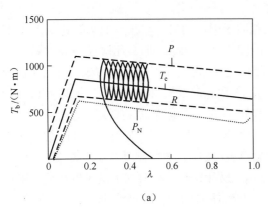

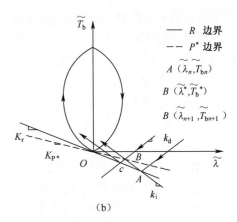

图 5.19　R、P*边界与极限环

界和 P*边界的斜率记为 k_r、k_p^*。由于 A、B 两点都在同一增压轨线上,因而这两点的状态满足直线方程:

$$k_i(\widetilde{\lambda}^* - \widetilde{\lambda}_n) = \widetilde{T}_b^* - \widetilde{T}_{bn} \tag{5.56}$$

类似地,B、C 两点都在同一减压轨线上,因而也满足如下直线方程:

$$k_d(\widetilde{\lambda}^* - \widetilde{\lambda}_{n+1}) = \widetilde{T}_b^* - \widetilde{T}_{bn+1} \tag{5.57}$$

把 R 和 P* 的交点作为坐标原点,于是有

$$\begin{cases} \widetilde{T}_b^* = k_p^* \widetilde{\lambda}^* \\ \widetilde{T}_{bn} = k_r \widetilde{\lambda}_n \\ \widetilde{T}_{bn+1} = k_r \widetilde{\lambda}_{n+1} \end{cases} \tag{5.58}$$

消去式(5.56)和式(5.57)中的 $\widetilde{T}_b^*$ 项,并把所有 $\widetilde{T}_b$ 的项用 $\widetilde{\lambda}$ 代替,可得

$$\widetilde{\lambda}_{n+1} = \frac{(k_d - k_p^*)(k_i - k_r)}{(k_d - k_r)(k_i - k_p^*)}\widetilde{\lambda}_n = \Omega\widetilde{\lambda}_n \tag{5.59}$$

式中:Ω 为摄动极限环的特征值。特征值的绝对值可用来判定极限环的稳定性。如果 $|\Omega| < 1$,则有 $\widetilde{\lambda}_{n+1} < \widetilde{\lambda}_n$,表明极限环的顶点 O 向 R 与 P* 的交点逼近,于是极限环是稳定的;反之极限环是不稳定的。

而 $\Omega = \pm 1$ 称为临界特征值。当 $k_r = k_{p*}$ 时,则 $\Omega = 1$。当下面条件成立时,有

$$k_r = \frac{k_p^*(k_i + k_d) - 2k_ik_d}{2k_p^* - (k_i + k_d)}$$

即有 $\Omega = -1$。在临界状态,极限环可能稳定也可能不稳定,分析过程参见有关文献。

上面进行的分析同样适用于 P 与 R* 边界,极限环的稳定性也完全可由 P 与 R* 边界相交的方式判定。

4) 滑移率变化的全局特性

由 R 和 P* 边界在相平面 T_b-λ 中的位置关系,就可完全确定滑移率变化的全局特性。如 R 边界在 P* 边界之上,则滑移率趋于增加(图 5.19(b))。相反,如 R 边界在 P* 边界之下,则

滑移率趋于减少。此外,R和P*边界相差的幅值将影响滑移率变化率。对P和R*边界,上述的结论也是有效的。

4. P、R 边界组合控制规律及分析

本节用共轭边界法通过仿真计算,分析 P、R 边界条件常用的几种组合形式的收敛特性。如判定在制动力 F_b 峰值点稳定极限环的存在性,稳定极限环的收敛速度,为了得到稳定的极限环选择条件阈值的原则等。

1) R_1 条件

R_1 条件是所选用的 P 条件得不到满足时,用来预测车轮有抱死危险的判定条件。因为 R_1 是所有 P 条件的组合所确定的,显然 R_1 边界均在 T_e 曲线之上,也就是说 R_1 边界没有对应的共轭边界,即意味着极限环不存在。由于 R_1 边界在 P^* 边界之上,滑移率将会持续增加到车轮抱死状态,故 R_1 条件不是满意的边界条件。

2) R_2 条件

当所选用的 P 条件满足后再延迟一固定的时间就得到 R_2 边界条件,显然它是依赖所选用的 P 条件。在 T_b-λ 相平上,延迟固定的一段时间意味把制动力矩 T_b 减小一个常值,因此 R_2 条件可以由 P 边界沿减压相轨线逐点朝下移动相同距离得到。

首先分析 P_1 边界。为了防止车轮的滑移率在远小于 λ_{ke} 就过早释放制动压力,要求 P_1 边界应在增压相轨线的收敛线之上(图 5.15(a))。于是待选定的 P_1 阈值 k_1 应满足

$$r_d F_b + J k_1 / r_d > T_e + U J V / r_d k_t$$

因为 $r_d F_b$ 与 T_e 差别很小,故上面的不等式也可近似为

$$k_1 > U V / k_t = U V / r_d C_s \qquad (5.60)$$

由表 5.2 给定的参数,k_1 按式(5.60)保守地选为 40m/s²。

为了在 λ_{ke} 邻近得到稳定的极限环,要求 $P_1{}^*$ 边界应在 λ_{ke} 邻近与 R_2 边界相交。因 $P_1{}^*$ 和 P_1 几乎都对称于 T_e 曲线,所以在 λ_{ke} 附近 P_1 和 $P_1{}^*$ 边界在 T_b 坐标上的差值大约为 $2 J k_1 / r_d$。为了使 $P_1{}^*$ 在 λ_{ke} 附近与 R_2 边界相交,则在 R_2 的延迟时间内要求 T_b 的减小量也应为 $2 J k_1 / r_d$。又因为在减压制动状态,$T_b = -U$,故延迟时间应满足

$$U \tau_d = 2 J k_1 / r_d$$

所以

$$\tau_d = 2 J k_1 / U r_d$$

对 P_1-R_2 组合,当 $k_1 = 40$ m/s² 时,按上式计算得到延迟时间 $\tau_d = 0.075$s。

P_1 边界($k_1 = 40$),共轭边界 $P_1{}^*$ 及 R_2 边界($\tau_d = 0.075$s)如图 5.20(a)所示。由图可见 $P_1{}^*$ 和 R_2 边界在 $\lambda = 0.12$ 处相交,用共轭边界的概念容易判定,在 λ_{ke} 附近将有一个稳定的极限环出现。由数字计算得出,从两个初始点(0,0)和(0.5,0)出发的相轨线都以很快的速度收敛到峰值点 λ_{ke}。如增加延迟时间,极限环将在 λ_{ke} 的左侧出现,于是导致制动力不足的情况。另外,减小延迟时间,则可能不出现极限环,车轮将出现抱死现象,所以要在 λ_{ke} 附近得到稳定极限环,适当选择延迟时间是非常重要的。

对 P_2 边界条件,阈值 k_2 的选择也应使 P_2 边界在收敛线之上。所以,为了在 λ_{ke} 周围产生稳定的极限环,阈值 k_2 应满足

$$r_d F_b + J J V (1 - \lambda_{ke}) k_2 / r_d > T_e + U J V / r_d k_t$$

由于,$r_d F_b \approx T_e$,$\lambda_{ke} = 0.15$,$k_t = r_d C_s$,于是上式可简化为

$$k_2 > U/(0.85r_{\rm d}C_{\rm s}) \tag{5.61}$$

按照上面的公式和给定的参数,计算得 $k_2 = 2{\rm s}^{-1}$。

为了使 $P_2{}^*$ 边界在 $\lambda_{\rm ke}$ 附近与 R_2 相交,同样要求在 R_2 的延迟时间内使 $T_{\rm b}$ 减小一常值,大小近似为 $2JV(1-\lambda_{\rm ke})k_2/r_{\rm d}$,即延迟时间应为

$$\tau_{\rm d} = 2JV(1-\lambda_{\rm ke})k_2/r_{\rm d}U \tag{5.62}$$

代入 $k_2 = 2{\rm s}^{-1}$,$\lambda_{\rm ke} = 0.15$ 和对应参数,计算得 $\tau_{\rm d} = 0.08{\rm s}$。

P_2–R_2 组合的仿真结果如图 5.20(b)所示。图示结果表明,在 R_2 和 $P_2{}^*$ 边界的交点出现一个稳定的极限环。由于 P_2 边界线斜率在 $\lambda > \lambda_{\rm ke}$ 区域比 P_1 边界线斜率的绝对值大,于是 P_2–R_2 组合得到极限环的收敛速度比 P_1–R_2 组合要快得多。另外,即使取较小的延迟时间,在 $\lambda_{\rm ke}$ 右侧的某点也仍然存在极限环,而不会像 P_1–R_2 组合会出现车轮抱死的现象。所为预测车轮是否会抱死的判定条件,P_2 条件要优于 P_1 条件。

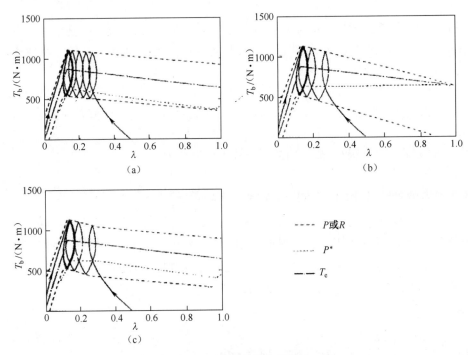

图 5.20　P–R 边界与其极限环
(a)P_1–R_2组合;(b)P_2–R_2组合;(c)P_3–R_2组合。

同时满足 P_2 和 P_1 就是 P_3 条件,P_3–R_2组合的仿真结果如图 5.20(c)所示,所取的边界条件的阈值 $k_1 = 35$,$k_2 = 2$,$\tau_{\rm d} = 0.08$。图示结果表明,在 $\lambda = 0$ 附近区域,P_3–R_2组合的动态特性与 P_2–R_2组合非常接近,而在靠近 $\lambda = 1$ 区域,则非常接近 P_1–R_2组合。粗略地说,P_3–R_2组合的结果更为接近 P_1–R_2。由此得出 P_3 虽然增加了预测车轮抱死的边界条件,但并没有因此比单一的 P_2 边界条件在使用性能方面得到更多的改善。

3) R_3 条件

R_3 条件($\dot\omega r_{\rm d} > k_3$)在形式上类似于 P_1 条件,所以 R_3 边界只要向下平移曲线 $r_{\rm d}F_{\rm b}$ 求得。当减压相轨线接近 $\lambda = 0$ 时,即解除了车轮抱死的危险时,要求相轨线应抵达 R 边界进入增压制动阶段,故 R 边界必在前面提到的减压轨迹的收敛线之上。由此可以得出,R_3 的阈值 k_3 应

满足

$$Jk_3/r_d < - C_d/k_t$$

即

$$Jk_3/r_d < - C_d/k_t$$

为了使 P^* 边界与 R_3 边界在 λ_{ke} 邻近相交,则 R_3 边界与 T_e 在 λ_{ke} 这点的制动力矩之差应等于 P 边界和 T_e 之差。于是,待选的 R_3 阈值 k_3 还必须满足如下条件:

对于 P_3-R_3 组合,有 $k_3 \approx k_1$, $k_1 > UV/(r_d C_s)$, $k_3 < UV/(r_d C_s)$

对于 P_2-R_3 组合,有 $k_3 \approx (1-\lambda_{ke})Vk_2$, $(1-\lambda_{ke})Vk_2 > UV/r_d C_s$

由上面条件可见,选择阈值 k_3 对 P_3-R_3 组合和对 P_2-R_3 组合都出现矛盾。

为此可用作图法确定选择阈值 k_3,在 T_b-λ 相平面上先画出 P_1 和 P_2 以及它们的共轭边界 P_1^* 和 P_2^*。为了保证在 λ_{ke} 附近产生一个稳定的极限环,关键问题是选择阈值 k_3 使得 R_3 边界在 λ_{ke} 附近与 P_1^* 和 P_2^* 有交点,通过作图得待定的阈值 $k_3 = 30$ m/s^2。

图 5.21(a)表明,R_3 边界与 P_1^* 边界有三个交点,第一交点出现在 $\lambda \approx 0.1$ 处,由于减压相轨迹首先抵达 $\lambda > \lambda_{ke}$ 边界线,故 $\lambda \approx 0.1$ 这点是减压相轨线不可抵达点。由相交的斜率可知,在 λ_{ke} 附近的极限环是稳定的,在 $\lambda \approx 0.4$ 这点是不稳定的。给定三个初始点 $(0,0)$、$(0.5,0)$ 和 $(0.8,0)$,计算结果表明,从初始点 $(0.5,0)$ 出发的状态以较慢的速度向 λ_{ke} 收敛,从初始点 $(0.8,0)$ 出发的状态抵达 R_3 边界慢速向 $\lambda = 1$ 发散,车轮有抱死的危险。如减小阈值 k_3(R_3 边界向上移动),R_3 边界与 P_1^* 的前两个交点相互靠近,在 λ_{ke} 这点重合直至消失。由图 5.21 可见,要在 λ_{ke} 附近产生一个稳定的极限环,必须相当精确地选择阈值 k_3。

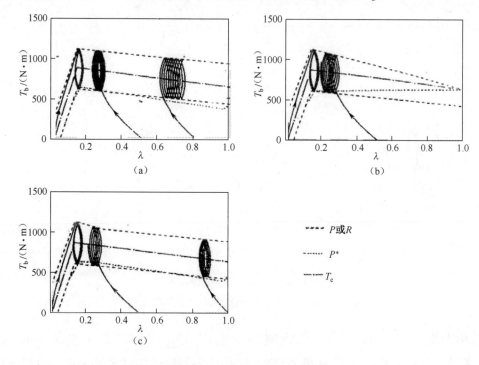

图 5.21 P-R_3 边界与其极限环

(a)P_1-R_3 组合;(b)P_2-R_3 组合;(c)P_3-R_3 组合。

$P_2^*(k_2=2)$ 和 R_3 边界仅有一个交点,产生的极限环总是稳定的,但收敛率不如 P_1-R_2 组合快。同时很难选择 R_3 的阈值 k_3,得到防止车轮抱死的稳定极限环。

对 P_3-$R_3(k_1=35,k_2=2)$ 组合,有两个极限环,一个同 P_2-R_3 的稳定极限环,另一个同 P_1-R_3 的不稳定的极限环,两个极限环的变化率都较慢。与 P_2-R_2 组合相比,要在 λ_{ke} 附近产生一个稳定的极限环,选择阈值 k_3 更为困难,并且极限环的收敛速率比 R_2 条件慢。此外,由于在 $\lambda=0$ 附近不存在 R_2 边界,所以当相轨迹进入这一区域,就不能把制动状态再次切换为增压制动状态,则可能出现失去制动力的危险工况。

4) R_4 条件

如果按式(5.60)、式(5.61)选定 P_1 和 P_2 的阈值,因对称性,则共轭边界 P^* 总在减压相轨迹的收敛之下,所以 P^* 边界总是与 R_4 边界的垂直段相交。图 5.22 给出了 $R_4(\ddot{\omega}<0)$ 边界与 $P_1^*(k_1=40)$、$P_2^*(k_2=2)$ 和 $P_3^*(k_1=35,k_2=2)$ 在 $\lambda\approx\lambda_{ke}$ 相交的情景,它与 P_1、P_2 及 P_3 的组合在 λ_{ke} 附近都得到稳定极限环。同时,由图示结果可见,三种组合的收敛速率明显地加快,尤其 P_2-R_4 组合收敛率最快。故 R_4 是非常有效的边界条件。需要说明的是所产生的稳定极限环尺寸取决于 P 条件的阈值,而与极限环的收敛速度无关。

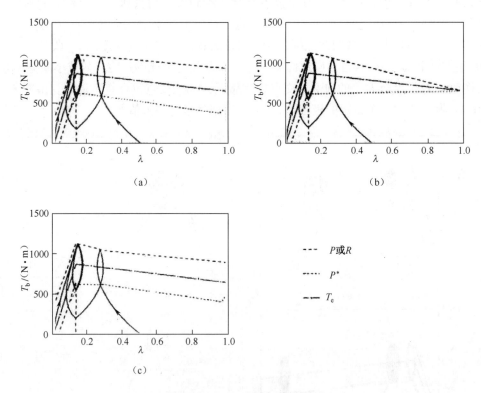

图 5.22　P-R_4 边界与其极限环
(a)P_1-R_4 组合;(b)P_2-R_4 组合;(c)P_3-R_4 组合。

5) R_5 条件

R_4 条件加上 $\ddot{\omega}r_d<k_5$ 便得到 R_5 条件,于是 R_5 边界可通过收缩 R_4 边界的垂直线段得到。P-R_5 组合的仿真结果如图 5.23 所示。图中的 R_5 边界满足 $\ddot{\omega}r_d<k_5(k_5=50\text{m/s}^2)$。图示结果可见,$P$-$R_5$ 组合的特性与 P-R_4 类似,但性能略有降低。由于它延迟了再次施加制动力的时

间,使得极限环的尺寸明显增加。可见,在 R_4 条件中增加逻辑条件 $\ddot{\omega}r_d < k_5$ 得到 R_5 条件,不仅使边界条件变得复杂,也并未因此带来好处,故 R_5 条件的有效性是有争议的。

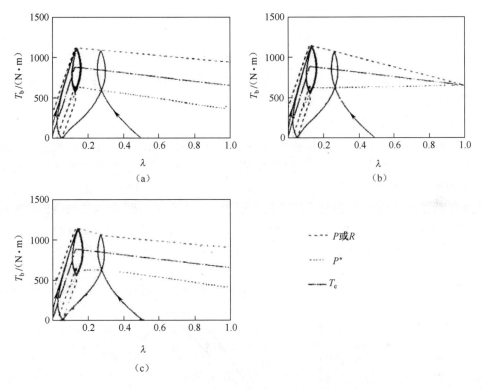

图 5.23　P-R_5 边界与其极限环

(a)P_1-R_5组合;(b)P_2-R_5组合;(c)P_3-R_5组合

5. 结论

T_b-λ 相平面直观地描述了 ABS 制动时状态变化的动态过程。在该相平面画出相应的边界条件 P、R,就构成了相轨迹(制动力矩 T_b、滑移率 λ 的变化曲线)在增压和减压时的反弹线。当状态抵达 P 边界,切换至减压,状态从 P 边界反弹至 R 边界。遇到 R 边界再次增压,状态又弹回到 P 边界,似此周而复始。进一步结合 P、R 的共轭边界 P^*、R^*,根据共轭边界 P^*、R^* 与 P、R 的相交方式,可很容易判定极限环的存在性、全局稳定性,以及极限环收敛速度和它的尺寸。

在 T_b-λ 相平面上,可用作图法或解析法,确定所选用的 P 边界和 R 边界的阈值,由此借助相平面设计 ABS 控制规律。平衡力矩 T_e 是维持 λ 为常值所需的制动力矩。由平衡力矩可确定在 T_b-λ 相平上状态轨迹的等倾线,以及制动力矩偏离 T_e 时状态轨线的变化趋势。

用相平面对 P-R 的几种组合方式的分析可知,在各种可能的组合方式中,P_2-R_4 是 ABS 控制规律中最有效的组合,它总能产生稳定的极限环,并能以较快的速率收敛到制动力的峰值点。

用相平面确定 P-R 组合方式的边界阈值依赖路面附着条件 (k_t, k_t', k_f, k_f'),由此说明了防抱死制动逻辑与路面条件的依赖关系。为了保证防抱死制动逻辑在不同的路面条件都能取得理想的制动效果,对于任何一种组合方式都必须实时识别路面附着系数的变化情况。

5.5　用庞加莱映射分析 *P-R* 控制规律

5.4 节用分段线性模型,并假定增压变化率等于减压变化率,在相平面上分析了 *P-R* 控制规律门限阈值的确定方法、极限环的存在性和收敛性。但要进一步了解车速、路面条件、非线性模型、增压和减压变化率等不同因素对 ABS 动态性能的影响,用相平面分析法就很不方便。

为此可以应用庞加莱(Poincaré)映射研究各种参数对 ABS 性能的影响,它不需要相平面分析法强加的许多简化条件,因而更具有一般的意义。

1. 庞加莱映射的基本概念

庞加莱映射是一数学概念,在相空间中,横截相轨迹的超曲面称为庞加莱横截面。从这一超曲面某一点出发的相轨迹第一次返回到该超曲面的变换关系定义为庞加莱映射。对于研究 ABS 的控制规律,*P* 边界被当作一维的庞加莱横截线。即从 *P* 边界出发的点记为 λ_n,经过一个防抱死制动循环,相轨迹又回到 *P* 边界的点记为 λ_{n+1}。于是,*ABS* 相轨迹的庞加莱映射可用 λ_n-λ_{n+1} 平面描述如图 5.24 所示。从 λ_n 到 λ_{n+1} 之间的关系,由映射表 $\lambda_{n+1}=F(\lambda_n)$ 表示。在 λ_n-λ_{n+1} 平面上,把 λ_n 映射到 λ_{n+1} 的函数 *F* 称为庞加莱映射。图 5.24 为庞加莱映射。

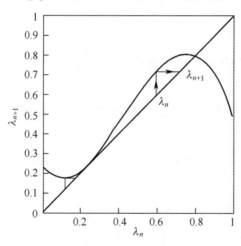

图 5.24　庞加莱映射

2. 稳定性分析

对于映射(或变换)$\lambda_{n+1}=F(\lambda_n)$,如果有 $\lambda_{n+1}=\lambda_n=\lambda$,则在 *P* 边界一定存在极限环的一个端点 $\tilde{\lambda}$,该端点 $\tilde{\lambda}$ 称不动点。产生的极限环的稳定性可由线性化映射方程的特征值判定,映射方程的特征值定义为在 $\tilde{\lambda}$ 点的庞加莱映射线 $F(\tilde{\lambda})$ 的斜率。如果特征值的绝对值小于 1,则极限环是稳定的;反之,所产生的极限环是不稳定的。然而当特征值的幅值等于 +1 或 -1 时,在这点就可能出现分支。ABS 极限环的稳定性可容易地从观测庞加莱映射线的斜率判定。

例 5.1　ABS 采用 P_1-R_2 组合,防抱死制动逻辑以 P_1 边界作为庞加莱横截线的映射过程。

从 P_1 边界线上取一点 λ_n,用数值计算制动时的减压相轨线,当减压相轨线遇到 R_2 边界时切换到增压。再从相遇的 R_2 边界点开始,计算增压相轨线,直到增压相轨线又回到出发的 P_1

边界时计算结束,此时对应的滑移率即为 λ_{n+1}。

若 $\lambda_{n+1}=\lambda_n$,得到一个不动点。当 λ_n 连续从 $0\sim1$ 变化,就得到一条连续的庞加莱映射线。

P_1-R_2 组合在 T_b-λ 相平面上的边界条件、状态轨线和对应的庞加莱映射如图 5.25(a) 所示。

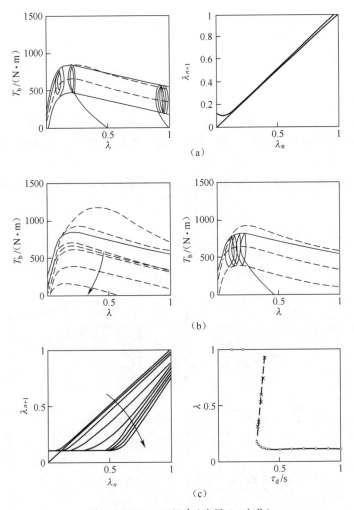

图 5.25 P_1-R_2 组合(边界 R_2 变化)

(a)共轭边界与庞加莱映射的比较;(b)延迟时间与相轨迹的变化;(c)延迟时间与庞加莱映射及分支图。

在 T_b-λ 相平面图上,P_1 与 R_2^* 边界有两个交点。在庞加莱映射图上,$F(\lambda_n)$ 曲线与 $\lambda_{n+1}=\lambda_n$ 有三个交点。前两个交点与 P_1、R_2^* 边界的两个交点对应。第一交点的斜率小于 1,所以极限环是稳定的。第二个交点的斜率略大于 1,故此点的极限环是以较慢速度发散的。在庞加莱映射图上,在 $\lambda_{n+1}=\lambda_n=1$ 还存在第三个稳定的不动点(交点)。而在 T_b-λ 相平面图上,却不能预测在 $\lambda=1$ 处的极限环。由此可见,庞加莱映射可以更加方便地判断出 ABS 控制规律的收敛与发散特性。特别是 $F(\widetilde{\lambda})$ 的斜率接近于 0 时,状态轨线很快地收敛到极限环。

3. 分支现象

ABS 的不动点(稳定极限环)的数目不仅与 P-R 的组合方式有关,还与构成 ABS 参数有关。不动点的数目和极限环的稳定性还可能随参数的变化而改变,新的不动点有时可能从老的不动点分出,产生新的分支结构的点称为分支点。常用可变参数和不动点滑移率作为坐标,描述不动点位置随参数变化的情况就得到分支图。由分支图可了解参数变化引起极限环稳定性变化的信息,以及导致新的极限环出现、原有的极限环消失等现象。

以增压时作用在车轮上的制动力矩变化率为

$$\frac{dT_b}{dt} = u$$

式中　　$u = \begin{cases} U_i, 增压 \\ -U_d, 减压 \\ 0, 保压 \end{cases}$

u 为可变参数,增压时 $u = U_i$,减压时 $u = -U_d$。当采用 P_1-R_2 组合控制规律时,其不动点(极限环)随 U_i/U_d 的变化过程如图 5.26 所示。图 5.26(d) 是庞加莱映射分支图。图示结果可见,随 U_i 变化,在 $U_i/U_d \approx 0.12$ 的地方出现了分叉点,即在 $U_i/U_d \approx 0.12$ 地方 ABS 的性能发生了质的变化。分支点后出现了两个不动点,一个是大滑移率区的不稳定点,另一个是 $\lambda = 1$ 的稳定不动点。

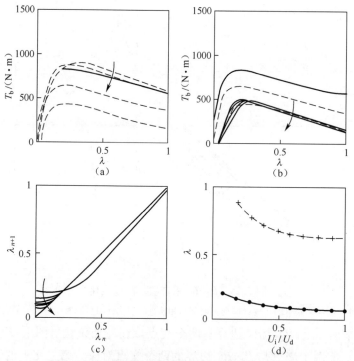

图 5.26　U_i 与庞加莱映射及分支图(P_1-P_2 组合)

(a)U_i 与 R^* 的共轭边界;(b)U_i 与 P^* 的共轭边界;(c)庞加莱映射;(d)分支图。

由于大滑移率区的不动点是不稳定的,故防抱死制动系统在这区域工作时,车轮会很快趋于抱死状态。$\lambda = 1$ 是一特殊的不动点,不能用 P 和 R^* 边界的交点检验,而用庞加莱映射就可很容易判定。当 $U_i/U_d \approx 0.12$ 时,庞加莱映射线从 $\lambda_{n+1} = \lambda_n$ 的左侧穿过到右侧,此后一直保持在右侧,故庞加莱映射线与 $\lambda_{n+1} = \lambda_n$ 在此种情形只有一个交点。在这点庞加莱映射线的斜率远小于1,故在这点产生的极限环以很快的速率收敛。

当 $U_i/U_d \approx 0.12$ 后,庞加莱映射线首先从左穿越 $\lambda_{n+1} = \lambda_n$ 线到达右侧,然后以几乎平行

$\lambda_{n+1} = \lambda_n$ 的方式再越过此线。由于第二次穿越此线的斜率大于 1,故新产生的不动点是不稳定点。最后在 $\lambda = 1$ 这点,庞加莱映射线与 $\lambda_{n+1} = \lambda_n$ 线相交得第三个不动点,不难判定此点是稳定不动点。

用庞加莱映射和分支图可方便地分析了解 ABS 的动态特性随参数的变化趋势,对 ABS 控制规律的设计、确定边界条件的阈值以及选定最佳的组合方式都是非常有效的。但需要注意:①因为 U_i 不可能为 0(如 U_i 为 0,则没有增压控制状态),故分支图不是从 $U_i/U_d = 0$ 开始;②随 U_i/U_d 的增加,第一个不动点的滑移率 λ 减小,其原因是,随着 U_i 的增加,使车轮负角加速度达到边界条件的时间缩短,最后导致作用在车轮的稳态制动力随着 U_i 的增加而减小,这说明,在第一个循环后在增压过程加入保压过程的必要性。

4. 用庞加莱映射进行 ABS 控制规律设计

在相平面共轭边界线中,分析了 P-R 控制规律各种边界条件的选择原则,ABS 产生极限环的收敛性,收敛速度等动态特性。下面进一步分析路面附着系数 μ_{b0}、车速及边界条件变化对这些特性的影响。

1) P_1-R_2 组合

R_2 是在满足 P 条件后,再等待固定的时间触发的边界条件。把触发延迟时间作为可变参数,就可研究变边界条件对 ABS 动态特性的影响。采用非线性轮胎-路面模型,系统参数见表 5.2,仿真计算得 R_2 边界、R_2^* 边界在 T_b-λ 相平面上随延迟时间的变化趋势如图 5.25(c)所示。庞加莱映射和它的分支图如图 5.25 所示。从分支图上可以看出极限环的数目随延迟时间的变化,图上带 " $*$ " 的点为不稳定的极限环,带 " $.$ " 的点为稳定的极限环。从计算结果可见,当延迟时间小于 0.04s 时,则 P_1-R_2 组合只能在 $\lambda = 1$ 处得到唯一的稳定极限环,车轮不可避免出现抱死现象。因为当延迟时间太短时,相轨迹来不及穿过扭矩平衡曲线 T_e,λ 的变化率总是大于 0,所以车轮很快被抱死。当延迟时间为 0.04s,P_1-R_2 组合仅有一个稳定不动点。由于庞加莱映射线在此点的斜率为 0,因而极限环收敛速度很快。当延迟时间在 0.04s 邻近时,可能出现三个极限环(图 5.25),车辆制动时最后得到的滑移率取决于路面条件和初始状态。按 ABS 性能要求确定的边界条件(延迟时间),并以此边界条件确定 P_1-R_2 的控制规律,模拟计算当状态从初始点(0.5,0)出发时,其相轨迹向不动点收敛的过程如图 5.25 所示。

以路面的纵向附着系数 μ_{b0} 和车速 V 作为可变参数,得到庞加莱映射线和分支图如图 5.27 和图 5.28 所示。图 5.27 说明,当路面附着系数 $\mu_{b0} < 0.22$ 时,车轮将出现抱死现象。在 $\mu_{b0} = 0.22$ 出现鞍点。由于 μ_{b0} 在区间(0.22,0.5)存在一个不稳定的极限环,任何扰动最后都有可能使车轮产生抱死的条件,可见在不同的路面条件下 P_1-R_2 组合方式不是十分可靠的。

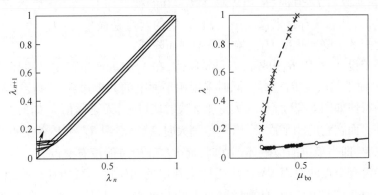

图 5.27 P_1-R_2 组合(μ_{b0} 为变量)

图 5.28 是不同车速得到的庞加莱映射和分支图。同样可以看出,当车速 $V \approx 150 \text{km/h}$,在大滑移区出现了一个不稳定的不动点。从适应不同车速的观点来看,$P_1 - R_2$ 组合方式也是不可靠的。

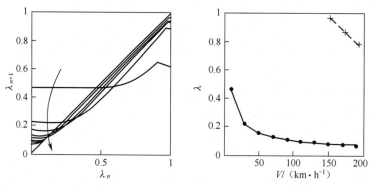

图 5.28 $P_1 - R_2$ 组合(V 为变量)

2) $P_2 - R_4$ 和 $P_2 - R_4'$ 组合条件

R_4 边界条件为 $\ddot{\omega} < 0$,因而没有可改变 R_4 边界条件的变量。如把边界条件修正为 $\ddot{\omega} < -k_4$ 就得到 R_4' 条件。于是用 R_4' 作为重选边界条件,就有可能为确定极限环的位置,极限环的大小提供待定参数,以补偿 R_4 条件的不足。

下面先分析 R_4 条件,它可表示为

$$\dot{T}_b = r_d \dot{F}_b$$

整理以后,可得

$$\dot{T}_b / \dot{\lambda} = r_d \dot{F}_b / \dot{\lambda} \tag{5.63}$$

由式(5.40),式(5.63)可以写为

$$r_d \frac{\partial F_b}{\partial \lambda} = -\frac{U_d JV}{r_d (T_b - T_e)}$$

可得出在 R_4 边界上时的制动力矩:

$$T_b = T_e - U_d JV / r_d^2 \left(\frac{\partial F_b}{\partial \lambda} \right) \tag{5.64}$$

因 R_4 条件仅在减压时被触发,则 R_4 条件取决于制动力矩的下降率 U_d 和 $\frac{\partial F_b}{\partial \lambda}$。因制动力矩不能为负值,所以当 $T_b < 0$ 时,R_4 边界将在 $T_b = 0$ 的横坐标上。由于 R_4 没有可变的阈值,故 R_4 边界是固定的,其形状看起来像一个三角形,它的两边是横坐标($T_b = 0$),中间的三角形的峰值随制动力矩的下降变化率 U_d 的绝对值增加而降低。

在进行系统设计时,因 R_4 边界没有待定阈值,在 λ_k 附近产生稳定极限环的设计问题是通过改变 P_2 边界而不是改变 R_4 边界。同时采用相平面上的共轭边界法和庞加莱映射得到 ABS 产生极限环的特性如图 5.29 所示。从庞加莱映射线可见,无论阈值 k_2 如何变化,总存在一个稳定的极限环。而在它的相平面上,当 k_2 值稍大时,就得不到 R_4^* 和 P_2 的交点。可见共轭边界法并非十分完善,即当稳定的极限环存在时,而 R_4^* 和 P_2 可能没有交点。

出现可能没有交点的原因:从边界 R_4 往上弹出的相轨迹不可能穿越收敛线,当状态轨线遇到收敛线时便在该线上滑动,直到最后与 P 边界相遇,在相遇点被再次向下回弹形成极限

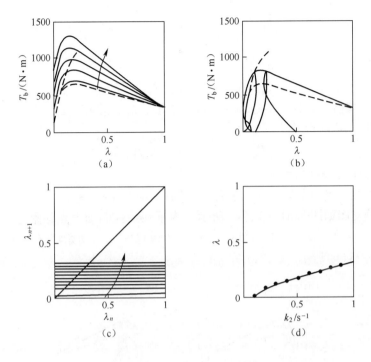

图 5.29 P_2-R_4组合(P_2改变)

(a)共轭边界;(b)设计样例的相轨迹;(c)庞加莱映射;(d)分支图。

环(图 5.30)。在这特殊情况下,共轭边界法不能预测极限环的存在。

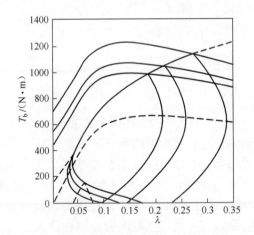

图 5.30 不能用 P_2 与 R_4 交点预测的特殊极限环(P_2-R_4组合)

R'_4 条件可以表示为

$$\dot{T}_b - r_d \dot{F}_b = J k_4$$

用与处理 R_4 条件的类似方法,R'_4 边界可进一步表示为

$$U_d JV/r_d(T_b - T_e) - r_d \frac{\partial F_b}{\partial \lambda} = - J^2 Vk_4/r_d(T_b - T_e) \tag{5.65}$$

则在 R'_4 边界上作用在车轮上的制动力矩为

$$T_b = T_e + JV(Jk_4 - U_d)/r_d^2 \frac{\partial F_b}{\partial \lambda} \tag{5.66}$$

式(5.66)与式(5.64)比较发现:R_4'边界是把 R_4 边界垂直上移了距离 $J^2 Vk_4/r_d^2 \frac{\partial F_b}{\partial \lambda}$ 得到,向上移动的距离与阈值 k_4 成正比。式(5.66)小于 0 时,R_4'边界线将在 $T_b = 0$ 横坐标上。

先选择 P_2 的阈值 k_2 是使它的边界在收敛线之上,以防止制动压力释放过早,降低制动效能。故 k_2 选择也必须满足

$$r_d F_b + JVk_2 > T_e + U_i JV/r_d^2 C_s$$

按照上述条件选择结果为 $k_2 = 2\text{s}^{-1}$。

以 k_4 作为可变参数,得到 R_4' 边界在 T_b-λ 平面上的变化趋势如图 5.31(a)所示。对应的庞加莱映射及分支图如图 5.31(c)、(d)所示。为了在最大制动力点的附近产生稳定的极限环,通过共轭边界法和庞加莱映射设计得到 $k_4 = 3000\text{rad/s}^3$。从初始点(0.5,0)出发的相轨迹收敛过程如图 5.31(b)所示。

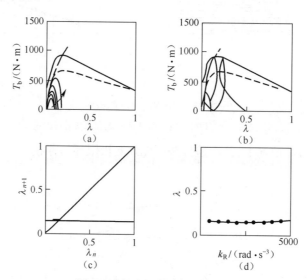

图 5.31 P_2-R_4'组合(R_4'可变)

(a)共轭边界;(b)设计样例的相轨迹;(c)庞加莱映射;(d)分支图。

比较 R_4 边界与 R_4' 边界可知,R_4' 边界明显优于 R_4 边界。无论 k_4 如何变化,$R_4'^*$ 与 P_2 的交点几乎不变,均处在峰值点 λ_k 点附近。产生这种现象的本质是遇到 R_4' 边界的所有相轨迹在抵达 P_2 边界以前都收敛到收敛线上,所以不动点的位置总是收敛线与 P_2 的交点(因收敛线与 P_2 固定,自然其交点也是固定的),可见 P_2-R_4' 组合控制规律是全局稳定的。又由于庞加莱映射线在这点的斜率为 0,故它产生的极限环的收敛速度也是最快的。

分别以 μ_{b0} 和车速 V 作为变量得到 P_2-R_4' 的庞加莱映射和分支图,如图 5.32 和图 5.33 所示。由计算结果可见,无论路面附着系数与车速如何变化,系统总存在一个稳定的极限环。但在车速较低时($V < 10\text{km/h}$),不动点向低滑移率的方向稍为移动了一点,由此可能导致制动力不足。但此种工况 ABS 仍在起作用,防止车轮被抱死。

而 P_2-R_4 组合方式对适应不同的路面附着系数和车速的变化,与 P_2-R_4' 组合方式十分相似(图 5.34),所不同的只是不能通过调节 R_4 边界改变极限环的尺寸。

通过用相平面和庞加莱映射分析 ABS 防抱死制动规律可以看出:用庞加莱映射能更容易

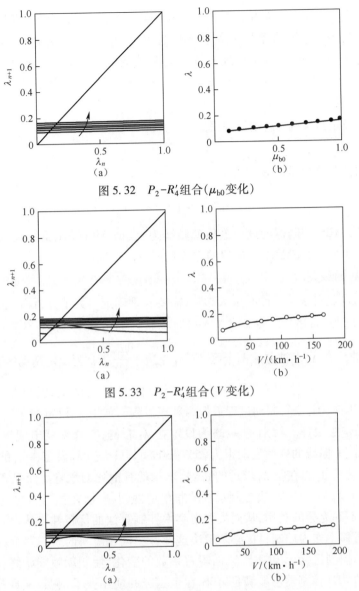

图 5.32　P_2-R_4'组合（μ_{b0}变化）

图 5.33　P_2-R_4'组合（V变化）

图 5.34　P_2-R_4组合（V变化）

地判定极限环出现的位置、它的稳定性和收敛的速度，以及极限环随系统参数变化而变化的过程。但不足之处是：不能表示极限环的尺寸，不能直观描述相轨迹在相平面的收敛过程。因此，在实际应用中，可把 T_b-λ 相平面和庞加莱映射分析法综合起来，用于 ABS 的控制规律的设计，不仅能从理论上揭示 ABS 的内在本质，还能直观地描述 ABS 收敛、发散过程的变化趋势，使之成为最有效的理论设计工具。

5.6　基于滑移率的控制系统

5.6.1　PID 控制算法

前面分析过的逻辑控制算法虽已在车上得到广泛应用，但它并非最佳的控制算法。为进一步提高 ABS 的性能,许多研究者研究其他的控制算法,基于滑移率的控制系统就是其中之一。基于滑移率的控制系统的优点:用滑移率作为控制目标容易实现连续控制,从而提高 ABS 在制动过程中的平顺性,并最大限度地发挥它的制动效能。实现连续控制的最简单算法是 PID 控制,它只要适当地整定比例(k_p)、积分(k_i)和微分(k_d)三个系数即可。

1. 控制目标、规律

设滑移率的设定目标为 λ_0,则控制误差

$$e = \lambda - \lambda_0 \tag{5.67}$$

于是 PID 的控制规律可以表示为

$$u = k_p e + k_i \int_0^t e \, dt + k_d \frac{de}{dt} \tag{5.68}$$

按式(5.68),ABS 控制器的设计最后就归结为,根据 ABS 动态系统,确定出一组最佳的参数 k_p、k_i 和 k_d,使车轮的滑移率以最快的方式趋近设定目标值 λ_0。

2. 目标值 λ_0 的设定

目标值 λ_0 的设定对系统性能有很大影响,需要合理确定。为了分析研究基于滑移率控制系统的特点,可以在 Simulink 环境下建立 ABS 动态特性的仿真模型进行仿真研究。

由于 μ_b-λ 曲线在 λ_k 点被分成两个区,在 λ_k 左边,$\frac{d\mu_b}{d\lambda} > 0$ 为稳定制动区,在 λ_k 右边,$\frac{d\mu_b}{d\lambda} < 0$ 为非稳定制动区。通过计算分析可以发现,当目标值 λ_0 设在 λ_k 的左侧,通过 PID 控制可以使车轮滑移率迅速趋近 λ_0,制动过程近似为理想过程。如把 λ_0 设定在 λ_k 点,则形成以滑移率 λ_k 为中心的稳定极限环。特别是 λ_0 略为设定在 λ_k 右侧,滑移率就出现较大幅度的波动。在实际应用中,μ_b-λ 曲线的峰值变动很大(5%~30%),只要当 λ_0 设定在 λ_k 的右侧,滑移率就会出现很大的波动。如 λ_0 在距 λ_k 较远的右侧,车轮就有抱死的危险。而保守地把 λ_0 选得过小,虽可保证 λ_0 在 λ_k 的左侧,解决控制系统的非稳定性问题,但在相当多的路面条件下,会使路面附着系数得不到充分的利用,从而失去滑移率控制算法的优越性。从 PID 的动态调节过程可以得出,用滑移率作为控制目标必须解决这样一个问题。实时辨识路面的附着系数变化情况,自动地改变控制目标 λ_0 以跟踪路面附着系数的变化,使制动效能始终在最佳状态。由此也可见,简单的 PID 控制器不能满足 ABS 在全工况的使用要求,它必须具备识别路面特征的辨识功能,并有在线整定控制器的参数的功能。

5.6.2　其他控制算法简介

由于在制动过程中,轮胎与路面间的摩擦特性导致防抱死制动系统具有非常明显的非线性、时变性和不确定性,由 PID 算法很难实时整定控制器的参数,而滑模控制能很好满足这些性能要求。

滑模控制(SMC)也称为变结构控制,本质上是一类特殊的非线性控制,且非线性表现为控制的不连续性。这种控制策略与其他控制的不同之处在于系统的"结构"并不固定,而是可以在动态过程中,根据系统当前的状态(如偏差及其各阶导数等)有目的地不断变化,迫使系统按照预定"滑动模态"的状态轨迹运动。由于滑动模态可以进行设计且与对象参数及扰动无关,这就使得滑模控制具有快速响应、对应参数变化及扰动不灵敏、无须系统在线辨识、物理

实现简单等优点。滑模变结构控制的原理:根据系统所期望的动态特性来设计系统的切换超平面,通过滑动模态控制器使系统状态从超平面之外向切换超平面收束。系统一旦到达切换超平面,控制作用将保证系统沿切换超平面到达系统原点,这一沿切换超平面向原点滑动的过程称为滑模控制。

假设有一个单输入的二阶系统,其状态方程为

$$\begin{cases} \dot{x} = x_2 \\ \ddot{x} = -a_1x_1 - a_2x_2 + bu \end{cases} \tag{5.69}$$

式中:x_1 为状态变量;a、b 为时变或时不变系数,$b>0$。

对式(5.69)描述的系统进行不连续开关控制,即

$$u = \begin{cases} u^+, & \tilde{v} > 0 \\ u^-, & \tilde{v} < 0 \end{cases} \tag{5.70}$$

式中:$u^+ \neq u^-$;$\tilde{v}$ 为控制切换函数,可表示成

$$\tilde{v} = c_1x_1 + x_2 \tag{5.71}$$

其中:c_1 为待定常数,反映了系统状态对控制切换函数的影响。如果令 $\tilde{v} = 0$,则得到相平面x_1-x_2 上的切换方程:

$$c_1x_1 + x_2 = 0 \tag{5.72}$$

滑模控制的几何意义如图5.35所示。切换线$c_1x_1+x_2$将相平面 x_1+x_2 分成 $\tilde{v}>0$ 和 $\tilde{v}<0$ 两个半平面。系统从相平面 P_0 点出发沿左半面的相轨迹运动,当相轨迹遇到切换线 $\tilde{v}=0$,控制从 u^+ 切换到 u^-。从理论上讲,控制量在切换线上是不连续的,但实际系统都存在延迟时间,从发出切换信号到开始起作时,相轨迹已穿过切换线到这右半面 P_1 点。此时,在控制 u^- 的驱动下,沿右半面的相轨线向切换线逼近。至P_2点后,切换到 $u=u^+$,系统又切换到左半面的相轨迹上。依此类推,系统状态就在切换线 $c_1x_1+x_2$ 附近来回运动,经过 $P_0,P_1,P_2,\cdots,P_n$,一直运动到期望的工作点。

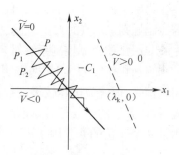

图 5.35　滑模控制的几何意义

对于 ABS,可以选取切换函数:

$$\tilde{v} = \dot{e} + c_1e \tag{5.73}$$

式中:e 为滑移率相对目标点的偏差,$e=\lambda-\lambda_k$。

可以把 T_b 为控制变量 u,对式(5.7)、式(5.8)的控制系统进行切换控制,切换条件满足

$$T_b = \begin{cases} T_b^-, & \tilde{v} > 0 \\ T_b^+, & \tilde{v} < 0 \end{cases} \tag{5.74}$$

模糊逻辑控制简称模糊控制,是以模糊集合论、模糊语言变量和模糊逻辑推理为基础的一种计算机数字控制技术。ABS 是强非线性系统,基于模型的控制方法(如最优控制)对各种扰动的鲁棒性不好。而模糊控制具有不依赖对象的数学模型,便于利用人的经验知识,鲁棒性好,简单实用。基于滑移率的模糊控制框图如5.36所示。

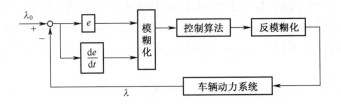

图 5.36　基于滑移率的模糊控制框图

为把车轮的滑移率控制在期望点 λ_k 上,定义系统的误差:

$$E = \lambda - \lambda_k$$

及误差的变化率 $\dot{e} = de/dt$,数值化得

$$EC = (E_k - E_{k-1})/T$$

式中:T 为采样时间间隔。

模糊控制器以 E 、EC 作为输入量,经模糊计算得到输出量 u 作为制动器制动缸压力控制信号,由此得到一典型的双输入-单输出的模糊控制系统。对这一典型的系统,可采用带修正因子的模糊控制,把用模糊推理算法形成的控制表概括为一个解析式:

$$U = \alpha E(1 - \alpha)EC \qquad (5.75)$$

式中:α 为修正因子。

把数表用解析式描述不仅简化了控制规则,而且更易于计算机实现。表达式中的误差、误差变化率及控制量 u 的数域可以根据需要进行适当的选取,而式中的修正因子 α 则对应不同的控制规则。α 值的大小,直接反映对误差及误差变化率的加权程度,这恰好体现了基于人的先验知识赋予模糊控制系统对多变工况的自适应、自调节能力。

当加权值 α 较大时,即表明对误差的加权大,阶跃响应快,但容易出现超调,当 α 较小时,超调消失,但响应过程较慢。控制系统在不同的状态下对 α 值的要求是不同的,如当误差较大,控制系统的主要任务是消除误差,这时对误差的加权应大些;反之,α 值应取小值。通常采用带两个 α 值的修正因子表达式就可满足性能要求,即

$$u = \begin{cases} \alpha_1 E + (1 - \alpha_1)EC \\ \alpha_2 E + (1 - \alpha_2)EC \end{cases} \qquad (5.76)$$

式中:α_1 、α_2 为在(0 ,1)范围取值,且 $\alpha_1 < \alpha_2$ 。

5.7　ABS 的整车控制技术

前面已介绍了 ABS 的单轮控制技术,是否可以把汽车的所有车轮均按前述的方法进行控制就能达到期望的效果呢? 在分析 ABS 整车控制技术之前,先考查汽车直线行驶在非对称路面制动时的整车制动动力学。设汽车的一侧车轮在高附着系数路面行驶,另一侧在低附着系数路面行驶。

5.7.1　制动时整车受力

按前面介绍的单轮控制方式,各个车轮的滑移率都控制在峰值点,于是左、右两侧的制动力不等使汽车产生侧向偏转的过程如图 5.37 所示。

在制动刚开始时,前轮的偏转角为 0°,因而作用在车轮上的侧向力为 0,由图 5.37 可得到

作用在车辆上的偏转力矩为

$$M_\Sigma = (F_{bFL} + F_{bRL})B/2 - (F_{bFR} + F_{bRR})B/2 \tag{5.77}$$

式中：B 为轮距；F_{bFL}、F_{bFR} 分别为作用在左、右前轮上的制动力；F_{bRL}、F_{bRR} 分别为作用在左、右后轮上的制动力。

在偏转力矩作用下，车辆回转运动方程为

$$J_V \dot{\omega}_{yaw} = M_\Sigma \tag{5.78}$$

式中：J_V 为整车惯性矩；ω_{yaw} 为汽车横摆角速度。

由式(5.77)和式(5.78)可知，车辆将向高附着系数的一侧偏转。为了保持车辆直线状态，由驾驶员和车辆构成的环闭系统，观测到汽车行驶方向与期望的行驶方向出现偏差时，于是会通过转向盘进行校正。当导向轮（假定为前轮转向的车辆）偏转一定的角度（图5.38）后，作用在车辆上的回转力矩为

$$M_\Sigma = (F_{bFL} + F_{bRL})B/2 - (F_{bFR} + F_{bRR})B/2 - (F_{sFL} + F_{sFR})a + (F_{sRL} + F_{sRR})b \tag{5.79}$$

式中：下标 b、s 是作用在车轮上的纵向力和侧向力的标识；下标 F、R 是作用在前、后车轮上的力的标识；下标 L、R 是作用在左右两侧车辆上的力的标识。a、b 分别为车辆的重心到前后车轮中心的距离。可见，只要适当把前轮偏转一定的角度，就能抵消制动力不等所产生的回转力矩，并保持汽车直线行驶的稳定性。

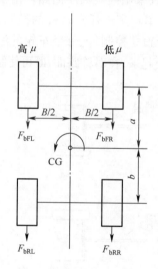

图 5.37　车辆在非对称路面制动的侧偏现象

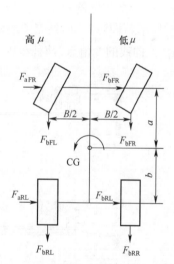

图 5.38　在非对称路面的整车动力学（带修正导向轮偏转角）

但在上述情况，驾驶员往往处在毫无准备的状态，因而很难在短时间做出及时、正确的判断，并把车轮偏转这样一个合适的角度来达到校正的目的。再考虑到驾驶员技术熟练程度、反应时间及对这类问题处理经验等实际情况，就更难期望通过驾驶员的操作来满足车辆在制动时的直线行驶稳定性。为此必须采取相应的措施，以保证车辆在图5.37路面的条件下的直线行驶稳定性。解决上述问题有不同的方法，最好的方法是基于汽车动力学的综合控制。因为汽车期望的横摆角速度由转向盘的输入唯一确定，一旦监测到在制动过程中出现了转向盘的转角为0°（直线行驶状态），而车辆的横摆角速度不为0的情形。由综合控制系统，即可判定车辆当前的工况是属于路面特性的扰动导致车辆非稳态的回转运动。于是通过车辆行驶方向

自动控制系统,导向轮逆非稳态横摆方向转动一个角度,就可抵消制动过程中的非稳态现象,保证车辆在制动过程中的直线行驶稳定性。解决这个问题有多种方法,目前最实用的方法是通过 ABS 自身的整车布置方式和整车控制技术来满足车辆在不同路面条件下的操纵性与稳定性。

5.7.2 制动系统的整车布置形式

如前所述,ABS 单轮控制技术的本质是把车轮的滑移率控制在 μ_b-λ 的峰值点。因此,在制动时可保证取得最短的制动距离和转向时的操纵稳定性(能提供与导向轮侧偏角相对应的侧向力)。但作为整车,如所有的车轮都采用单轮方式进行独立控制,在非对称的路面就会出现如图 5.37 所描述的现象,汽车不能保持行驶方向的稳定性。所以对于整车,除评价 ABS 的制动距离、操纵性,还必须考虑汽车行驶方向稳定性。由于 ABS 所用传感器和控制通道的数目不同,就可得到不同的组合方式,下面讨论常用的几种组合方式对 ABS 三个性能的影响。

1. 四传感器四通道布置方式

四传感器和四通道(具有四个独立的单轮液压控制系统)ABS 的布置方式如图 5.39(a)、(b)所示。图 5.39(a)是按前后方式布置,即前后轮缸分别采用不同的液压回路,图 5.39(b)是按对角(X 形方式)方式布置,即处在对角线上的两个轮缸采用同一液压回路。由于每个车轮都具有一个轮速传感器和一个液压通道,因而可对每个车轮实现任意目标的控制,使 ABS 总体性能达到最佳状态。如果简单地按单轮控制目标进行独立控制,把每个车轮的滑移率都控制在 μ_b-λ 曲线的峰值点,该种布置与这种控制方式配合起来,在对称路面,既可使制动距离

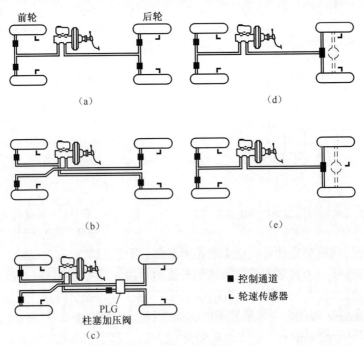

图 5.39 ABS 的布置方式

(a)四传感器四通道前后制动管路用;(b)四传感器四通道 X 形制动管路用;(c)四传感器三通道带加压泵的 X 形制动管路用;(d)四传感器三通道前后制动管路用;(e)三传感器三通道前后制动管路用。

最短又能保持较好的操纵性,使 ABS 总体性能发挥到最佳状态。但在非对称路面,将在左、右两侧车轮上产生不同的制动力,使汽车很难保持它原来的行驶方向,方向稳定性恶化。可见,虽然四传感器四通道是 ABS 最完备的配置系统,但如果控制不当,同样达不到期望的效果。

2. 四传感器三通道布置方式

四传感器三通道 ABS 的布置方式有如图 5.39(c)、(d)所示。图 5.39(c)采用对角布置形式,由机械方式(柱塞加压阀)实现车轮低选控制,图 5.39(d)是采用电子控制系统实现低选控制的。在两种布置方式中,两前轮都是采用独立控制,而后轮将以两前轮中较易抱死的车轮所施加的制动力矩作为标准,按选低的方式对后轮施加相等的制动力矩进行控制。这种布置形式与低选控制方式组合的结果改善了汽车在非对称路面制动时的方向稳定性,但制动距离将有所增加。由此也可以看出,ABS 的某些性能指标,如稳定性和制动距离是相互矛盾的。在改善其中一项性能指标的同时,可能会伴随另一项指标的降低。所以在设计系统时,必须进行综合评价,使各项性能指标加权后的总体性能指标为最佳。

3. 三传感器三通道布置方式

该系统通常为前后布置方式如图 5.39(e)所示,两前轮采用独立控制方式,两后轮取差速器的转速信号,并由同一液压管路控制。这种布置方式,其后轮仅适于采用低选控制方式。

4. 四传感器二通道布置方式

这是按对角方式布置的 ABS 所用的简易系统。前轮一般采用独立控制,后轮控制有如图 5.40(a)、(b)两种形式。在图 5.40(a)中,前轮的制动液通过定比减压阀,按固定的比例减压后传至对角后轮。该布置方式的 ABS,当在不对称的路面上制动时,高 μ 侧前轮产生的高压传至低 μ 侧后轮,会使对角上的后轮抱死。而在低 μ 侧前轮的输出压力较低,和它相对的高 μ 倒后轮将不抱死。所以,该方式即使在非对称路面,一般能保持汽车行驶方向的稳定性,如图 5.41(a)所示。与三通道的和四通道相比,后轮制动力一般稍有不足,制动距离有所增长。

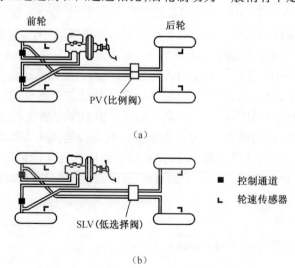

图 5.40 四传感器二通道 ABS

(a)四传感器二通道 X 形制动管路用;(b)四传感器二通道 X 形制动管路用。

为了避免如图 5.41(a)中低 μ 侧车轮出现抱死现象,把图 5.41(a)中的定比减压阀改为如图 5.40(b)中的低选阀,则控制高 μ 侧前轮的高压不直接传到低 μ 侧后轮,而是从两前轮中,取较低压力传至后轮。在非对称路面制动时,压力按低选方式传递的路径如图5.41(b)所示。可见,四传感器二通道布置方式带低选控制阀可防止后轮抱死,进一步改善了制动时的方向稳定性。与如图5.41(a)所示系统没有低选阀相比,带低选阀的系统更接近于三通道甚至四通道系统的性能。

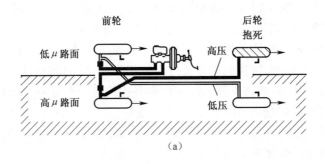

（a）

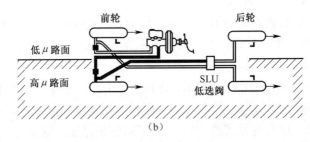

（b）

图5.41　二通道ABS控制方式

(a)定比减压阀;(b)带低选控制阀。

综上所述,ABS总体性能与通道数和传感器数目有关,传感器和通道数目越多,一般ABS的性能越好。四传感器四通道ABS是最完备的布置方式,由于各个车轮均能任意设定它的控制目标,因而可以取得最佳的效果。但所有车轮均采用独立控制,则会导致汽车在非对称路面失去方向稳定性。而简单地按低选方式进行控制,则四传感器四通道ABS的性能就降低到四传感器三通道ABS甚至四传感器二通道ABS的性能,使部分控制通道的潜力得不到充分的发挥,造成资源浪费。可见,前轮独立控制、后轮按低选择制仅在二通道或三通道的非完备ABS才有实用的价值。对四传感器四通道ABS,必须研究分析整车控制技术,使全部的控制通道在各种路况均能充分发挥它们的作用,以保证ABS总体性能最佳。从ABS的几种布置形式可以看出,ABS通常由二路独立的液压回路组成,并布置成前后或对角两种形式,且不因传感器和控制通道的数目不同而异。其目的旨在提高ABS的可靠性,即一路损坏的情况下,另一路仍可起作用。

5.7.3　非对称路面的整车控制技术

通过对整车布置的分析可知,在非对称路面上,采用单轮独立控制方式,可最大限度地利用路面附着力,缩短制动距离。但在非对称路面必然导致两侧车轮制动力不等,使车辆向高μ侧路面偏转。按附着系数取低的方式控制,虽消除了偏转力矩,改善了方向稳定性,但导致制动距离增加。基于这两种控制方式的特点,目前使用产品一般采用修正的单轮控制方式,它是对前述两种方式的综合,既兼顾了制动距离又兼顾了行驶方向稳定性。接下来讨论修正单轮控制的基本思路。

1. 整车动力学方程

为分析方便,对整车制动过程做四点假设:①制动过程中前轮转角为0°;②前后轮几何中心在同一轴线上;③横摆过程中各轮的附着系数不变;④坐标原点与汽车质心重合,且为左右对称结构。

基于这四点假定,由图 5.37 可以导出制动过程中车辆整车运动的七自由度动力学方程:

$$
\begin{cases}
m(\dot{u}_x - u_y\omega_{yaw}) = -F_{bFL} - F_{bFR} - F_{bRL} - F_{bRR} \\
m(\dot{u}_y - u_x\omega_{yaw}) = F_{sFL} + F_{sFR} - F_{sRL} - F_{sRR} \\
J_V\dot{\omega}_{yaw} = (F_{bFL} + F_{bRL} - F_{bFR} - F_{bRR})B/2 + (F_{sRL} + F_{sRR})b - (F_{sFL} + F_{sFR})a \\
J_{FL}\dot{\omega}_{FL} = T_{bFL} - r_{dF}F_{bFL} \\
J_{FR}\dot{\omega}_{FR} = T_{bFR} - r_{dR}F_{bFR} \\
J_{RL}\dot{\omega}_{RL} = T_{bRL} - r_{dR}F_{bRL} \\
J_{RR}\dot{\omega}_{RR} = T_{bRR} - r_{dR}F_{bRR}
\end{cases}
$$

$$(5.80)$$

式中:u_x 为汽车纵向速度;u_y 为汽车横向速度;J_{xx} 为转动惯量,第一下标 $x = F$、R,表示前、后车轮,第二下标 $x = L$、R,表示左、右车轮;T_{dF}、T_{dR} 分别为前、后车轮滚动半径;T_{bxx} 为作用在四个车轮上的制动力矩(第一个 $x = F$、R,第二个 $x = L$、R);m 为整车质量;F_{bxx} 为作用在四个车轮上的纵向摩擦力,x 的意义同"T_{bxx}";F_{sxx} 为轮胎与路面侧向摩擦力,x 的意义同"T_{bxx}"。

作为整车模型,还应考虑汽车在纵向和横向的加速度以及汽车转向时的离心力引起车轮载荷的转移,如图 5.42 所示。计入这些因素,则作用在各个车轮上的垂直载荷为

$$
\begin{cases}
F_{NFL} = m(bg - \dot{u}_xh)/2L - mV^2h/2RB - m\dot{u}_yh/2B \\
F_{NFR} = m(bg + \dot{u}_xh)/2L + mV^2h/2RB + m\dot{u}_yh/2B \\
F_{NRL} = m(ag - \dot{u}_xh)/2L - mV^2h/2RB - m\dot{u}_yh/2B \\
F_{NRR} = m(ag + \dot{u}_xh)/2L - mV^2h/2RB + m\dot{u}_yh/2B
\end{cases}
$$

$$(5.81)$$

式中:g 为重力加速度;h 为汽车质心高度;L 为轴距;R 为汽车转向曲率半径。

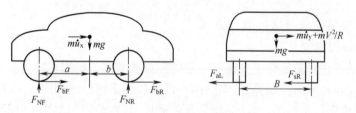

图 5.42　加速度引起车轮载荷的分配

因考虑汽车在直线行驶的稳定性,其侧向加速度很小,且转向曲率半径很大。故式(5.81)中后两项可以忽略不计,则式(5.81)可以简化为

$$
\begin{cases}
F_{NF} = m(bg - \dot{u}_xh)/2L \\
F_{NR} = m(ag + \dot{u}_xh)/2L
\end{cases}
$$

$$(5.82)$$

式中:F_{NF} 为每个前轮的垂直负荷;F_{NR} 为每个后轮的垂直负荷。

不计车辆横摆角速度的影响,则前、后轮的侧偏角为

$$\begin{cases} \alpha_F = (u_y + a\omega_{yaw})/u_x \\ \alpha_R = (u_y - b\omega_{yaw})/u_x \end{cases} \tag{5.83}$$

2. 轮胎模型

在前面讨论单轮控制的模型中,仅涉及轮胎的纵向摩擦因数。为了分析车辆在制动时的横摆特性,必须引用和定义在非对称路面条件下,纵向摩擦力和横向摩擦力联合作用的轮胎模型。轮胎的纵向滑移率为

$$\lambda_b = 1 - r_d\omega/u_x \tag{5.84}$$

轮胎的侧偏参数为

$$\lambda_a = \tan\alpha \tag{5.85}$$

联合参数为

$$\lambda_{ba} = \sqrt{\lambda_b^2 + \lambda_a^2} \tag{5.86}$$

纵向附着系数为

$$\mu_b = \mu\lambda_b/\lambda_{ba} \tag{5.87}$$

横向附着系数为

$$\mu_s = \mu\lambda_a/\lambda_{ba} \tag{5.88}$$

式中:μ 为轮胎的侧偏角 $\alpha = 0°$ 时的纵向摩擦因数,有不同的经验公式,见式(5.9)和式(5.27)。

有时为了简化模型,突出本质的东西,也可采用分段线性模型,见式(5.28)。无论采用线性化模型还是非线性模型,都不会影响到本质的方面,但分析的结果可能在数量上有微小差异。这一点和考虑 ABS 驱动机构的动态特性对系统性能的影响有类似的地方。如从 ABS 发出控制信号到制动缸压力(油压或气压)变化,既有采用比例环节,也有采用一阶或二阶的动态系统来描述的。无论采用哪一种模型描述,最后导致 ABS 的特性只有量的差别,而无本质区别。

根据上述汽车模型、轮胎模型及制动器驱动机构模型,就很容易建立 ABS 整车系统的仿真模型。根据具体的汽车参数,可定量模拟计算车辆在非对称路面条件下,所用的控制算法对汽车行驶方向稳定性、操纵性及制动距离的影响,从而对选用的控制算法的有效性做出正确的评价。

3. 单轮修正控制算法与实时模拟系统

1) 实时混合模拟系统

非对称路面条件在真实道路上实现有一定的困难或实现的费用比较高。为研究汽车在此工况的非稳态特性和相应的控制算法,实时闭环硬件模拟系统框图如图 5.43 所示。该系统的工作原理:计算机依据汽车模型、制动器模型及轮胎模型,在给定的初始条件和制动作用下,计算出汽车的运动状态(包括四个车轮的转速)。然后把计算出的轮速通过 D/A 变换为模拟电压输出,经电压—频率变换为脉冲信号输入到 ABS 控制器,其效果相当于 ABS 真实地从轮速传感器接收脉冲信号一样。基于模拟的脉冲信号,ABS 控制器按确定的控制算法计算出给四个车轮电磁阀的控制信号,调节制动气室内的工作压力(气动驱动装置采用汽车上的真实系统)。在每个气室中都有压力传感器,它把各个气室的压力变化状态通过 A/D 转换器再反馈给计算机,根据制动器的模型被转换成制动力矩。在这一制动力矩的作用下,把上一时刻的输出状态作为本次计算的初值,于是根据 ABS 的动态模型又可计算出汽车在下一时刻的运动状

态,并再次把轮速脉冲信号发送给 ABS 控制器。周而复始,至车速为 0 时制动过程结束。由于模拟计算步长与硬件模拟系统实时控制的步长一致,于是就形成了一个实时闭环软、硬件混合模拟系统。

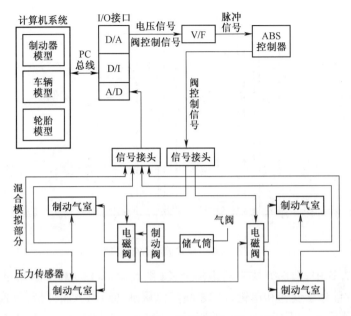

图 5.43 实时闭环硬件模拟系统框图

混合模拟试验方法不仅可用来测试 ABS 的动态特性,也可用来分析研究构成 ABS 硬件装置的性能,是 ABS 前期开发的有效工具。作为适量工具,它可以在完全相同实验条件,对不同的产品的性能做出客观的评价。作为产品开发工具,它可验证所设计和选用的装置、设计的算法是否满足预期的要求。

2）单轮修正控制算法。

单轮修正控制算法的基本思想:单轮控制方式过分强调利用路面附着系数,结果导致两侧车轮制动力相差太大,最后使车辆失去方向稳定性。而低选控制方式则走到另一个极端,只要两侧附着系数不等,就不加选择地按低侧附着系数进行控制,结果使制动器的效能得不到充分的发挥。单轮修正算法是在上述两者之间进行折中控制,对处于低附着系数的车轮按自己的门限条件(由边界条件确定)进行控制,处于高附着系数的车轮则在低附着侧压力的基础上,适量地逐步增加一个变化的压力差。其工作原理(图 5.44):处于低附着系数的车轮(假定为左轮)到达减速度门限时开始减压,处于高附着系数车轮(右轮)则开始保压,左轮减压结束时车轮减速度达到加速度门限,则左轮开始保压,而右轮则保压结束开始减压,减压幅度为左轮减压幅度乘以修正系数 $0<\alpha<1$,α 具体取值视修正的要求而定。减压结束后右轮又开始保压,直到左轮低于加速度门限时,则两轮同时进入小步长增压阶段。这样每个 ABS 循环结束形成一个压力差,随着 ABS 循环的继续,其压差逐步增加。

4. 模拟结果

在混合模拟系统上,对单轮修正控制算法和其他几种控制算法进行了对比。汽车参数见表 5.3,汽车制动时行驶的初始速度为 80km/h 。分别对四种控制方式(无 ABS、单轮独立控制 IC/IC、低选控制 SL/IC、单轮修正控制 MIC/IC)进行模拟,对应的动态调节过程如图 5.45 所

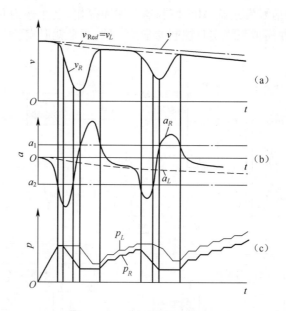

图 5.44　单论修正控制原理

示。在四种控制方式中,低选方式制动距离最长(图 5.46(a)),无 ABS 与单轮修正方式的制动距离十分接近,且介于低选和单轮方式之间。仅从制动距离方面评价,单轮独立控制效果最优,低选方式效果最差。图 5.46(b)为制动结束时车辆的横向位移和横摆角实验结果,图 5.46(c)是制动过程中车辆的横向速度和横摆角速度测试结果。由此可见,单从方向稳定性方面评价,无 ABS 最差,以低选控制方式为最优。单轮修正方式再次介于单轮控制方式和低选控制方式之间。就制动距离和方向稳定性两项性能指标进行综合评价,修正的单轮控制方式为最优。

表 5.3　汽车参数

前、后轴载质量/kg	4200,3000
质心高度/m	0.9
轴距/m	5.6
质心距前轴距离/m	2.57
前、后轴转动惯量/$(kg \cdot m^2)$	40,60
前、后轮车轮滚动半径/m	0.52 ,0.52
整车转动惯量/$(kg \cdot m^2)$	105
前、后轴单位气压制动力矩/$(N \cdot m/MPa)$	420,520

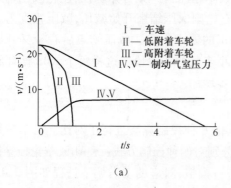

（a）

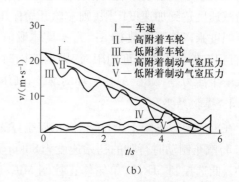

（b）

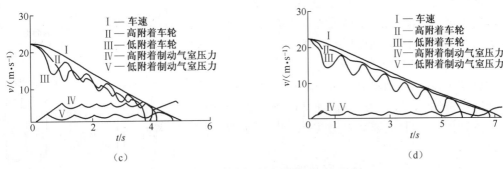

（c）   （d）

图 5.45   四种控制方式的制动过程

（a）无 ABS；（b）单轮控制；（c）低选控制；（d）单轮修正控制。

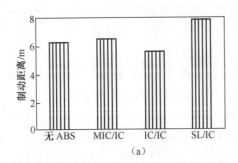

（a）

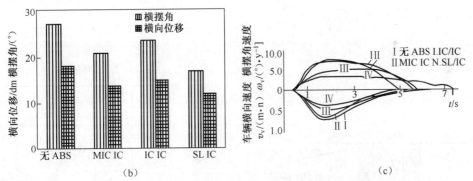

（b）   （c）

图 5.46   四种控制方式的制动距离和横摆角及位移比较

（a）制动距离；（b）侧向速度、横摆角速度；（c）侧向位移、横摆角度。

5.8   驱动控制的基本原理及应用

图 5.47 为驾驶员、车辆和环境三者之间的关系。其中，ABS/ASR 控制器作为调节制动与驱动的关键环节。

对驱动控制，车轮的滑转率为

$$\lambda = \begin{cases} \dfrac{\omega r_d - V}{\omega r_d}, \lambda > 0, 驱动 \\[3mm] \dfrac{\omega r_d - V}{V}, \lambda < 0, 制动 \end{cases} \tag{5.89}$$

由此可知，ASR 的控制区间与 ABS 相反。ABS 控制的是车轮的滑移率，而 ASR 控制是车轮的滑转率，如图 5.48 所示。

目前轿车的质量与输出功率比正在逐步减少,其趋势还会继续发展。也就是说,发动机转矩储备较大。所以在小附着系数的路面上,必须谨慎地控制油门。对大功率后轮驱动车,若猛踩油门又突然释放,可能导致汽车横摆。对前轮驱动车,导致驱动轮滑转而失去方向稳定性。为提高汽车的经济性、动力性、方向稳定性和可操纵性,必须对驱动力进行控制。目前,通常采用以下两种方法防止驱动轮滑转:

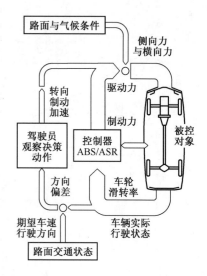

图 5.47　ABS/ASR 闭环控制系统

(1)制动控制方式:对将要空转的驱动轮施加制动力,把发动机输出的多余转矩在制动器上消耗掉,控制车轮的滑转率在期望的范围内,其方法类似 ABS。

(2)发动机转矩控制方式:调节发动机输入到驱动轮上的转矩,使车轮的滑转率在合适的范围。

制动控制方式比发动机控制方式响应速度快(图 5.49),能有效地防止汽车起步时或者从高附着系数 μ 路面突然跃变到低附着系数 μ 路面时车轮的空转。制动控制方式还能对每个驱动轮进行独立控制,与差速器锁止装置具有同样的功能。发动机控制方式则是根据路面状况输入给驱动轮最佳的驱动力矩,具体方法有改变燃料喷射量、点火时间和节气门开度。上述两种方法既可以单独使用,也可以组合起来使用。

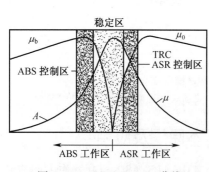

图 5.48　ABS/ASR μ-λ 曲线

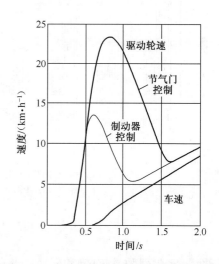

图 5.49　发动机控制与制动方式性能比较

众所周知,作用在车轮上的驱动力和侧向力是依赖于摩擦的存在,其合力不会超出摩擦圆(图 5.50)。即驱动力和侧向力是相互制约的,若驱动力增大,侧向力就必然减小。若驱动轮发生滑转时,驱动力和侧向力就处在 A 区,相应的侧向力很小。此时若有很小的外力或路面倾斜等原因均会使车轮发生侧滑。为了防止侧滑,必须适当降低驱动力,提高抵抗侧滑的能力。ASR 和 ABS 都是为了增加汽车抗侧滑能力的装置,但 ASR 不是把车轮的滑转率控制在 μ-λ 曲线的峰值点,只是减小驱动力,提高侧向力的极限能力,在这一点与 ABS 也是不同的。

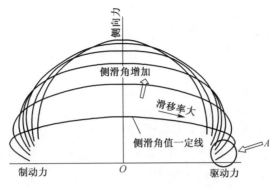

图 5.50　驱动力和侧向力摩擦圆

5.9　驱动控制装置的控制方法

5.9.1　发动机转矩调节方式

1. 控制燃油喷射和点火时间

对 ASR 非常重要的输入信息是车轮的旋转速度(驱动轮和被动轮)。当采用燃油喷射和点火时间调节发动机转矩方式时,ABS/ASR - ECU 和发动机的 ECU 可相互传递信息,如图 5.51所示。由被动轮和驱动轮的转速可计算出驱动轮的滑转率为

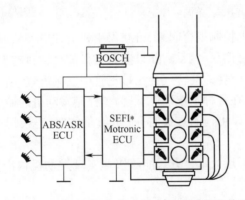

图 5.51　ABS-ECU 与发动机 ECU 间的信息传递

$$\lambda = \frac{\omega_{DR} - \omega_{DN}}{\omega_{DR}} \tag{5.90}$$

设驱动轮的期望滑转率为 λ_e,则发动机转矩控制的依据为

$$\begin{cases} \lambda > \lambda_e, 发动机转矩减小 \\ \lambda < \lambda_e, 发动机转矩增大 \end{cases} \tag{5.91}$$

减小发动机转矩输出的最简单方法是按一定的顺序停止向汽缸喷射燃油,也可中断对某一缸的点火。但中断点火会把没有燃烧的燃油排出汽缸,降低了燃料经济性并加剧了对空气的污染。

一种逐级减小发动机输入转矩的控制方式如图 5.52 所示。在一个工作周期内,各缸都喷

197

射燃油,此为发动正常工作情况;各缸都不喷射燃油,则为发动机制动工况,发动机输出转矩达到最小。对四缸发动机,在一个工作循环内,分别向一个缸、二个缸或三个缸喷油,就可使发动机得到多级转矩输出。可见控制发动机一个工作循环内参加工作缸的数目,就可得到发动机转矩的4级输出。

　　对ASR控制,上述调节方式太粗,实用的ASR系统通常采用如图5.53所示的双循环燃油中断喷射法。在两个工作循环内,对四缸机将有8个汽缸参与工作。控制两个工作循环内参与工作缸的数目,就可使发动机得到8级转矩输出,相当于单循环内的工作缸数目可以按照0.5的间隔变化。同理,采用多循环燃油中断喷射法可以得到更多级转矩输出,但要花更大的其他代价。因为每一种模式,都要建立相应的输出转矩预测Map图,故而需要占用更多的ECU内存。

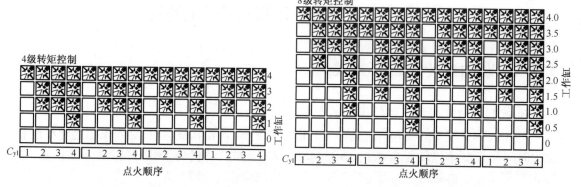

图5.52　发动机转矩4级输出方式(单循环控制)　　图5.53　8级转矩输出(双循环控制)模式

　　供油中断法和点火延迟控制组合起来,可获得更好的效果。从理论上来说,控制点火时间可使发动机输出转矩无级可调。一般地,如果参与工作的缸数目越少,则点火延迟越多。但点火延时过大,在汽缸来不及燃烧的混合气会在排气管中继续燃烧,结果导致发动机的温度高出允许范围。通过研究证明,在各种工作条件下,为了控制发动机的输出转矩有待确定的点火时间,要花费很大的代价。所以可用的点火时间(本质是位置信号,用曲轴转角表示)的变化范围是很窄的。

　　采用中断喷油法和延迟点火组合方式能够快速实现发动机输出转矩控制,但相应的发动机管理系统应满足以下条件:

　　(1)发动机管理系统是燃油顺序喷射电子控制系统(SEFI)。

　　(2)一进入ASR控制模式,下一个未进行工作过程的汽缸就得中断供油,以保证发动机输出转矩尽快地下降。

　　(3)已经进入工作状态的汽缸,为了保证混合气的充分燃烧,不得中断供油。

　　(4)在汽缸工作中断期间,由于在进气管上有未燃烧的蒸发油膜。所以当该缸重新进入工作时,应对喷油量进行调节以保证可靠燃烧。

　　(5)在汽缸中断工作期间,应关闭环排放控制系统的作用,否则未燃烧缸排出的过量氧气会使排放传感器作出错误的判断。

　　为了考查采用燃油中断法的性能,前轮驱动汽车在冬季压实的雪地上进行实验所得到的结果如图5.54。在车速为40km/h时突然把油门全开,结果车速立即增加。而不采用ASR方式,车速几乎保持不变。由实验结果可以看出,在起始阶段,由于车轮的滑转率较大,为了立即减少发动机的输出转矩,切断了对所有的工作缸的供油。一旦滑转率达到可以接受的程度时,工作缸数逐步增加,最后达到稳态时,工作缸的数目为 2.5～3。

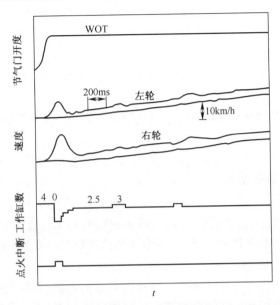

图 5.54 发动机转矩逐级调节 ASR 系统的性能

采用喷油中断法减小发动机的输出转矩非常简单,不需要增添其他硬件设备。驱动控制实验已经证实,借助于 ASR 控制软件,在各种路面条件下,它都能保证车辆行驶的方向稳定性和操纵性。它不仅适用于前轮驱动汽车,也适用于后轮驱动汽车。但是这种方法在 ASR 工作模式噪声偏大,振动比较厉害,发动机运转不平稳。并且,它只能适用于燃油顺序喷射电控发动机。

2. 节气门调节方式

采用喷油中断和延迟点火方法不需要增加硬件设备,但发动机噪声大,运转不平稳。因此,目前更广泛采用的是节气门调节方式。该系统的结构如图 5.55 所示。在这种 ASR 系统中,汽车各电控系统的 ECU(发动机和传动系 ECU 、驱动控制 ASR-ECU 以及防抱死制动 ABS-ECU)之间也需要相互传输信息。如轮速传感器的信号由 ASR-ECU 可输入到 ASR-ECU 中,节气门的位置传感信号和发动机速度信号也可通过发动机和传动系的 ECU 输入到 ASR-ECU 中。

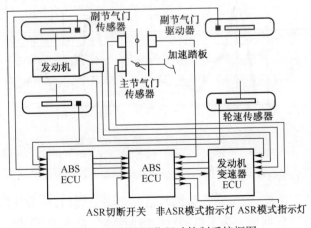

图 5.55 节气门调节驱动控制系统框图

ASR系统的节气门总成由主、副节气门组成,主节气门由驾驶员通过加速踏板控制,在主节气门的上流的副节气门通常由机械回位弹簧维持在最大开度。进入ASR工作模式,副节气门的开度由一个步进电动机控制。由于把副节气门从全开位置驱动到全闭位置要花费一定的时间(约为200ms),所以用节气门调节发动机的输出转矩时滞大,响应也较慢。

1)控制算法(PI控制)

设车辆的行驶速度为V,驱动轮期望的滑转率为λ_e,则驱动轮的理想速度应为

$$V_{DR0} = (1 + \lambda_e)V \tag{5.92}$$

为了把驱动轮转速控制在目标值V_{DR0}的小范围内,节气门闭环控制规律:

$$\alpha(t) = K_a(V_{DR0} - V_{DR})dt + K_b(V_{DR0} - V_{DR}) + \alpha_i \tag{5.93}$$

式中:K_a、K_b为反馈控制增益;V_{DR}为驱动轮实际速度;V_{DR0}为驱动轮目标速度;$\alpha(t)$为节气门开度角;α_i为节气门的初始开度角。

实际上这是PI控制器。如对式(5.93)再加一微分项,从理论上来说,它可改善系统的动态响应速度,但实际由于传感轮速信号的噪声和路面扰动,结果导致微分项的作用表现为对噪声的控制。又由于在工作频率也混有噪声,很难找到抑制噪声的有效方法,所以节气门闭环控制规律适于采用式(5.93)的形式。

基于控制规律(式(5.93)),为使驱动控制取得满意的性能,其问题就归结为确定合理的反馈增益K_a、K_b和初始角度α_i。在线合理整定反馈增益系数K_a、K_b,得到ASR起步过程的动态调节过程如图5.56所示。这表明,过分追求增大反馈增益系数K_a、K_b,将导致不良的结果。图示结果可见,驱动轮的滑转率在初始瞬间波动较大,调节的速度较慢。如把设定好的反馈增益加倍,结果驱动轮的波动稍有减小,但导致节气门周期性的振动。所以,为了改善驱动控制,必须对发动机采用另外的控制方式和正确选定节气门的初始角度。

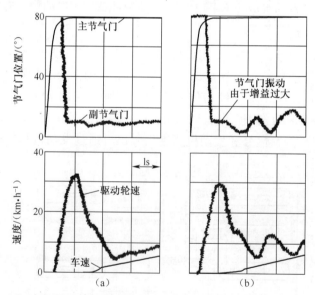

图5.56 反馈增益对动态响应的影响

(a)正常增益;(b)加倍增益。

2)初始角的自适应控制

当车辆进入ASR工作模式,步进电动机开始关闭副节气门,从节气门动作到发动机转矩降低,不可避免地存在滞后时间。为了抵消这一时间滞后,在ASR模式启动瞬间,可采用供油

中断法使发动机转矩迅速降低。供油中断法作用时间取决于步进电动机把副节气门驱动到初始角度 α_i 的时间。所以式(5.93)中的 α_i 的大小实质是在进入 ASR 模式的初始阶段,决定喷射中断方式的参与作用的时间。如 α_i 过大,就会导致补偿过度,使车辆加速不足。如 α_i 过小,则补偿不足,驱动轮在初始瞬间的滑转率得不到合理的控制。合理选择 α_i 对迅速减小发动机转矩的补偿作用如图 5.57 所示。与图 5.56 比较可以看出,未采用补偿方式,在起步时驱动轮的滑转速度达到 33km/h,采用供油中断补偿方式后,汽车起步时驱动轮的速度仅为 23km/h。

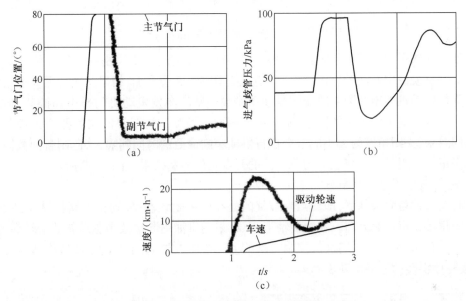

图 5.57 中断供油对补偿节气门时滞的作用

为了保证在各种条件下,都能选取合理的初始角 α_i 以得到最佳的补偿作用。显然要求 α_i 应是路面附着系数和发动机当前转速的函数。一般地说,路面附着系数越大,则要求补偿的量越小,则 α_i 可相对取小值,反之应取大值。在起步时发动机转速越高,则补偿量要稍大,α_i 应取较大的值,反之则取较小的值。由此可得自适应公式:

$$\alpha_i = f(\mu_b, n_e) \tag{5.94}$$

这个函数关系通常实验获取,建立 (μ_b, n_e) 与 α_i 的参照表。

车辆动力学方程:

$$m\dot{V} = F_{NR}\mu_b - F_W - F_f - mg\sin\alpha \tag{5.95}$$

式中:F_{NR} 为作用在驱动轮上的垂直负荷;F_f 为滚动阻力;F_w 为风阻;α 为坡道角。

由式(5.95)可得到路面附着系数的估计公式:

$$\mu_b = (m\dot{V} + F_W + F_f - mg\sin\alpha)/F_{NR} \tag{5.96}$$

考虑到式(5.96)中路面坡道角 α 是未知的,在通常情况下可忽略不计,于是路面附着系数可近似估计为:

$$\hat{\mu}_b = (m\dot{V} + F_W + F_f)/F_{NR} \tag{5.97}$$

采用自适应初始角对驱动控制的改善效果如图 5.58 所示。

3)阶跃关闭节气门开度

汽车在行驶过程中,经常遇到路面附着系数从大到小的跃变,如汽车从积雪路面行驶到结冰路面。采用喷油中断法可立即减小发动机的转矩输出,于是加快了驱动控制的动态响应。

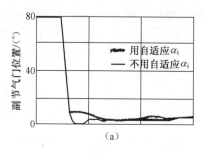
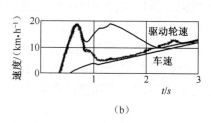

图 5.58 自适应 α_i 对驱动控制的改善效果

但由喷油中断法引起滑转率的降低,结果可能会导致节气门关闭控制系统偏大估计节气门的开度角。一旦喷油中断法的作用解除,驱动轮的滑移率又会增加,结果又出现需要采用中断供油法来降低发动机转矩。为了防止重复使用供油中断法激发发动机的噪声和振动,必须把副节气门在执行供油中断命令的同时,阶跃关闭相应的角度。为了保证在各种工作状态都能取得满意的效果,关闭角度的大小应根据执行供油中断命令的时间间隔,从已制备的数据表中查表自动修正。采用自适应修正关闭节气门的开度角的控制效果如图 5.59 所示。

4) 爬行转矩的驱动控制

有时在某种路面条件下,即使当副节气门处在全关闭状态,发动机的转扭减小到最小值,所得到的爬行转矩仍然太高。在这种情形,只有采用供油中断法减小驱动轮的滑转率,其控制的效果如图 5.60 所示。采用这一控制策略的另一个优点是,由于驱动轮滑转率得到恰当的控制,可使轮胎滑转的噪声也随之降低。

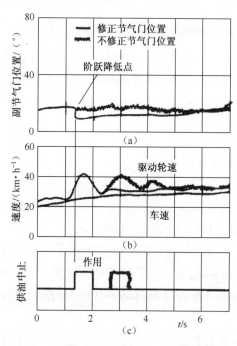
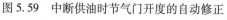
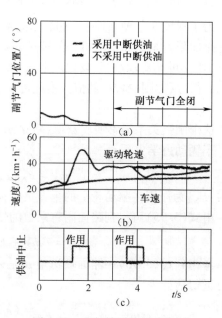

图 5.59 中断供油时节气门开度的自动修正

图 5.60 爬行转矩的驱动控制

5) 自适应反馈增益

在驱动控制模式,路面附着系数可按式(5.97)估算。当 μ_b 充分大时,增加反馈增益 K_a 则不会引起副节气门的振动。为了取得更好的驱动控制效果,反馈增益应根据估算结果自动调节。图 5.61 表明了自适应增益对改善汽车加速性能的作用。采用自适应增益,驱动轮速度一直控制在目标值附近,车辆加速快。未采用自适应增益,驱动轮速度很接近车速,驱动力发挥不足,车辆加速慢。

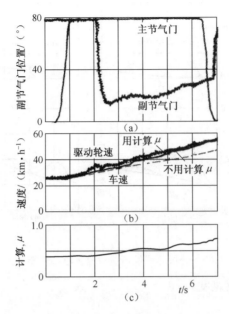

图 5.61　自适应增益对改善驱动性能的作用

由于 $\hat{\mu}_b$ 是基于对被动轮速的测量结果,因各种外部扰动,有时可能得到路面附着系数的过低估计,而把反馈增益设得低于最优值,为此需要相应的保护逻辑。也就是当驱动轮的滑转率在预先给定的范围内时,路面附着系数不向低修正。例如,上次估计结果为 $\hat{\mu}_{bk}$,本次估计的结果为 $\hat{\mu}_{bk+1} < \hat{\mu}_{bk}$,而检测驱动轮滑转率仍在预先给定的范围内,则 $\hat{\mu}_b$ 不修正到 $\hat{\mu}_{bk+1}$,它仍保留为 $\hat{\mu}_{bk}$。

当驱动轮速下降到和车速一致时,由 μ_b-λ 曲线的性质可知,在小滑转率时,μ_b-λ 斜率较大。在大滑转率时,μ_b-λ 曲线的斜率较小。因此在滑转率接近 0 时,反馈增益可取较大值。此外,为取得最佳的驱动控制,驱动轮的目标速度 V_{DRO} 设定在车速的 104% ~ 110% 范围内。图 5.62 表明,当驱动轮速低于目标速度时,对应驱动轮速与目标速度之差的变化范围远小于当驱动轮速大于目标速度的变化范围。这意味着,当驱动轮速低于目标速度并趋近于车速时,由误差调节的能力减弱。为提高车辆的加速性能,应采用非对称反馈增益。即在相同情况下,如驱动轮速在目标速度之上,采用较小增益,在目标速度之下,采用较大增益。该算法对改善车辆的加速性如图 5.63 所示。

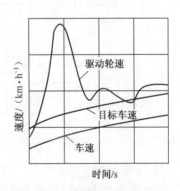

图 5.62　实际轮速与目标轮速之差的变化区间

6) 总体控制策略

把自适应逻辑条件综合起来,得到驱动控制总体方案如图 5.64 所示。需要指出的是,在上面仅描述了节气门开度和喷油中断组合控制方式,实际在某些条件下,如发动机温度过低,或发动机转速低于事先给定的某一阈值,而不能采用供油中断方式时,此时,则采用点火延迟

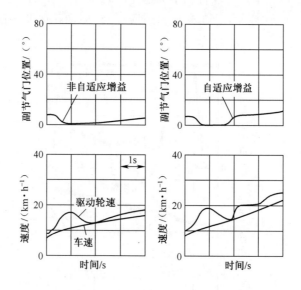

图 5.63　分段非线性增益对改善驱动性能的影响

控制来改善驱动控制的响应速度。

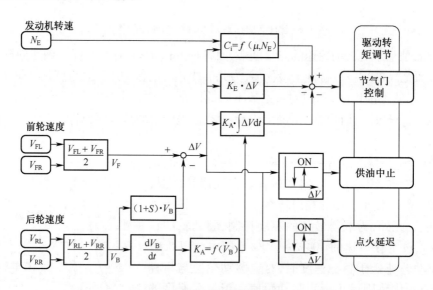

图 5.64　驱动控制策略框图

7）性能比较

采用节气门与发动机管理系统进行综合驱动控制对性能的改善可由图 5.65 证实。显然，控制效果非常接近采用制动控制方式。采用制动方式，是把发动机输出的多余功率以热的形式在制动器上消耗掉，因而降低了汽车的燃油经济性。而采用节气门控制是以减小发动机的输出转矩来达到同一目的的，因而效率比前者高。

图 5.66 是 ASR 控制系统在雪地上的加速性能实验数据。分别为汽车从静止起步，通过 100m 所要需的时间。结果表明，装有 ASR 系统的汽车无论采用冬季轮胎还是夏季轮胎，都比不带 ASR 系统的汽车要快。

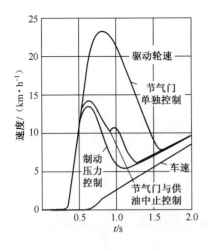

图 5.65　节气门控制在起步时的动态响应

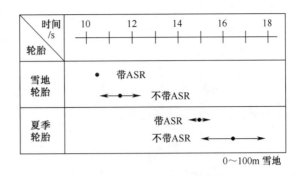

0~100m 雪地

图 5.66　ASR 系统的加速性能

不装备 ASR 汽车和装备 ASR 汽车在积水路面行驶稳定性的对比实验结果如图 5.67。装备 ASR 的汽车,在积水路面行驶不仅转向盘转角而且转向盘的保持力矩都比未装备 ASR 汽车小,并且不需要精确控制加速踏板。对未装备 ASR 的汽车,转向盘最大转角达到 50°,为了保持方向稳定性,还要配合加速踏板的操作。

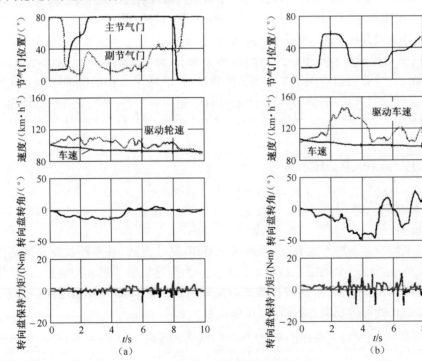

图 5.67　涉水行驶实验

(a)装备 ASR 系统;(b)不装备 ASR 系统。

图 5.68 和图 5.69 是在积雪路面通过 S 形弯道实验结果。由图可见,汽车在 S 形弯道加速行驶时,对装备 ASR 系统的汽车,即使采用较小的转向盘转角也能使车辆实现较大的横摆角速度。而不带 ASR 系统的汽车,则驱动轮严重滑转,操纵性能恶化。虽然转向盘转角比 ASR 控制增加近 1 倍,但汽车的横摆角速度几乎是装备有 ASR 系统的 1/2。

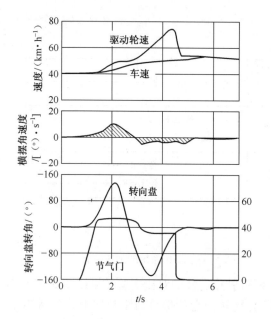 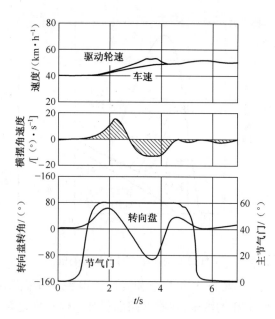

图 5.68　通过 S 形弯道的操纵性实验(不装备 ASR)　　图 5.69　通过 S 形弯道的操纵性试验(装备 ASR)

综上所述,基于节气门和发动机管理控制的驱动控制系统通过自适应设定:节气门的初始开度角;节气门不出现振动的反馈增益;在中断供油模式结束后,阶跃减小节气门的开度角以恰好抵消发动机转矩回升量;爬行转矩控制策略。

可使 ASR 的驱动控制性能几乎达到制动控制的水平,而实现的成本比制动控制方式低。在操纵性和方向稳定性方面也取得了非常明显的效果,并消除了纯粹的供油中断方式的噪声和振动。但是,这种控制方式和任何其他基于发动机转矩控制方式一样,在非对称路面的效果不好。

5.9.2　制动方式的驱动控制

1. ASR 系统的仿真模型

1) 发动机模型

发动机的输出特性与多种因素有关,但对研究 ASR 制动方式,并不涉及发动机的控制问题,因而可把发动机当作一个固定特性的动力装置。为描述发动机的输出特性,最常用的方法就是根据发动机的实验数据,采用多项式拟合发动机的稳态转矩与转速之间的关系曲线。一般采用三次多项式就可达到满意的精度,其形式为

$$T_s = a_0 + a_1 n_e + a_2 n_e^2 + a_3 n_e^3 \tag{5.98}$$

式中:a_i 为转矩与转速关系拟合系数,与油门的开度有关$(i=0,1,2,3)$;n_e 为发动机转速;T_s 为发动机静态转矩。

在最大转速附近的调速区间,式(5.98)可近似由线性方式表示:

$$T_s = b_0 + b_1 n_e \tag{5.99}$$

式中:b_i 为转矩转速关系在最大转速区的拟合系数$(i=0,1)$。

当发动机的油门从一个位置变动到另一个位置时,它的输出特性并不能随着油门的变化,瞬时从一个稳态输出变到另一个稳态输出,中间有一动态过渡过程。一般将动态特性简化为

带滞后的一阶惯性环节:

$$\frac{T_e}{T_s} = G_e(s) = \frac{e^{-\tau s}}{1 + K_t s} \tag{5.100}$$

式中:τ 为滞后时间;K_t 为动态模型拟合系数。

2) 传动系模型

这里以后轮驱动车辆作为对象,并为了突出问题的本质,对系统做了如下假定:

(1) 合器的接合过程可忽略不计。

(2) 速器的内摩擦力可以忽略不计。

(3) 差速器两侧的半轴完全对称,两后轮的转动惯量相等。

基于上述假定,可得传动系统运动方程:

$$(i_g^2 i_0^2 J_e + i_0^2 J_g + J_0)\dot{\omega}_0 = i_0 i_g \eta T_e - T_L \tag{5.101}$$

$$J_{RL}\dot{\omega}_{RL} = T_{RL} - \mu_{bRL}F_{NRL}r_{dr} - T_{bRL} - f_L F_{NRL} \tag{5.102}$$

$$J_{RR}\dot{\omega}_{RR} = T_{RR} - \mu_{bRR}F_{NRR}r_{dr} - T_{bRR} - f_L F_{NRR} \tag{5.103}$$

$$\dot{\omega}_{RR} + \dot{\omega}_{RL} = 2\dot{\omega}_0 \tag{5.104}$$

$$T_L = T_{RL} + T_{RR} \tag{5.105}$$

$$T_{RL} = T_{RR} \tag{5.106}$$

式中:J_e 为发动机转动惯量;J_{RL}、J_{RR} 分别为左、右后驱轮转动惯量;J_g 为变速器转动部件惯量;J_0 为主减速器惯量;T_{RL}、T_{RR} 分别为作用在左、右驱动轮转矩;T_{bRL}、T_{bRR} 分别为左、右驱动轮制动力矩;f_L、f_R 分别为左、右驱动轮滚动阻力偶系数;ω_0 为差速器角速度;r_{dr} 为驱动轮动力半径;η 为传动效率;μ_{bRL}、μ_{bRR} 分别为左、右驱动轮附着系数;T_L 为两驱动轮总驱动转矩。

为消除中间变量 T_L、T_{RL} 和 T_{RR},式(5.102)和式(5.103)相加,并利用两车轮的转动惯量相等,令 $J_R = J_{RL} = J_{RR}$,可得

$$\dot{\omega}_0 = (T_L - T_{\Sigma 1} - T_{\Sigma 2})/2J_R \tag{5.107}$$

利用式(5.107),则式(5.101)~式(5.103)可进一步表示为

$$J_{\Sigma}\dot{\omega}_0 = i_0 i_g \eta T_e - (T_{\Sigma 1} + T_{\Sigma 2}) \tag{5.108}$$

$$J_R\dot{\omega}_{RL} = J_R\dot{\omega}_0 + (T_{\Sigma 2} - T_{\Sigma 1})/2 \tag{5.109}$$

$$J_R\dot{\omega}_{RR} = J_R\dot{\omega}_0 - (T_{\Sigma 2} - T_{\Sigma 1})/2 \tag{5.110}$$

式中 $J_{\Sigma}\dot{\omega}_0 = i_0^2 i_g^2 J_e + i_0^2 J_g + J_0 + 2J_R$

$T_{\Sigma 1} = \mu_{bRL}F_{NRL}r_{dr} + T_{bRL} + f_L F_{NRL}$

$T_{\Sigma 2} = \mu_{bRR}F_{NRR}r_{dr} + T_{bRR} + f_L F_{NRR}$

3) 车辆模型

考虑驱动力及风阻,则整车方程为

$$m\dot{V} = (\mu_{bRL}F_{NRL} + \mu_{bRR}F_{NRR}) - F_w \tag{5.111}$$

假定车辆的侧向加速度和离心力可以忽略不计,前、后车轮的滚动阻力偶系数相等($f_f = f_R = f$)。车辆关于纵向轴线对称,作用在左、右两侧驱动轮的垂直负荷相等。在驱动行驶过程中,则作用在驱动轮上的垂直负荷可表示为

$$F_{NR} = F_{NRL} = F_{NRR} = [mg(a + f) + M\dot{V}h + F_w h_a]/2L \tag{5.112}$$

式中:α 为车辆质心距前轴的距离;h_a 为风阻作用中心距地面的距离;h 为车辆质心距地面的距离;L 为车辆前后轴间距离;F_w 为风阻;f 为车轮滚动阻力偶系数。

4) ASR 系统

由上述建立的 ASR 系统的动态模型,可得到计算机的仿真结构框图。通过该仿真系统,既可研究不同控制算法对驱动控制的影响,从而确定出最佳控制算法,也可研究驱动机构不同的动态特性对驱动机构的影响,进而为驱动机构的设计提供依据。对上述系统进行动态仿真十分有效的工具是 Matlab/Simlink 动态仿真软件。

2. ASR 逻辑控制算法

防滑控制系统也可采用类似于 ABS 的逻辑门限方式,这种控制算法简单,可靠性强,便于实现。另外,防滑控制与防抱死制动集成于一体,算法类似,可以大大简化程序结构。例如某文献所采用的控制算法见表 5.4。

表 5.4　ASR 控制算法

车轮运动状态	控制命令
$\lambda > \lambda_e$ 和 $\dot{\omega}_R > 0$	驱动轮制动缸小步长增压
$\lambda > \lambda_e$ 和 $\dot{\omega}_R < 0$	驱动轮制动缸小步长减压
$\lambda < \lambda_e$ 和 $\omega_R < \omega_V$	驱动轮制动缸大步长减压
$\lambda < \lambda_{Lim}$	驱动轮制动缸大步长增压

注:$\dot{\omega}_R$ 为驱动轮的角加速度(此处为后轮);ω_v 为与车速等效角速度(此处为前轮角速度);λ_e、λ_{Lim} 为驱动轮期望滑转率和滑转率门限值

3. 仿真

为验证上述算法的有效性,某文献中建立了硬件系统与计算机混合仿真的模拟实验系统,如图 5.70 所示。硬件系统为某重型货车的 ABS 改装的 ASR 系统。计算机模拟部分为车辆模型、控制算法、轮胎与路面相互作用模型及发动机模型。也就是 ASR 的固定部分由硬件系统

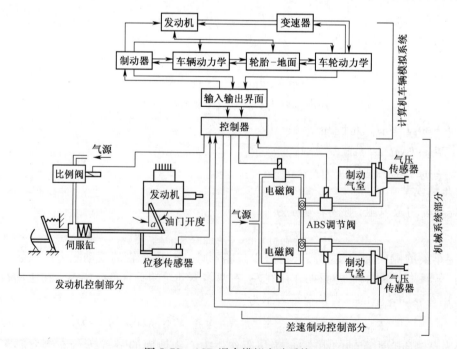

图 5.70　ASR 混合模拟实验系统

模拟,运动部分由计算机模拟。因为计算机模拟的计算步长和实时控制的步长一致,所以它等价于实时模拟的效果。该系统的原理是:首先将 ASR 系统模型按某一数值方法(如欧拉法)转换为差分方程,由数值计算得到车辆现在时刻的运动状态;然后通过输入输出界面(模拟 ASR-ECU 与传感器、控制阀信号的传输方式)转换为实际 ASR-ECU 能接收的信号形式;最后控制器根据这些信号按表 5.4 给定的控制算法进行判定,将相应的控制命令输出给予真车相同的执行机构(ASR 执行机构)。在控制信号作用下,制动气室的压力发生变化,这些变化又反馈输入到计算机中,到此完成一步实时闭环控制。把上一步计算得到的运动状态作为下一步的初值,并结合刚输入的信息,就可计算出下一步车辆的运动状态,似此重复上述的过程。

由上述的工作过程可知,为了保证混合模拟系统达到实时模拟的效果,要求模拟系统完成一步计算所需要的时间应小于等于实时控制的时间;否则,就达不到实时控制的效果。按上述给定的控制算法,在混合模拟系统上进行试验,测试得到的结果如图 5.71 所示。结果表明 ASR 系统在分离附着系数道路上的效果。

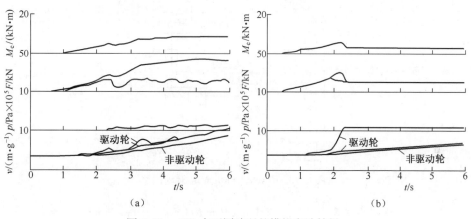

图 5.71 ASR 在不同路况的模拟实验结果

5.9.3 组合控制

从上述的分析可知,采用制动方式响应速度快。但是这种控制方式要把发动机多输出的功率以热量的形式在制动器上消耗掉。因而制动器发热严重,影响其使用寿命,不利于提高汽车的经济性。而采用发动机转矩控制,除响应速度比制动方式较慢以外,另一个本质问题是在非对称附着系数路面不能实现最佳驱动控制,其效能和 ABS 控制系统低选的情形相似。所以为了实现驱动力最佳控制,即最大限度地提高汽车的经济性、动力性、方向稳定性及可操纵性,目前正在朝着发动机转矩、车轮制动两者组合控制的方向发展。

1. Crown ASR

ToyotaCrown 采用发动机转矩和制动组合的 ASR(TRC)控制系统的如图 5.72 所示。用于驱动控制的制动液压回路如图 5.73 所示。ASR 控制和 ABS 控制采用同一液压系统,从 ABS 模式切换到 ASR 模式由切换控制阀实现,左、右两驱动机采用非独立控制方式。

1)控制算法
节气门的开度为

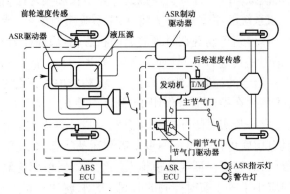

图 5.72 Toyota Crown ASR 系统

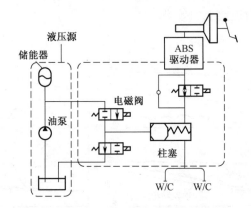

图 5.73 Toyota Crown ASR 制动回路

$$\alpha(t) = K_a \int_0^t (V_{DR0} - V_{DR}) dt + K_b (V_{DR0} - V_{DR}) + c \tag{5.113}$$

式中：K_a、K_b 为反馈增益系数；c 为常数；V_{DR0} 为驱动轮目标速度；V_{DR} 为驱动轮实际速度。

根据车速和加速度，由脉宽调制信号控制制动缸的增压、减压变化速率。其控制逻辑见表 5.5。

表 5.5 制动器控制逻辑

	$\dot{V} < a_1$	$a_1 < \dot{V} < a_2$	$a_2 < \dot{V}$
$V_{DR}^b < V_{DR}$	慢减压	慢增压	快增压
$V_{DR0} < V_{DR} < V_{DR}^b$	慢减压	慢减压	慢增压
$V_{DR} < V_{DR0}$	快减压	快减压	快减压
注：V_{DR}^b 为制动器起作用参考速度；a_1、a_2 为车辆加速度门限值			

制动器与节气门起作用的参考速度如图 5.74 所示。为了防止制动与节气门控制相互干涉，用驱动轮的滑转率的门限值（$\lambda_1 < \lambda_2$），确定两种控制方式的作用区间。车辆的目标速度为

$$V_{DR0} = (1 + \lambda_1)V \tag{5.114}$$

当驱动轮的速度满足

$$V_{DR} > V_{DR}^b = (1 + \lambda_2)V, \quad \lambda_1 < \lambda_2 \tag{5.115}$$

则采用制动控制方式，迅速降低驱动轮的滑转速度。当驱动轮的速度进入门限值 λ_2 之内，即当 $V_{DR} < V_{DR}^b$ 时，于是便切换到节气门控制方式。

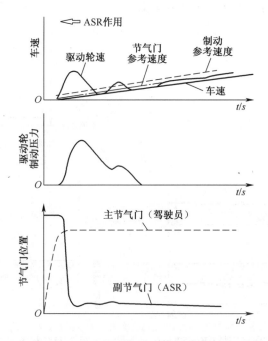

图 5.74　驱动轮滑转时 ASR 的控制过程

采用发动机节气门与制动组合控制方式,加快了驱动控制的响应速度和调节能力,驱动控制的效果如图 5.75 所示。在压实的雪地上进行方向行驶稳定性试验结果如图 5.76 所示,在 S 形弯道的可操纵性试验如图 5.77 所示。这些实验结果表明,节气门与制动器组合的 ASR 驱动控制系统,能够更有效地改善车辆在低附着系数路面行驶的方向稳定性、可操纵性和加速性能。

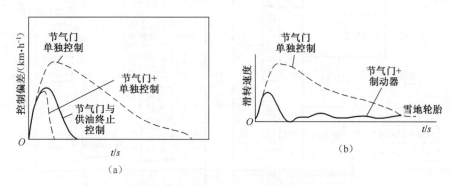

图 5.75　节气门与制动同时使用时的动态响应
(a)控制偏差;(b)滑转速度。

2) Toyota Crown 电控装置

ToyotaCrown 的电控装置如图 5.78 所示。中央处理单元是 8 位单片机,具有 12Kb ROM 、384BRAM, 16 位可编程定时器和高速 I/O 中断控制器,时钟频率为 12MHz。

ASR-ECU 的输入信号来自 ABS-ECU,发动机控制 ECU 及几个选择控制开关。根据输入信息, ASR-ECU 通过精确计算后输出控制指令,控制制动器与节气门的工作状态,并通过指示灯显示当前工作情况。一旦 ASR-ECU 检测到任何故障,ASR-ECU 立即关闭它的工作,车辆按常规方式行驶,检测出的错误信息存入由电池供电的 RAM 区。同时,诊断的故障代码输出到多功能显示 ECU,并点亮闪烁警告指示灯。

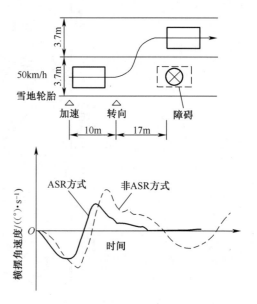

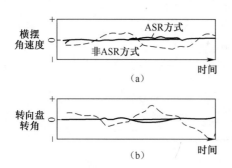

图 5.76 在压实雪地的方向稳定性(20~50km/h)

图 5.77 在压实雪地 S 形弯道的操纵性

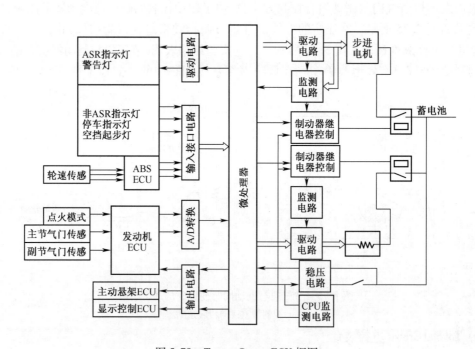

图 5.78 Toyota Crown ECU 框图

程序流程如图 5.79 所示。主程序完成初始化,决定控制模式,并依次计算驱动轮速度、副节气门的参考位置及诊断过程。为了提高实时处理车轮速度与发动机信号的精度,采用了中断执行方式。速度信号中断处理计算具有最高的优先级,而节气门和制动器控制,则采用定时中断。

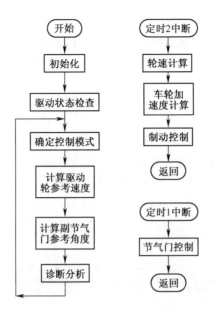

图 5.79　CROWN-ECU 的程序流程图

2. Lexus ASR 控制

Crown ASR 为一同控制方式,非对成路面安全、方向稳定性存在问题。而 Lexus ASR 采用独立控制方式。

CrownASR 采用节气门与制动组合控制方式,比其中任意一个单独使用的效果更好。但 Crown ASR 的制动系统仅有一个制动通道,两个驱动轮仅能同时控制。故在非对称路面,不能充分利用路面的附着系数,使车辆的加速性能与方向稳定性达到极限状态。为了更进一步提高车辆加速性和方向稳定性,必须把两驱动轮的滑转率同时控制在较小的范围,如图 5.48 右侧的阴影区。为此,Lexus Ls400 型轿车在 Crown 的基础上,把两轮同时控制改为单轮独立控制,原理如图 5.80 所示。在非对称路面,只要制动低附着系数侧的车轮就可以取得与限滑差速器(LSD)相同的效果,于是在高附着系数侧的车轮可以有效地发挥它的驱动力。

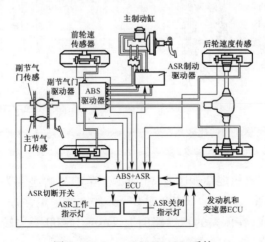

图 5.80　Lexus LS400 ASR 系统

1）节气门控制算法

对 Crown ASR400 控制系统(图 5.80),它是根据驱动轮的滑转率的门限值 λ_1 和 λ_2,把驱动控制分为发动机调节和制动两种独立工作模式,以防止发动机和制动发生相互干涉。对Lexus ASR 系统,防止发动机与制动器控制相互干涉不是划分各自独立的工作范围,而是通过修正控制规律。在式(5.113)中,引入制动作用的修正项,得到节气门的目标开度角的计算公式:

$$\alpha(t) = K_a \int_0^t (V_{DR0} - V_{DR}) \mathrm{d}t + K_b (V_{DR0} - V_{DR}) + c - D \int_0^t P_b \mathrm{d}t \tag{5.116}$$

式中:D 为发动机和制动器消除干涉项控制增益;P_b 为取左、右驱动轮制动轮缸压力较小一侧的值。因为制动缸的压力变化率是已知的(由脉宽调制信号控制),再利用定时器确定对制动缸的增压或减压时间,就可准确估计出两制动缸的压力。当控制增益 $D = 0$ 时,即得到(5.113)式。

2)制动控制算法

制动控制采用逻辑门限方式,根据驱动轮速度和加速度分为快速增压、慢速增压、保压、快速减压和慢速减压 5 种控制模式。

3)一同与独立方式比较

在几种不同路面两种情形的驱动力和加速性如图 5.81 和图 5.82 所示。在非对称路面,两轮同时控制无论是它的加速性还是驱动力都与没有装备 ASR 的车辆相差不大。可见在此种情况,两轮同时控制的 ASR 系统失去了它应有的作用。

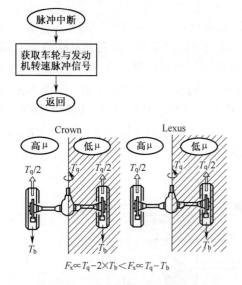

图 5.81 非对称路面驱动力的比较
T_q—驱动转矩;T_b—制动力矩;F_x—驱动力。

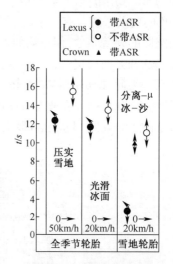

图 5.82 加速性能比较

在压实积雪地面的方向稳定性如图 5.83 所示。车的初始速度为 10km/h,方向盘转角保持不变。在压实雪地行驶时,Lexus LS400 比 Crown 的方向稳定性好,车辆的回转角速度变化小。通过试验进一步证实,在压实的积雪路面上,Lexus LS400 一边转向,另一边自然加速,方向稳定性也无明显的恶化。

在 S 形弯道的可操纵性对比实验结果如图 5.84 所示。显见采用单轮控制比两轮同时控制在 S 形弯道的加速转向的操纵性能好。

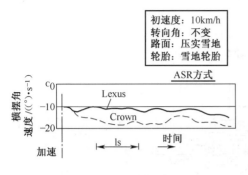

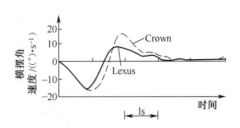

图 5.83　在压实积雪路面的方向稳定性　　　　　图 5.84　S 形弯道的操纵性

综上所述，ASR 驱动控制系统的性能与它的硬件配置有关。其中以发动机供油中断方式最为简单。对顺序喷射发动机，它不需要增加任何硬件设备，通过相应的控制软件就能达到较好的效果。但是这种驱动控制方式，ASR 工作模式噪声较大，发动机运转也不平稳。在此基础上，再增加发动机节气门的控制，可更有效地降低发动机的多余转矩，提高汽车的加速性、经济性、方向稳定性和可操纵性，并克服单一供油中断法的不足之处。但节气门控制与供油中断组合方式不可避免地存在发动机控制的固有缺陷，即在非对称路面失去控制效能。为了最大限度地提高 ASR 的性能，显然，发动机转矩调节和驱动轮制动就成为自然的组合，如 Crown 和 Lexus ASR 系统。Crown ASR 系统，把发动机转矩调节和驱动轮单通道控制组合起来，虽充分利用了制动控制的快速性，但仍然解决不了发动机转矩调节方式的本质问题以及在非对称路面的控制问题。

综合各类 ASR 系统的特点，Lexus ASR 系统采用了发动机节气门控制与驱动轮单轮控制方式。这种组合方式是 ASR 系统最完备的硬件配置，只要采用合理的控制算法，就可以解决各种路面条件的驱动控制问题，并使车辆的加速性、经济性、方向稳定性和操纵性达到最佳状态。

5.9.4　发动机转矩调节与限滑差速器组合方式

为了让 ABS 在最佳状态工作，希望各轮独立旋转。安装定比差速器锁定装置在非对称路面有利于提高车辆的驱动力。但在其他路面条件，则不利于 ABS 实现最佳控制，在车辆转向时也存在不利影响。博世公司研制一种主动式限滑差速锁定装置如图 5.85，系统的工作原理如图 5.86 所示。通过主动控制，可使锁止程度在 0~100% 区间变化。当限滑差速器不起作用

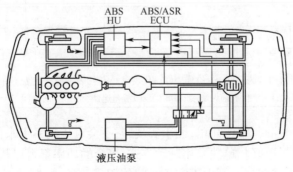

图 5.85　采用 LSD 的 ASR 系统

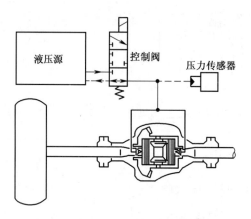

图 5.86 LSD 控制的液压回路

时,允许两轮独立旋转。当完全锁定时,两轮成为一个整体一起旋转。根据路面状况,可任意控制锁止程度。限滑差速锁止驱动机构为油压多片湿式离合器,由电子控制装置控制离合器驱动油缸的压紧力,使左、右驱动轮的滑转率之差在允许的范围内。因此,限滑差速锁止装置(LSD)在非对称路面条件具有较好的效果。但 LSD 在正常路面对驱动控制并无明显的作用,故它基本上不能单独用作 ASR 控制,通常与发动机转矩调节方式组合使用。

5.9.5 实现 ASR 不同方式的比较

ASR 系统的本质是:①控制作用在驱动轮上的转矩;②在非对称路面,对传到驱动轮上的转矩实现最佳分配,从而改善车辆的加速性、方向稳定性和操纵性。从这两方面来看,实际上还有其他的方法可满足上述的要求,如离合器转矩控制也完全可达到与发动机转矩控制相同的效果。但在车辆上,究竟采用哪些方式,则取决于许多因素,如汽车本身的结构、成本和可靠性,以及是否会产生有损于舒适性的负效应等。实现 ASR 控制方法的性能比较见表 5.6。

表 5.6 实现 ASR 控制方法的性能比较

性能指标 控制方式	操纵稳定性		驱动力	舒适性	传动系载荷	系统复杂程度
	RWD	FWD				
节气门	− −	(−)	−	+ +	+ +	+
喷油+点火时间	+	+ +	0	0	0	+ +
(单轮)制动	+	+	+ +	− −	− − *	−
节气门+(单轮)制动	+ +	+ +	+ +	+	+	− −
节气门+喷油、点火时间	+ +	+ +	0	+	+	− −
节气门+喷油、点火+LDS	+ +	+ +	+ +	+(+)	+	− − −

注:* 代表仅在低速下可行;++ 代表很好;+(+) 代表好;+ 代表较好;0 代表一般;− 代表不好;− − 代表很不好;− − − 代表非常不好;RWD 代表后轮驱动;FWD 代表前轮驱动;LDS 代表限滑差速器

采用单一的节气门控制,结构简单,便于实现,它不会对传动系带来任何附加载荷,舒适性较好,但驱动控制的效果不好。单独采用制动方式,多余的功率都得以热的形式在制动器上消耗掉,因而发热严重,不宜在高速下也不宜长时间使用。此外,在制动时对传动件和轴等产生附加动载荷,引起传动轴的振动和噪声。两种综合性能好的组合方式分别为发动机与制动组合、发动机与限滑差速器组合。由于现代车辆通常有 ABS 系统,很容易把 ABS 扩充到 ASR 方式,不需要添加更多的硬件设备。而采用发动机与限滑差速器组合,需要不同的液压驱动装置和控制系统,成本较高。所以,发动机与制动器组合是 ASR(TRC)系统的最佳组合方式和最完备的硬件配置形式。只要采用合理的控制算法,充分发挥发动机控制和制动控制的优势,完全可以满足车辆在各种路面条件的驱动控制的要求,使车辆的方向稳定性、操纵性、舒适性和加速性达到最佳状态。

需要再说明的一点:ASR 控制与 ABS 控制类似的地方,就是在非对称路面提高驱动力与方向稳定性是矛盾的,最大限度地利用高附着系数路面一侧的驱动力,必然降低车辆的方向稳定性。在这种工况,即使车辆没有转向要求,也可能会使车辆偏离期望的行驶方向。为此驾驶员必须通过转向盘产生纠偏力矩以抵消非稳态力矩(由两侧驱动力之差产生)的影响。当车辆在高速行驶时,驾驶员是否能做出及时正确的反应,并把车辆的行驶方向控制在期望的状态,是 ASR 控制系统无法保证的。从这一方面说,ASR 系统只是通过它的控制作用,保证车辆处在一个可控的状态。而能否准确控制车辆的行驶方向,则取决于驾驶员的心理状态、技术的熟练程度等多种因素。要主动实现车辆行驶方向的稳定性,就必须采用综合控制系统。例如,增加转向盘转角信号传感及导向轮转角偏转驱动机构,构成车辆行驶方向闭环自动控制系统,在各种路面条件下就可实现车辆方向稳定性的主动控制。随着汽车电子控制技术的发展,必然出现由当前的单目标(驱动)的控制逐步向多目标(驱动、方向稳定性)的综合控制方向过渡。

5.10 ASR 与 ABS 控制算法比较

ASR 控制与 ABS 控制相比,其控制算法既有相同的地方也有不同的地方,既有简单的方面(对两轮驱动方式)又有复杂的方面。它的简单方面就是:设车辆运动速度为 V,期望的滑转率为 λ_e,则驱动轮的目标速度为

$$V_{DR0} = (1 + \lambda_e)V$$

于是,最佳驱动控制问题可简单地描述为:控制驱动轮的速度跟踪目标速度 V_{DR0} 的变化,这就是伺服跟踪控制问题。由于车速 V 为两从动轮速度的平均值,均是可测的。而 ABS 只能依据车轮的加减速度和参考速度来进行间接控制,为了实现最佳控制,就比 ASR 控制困难得多。当 ASR 采用单独的制动方式,如采用鲁棒伺服跟踪控制器(ABS 制动力理想分配伺服控制器),只要制动器的效能是足够的,从理论上来说,它可使驱动控制的加速性、方向稳定性和操纵性达到最佳状态。但由此必然导致许多负效应,如突然的强力制动会在传动系产生很大的动载荷及噪声等,极限情况甚至会超出车辆的允许范围,所以在现代车辆上通常采用发动机与制动干预的组合控制方式。

由于发动机输出特性通常用 Map 图的形式描述,很难用解析方法描述,这就是 ASR 系统实现精确控制较困难的一个方面。从工程应用方面考虑,所采用的算法并不涉及对象的数学模型,使 ASR 的控制问题得以简化。如节气门与制动组合控制方式,节气门通常采用式(5.116)的 PI 控制规律,制动干预采用逻辑门限条件。

ASR 制动干预采用逻辑门限条件与 ABS 算法类似。由于 ASR 系统可以很容易获得目标车速和滑转率,故 ASR 比 ABS 更容易实现精确控制。ASR 控制系统由目标速度 V_{DR0} 和滑转率门限值 λ 决定的五模式逻辑控制见表5.7。

ASR 和 ABS 虽然都是最佳的利用路面附着系数,但两者所利用的区间不同,附着系数的

理想工作点也不同。ABS 控制的是车轮的滑移率,并把滑移率控制在 μ_b-λ 曲线的峰值。而 ASR 控制的是车轮的滑转率,通常把滑转率控制在 10% 附近。

表 5.7　五模式逻辑控制

	$\dot{\lambda} < -a$	$-a < \dot{\lambda} < a$	$\dot{\lambda} > a$
$V_{DR} < V_{DR0}$	快减压	慢减压	保压
$V_{DR} = V_{DR0}$	慢减压	保压	慢增压
$V_{DR} > V_{DR0}$	保压	慢增压	快增压
注:目标速度 $V_{DR0} = (1+\lambda_e)V$,V 为两个从动轮的平均速度			

思 考 题

1. 试说明 ABS/ECU 与 ASR/ECU 是独立设置还是集成在一起更合理?

2. 试说明目前的制动系统是机械液压式,是否可以采用其他形式的,试从结构与控制角度分析。

3. 试说明相平面分析法与庞加莱映射在 ABS 分析中的作用、特点、原理。

4. 试说明防抱死制动逻辑的相平面分析的作用是什么?

5. 试说明在 ABS 中为什么要使用参考车速?

6. 试说明制动系统哪种布置形式更加合理,试进行分析。

7. 试比较 ASR 与 ABS 控制算法。

8. 试说明 ABS 的发展趋势。

第6章

汽车悬架

6.1　概　　述

悬架是汽车典型的机电液系统,是汽车的重要组成部分,它把车体与车轴弹性地连接起来,并承受作用在车轮和车体之间的作用力,缓冲来自不平路面给车体传递的冲击载荷,衰减各种动载荷引起车体的振动,悬架对汽车的行驶平顺性、乘坐舒适性及操纵稳定性等多种使用性能都有很大影响,因此悬架设计一直是汽车设计人员非常关注的问题之一。悬挂的基本结构有固定的几种形式,这些问题在此不进行讨论,本章仅讨论悬挂设计中的一些重要问题。

6.1.1　悬架的分类

按悬架的工作原理不同可分为被动悬架、半主动悬架及主动悬架三种。目前,汽车上普遍采用的仍多为被动悬架。随着汽车速度的提高,对汽车悬架的性能提出了越来越高的要求。由于被动悬架存在本质性的问题,设计人员无法对其进行结构改造,参数优化达到期望的性能指标,所以对汽车悬架的研究工作主要集中在半主动悬架和主动悬架方面。近年来,基于电子控制的主动悬架和半主动悬架已得到迅速发展,并逐渐在轿车上应用。本章从分析被动悬架固有问题入手,提出主动悬架和半主动悬架的基本概念和系统设计时的关键问题。

6.1.2　被动悬架存在的问题

1. 被动悬架的结构

图 6.1 为汽车上常用的被动悬架结构,尽管各种悬架的结构不同,但研究来自不平路面的激励引起车体的垂直振动都可用图 6.2 所示的 1/4 车辆力学模型表示。

2. 1/4 车体悬架模型

考虑到轮胎的弹性、阻尼特性对选用的轮胎来说是确定的,且固有频率远高于车体簧载质量的固有频率。为了分析被动悬架的簧载质量、悬架的刚度及阻尼系数对振动传递特性的影响,可把图 6.2 所示的力学模型进一步简化为图 6.3。

以车体的静平衡位置为原点,由系统动力学可写出图 6.3 所示系统的动力学方程:

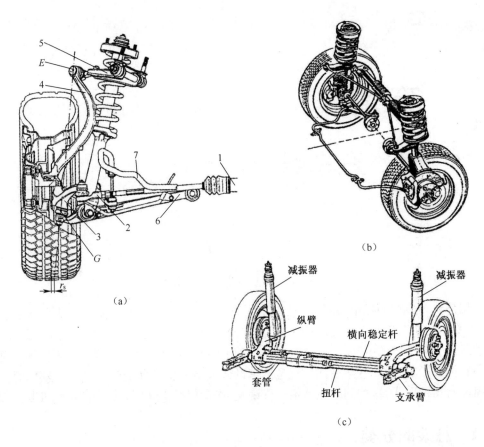

减振器

减振器

纵臂

横向稳定杆

套管

扭杆

支承臂

（a）

（b）

（c）

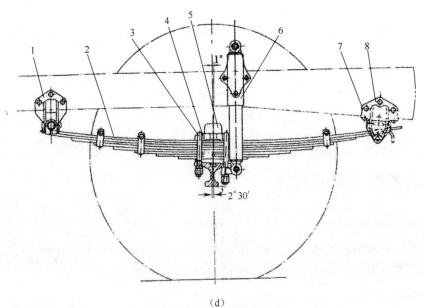

（d）

图 6.1　常用的被动悬架结构

（a）Honda 轿车双横臂后悬架；（b）Audi 麦弗逊前悬架；（c）Renault 纵臂后悬架；（d）EQ1090E 汽车前悬架。

1—转向器；2—转向横拉杆；3—转向梯形臂；4—车轮转向节；5—上横臂；6—下横臂；7—横向稳定杆；

E—导向铰节；G—支撑铰节。

$$m_s \ddot{x}_s + c_s(\dot{x}_s - \dot{x}_r) + k_s(x_s - x_r) = 0 \tag{6.1}$$

式中:m_s 为 1/4 车体质量;x_s 为车体的垂直位移;x_r 为路面的垂直位移;c_s 为悬架的阻尼系数;k_s 为悬架的刚度。

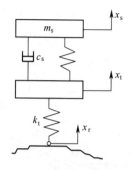

图 6.2　1/4 车体悬架模型

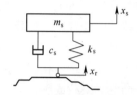

图 6.3　1/4 车体悬架简化模型

对式(6.1)进行拉普拉斯变换,可得

$$(m_s s^2 + c_s s + k_s)x_s(s) - (c_s s + k_s)x_r(s) = 0 \tag{6.2}$$

由式(6.2)可得到从车轴到车体振动传递函数:

$$H_{XR-XS}(s) = \frac{x_s(s)}{x_r(s)} = \frac{c_s s + k_s}{m_s s^2 + c_s s + k_s} = \frac{2\xi\omega_n s + \omega_n^2}{s^2 + 2\xi\omega_n s + \omega_n^2} \tag{6.3}$$

式中:ω_n 为悬架的固有振动频率,$\omega_n^2 = \dfrac{k_s}{m_s}$;$\xi$ 为悬架的阻尼比,$\xi = \dfrac{c_s}{(2\sqrt{m_s k_s})}$。

对被动悬架,c_s 与 k_s 在工作时是一定的,仅有汽车车体的质量因载人或载货不同是变化的。特别是货车,空载和满载时车体质量相差较大。当 c_s 与 k_s 恒定,由 $\omega_n^2 = \dfrac{k_s}{m_s}$ 和 $\xi = \dfrac{c_s}{(2\sqrt{m_s k_s})}$ 可知,悬架的固有振动频率及阻尼比都随汽车的质量发生变化。

3. 车体载质量变化对传递特性的影响

汽车在空载、部分载荷及满载时悬架对路面激励的传递特性如图 6.4 所示。可见,汽车在空载行驶,由车轴到车体传递振动的频带宽,悬架的缓冲隔振效果差。为了改善因汽车载质量变化对悬架隔振缓冲性能的影响,汽车设计人员采用非线性悬架以降低汽车载质量变化对悬架传递振动特性的影响。由 $\omega_n^2 = \dfrac{k_s}{m_s}$ 可以推出,要保持 ω_n 不随汽车质量 m_s 而变,只要悬架刚度满足

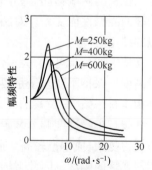

图 6.4　车体载质量变化对
传递特性的影响

$$k_s = \omega_n^2 m_s = cn m_s \tag{6.4}$$

式中:$\omega_n^2 = cn$ 为常数。故而维持固有圆频率恒定要求弹性元件的刚度应与簧载质量成正比。

由图 6.5 可以求得,当弹性元件的特性曲线满足

$$\frac{y'(x)}{y(x)} = 常数 \tag{6.5}$$

时,即可满足式(6.4)。求解式(6.5)得弹性元件特性曲线:

$$y = \alpha e^{\omega_n^2 x} \tag{6.6}$$

$$\omega_n^2 = \frac{k_{s0}}{m_{s0}}$$

式中:$\alpha = m_{s0}$ 为车体平均质量;x 为相对参考点的静挠度(以车体平均质量 m_{s0} 对应的稳态工作点为参考点);y 为悬架载质量;k_{s0} 为悬架在参考点的刚度。

只要悬架的弹性元件具有式(6.6)的特性,它可使悬架的固有频率不会因车体质量的变化而变化。但在悬架上实现如此特性曲线有一定的困难,即便可以实现这一特性曲线,在实际应用时也存在以下问题:

(1)由于车体质量变化,将导致悬架的静态工作点变化很大。如当汽车空载或满载时,悬架的静态工作点将处在弹性元件的两端,结果使车体的高度变化较大(图 6.5 中的工作点 A、B)。

(2)当动载使悬架的负荷减少时,由于悬架刚度按指数规律降低,它将导致较大的单边动挠度。

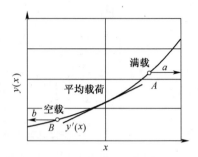

图 6.5 变刚度特性曲线
(ω_n = 常数)

4. 可能采取的解决方法

由上述的分析可见,因被动悬架的结构所限,很难从本质上提高被动悬架的全部性能指标。实用的变刚度悬架特性曲线如图 6.6 所示。其特点是静平衡点附近刚度小,在离静载荷较远的两端刚度大。来自不平路面的激励产生的动载使悬架的挠度以静平衡点为中心变化,因而汽车在一般道路条件下行驶有低刚度悬架的性能,能保证良好的行驶平顺性。而在曲线的两端,刚度急剧增大。当遇到较大的冲击时,可使悬架在同样有限的工作范围内能吸收(或存储)比线性悬架更多的能量,防止悬架与车体的直接碰撞。

采用图 6.6 中的特性曲线,也同样存在簧载质量不同导致悬架的静挠度变化的情形,且比图 6.5 中曲线更为明显。因为工作段弹簧刚度较低,当簧载质量偏离期望质量 m,则实际工作点很快向两端移动。如图 6.6(a)刚度曲线在满载时,使悬架处在大刚度端工作,导致悬架的缓冲隔振性能变差。对图 6.6(b)刚度曲线,当在满载时,上跳行程只有 36mm,也可得到类似的结论。

从上述分析可见,为了使被动悬架取得较为满意的性能,必须使悬架的固有振动频率和车身高度均保持不变。于是要求悬架的刚度特性必须是无级可调的,在不同的簧载质量下,悬架都相应有一条力-位移曲线,故理想悬架的弹性特性应由一簇曲线组成。

装有车身高度调节装置的空气悬架或油气悬架,从理论上可以获得上述的特性曲线,但结构较为复杂,成本也较高。此外,更重要的是要求驾驶员必须随时根据车载质量调节车身的高度与弹簧的刚度。因此,具有理想弹性特性曲线在被动悬架上实现是困难的。这是被动悬架存在的本质问题之一。

当 ω_n 维持一定时,由于簧载质量 m_s 的变化,还将导致悬架的阻尼比 ξ 的变化。如阻尼比减小,这将导致悬架的传递特性在固有频率处的振幅增加。ξ 变化对传递特性的影响如图 6.7 所示。

由图 6.7 所示可见:当阻尼比 ξ 过大,悬架在高频段的性能变差;而当 ξ 过小,则在悬架的固有频率处的振幅较大。因此,为了取得满意的传递特性,要求悬架的阻尼系数也必须是任意可调的。

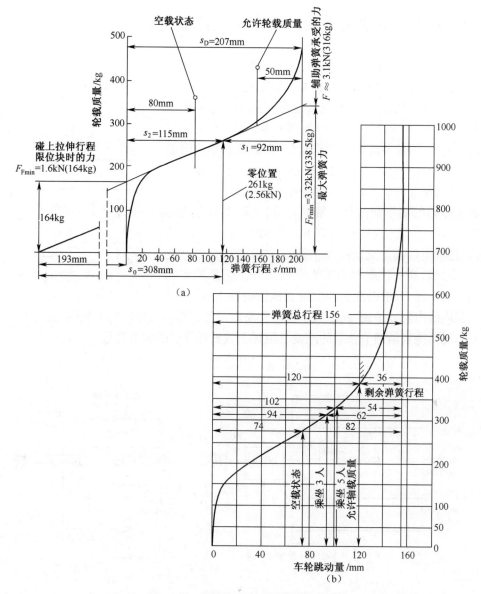

图 6.6 实用的变刚度悬架特性曲线

（a）Renault 轿车悬架弹簧的特性曲线；（b）丰田 Corolla1.6DX 前悬架弹簧的特性曲线。

由于汽车的载荷经常变化，驾驶员既不能随时调节悬架的高度，也不能根据当前的工况调定阻尼比，这就是被动悬架不能实现理想传递特性的本质问题之二。

从对被动悬架的分析可知，如悬架的刚度和阻尼系数能根据装载质量实现自动调节，就能使悬架取得较好的隔振缓冲效果。于是在被动悬架中增加自动调节装置，使之能够根据汽车载荷和路面的不平度对悬架的阻尼比进行自动调节，或对阻尼与刚度两者同时进行调节，这就是在汽车上采用的半主动/主动悬架的基本思想。

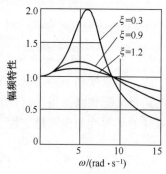

图 6.7 阻尼比对传递特性的影响

6.1.3 半主动悬架和主动悬架基本工作原理

调节悬架的阻尼系数,仅是消耗系统的能量,而不涉及能量释放,故调节悬架的阻尼系数不需要系统提供能量,因而结构简单,造价低,这是目前较普遍采用的半主动悬架的调节方式。半主动悬架工作原理如图 6.8 所示,它是通过改变油缸上、下两腔节流口的过流面积,以调节悬架的阻尼系数。它能消耗来自不平路面的冲击能量,而不必输入控制能量,这就是在汽车上广泛采用的半主动悬架。

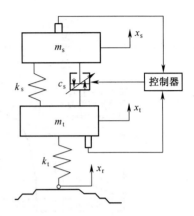

图 6.8 半主动悬架工作原理

调节悬架的刚度则涉及能量的释放,这种调节方式必须由外部提供能量。故这种调节方式相对半主动悬架,结构复杂,造价也较高。能同时调节阻尼和刚度系数的悬架称为主动悬架,其工作原理如图 6.9 所示。主动悬架实际是主动力发生器,可根据汽车的质量和地面的冲击载荷,自动产生相应的力与其平衡,保证汽车在各种路面条件下都具有较好的平顺性,最终效果相当于在不同工况都能自动调节悬架的刚度与阻尼系数到最佳值的调节装置。

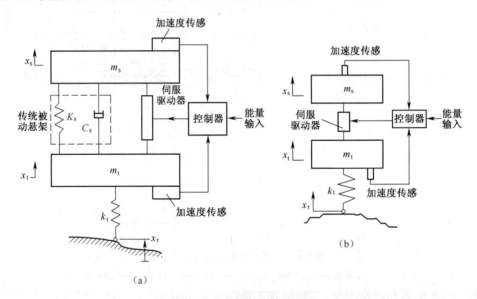

图 6.9 主动悬架工作原理

(a)与被动悬架并置式主动悬架;(b)完全独立式主动悬架。

综上所述,主动悬架和半主动悬架是在被动悬架的基础上,增加了阻尼与刚度自动调节装置。故主动悬架和半主动悬架的设计任务最终归结为寻求合适的控制算法,使之能够根据汽车的运行工况和路面条件,自动地跟踪调节悬架的刚度与阻尼系数到最佳状态,以保证悬架具有最佳的平顺性和操纵稳定性。

6.2 悬架的力学模型

悬架的力学模型是进行性能分析和系统设计的基础。由于所研究问题的出发点不同,为了简化研究对象,突出问题的本质,通常用不同的简化模型来描述。常用的简化模型为 1/4 车体模型二自由度、1/2 车体侧倾/仰俯模型四自由度及整车模型七自由度,如图 6.10 所示。

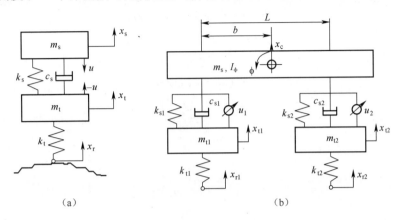

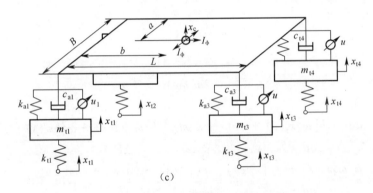

图 6.10　常用的简化模型

(a)1/4 车体模型;(b)1/2 车体侧倾/仰俯模型;(c)整车模型。

6.2.1　1/4 车体的力学模型

1/4 车体的力学模型如图 6.10(a)所示,由牛顿第二定律可得出相应的运动方程:

$$m_s \ddot{x}_s + c_s(\dot{x}_s - \dot{x}_t) + k_s(x_s - x_t) = u \tag{6.7}$$

$$m_t \ddot{x}_t + c_s(\dot{x}_t - \dot{x}_s) + k_s(x_t - x_s) + k_t(x_t - x_r) = -u \tag{6.8}$$

式中:m_s 为 1/4 车体质量;m_t 为非簧载质量;c_s 为被动悬架阻尼系数;k_s 为被动悬架刚度;k_t 为轮胎刚度系数;x_r 为地面的扰动输入;x_s 为车体位移;x_t 为簧载质量位移;u 为控制力,它既可是主动悬架的作用力也可是半主动悬架的作用力,对被动悬架,则 $u=0$。

令式(6.7)和式(6.8)的零初始条件进行拉普拉斯变换,可得

$$\begin{cases} x_s(s)(m_s s^2 + c_s s + k_s) - (c_s s + k_s)x_t(t) = u(s) \\ (m_t s^2 + c_s s + k_s + k_t)x_t(s) - (c_s s + k_s)x_s(s) = k_t x_r(s) - u(s) \end{cases} \tag{6.9}$$

整理可得

$$\begin{cases} a(s)x_t(s) + b(s)x_s(s) = u_1(s) \\ c(s)x_t(s) + d(s)x_s(s) = \omega_1^2 x_r(s) - u_2(s) \end{cases} \tag{6.10}$$

式中

$$a(s) = -(2\xi_2\omega_2 s + \omega_2^2)$$
$$b(s) = s^2 + 2\xi_2\omega_2 s + \omega_2^2$$
$$c(s) = s^2 + 2\xi_1\omega_1 s + \omega_1^2 + \mu\omega_2^2$$
$$d(s) = -(2\xi_1\omega_1 s + \mu\omega_2^2)$$
$$u_1(s) = u(s)/m_s$$
$$u_2(s) = u(s)/m_t$$
$$\omega_1^2 = \frac{k_t}{m_t}$$
$$\xi_1 = \frac{c_s}{(2m_t\omega_1)}$$
$$\mu = \frac{m_s}{m_t}$$
$$\omega_2^2 = \frac{k_s}{m_s}$$
$$\xi_2 = \frac{c_s}{(2m_s\omega_2)}$$

解线性方程组(6.10)可得

$$x_t = \frac{du_1 - b[\omega_1^2 x_r(s) - u_2]}{ad - bc} = \frac{(d/m_s + b/m_t)u(s) - \omega_1^2 b x_r(s)}{\Delta(s)} \tag{6.11}$$

$$x_s = \frac{a[\omega_1^2 x_r(s) - u_2] - cu_1}{ad - bc} = \frac{a\omega_1^2 x_r(s) - (a/m_t + c/m_s)u(s)}{\Delta(s)} \tag{6.12}$$

式中

$$\Delta(s) = a(s)d(s) - b(s)c(s)$$

路面激励引起车体的垂直位移反映悬架的缓冲隔振的效果,其传递特性与控制规律有关。当 $u=0$ 时,为被动悬架,相应平顺性传递函数为

$$H_{XR-XS}(s) = \frac{x_s(s)}{x_r(s)} = \frac{\omega_1^2 a(s)}{\Delta(s)} \tag{6.13}$$

如用路面激励引起车体的垂直加速度定义悬架的平顺性,则悬架平顺性传递函数为

$$H_{XR-\ddot{x}S}(s) = \frac{\ddot{x}_s(s)}{x_r(s)} = \frac{\omega_1^2 a(s)}{\Delta(s)} s^2 \tag{6.14}$$

为了使悬架获得满意的缓冲隔振的效果,则要求式(6.13)或式(6.14)在所有频率段内或重要工作频率段内的幅值越小越好。于是悬架的设计就成为对被动悬架确定合理的结构参数使 H_{XR-XS} 或 $H_{XR-\ddot{x}S}$ 的幅值取最小值。对主动悬架则为寻求合适的控制规律 $u(t)$ 使 H_{XR-XS} 或 $H_{XR-\ddot{x}S}$ 的幅值取最小值。

非簧载质量和车体之间的位移表示悬架的动挠度,由此可定义悬架挠度传递函数为

$$H_D(s) = \frac{x_s(s) - x_t(s)}{x_r(s)} = \frac{\omega_1^2}{\omega_2^2} \cdot \frac{\left(\dfrac{s}{\omega_2}\right)^2}{\Delta(s)} \tag{6.15}$$

悬架的动挠度影响汽车的质心高度及悬架的结构尺寸,所以悬架的动挠度只能在给定的范围内变化(由限位行程决定)。当悬架的动挠度超出限位行程就会撞击限位块,使平顺性变坏。所以在满足悬架平顺性要求的前提下,要求悬架最大动挠度应在限位行程内。

车轮与路面间的动载荷影响车轮与路面的附着效果,由此影响汽车的操纵稳定性。故悬架在工作时,希望车轮能始终跟随地面运动,即满足 $x_t - x_r = 0$。由此可定义轮胎动态变形的传递函数为

$$H_T(s) = \frac{x_t(s) - x_r(s)}{x_r(s)} = -\left(\frac{\omega_1}{\omega_2}\right)^2 \cdot \frac{\left(\frac{s}{\omega_2}\right)^2 + 2\xi_2\left(\frac{s}{\omega_2}\right) + 1 - \Delta(s)\left(\frac{\omega_2}{\omega_1}\right)^2}{\Delta(s)} \tag{6.16}$$

轮胎动载的传递函数为

$$H_{TF}(s) = k_t \frac{x_t(s) - x_r(s)}{x_r(s)} = k_t H_T(s) \tag{6.17}$$

为分析方便,也用路面的输入速度定义式(6.13)~式(6.17),如输入速度输出加速度平顺性传递函数为

$$H_{XR-\ddot{X}S}(s) = \frac{\ddot{x}_s(s)}{\dot{x}_r(s)} = sH_{XR-XS} \tag{6.18}$$

可见,用来评价悬架的性能函数不是唯一的。但无论采用哪一种性能函数,仅是表示方法的区别,有时由于所采用的方法不同可能会给悬架的分析带来方便,但不会因为表示的方法不同而影响最后的结果。此外,悬架的控制目标有三个(平顺性、动挠度和车轮的动载荷),而所有的主动悬架的控制量仅有一个(簧载质量和非簧载质量之间的力)。由于三个目标相互之间有约束关系,所以,无论采用何种控制方式,都不能使三个性能指标同时达到最佳状态,因此在悬架设计时,必须对三个指标加权进行综合考虑,使总的效果达到最佳。

6.2.2 1/2 车体的力学模型

1/2 车体的力学模型如图 6.10(b)所示,可用来研究悬架的仰俯运动和侧倾运动控制。图 6.10(b)可得到两组运动微分方程,即车体运动方程和非簧载质量的运动方程。车体的运动方程为

$$m_s\ddot{x}_c + c_{s1}(\dot{x}_{s1} - \dot{x}_{t1}) + c_{s2}(\dot{x}_{s2} - \dot{x}_{t2}) + k_{s1}(x_{s1} - x_{t1}) + k_{s2}(x_{s2} - x_{t2}) = u_1 + u_2$$

$$I_\phi\ddot{\phi} - c_{s1}(\dot{x}_{s1} - \dot{x}_{t1})b + c_{s2}(\dot{x}_{s2} - \dot{x}_{t2})(L - b) - k_{s1}(x_{s1} - x_{t1})b$$
$$+ k_{s2}(x_{s2} - x_{t2})(L - b) = -u_1 b + u_2(L - b)$$

1/2 车体运动方程的矩阵形式为

$$M_s\ddot{X}_c + RC_s(\dot{X}_s - \dot{X}_t) + RK_s(X_s - X_t) = RU \tag{6.19}$$

式中 $M_s = \begin{bmatrix} m_s & 0 \\ 0 & I_\phi \end{bmatrix}$, $C_s = \begin{bmatrix} c_{s1} & 0 \\ 0 & c_{s2} \end{bmatrix}$,

$K_s = \begin{bmatrix} k_{s1} & 0 \\ 0 & k_{s2} \end{bmatrix}$, $R = \begin{bmatrix} 1 & 1 \\ -b & L - b \end{bmatrix}$,

$X_c = [x_c, \phi]^T$, $X_s = [x_{s1}, x_{s2}]^T = R^T X_c$, $U = [u_1, u_2]^T$, $X_t = [x_{t1}, x_{t2}]^T$

非簧载质量运动方程为

$$m_{t1}\ddot{x}_{t1} + c_{s1}(\dot{x}_{t1} - \dot{x}_{s1}) + k_{s1}(x_{t1} - x_{s1}) + k_{t1}(x_{t1} - x_{r1}) = -u_1$$

$$m_{t2}\ddot{x}_{t2} + c_{s2}(\dot{x}_{t2} - \dot{x}_{s2}) + k_{s2}(x_{t2} - x_{s2}) + k_{t2}(x_{t2} - x_{r2}) = -u_2$$

非簧载质量运动方程的矩阵形式为

$$\boldsymbol{M}_t\ddot{\boldsymbol{X}}_t + \boldsymbol{C}_s\dot{\boldsymbol{X}}_t - \boldsymbol{C}_s\boldsymbol{R}^T\dot{x}_c + \{\boldsymbol{K}_s + \boldsymbol{K}_t\}\boldsymbol{X}_t - \boldsymbol{K}_s\boldsymbol{R}^T\boldsymbol{X}_c = -\boldsymbol{U} + \boldsymbol{K}_t\boldsymbol{X}_r \qquad (6.20)$$

式中

$$\boldsymbol{M}_t = \begin{bmatrix} m_{t1} & 0 \\ 0 & m_{t2} \end{bmatrix}, \ \boldsymbol{K}_t = \begin{bmatrix} k_{t1} & 0 \\ 0 & k_{t2} \end{bmatrix}, \ \boldsymbol{X}_r = [x_{r1}, x_{r2}]^T$$

式(6.19)与式(6.20)合并,可得

$$\boldsymbol{M}\ddot{\boldsymbol{X}} + \boldsymbol{C}\dot{\boldsymbol{X}} + \boldsymbol{K}\boldsymbol{X} = \boldsymbol{W}_T\boldsymbol{X}_T + \boldsymbol{T}\boldsymbol{U} \qquad (6.21)$$

式中: $\boldsymbol{M}$、$\boldsymbol{C}$、$\boldsymbol{K}$、$\boldsymbol{W}_T$、$\boldsymbol{T}$ 分别为悬架的质量矩阵、阻尼矩阵、刚度矩阵、路面扰动输入矩阵和控制作用矩阵,其转换关系式为:

$$\boldsymbol{C} = \begin{bmatrix} \boldsymbol{C}_s & -\boldsymbol{C}_s\boldsymbol{R}^T \\ -\boldsymbol{R}\boldsymbol{C}_s & \boldsymbol{R}\boldsymbol{C}_s\boldsymbol{R}^T \end{bmatrix}, \ \boldsymbol{K} = \begin{bmatrix} \boldsymbol{K}_t + \boldsymbol{K}_s & -\boldsymbol{K}_s\boldsymbol{R}^T \\ -\boldsymbol{R}\boldsymbol{K}_t & \boldsymbol{R}\boldsymbol{K}_s\boldsymbol{R}^T \end{bmatrix}$$

$$\boldsymbol{W}_T = \begin{bmatrix} k_{t1} & 0 & 0 & 0 \\ 0 & k_{t2} & 0 & 0 \end{bmatrix}^T, \ \boldsymbol{T} = \begin{bmatrix} -1 & 0 & 1 & -b \\ 0 & -1 & 1 & L-b \end{bmatrix}^T, \ \boldsymbol{M} = \begin{bmatrix} \boldsymbol{M}_1 & 0 \\ 0 & \boldsymbol{M}_2 \end{bmatrix}$$

在为零初始条件下,对式(6.21)进行拉普拉斯变换,可得

$$\{\boldsymbol{M}s^2 + \boldsymbol{C}s + \boldsymbol{K}\}X(s) = \boldsymbol{W}_T X_r(s) + \boldsymbol{T}U(s) \qquad (6.22)$$

求频率响应函数,令 $s = j\omega$,得到 $\boldsymbol{X} = [x_{t1}, x_{t2}, x_c, \phi]^T$ 对路面激励 $\boldsymbol{X}_r = [x_{t1}, x_{t2}]^T$ 的频率响应矩阵为

$$\boldsymbol{X}(j\omega) = \boldsymbol{H}_r(j\omega)\boldsymbol{X}_r(j\omega) + \boldsymbol{H}_u(j\omega)\boldsymbol{U}(j\omega) \qquad (6.23)$$

式中

$$\boldsymbol{H}_r(j\omega) = \{\boldsymbol{K} - \omega^2\boldsymbol{M} + j\omega\boldsymbol{C}\}^{-1}\boldsymbol{W}_T \qquad (6.24)$$

$$\boldsymbol{H}_u(j\omega) = \{\boldsymbol{K} - \omega^2\boldsymbol{M} + j\omega\boldsymbol{C}\}^{-1}\boldsymbol{T} \qquad (6.25)$$

式(6.23)即为分析悬架侧倾、仰俯运动的频响函数。对被动悬架 $\boldsymbol{U}(j\omega) = 0$,因而悬架的设计就是确定一组参数 C_{s1}、C_{s2}、k_{s1}、k_{s2},使 $\boldsymbol{H}_r(j\omega)$ 的各项性能达到期望的要求。而对主动悬架、半主动悬架,$\boldsymbol{U}(j\omega)$ 与所采用的控制规律有关,它是在被动悬架的基础上进一步寻求合适的控制规律,使悬架的各项性能指标达到期望的特性。

6.2.3 整车力学模型

整车力学模型如图 6.10(c)所示。同理可以分两步写出七自由度整车悬架系统的运动方程:先写出车体的三个运动方程;再写出四个非簧载质量的运动方程,并把它们整理成矩阵形式。对矩阵形式的方程做拉普拉斯变换,得悬架整车的力学模型:

$$\{\boldsymbol{M}_s s^2 + \boldsymbol{C}_s s + (\boldsymbol{K}_s + \boldsymbol{K}_t)X_t(s) - \{\boldsymbol{C}_s\boldsymbol{R}^T s + \boldsymbol{K}_s\boldsymbol{R}^T\}X_c(s) = -U(s) + \boldsymbol{K}_t\Gamma X_{rf}(s) \qquad (6.26)$$

$$\{\boldsymbol{M}_s s^2 + \boldsymbol{R}\boldsymbol{C}_s\boldsymbol{R}^T s + \boldsymbol{R}\boldsymbol{K}_s\boldsymbol{R}^T\}X_c(s) - \{\boldsymbol{R}\boldsymbol{C}_s s + \boldsymbol{R}\boldsymbol{K}_s\}X_t(s) = \boldsymbol{R}U(s) \qquad (6.27)$$

参数的意义可以参阅相关文献。

<h1 style="text-align:center">6.3　路面输入模型</h1>

研究汽车悬架系统的性能离不开道路,因此,首先讨论、介绍路面输入模型问题。

6.3.1　路面不平度的功率谱

分析悬架在时域或频率域内的性能,首先要用到地面的随机输入。路面相对基准平面的垂直位移 x_r 沿水平距离方向的变化如图 6.11 所示。在不同的路段测量,很难得到两个完全相同的路面轮廓曲线(或不平度函数)。通常把测量得到的大量路面不平度随机数据,经数据处理得到路面功率谱密度 $G_{xr}(n)$。一种被普遍接受的路面功率谱密度为

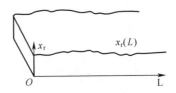

图 6.11　路面不平度曲线

$$G_{xr}(n) = G_{xr}(n_0)(n/n_0)^{-w} \tag{6.28}$$

式中: n 为空间频率(m^{-1}),它是波长的倒数,表示每米长度中包含的波数; n_0 为参考空间频率, $n_0 = 0.1\mathrm{m}^{-1}$; $G_{xr}(n_0)$ 为参考空间频率下的路面谱值,称为路面不平度系数($\mathrm{m}^2/\mathrm{m}^{-1}$); w 为频率指数,确定每段功率谱斜线的斜率,取值由路面谱的频率结构确定。

根据路面功率谱密度,路面按不平度分为 8 级。表 6.1 规定了各级路面不平度系数 $G_{xr}(n_0)$ 的变化范围及其几何平均值,分级路面谱的频率指数 $w = 2$。按功率谱密度对路面分级如图 6.12 所示。

表 6.1　路面不平度 8 级分级标准

路面等级	$G_{xr}(n_0) \times 10^{-6}\,\mathrm{m}^2/\mathrm{m}^{-1}$ $n_0 = 0.1\,\mathrm{m}^{-1}$			$\sigma_{xr} \times 10^{-3}\,\mathrm{m}$ $0.011\mathrm{m}^{-1} < n < 2.83\mathrm{m}^{-1}$		
	下限	几何平均值	上限	下限	几何平均值	上限
A	8	16	32	2.69	3.81	5.38
B	32	64	128	5.38	7.61	10.77
C	128	256	512	10.77	15.23	21.53
D	512	1024	2048	21.53	30.45	43.06
E	2048	4096	8192	43.06	60.90	86.13
F	8192	16.384	32.768	86.13	121.80	172.26
G	32768	65536	131072	172.26	243.61	344.52
H	131072	262144	524288	344.52	487.22	689.04

除了用式(6.28)表示的路面垂直位移功率谱外,还可用路面的垂直速度、加速度来描述路面不平度的统计特性。路面速度功率谱、加速度功率谱与垂直位移功率谱之间关系为

$$G_{\dot{x}r}(n) = (2\pi n)^2 G_{xr}(n) \tag{6.29}$$

$$G_{\ddot{x}r}(n) = (2\pi n)^4 G_{xr}(n) \tag{6.30}$$

当 $w = 2$ 时,由式(6.28)、式(6.29)可得

$$G_{\dot{x}r}(n) = (2\pi n_0)^2 G_{xr}(n_0) \tag{6.31}$$

可以看出,此时路面速度功率谱幅值在整个频率范围内为常数,即白噪声。因速度功率谱

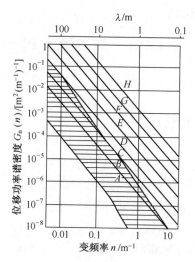

图 6.12　路面不平度分级图

幅值大小仅与 $G_{xr}(n_0)$ 有关,所以有时用它来计算分析会更为方便。

另一种被普遍接受的路面不平度的功率谱密度,它可消除时间序列中的直流分量和均值漂移成分,具有以下形式:

$$G_{xr}(n) = G_{xr}(n_0) \frac{n^2}{(n^2 + n_0^2)(n^2 + n_r^2)} \tag{6.32}$$

式中:n_0、n_r 为低频、高频时的参考空间频率。

6.3.2　空间频率谱函数与时间频率谱函数的转化

谱函数 $G_{xr}(n)$ 描述路面的统计特性,仅与路面距离和表面粗糙度有关,而与车速和时间无关,故空间谱函数描述路面特性具有唯一性。但是,在分析来自不平路面的激励在悬架上产生的动态响应时,要用到的路面不平度函数 $x_r(L)$,必须考虑汽车的行驶速度($L=vt$)。为了分析方便,通常把空间频谱函数转换为时间频谱函数。设车速为 v,则空间与时间频谱之间的转换关系为

$$G_{xr}(f) = \frac{G_{xr}(n)}{v} \tag{6.33}$$

式中:f 为时间频率(Hz);v 为汽车行驶速度(m/s)。

空间频率 n 与时间频率 f 之间的关系为

$$f = vn \tag{6.34}$$

把式(6.33)、式(6.34)代入式(6.28),可得

$$G_{xr}(f) = \frac{1}{v} G_{xr}(n_0) \left(\frac{f}{n_0 v} \right)^{-w} \tag{6.35}$$

当 $w = 2$ 时,式(6.35)变为

$$G_{xr}(f) = n_0^2 G_{xr}(n_0) \frac{v}{f^2} \tag{6.36}$$

在时间频率域内,路面不平度垂直速度和加速度的谱密度分别为

$$G_{\dot{x}r}(f) = (2\pi f)^2 G_{xr}(f) = 4\pi^2 G_{xr}(n_0) n_0^2 v \qquad (6.37)$$

$$G_{\ddot{x}r}(f) = (2\pi f)^4 G_{xr}(f) = 16\pi^4 G_{xr}(n_0) n_0^2 f^2 v \qquad (6.38)$$

由式$(6.36) \sim$式(6.38)可知，$G_{xr}(f)$、$G_{\dot{x}r}(f)$和$G_{\ddot{x}r}(f)$与路面的粗糙度及车速成正比。

6.3.3 路面输入信号的计算机仿真

分析研究悬架在时域内的动态特性，进一步需要把路面不平度在频率域内的统计特性转化为时域内的时间序列。产生随机路面不平度时间轮廓（路面粗糙度）常有两种方法，即由白噪声通过积分器产生或由白噪声通过成形滤波器产生。

1. 积分白噪声随机路面轮廓

当路面不平度功率谱形如式(6.35)，$w = 2$时，则它的垂直速度功率谱由式(6.37)表示。即当车速为定值时，谱密度为常数$4\pi^2 G_{xr}(n_0) n_0^2 v$。于是，路面轮廓可由谱密度为$2\pi n_0 \sqrt{G_{xr}(n_0) v}$的白噪声通过一积分器产生，用式描述为

$$x_r(t) = k_0 \int_0^t w(t) \mathrm{d}t \qquad (6.39)$$

式中：$k_0 = 2\pi n_0 \sqrt{G_{xr}(n_0) v}$；$w(t)$为单位白噪声。

当$G_{xr}(n_0) = 5.0 \times 10^{-6}$，$n_0 = 0.1$，由 Matlab 白噪声函数经积分产生的随机路面轮廓如图 6.13 所示。

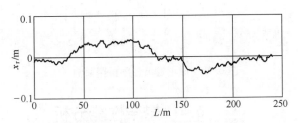

图 6.13 积分白噪声随机路面输入

2. 滤波器整形白噪声随机路面轮廓

当路面垂直位移功率谱用式(6.32)表示时，由谱分解定理，一个具有有理谱密度$G_{xr}(\omega)$的平稳随机过程，必能唯一找到一个有理函数$H(\mathrm{j}\omega)$，使$G_{xr}(\omega)$可分解成

$$G_{xr}(\omega) = H(\mathrm{j}\omega) H(-\mathrm{j}\omega) = |H(\mathrm{j}\omega)|^2 \qquad (6.40)$$

于是，$G_{xr}(\omega)$就转化为单位白噪声通过线性系统$H(s)$所生成，其信号的关系可如图 6.14 所示。

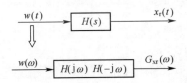

图 6.14 整形白 A 噪声随机路面轮廓生成方法

把式(6.32)转化为时间频率，可得

$$G_{xr}(f) = G_{xr}(n_0) \frac{f^2}{(f^2 + v^2 n_0^2)(f^2 + v^2 n_r^2)} \tag{6.41}$$

$$G_{xr}(\omega) = G_{xr}(n_0) \frac{4\pi^2 \omega^2}{[\omega^2 + (2\pi v n_0)^2][\omega^2 + (2\pi v n_r)^2]} \tag{6.42}$$

路面不平度函数 $x_r(L)$ 可认为是平稳高斯分布的随机过程,因此式(6.40)可分解为

$$G_{xr}(\omega) = H(j\omega)H(-j\omega) \tag{6.43}$$

式中

$$H(j\omega) = \sqrt{G_{xr}(n_0)} v \frac{2\pi j\omega}{(2\pi v n_0 + j\omega)(2\pi v n_r + j\omega)} \tag{6.44}$$

于是,路面不平度的成形滤波器为

$$H(s) = K \frac{s}{(s + \alpha)(s + \beta)} \tag{6.45}$$

式中

$$K = 2\pi \sqrt{G_{xr}(n_0)} v , \quad \alpha = 2\pi v n_0 , \quad \beta = 2\pi v n_r$$

由成形滤波器得到随机路面轮廓如图 6.15 表示。

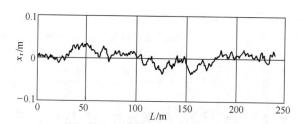

图 6.15　成形滤波器随机路面输入

6.4　悬架性能分析

主动悬架和半主动悬架可以克服被动悬架某些固有的缺陷,在受到不平路面的激励作用下,比被动悬架可得到更好的平顺性与操纵稳定性。本节以 1/4 车体模型为对象,通过极点配置方法,全面分析极点位置对悬架平顺性和操纵稳定性的影响,提供悬架性能评价的理论依据。

1974 年,Karnop 提出天棚阻尼悬架模型,由于结构简单,造价低,在现今的主动悬架和半主动悬架上已得到广泛应用。在许多研究文献中,常以天棚阻尼模型作为比较对象,以证实所提设计方案的有效性。下面以天棚阻尼模型为例,介绍用极点配置法进行悬架控制规律的设计,并分析极点配置位置对悬架平顺性和操纵稳定性的影响。分析采用传递函数分析法和均方根值分析法。

6.4.1　传递函数分析法

1. 天棚阻尼悬架模型

天棚阻尼悬架的工作原理如图 6.16(a)所示,从物理意义上这是无法在汽车上实现的方案,实际在汽车上采用的是与图 6.16(b)近似等效的天棚阻尼悬架。

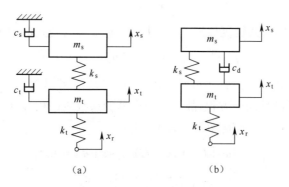

图 6.16 天棚阻尼悬架

(a)理想模型;(b)近似实现模型。

由图 6.16(a),根据牛顿第二定理可得到如下方程:

$$\begin{cases} (m_s s^2 + c_s s + k_s)x_s(s) - k_s x_t(s) = 0 \\ (m_t s^2 + c_t s + k_s + k_t)x_t(s) - k_s x_s(s) = x_r k_t(s) \end{cases} \tag{6.46}$$

为了满足车辆的操纵性能,要求车轮能始终接触地面。于是由式(6.46)可定义描述轮胎的接地性能传递函数为

$$H_{T1}(s) = \frac{x_t(s)}{x_r(s)} = \frac{(\omega_1\omega_2)^2[(s/\omega_2)^2 + 2\xi_2(s/\omega_2) + 1]}{\Delta(s)} \tag{6.47}$$

与式(6.16)定义比较可知,接地性能传递函数与轮胎的动变形传递函数间的关系为 $H_{T1}(s) = 1-H_T(s)$。悬架平顺性传递函数为

$$H_{XR-XS}(s) = \frac{x_s(s)}{x_r(s)} = \frac{(\omega_1\omega_2)^2}{\Delta(s)} \tag{6.48}$$

式中

$$\Delta(s) = s^4 + \omega_2 2z(1 + \mu d)s^3 + \omega_2^2[1 + \mu + \Omega + 4z^2\mu d]s^2 \\ + \omega_2^3[2z\mu(1 + d) + 2z\Omega]s + \omega_2^4\Omega \tag{6.49}$$

其中

$$\omega_1^2 = \frac{k_t}{m_t}, \ \omega_2^2 = \frac{k_s}{m_s}, \ \xi_1 = \frac{c_t}{2m_t\omega_1}, \ \xi_2 = \frac{c_s}{2m_s\omega_2}$$

$$z = \xi_2, \ d = \frac{c_t}{c_s}, \ \mu = \frac{m_s}{m_t}, \ \Omega = \left(\frac{\omega_1}{\omega_2}\right)^2$$

为了保持理想的操纵性能,要求车轮在各种条件下都能跟随路面轮廓。理想的悬架平顺性,则要求悬架的簧载质量保持静止。这意味着,传递函数 H_{T1} 和 H_{XR-XS} 的理想特性应如图 6.17 所示。为此在设计悬架控制器时,应力图使传递函数 H_{T1} 和 H_{XR-XS} 尽量接近如图 6.17 的特性。

令传递函数 H_{T1} 和 H_{XR-XS} 的特征方程等于 0,可得

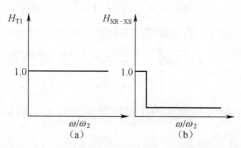

图 6.17 H_{T1} 和 H_{XR-XS} 的理想传递函数幅频特性

$$\Delta(s) = 0 \tag{6.50}$$

假定式(6.50)有两对共轭复根 $-p_x \pm jp_y$、$-q_x \pm jq_y$,则式(6.49)又可以表示为

$$
\begin{aligned}
&s^4 + 2(p_x + q_x)s^3 + (p_2^2 + q_2^2 + 4p_xq_x + p_y^2 + q_y^2)s^2 \\
&+ 2(p_xq_x^2 + p_x^2q_x + q_xp_y^2 + p_xq_y^2)s + (p_x^2 + p_y^2)(q_x^2 + q_y^2) = 0
\end{aligned} \tag{6.51}
$$

因式(6.49)和式(6.51)是同一方程,故 s 的同次幂的系数应该相等,即

$$
\begin{cases}
\omega_2 z(1 + \mu d) = A_r \\
\omega_2^2 [(1 + \mu + \Omega) + 4z^2\mu d] = B_r \\
\omega_2^3 [z\mu(1 + d) + z\Omega] = C_r \\
\omega_2^4 \Omega = D_r
\end{cases} \tag{6.52}
$$

$$
\begin{cases}
A_r = p_x + p_y \\
B_r = p_x^2 + q_x^2 + 4p_xq_x + p_y^2 + q_y^2 \\
C_r = p_xq_x^2 + q_xp_x^2 + p_xq_y^2 + q_xp_y^2 \\
D_r = (q_x^2 + q_y^2)(p_x^2 + p_y^2)
\end{cases} \tag{6.53}
$$

只要 $-p_x \pm jp_y$、$-q_x \pm jq_y$ 一定,由式(6.52)就有

$$\Omega = \frac{D_r}{\omega_2^4}$$

$$d = \left(\frac{C_r}{A_r} - \omega_2^2\mu - \frac{D_r}{\omega_2^2}\right) \Big/ \mu\left(\omega_2^2 - \frac{C_r}{A_r}\right)$$

$$z = \frac{A_r\left(\omega_2^2 - \dfrac{C_r}{A_r}\right)}{\left[\omega_2^2(1 - \mu) - \dfrac{D_r}{\omega_2^2}\right]\omega_2}$$

将以上三式代入式(6.52)的第二式,可得

$$a_0\omega_2^{12} + a_1\omega_2^{10} + a_2\omega_2^8 + a_3\omega_2^6 + a_4\omega_2^4 + a_5\omega_2^2 + a_6 = 0$$

式中 $a_0 = (1 + \mu)(1 - \mu)^2$, $a_1 = -4A_r^2\mu - B_r(1 - \mu)^2$

$a_2 = D_r(1 - \mu)^2 - 2(1 - \mu)^2 D_r + 4(\mu + 1)C_rA_r$

$a_3 = 2(1 - \mu)D_rB_r - 4(C_r^2 + A_r^2D_r)$

$a_4 = 4C_rD_rA_r - 2D_r^2(1 - \mu) + D_r^2(1 + \mu)$, $a_5 = -D_r^2B_r$, $a_6 = D_r^3$

解 ω_2^2 的多项式,其中最小正实根就是所需要的解,则进一步可以求得 z、d、Ω,进而可以得到极点 $-p_x \pm jp_y$、$-q_x \pm jq_y$ 与悬架结构参数 c_s、c_t、k_s、k_t 之间的关系:

$$\omega_1^2 = \omega_2\sqrt{\Omega}, \; c_s = 2m_sz\omega_2, \; c_t = c_sd, \; k_t = m_t\omega_1^2, \; k_s = m_s\omega_2^2$$

把传递函数的拉普拉斯变换算子 s 用 $j\omega$ 替代,即可求得传递函数的幅频特性:

$$|H_{T1}(\omega)| = \left|\frac{x_t(\omega)}{x_r(\omega)}\right| = \frac{\left(\dfrac{\omega_1}{\omega_2}\right)^2 \left\{\left[1 - \left(\dfrac{\omega}{\omega_2}\right)^2\right]^2 + (2\xi_2\omega/\omega_2)^2\right\}^{\frac{1}{2}}}{|\Delta(\omega)|} \tag{6.54}$$

$$H_{\mathrm{XR\text{-}XS}}(\omega) = \frac{x_s(\omega)}{x_t(\omega)} = \frac{\left(\dfrac{\omega_1}{\omega_2}\right)^2}{|\Delta(\omega)|} \tag{6.55}$$

式中 $|\Delta(\omega)| = \left\{\left[g_0 - g_2\left(\dfrac{\omega}{\omega_2}\right)^2 + \left(\dfrac{\omega}{\omega_2}\right)^4\right]^2 + \left[g_1\left(\dfrac{\omega}{\omega_2}\right) - g_3\left(\dfrac{\omega}{\omega_2}\right)^3\right]\right\}^{\frac{1}{2}}$

$g_0 = \Omega$，$g_1 = 2z[\mu(1+d) + \Omega]$，$g_2 = 1 + \mu + \Omega + (2z)^2\mu d$，$g_3 = 2z(1 + \mu d)$

1) 一对极点 P 固定、另一对极点 Q 对传递特性的影响

把一对极点 P 的位置（$p_x = p_y = 4.7$）固定，另一对极点 Q 在左半平面沿 45°方向向外移动，按式（6.52）求 z、d、Ω 和 ω_2 随 Q 位置的变化趋势如图 6.18（a）所示。而传递函数 H_{T1} 和 $H_{\mathrm{XR\text{-}XS}}$ 与 Q 之间的变化关系分别如图 6.18(b)、(c)所示。从图可以看出，当 Q 向外移动时，传递函数 H_{T1} 得到明显的改善，而 $H_{\mathrm{XR\text{-}XS}}$ 则随 Q 向外移动稍有恶化。

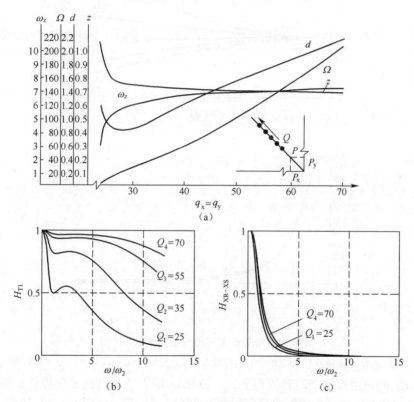

图 6.18　极点 Q 对悬架性能的影响（$\mu = 7$）

(a) z、d、Ω 和 ω_2 随 Q 变化曲线；(b) H_{T1} 随极点 Q 变化趋势；(c) $H_{\mathrm{XR\text{-}XS}}$ 随极点 Q 变化趋势。

通过第一次扫描搜索得到 Q 在径向方向的最佳半径为 99。再次固定极点 P，并把 Q 限制在该圆弧上的 s 左半平面内移动（Q 的角度 ϕ_2 变化），对应 z、d、Ω 和 ω_2 随 ϕ_2 的变化趋势如图 6.19（a）所示。ϕ_2 的变化对 H_{T1} 和 $H_{\mathrm{XR\text{-}XS}}$ 的影响分别如图 6.19(b)、(c)所示。由计算结果可见，角度的变化对 $H_{\mathrm{XR\text{-}XS}}$ 的影响几乎可以忽略不计。而角度变化对 H_{T1} 的影响较大，对应最佳值为 45°。

2) 最佳极点 Q 确定，寻找最佳 P 点

由上述搜索，得到最佳极点 Q（$q_x = q_y = 70$）。于是把得到的 Q 点固定，首先令 P 点沿 45°

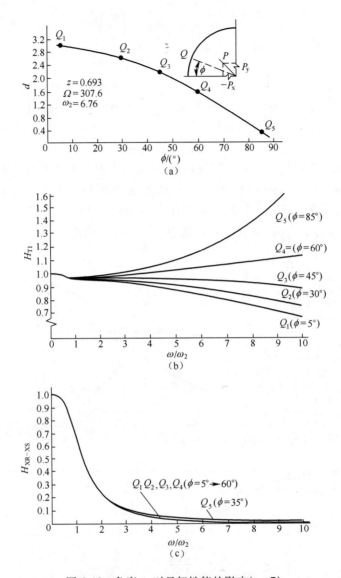

图 6.19　角度 ϕ_2 对悬架性能的影响($\mu=7$)

(a)z、d、Ω 和 ω_2 随 Q 变化曲线;(b)H_{T1} 随极点 Q 变化趋势;(c)H_{XR-XS} 随极点 Q 变化趋势。

方向向外移动,同理由式(6.52)计算得到 z、d、Ω 和 ω_2 随 P 点移动的变化趋势如图 6.20(a)所示,P 点移动对 H_{T1} 和 H_{XR-XS} 的影响分别如图 6.20(b)、(c)所示。结果可见,极点 P 的变化对 H_{XR-XS} 的影响不明显,而对 H_{T1} 的影响较大,其最佳值接近原点($p_x=p_y=1.25$)。该点所处的圆弧半径为 1.77。(与 Q 搜索相同),再次把 Q 固定($q_x=q_y=70$),并让 P 在 s 的左半平面沿 $R=1.77$ 圆弧移动(P 的角度 ϕ_1 变化),最后搜索到关于 P 点的最佳角度为 5°。由上述两次搜索得到天棚阻尼器极点位置配置为:$p_x=1.763$,$p_y=0.154$,$q_x=q_y=70$。把 p_x、p_y、q_x、q_y 代入式(6.52),可得

$$\begin{cases} z = 0.99 \\ d = 5.6 \\ \Omega = 3110 \\ \omega_2 = 1.77 \end{cases}$$

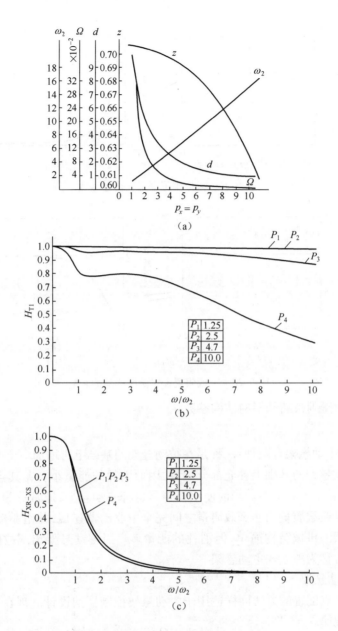

图 6.20 极点 P 对悬架性能的影响($\mu = 7$)

(a)z、d、Ω 和 ω_2 随 P 变化曲线;(b)H_{T1}随极点 P 变化趋势;(c)$H_{XR\text{-}XS}$随极点 P 变化趋势。

3)天棚阻尼最佳传递函数/ 响应

由上述参数确定的天棚阻尼器的最佳传递函数 H_{T1} 和 $H_{XR\text{-}XS}$如图 6.21 所示。对阶跃响应的变化曲线如图 6.22 所示。可见,通过极点配置,无论是在频率域内的特性还是在时域的特性都取得很好的效果。

4)被动悬架设计过程

从上面的分析可以得出,只要图 6.17 能准确描述被动悬架的理想特性,则被动悬架的设计过程可分为两个步骤:

(1)导出描述悬架特性的传递函数。

(2)扫描极点位置对传递特性的影响,找到最佳的极点配置位置,然后按照式(6.52)确

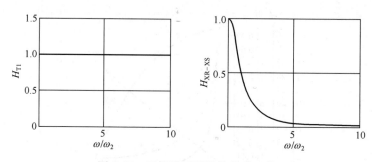

图 6.21　天棚阻尼器最佳传递函数

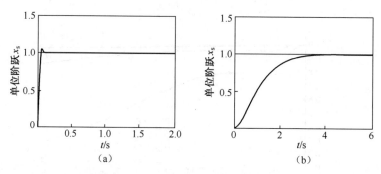

图 6.22　天棚阻尼器对阶跃扰动的响应

定 z、d、Ω、ω_2，最后得到被动悬架的结构参数。

2. 主动悬架

目前，采用的主动悬架有两种：一种是在被动悬架的基础上再增加一个驱动器。这种主动悬架只需要在被动悬架的基础上补充部分能量，因而消耗的能量小。尤其当主动悬架出现故障，它仍能按被动悬架方式工作。当前使用较多是这种主动悬架，通常称为并联式主动悬架。另一种主动悬架是簧载质量和非簧载质量之间完全由驱动器连接，并由驱动器吸收和补充全部能量。这种悬架的机械结构简单，但消耗的能量多。当主动悬架出现故障，就无法正常工作。一种悬架通常称为独立式主动悬架。

1）并联式主动悬架

天棚阻尼器极点配置的方法同样适用于主动悬架控制器的设计。现在分析极点配置，以确定合适的控制规律。

控制规律有如下形式：

$$F_a = h_1 x_t + h_2 x_s + h_3 \dot{x}_t + h_4 \ddot{x}_s \tag{6.56}$$

式中：F_a 为驱动器对悬架施加的作用力；h_i 为反馈系数。

由图 6.23 可求得悬架垂直振动与车轮跟踪路面轮廓的传递函数：

$$H_{T1}(s) = \frac{x_t(s)}{x_r(s)} = \frac{k_t(s^2 + q_4 s + q_3)}{m_t \Delta(s)} \tag{6.57}$$

$$H_{XR-XS}(s) = \frac{x_s(s)}{x_r(s)} = -\frac{k_t(q_2 s + q_1)}{m_t \Delta(s)} \tag{6.58}$$

$$\Delta(s) = s^4 + (p_2 + q_4)s^3 + (p_2 q_4 - q_2 p_4 + p_1 + q_3)s^2 \\ + (p_2 q_3 - p_3 q_2 + q_1 p_4)s + (q_3 p_1 - p_3 q_1) \tag{6.59}$$

238

$$式中\begin{cases} p_1 = \dfrac{k_t + k_s + h_1}{m_t} \ , \ p_2 = \dfrac{c_s + h_3}{m_t} \ , \ p_3 = -\dfrac{k_s - h_2}{m_t} \ , \ p_4 = -\dfrac{c_s - h_4}{m_t} \\[3mm] q_1 = -\dfrac{k_s + h_1}{m_s} \ , \ q_2 = -\dfrac{c_s + h_3}{m_s} \ , \ q_3 = \dfrac{k_s - h_2}{m_s} \ , \ q_4 = \dfrac{c_s - h_4}{m_s} \end{cases}$$

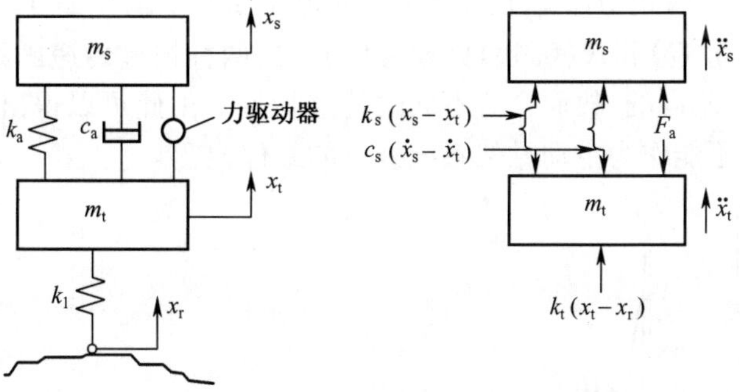

图 6.23 1/4 主动悬架受力图

以 $j\omega$ 代替拉普拉斯算子 s，得传递函数的幅频特性：

$$|H_{T1}(\omega)| = \left| \frac{x_t(\omega)}{x_r(\omega)} \right| = \frac{k_t}{m_t} \sqrt{ \frac{(q_3 - \omega^2)^2 + (q_4\omega)^2}{(\alpha_4 - \alpha_2\omega^2 + \omega^4)^2 + \omega^2(\alpha_3 - \alpha_1\omega^2)^2} } \tag{6.60}$$

$$|H_{XR-XS}(s)| = \frac{k_t}{m_t} \sqrt{ \frac{q_1^2 + q_2^2\omega^2}{(\alpha_4 - \alpha_2\omega^2 + \omega^4)^2 + \omega^2(\alpha_3 - \alpha_1\omega^2)^2} } \tag{6.61}$$

式中

$$\begin{cases} \alpha_1 = p_2 + q_4 \\ \alpha_2 = p_2 q_4 - q_2 p_4 + p_1 + q_3 \\ \alpha_3 = q_3 p_2 - p_3 q_2 + p_1 q_4 - q_1 p_4 \\ \alpha_4 = q_3 p_1 - p_3 q_1 \end{cases} \tag{6.62}$$

假定 $\Delta(s)$ 的特征根为 $-p_x \pm jp_y$ 和 $-q_x \pm jq_y$，则有特征方程

$$s^4 + \alpha_1 s^3 + \alpha_2 s^2 + \alpha_3 s + \alpha_4 = 0 \tag{6.63}$$

与式(6.51)比较特征方程的系数与根的关系可得

$$\alpha_1 = 2A_r \ , \ \alpha_2 = B_r \ , \ \alpha_3 = 2C_r \ , \ \alpha_4 = D_r$$

以上四式右边参数可用式(6.53)确定，即特征根给定以后，特征方程系数 α_i ($i=1,2,3,4$)随之确定。在式(6.62)中代入 p_i、q_i，求得反馈系数与悬架参数之间的关系：

$$\begin{cases} h_2 = k_s - \dfrac{\alpha_4 m_t m_s}{k_t} \\[4mm] h_4 = c_s - \dfrac{\alpha_3 m_t m_s}{k_t} \\[4mm] h_3 = \dfrac{1}{m_s}[\alpha_1 m_t m_s - c_s(m_t + m_s) + m_t h_4] \\[4mm] h_1 = \dfrac{1}{m_s}[\alpha_2 m_t m_s - m_t(k_s - h_2) - m_s(k_t + k_s)] \end{cases} \tag{6.64}$$

当悬架参数 m_t、m_s、k_t、k_s、c_s 给定后,可以由式(6.64)求解反馈系数。

例6.1 设悬架参数:$m_t = 37\text{kg}$,$m_s = 259\text{kg}$,$k_t = 130000\text{N/m}$,$k_s = 13000\text{N/m}$,$c_s = 1364\text{N·s/m}$。试求系数以及传递特性。

解:把这些值代入传递函数 H_{T1} 和 H_{XR-XS},它们的幅频特性如图6.24所示。结果完全不能满足性能要求。其原因是 H_{XR-XS} 在 $\omega = 0$ 处的值是110.9而不是1。分析式(6.60)和式(6.61),把它们同式(6.47)和式(6.48)比较可以看出,两种情形传递函数的特征方程虽完全相同,但它们的分子是不同的,故而会有不同的传递特性。由此可以得出,按天棚阻尼器模型配置的最佳极点位置不能作为主动悬架系统极点的最佳位置。

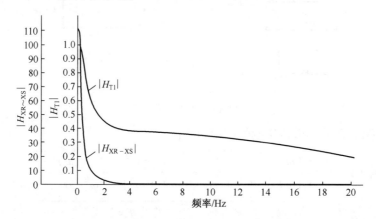

图6.24 按天棚配置主动悬架的极点位置

事实上,分析式(6.61),不难证明当 $\omega \to 0$ 时,有

$$\lim_{\omega \to 0} H_{XR-XS} = \frac{k_s + h_1}{k_s - h_2}$$

于是若 $H_{XR-XS} \to 1$,必须 $h_1 = h_2 = 0$,要求位移反馈是0,导致仅有速度反馈系数 h_3、h_4。

为了使传递函数 H_{T1} 和 H_{XR-XS} 近似接近图6.17所示的特性,由极点配置方法可以求得反馈系数的最佳组合为

$$h_1 = h_2 = 0, h_3 = 500, h_4 = 0.5$$

所得主动悬架与被动悬架传递特性比较如图6.25所示。由图可见,轮胎接地性能得到改善,但主动悬架平顺性传递函数在固有频率 $\omega_2 = \sqrt{\dfrac{k_s}{m_s}}$ 处峰值比被动悬架增加,且在 ω_2 左右曲线均在被动悬架之上,平顺性有所降低。利用上面给定的参数在时域内对系统进行仿真,在阶跃信号作用下,簧载质量和非簧载质量的动态响应如图6.26所示。在时域内,车体振动位移的峰值增加,平顺性稍有恶化。而非簧载质量的超调略有减小,操纵稳定性稍有改善。进一步改变反馈系数 h_3、h_4,在时域内的动态响应曲线变化不大,与被动悬架的性能比较效果不明显。由此可以得出,按式(6.56)给出的控制规律,通过改变反馈系数不会得到更为

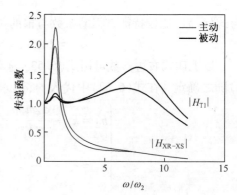

图6.25 式(6.56)扫描控制律配置
主动悬架的极点

理想的传递特性。为了改善主动悬架的性能,必须寻找另外的控制规律。

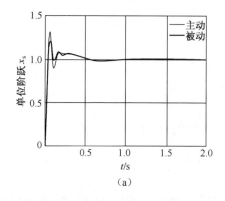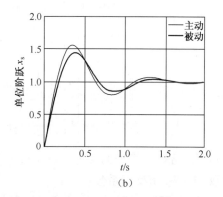

图6.26 按式(6.56)控制律配置主动悬架极点的阶跃响应

2) 独立式主动悬架

考虑更一般形式的主动悬架,令驱动器的控制规律具有以下形式:

$$F_a = h_1 x_t + h_2 x_s + h_3 \dot{x}_t + h_4 \dot{x}_s - (h_1 + h_2) x_r \tag{6.65}$$

整理式(6.65),可得

$$F_a = h_1(x_t - x_s) + h_3(\dot{x}_t - \dot{x}_s) + (h_3 + h_4)\dot{x}_s + (h_1 + h_2)(x_s - x_r) \tag{6.66}$$

若$k_s = h_1$,$c_s = h_3$,则方程中的第一项和第二项代表悬架的弹簧力和阻尼力,此时悬架也可用图6.23来表示。对应驱动器的作用力为

$$F_a = (h_3 + h_4)\dot{x}_s + (h_1 + h_2)(x_s - x_r) \tag{6.67}$$

为式(6.66)中的最后两项。

悬架的作用力由式(6.65)描述时被称为汤姆逊控制律。容易推导出,由图6.23所示的主动悬架和控制律(式(6.65)),得到有关的传递函数为

$$H_{T1}(s) = \frac{x_t(s)}{x_r(s)} = \frac{m_s(k_t + h_1 + h_2)s^2 - k_1 h_4 s - k_t h_2}{m_t m_s \Delta(s)} \tag{6.68}$$

$$H_{XR-XS}(s) = \frac{x_s(s)}{x_r(s)} = -\frac{m_t(h_1 + h_2)s^2 + k_t h_3 s - k_t h_2}{m_t m_s \Delta(s)} \tag{6.69}$$

$$\Delta(s) = s^4 + \nu_1 s^3 + \nu_2 s^2 + \nu_3 s + \nu_4 \tag{6.70}$$

$$\nu_1 = \frac{m_s h_3 - m_t h_4}{m_t m_s}, \quad \nu_2 = \frac{m_s(k_t + h_1) - m_t h_2}{m_t m_s}, \quad \nu_3 = -\frac{k_t h_4}{m_t m_s}, \quad \nu_4 = -\frac{k_t h_2}{m_t m_s} \tag{6.71}$$

式(6.68)、式(6.69)传递函数对应的幅频特性为

$$|H_{T1}(\omega)| = \frac{1}{m_s m_t} \left\{ \frac{[-k_t h_2 - (k_t + h_1 + h_2)m_s \omega^2]^2 + (k_t h_4 \omega)^2}{(\nu_4 - \nu_2 \omega^2 + \omega^4)^2 + \omega^2(\nu_3 - \nu_1 \omega^2)^2} \right\}^{\frac{1}{2}} \tag{6.72}$$

$$|H_{XR-XS}(\omega)| = \frac{1}{m_s m_t} \left\{ \frac{[k_t h_2 + (h_1 + h_2)m_t \omega^2]^2 + (k_t h_3 \omega)^2}{(\nu_4 - \nu_2 \omega^2 + \omega^4)^2 + \omega^2(\nu_3 - \nu_1 \omega^2)^2} \right\}^{\frac{1}{2}} \tag{6.73}$$

仍设闭环极点为$-p_x \pm jp_y$、$-q_x \pm jq_y$,则得

$$\nu_1 = 2A_r, \quad \nu_2 = B_r, \quad \nu_3 = 2C_r, \quad \nu_4 = D_r$$

而A_r、B_r、C_r、D_r由式(6.53)确定。同理,当闭环极点指定以后,则$\nu_1 - \nu_4$就可由式(6.53)算出。由式(6.71)可得汤姆逊控制律的反馈系数与特征方程系数之间的关系为

$$\begin{cases} h_2 = -\dfrac{v_4 m_t m_s}{k_t} \\[2mm] h_4 = -\dfrac{v_3 m_t m_s}{k_t} \\[2mm] h_3 = \dfrac{1}{m_s}(v_1 m_t m_s + m_t h_4) \\[2mm] h_1 = \dfrac{1}{m_s}(v_2 m_t m_s + m_t h_2) - k_t \end{cases} \tag{6.74}$$

仍利用天棚阻尼模型的最佳极点位置配置($p_x = 1.763, p_y = 0.154, q_x = q_y = 70$)以及上述的悬架参数,求得一组反馈系数:

$$h_1 = 2.507 \times 10^5, \ h_2 = 2.263 \times 10^3, \ h_3 = 4.942 \times 10^3, \ h_4 = -2.58 \times 10^3$$

对应传递函数 H_{T1} 和 H_{XR-XS} 与被动悬架的比较曲线如图 6.27 所示。由计算结果可见,主动悬架传递函数特性与被动悬架相比,轮胎的接地性能有了明显的改善,但悬架的平顺性在低频处恶化,仅在 ω_2 处有明显改善。主动悬架在时域内的动态响应如图 6.28 所示,在阶跃信号作用下,主动悬架以很慢的速度进入稳态,稳态性能很差。可见,按精心设计的天棚悬架的极点配置位置同样也不适应汤姆逊控制规律的极点配置。为此需进一步扫描极点 P 和 Q 变化对平顺性传递函数与轮胎动载荷传递函数的影响,扫描步骤如下:

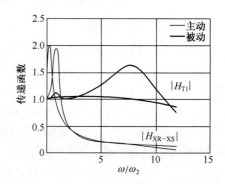

图 6.27　按天棚阻尼悬架的极点配置汤姆逊主动悬架的幅频特性

(1) 极点 Q 固定在 $(99, 45°)$,极点 P 沿幅角 $\phi_1 = 45°$ 的射线上(r_1 从 0.5 变到 16)进行一维扫描,得到初始点 $P(5, 45°)$。

(2) 极点 Q 位置与步骤(1)相同,极点在 $r_1 = 5$ 的圆弧上从 $\phi_1 = 0° \sim 90°$ 扫描,得到关于极点 P 的最佳位置为 $(5, 5°)$。

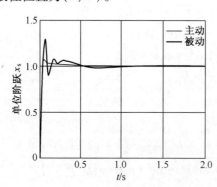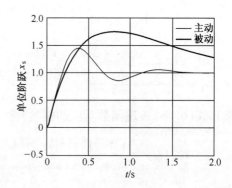

图 6.28　按天棚阻尼悬架的极点配置汤姆逊主动悬架的时域特性

(3) 极点 $(5, 5°)$ 保持不动,仿照步骤(1)、(2)对 $Q(r_2, \phi_2)$ 分别进行一维扫描,得到最佳点 $Q(99, 45°)$。通过两次扫描得到汤姆逊控制规律主动悬架最佳极点配置位置为

$$r_1 = 5, r_2 = 99, \phi_1 = 5°, \phi_2 = 45°$$

基于这一极点配置对应 H_{T1} 和 H_{XR-XS} 的传递特性如图 6.29 所示。在阶跃信号作用下,簧载质

量位移和轮胎对地表跟随响应特性如图 6.30 所示。与控制律(式(6.56))相比,无论是车体的动态响应还是轮胎对地表的跟随性能都有了明显的改善。

由极点配置对特性 H_{T1} 和 H_{XR-XS} 的影响可以得出:只要 H_{T1} 和 H_{XR-XS} 能真实准确地反映主动悬架的特性。通过极点配置进行主动悬架的设计就归结为两个问题:①确定一种合适的控制规律,如本节采用的两种控制方式,如式(6.56)和式(6.65);②扫描极点配置 H_{T1} 和 H_{XR-XS} 的影响,在 s 的左半平面找到4 个合适的极点位置,使对应的传递函数特性尽量接近图 6.17 的特性。本节假定传递函数的特征方程

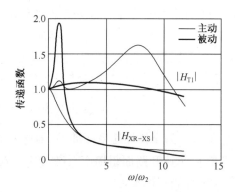

图 6.29　汤姆逊主动悬架最佳极点
配置的幅频特性

有两对共轭复根,也进一步假定传递函数有两个实根和一对共轭复根重复扫描上述过程,取两种情形的最好者作为悬架的极点配置位置。当极点的位置找到后,结合给定的控制规律,就可确定此控制规律的反馈系数。

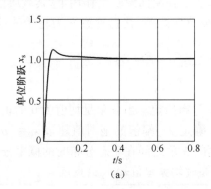
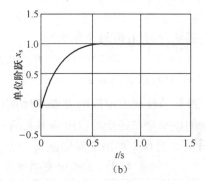

图 6.30　汤姆逊主动悬架最佳极点配置在时域的动态响应
(a)轮胎对阶跃扰动的响应;(b)车轮对阶跃扰动的响应。

6.4.2　均方根值分析法

由于 H_{T1} 和 H_{XR-XS} 仅描述输入和输出之间的幅频特性,没有包括相频特性,这就是用传递函数评价各项性能指标的不确定性问题。以轮胎的接地性能 H_{T1} 为例,当输入和输出大小相等、方向相反时,传递函数的幅频特性 $|H_{T1}| = \left| \dfrac{x_s}{x_r} \right| = |-1| = 1$,轮胎的接地性能用幅频特性来评价虽然达到理想状态,但此时的误差达到最大值。用幅频特性来评价悬架的动挠度,也可以得到同样的结论。由于用传递函数评价悬架特性的不确定性,所以悬架的设计并不能简单地归结为上述的两个步骤,为此下面进一步介绍悬架性能的均方根值评价分析法。

汽车在不平路面行驶,路面的随机激励对悬架的平顺性、轮胎的动态载荷及悬架的动挠度的影响也常用簧载质量加速度的均方根值 $\sigma_{\ddot{X}S}$、轮胎动态载荷均方根值 σ_F 及悬架的动挠度均方根值 σ_D 描述。

1. 悬架振动响应均方根值

汽车悬架近似为线性系统,对 1/4 车辆的悬架系统,车辆加速度 $\ddot{x}_s$ 响应的功率谱密度

$G_{\ddot{x}s}(f)$ 与路面位移输入的功率谱密度 $G_{xr}(f)$ 之间的关系为

$$G_{\ddot{x}s}(f) = |H_{XR-\ddot{x}S}(f)|^2 G_{xr}(f)$$

以车辆静平衡位置作为原点,则振动响应量的均值 $E_{\ddot{x}S} = 0$。因此它的统计特性——方差等于均方根值,并可由功率谱密度对频率积分求得:

$$\sigma_{\ddot{x}S}^2 = \int_0^\infty G_{\ddot{x}S}(f)\,\mathrm{d}f = \int_0^\infty |H_{XR-\ddot{x}S}(f)|^2 G_{xr}(f)\,\mathrm{d}f \tag{6.75}$$

式中:$\sigma_{\ddot{x}S}$ 为车体加速度标准差,因均值 $E_{\ddot{x}S}=0$,故 $\sigma_{\ddot{x}S}$ 就是均方根值;$G_{xr}(f)$ 为路面激励功率谱,由车速和路面粗糙度系数确定;$H_{XR-\ddot{x}S}(f)$ 为平顺性传递函数,由悬架的结构形式和所采用的控制规律确定。

同理,悬架的动挠度、轮胎动载荷标准差分别为

$$\sigma_D^2 = \int_0^\infty |H_D(f)|^2 G_{Xr}(f)\,\mathrm{d}f \tag{6.76}$$

$$\sigma_F^2 = \int_0^\infty |H_{TF}(f)|^2 G_{Xr}(f)\,\mathrm{d}f \tag{6.77}$$

式中:σ_D 为悬架动挠度标准差(称为均方根值),表示在路面激励 x_r 作用下,簧载质量位移与非簧载质量位移之差的一个统计值;σ_F 为轮胎动载荷标准差,其物理意义为轮胎的动态变形产生的动载荷的统计值,在时域表示为

$$F_d = k_t(x_t - x_r)$$

2. 概率分布与均方根值的关系

对悬架统计特性均方根值的要求,可由概率分布给定。当分布是均值为 0 的正态分布时,振动响应 x 的概率分布完全可以由均方根值 σ_x 确定。x 幅值的绝对值超过 $x_0 = \lambda\sigma_x$ 的概率 P 与 λ 取值有关。表 6.2 列出了界限值 x_0 与常用的 λ 值之间在正态分布时的概率分布。

表 6.2 正态分布情况下,超过均方根值 $\pm\lambda\sigma_x$ 的概率

λ	1	2	2.58	3	3.29
$P/\%$	31.7	4.6	1	0.3	0.1
$1-P/\%$	68.3	95.4	99	99.7	99.9

对线性系统,如输入量是正态分布的,输出也必然是正态分布的。大量的测量表明,路面的随机输入和汽车的振动响应都基本上符合正态分布。这样汽车振动响应的均方根值与其概率分布间存在表 6.2 所列的简单关系,即均方根值 σ_x、界限值 $x_0 = \lambda\sigma_x$ 和概率 P,由其中任意二个可求出第三个。

例 6.2 要求车身加速度 $\ddot{x}_s$ 超过 $2g$ 的概率 $P \leqslant 1\%$,可确定车身加速度的均方根值 $\sigma_{\ddot{x}s}$。由表 6.2,当 $\lambda = 2.58$ 时,概率 $P = 1\%$,此时界限值 $\ddot{x}_{s0} = 2.58\sigma_{\ddot{x}s}$。故当

$$\sigma_{\ddot{x}s} \leqslant \frac{\ddot{x}_{s0}}{2.58} = \frac{2g}{2.58} = 0.78g$$

时,可以使 $\ddot{x}_s$ 超过 $2g$ 的概率 $P \leqslant 1\%$。

3. 极点配置对均方根值的影响

为了计算极点配置对均方根值的影响,设 $v = 20\mathrm{m/s}$,$n_0 = 0.1$,路面粗糙度系数 $G_{xr}(n_0) = 320\times10^{-6}\mathrm{m^2/m^{-1}}$,代入式(6.36)得路面激励信号:

$$G_{Xr}(f) = 6.4 \times 10^{-5}/f^2 \tag{6.78}$$

由式(6.78)可知,当频率$f \to 0$时,$G_{xr}(f) \to \infty$,与真实情况不符。在实际的计算中,对式(6.78)可进行如图6.31所示的修正,即当频率低于0.1Hz时,认为路面输入信号的功率谱分量保持为恒定。

对于形如图6.32所示的主动悬架,其控制规律为

$$u = h_1 x_t + h_2 x_s + h_3 \dot{x}_t + h_4 \dot{x}_s \tag{7.79}$$

式中:$h_i (i = 1, 2, 3, 4)$为反馈系数,按照式(6.74)确定。

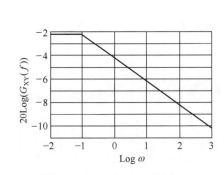

图6.31　路面输入功率谱的修正

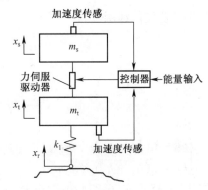

图6.32　主动悬架示意图

传递函数H_{XR-XS}和H_{T1}分别为

$$H_{XR-XS} = \frac{x_s}{x_r} = \frac{k_t(h_3 s + h_1)}{m_t m_s \Delta(s)} \tag{6.80}$$

$$H_{T1} = \frac{x_t(s)}{x_r(s)} = \frac{k_t(m_s s^2 - h_4 s - h_2)}{m_t m_s \Delta(s)} \tag{6.81}$$

相应的特征方程为

$$\Delta(s) = s^4 + \frac{m_s h_3 - m_t h_4}{m_t m_s} s^3 + \left(\frac{h_1 + k_t}{m_t} - \frac{h_2}{m_s} \right) s^2 - \frac{k_t h_4}{m_t m_s} s - \frac{k_t h_2}{m_t m_s} \tag{6.82}$$

假定全闭极点有两个实根P、$Q(-p, -q)$和一对共轭复根$R(-r_x \pm jr_y)$,其特征方程为

$$\Delta(s) = s^4 + \nu_1 s^3 + \nu_2 s^2 + \nu_3 s + \nu_4 \tag{6.83}$$

式中

$$\begin{cases} \nu_1 = p + q + 2r_x \\ \nu_2 = pq + r_x^2 + r_y^2 + 2r_x(p + q) \\ \nu_3 = (p + q)(r_x^2 + r_y^2) + 2pqr_x \\ \nu_4 = pq(r_x^2 + r_y^2) \end{cases} \tag{6.84}$$

因为均方根值$\sigma_{\ddot{x}S}$、σ_D和σ_F分别代表了悬架的平顺性、悬架的动挠度和轮胎的动载荷,故悬架的设计即为寻找理想的闭环极点的配置位置,使$\sigma_{\ddot{x}S}$、σ_D和σ_F的综合效果最佳。

由式(6.80)可得由振动加速度表示悬架平顺性传递函数:

$$H_{XR-\ddot{x}S}(s) = \frac{\ddot{x}_s}{x_r} = \frac{s^2 x_s}{x_r} = s^2 H_{XR-XS}(s) \tag{6.85}$$

轮胎动载荷传递函数:

$$H_{TF}(s) = k_t \frac{x_t - x_r}{x_r} \tag{6.86}$$

把式(6.81)代入式(6.86),可得

$$H_{TF}(s) = k_t \frac{x_t - x_r}{x_r} = k_t \frac{N_F(s)}{\Delta(s)} \tag{6.87}$$

式中 $N_F(s) = -s^4 + \alpha_1 s^3 + \alpha_2 s^2$

其中 $\alpha_1 = -\nu_1, \alpha_2 = \dfrac{k_t}{m_t} - \nu_2$

悬架动挠度传递函数为

$$H_D(s) = \frac{x_s - x_t}{x_r} = \frac{N_s(s)}{\Delta(s)} \tag{6.88}$$

式中

$$N_s(s) = b_0 s^2 + b_1 s + b_2 \; ;$$

其中 $\begin{cases} b_0 = -k_t/m_t \\ b_1 = k_t(h_4 + h_3)/(m_t m_s) \\ b_2 = k_t(h_1 + h_2)/(m_t m_s) \end{cases}$

在式(6.85)、式(6.87)和式(6.88)中,令$s = j\omega = j2\pi f$,分别代入式(6.75)~式(6.77),进行积分变换,可得

$$\sigma_{\ddot{x}S}^2 = \frac{1}{2\pi} \int_0^\infty |H_{XR-\ddot{x}S}(\omega)|^2 G_{Xr}(\omega) d\omega \tag{6.89}$$

$$\sigma_D^2 = \frac{1}{2\pi} \int_0^\infty |H_D(\omega)|^2 G_{Xr}(\omega) d\omega \tag{6.90}$$

$$\sigma_F^2 = \frac{1}{2\pi} \int_0^\infty |H_{TF}(\omega)|^2 G_{Xr}(\omega) d\omega \tag{6.91}$$

式中 $|H_{XR-\ddot{x}S}(\omega)|^2 = \dfrac{[(p_1\omega)^2 + p_2^2]\omega^4}{(\omega^4 + \nu_4 - \nu_2\omega^2)^2 + (\nu_3\omega - \nu_1\omega^3)^2}$

$|H_D(\omega)|^2 = \dfrac{(b_1\omega)^2 + (b_2 - b_0\omega^2)^2}{(\omega^4 + \nu_4 - \nu_2\omega^2)^2 + (\nu_3\omega - \nu_1\omega^3)^2}$

$|H_{TF}(\omega)|^2 = \dfrac{(\alpha_1\omega^3)^2 + (-\omega^4 - \alpha_2\omega^2)^2}{(\omega^4 + \nu_4 - \nu_2\omega^2)^2 + (\nu_3\omega - \nu_1\omega^3)^2}$

$p_1 = \dfrac{k_t h_3}{m_s m_t}, p_2 = \dfrac{k_t h_1}{m_s m_t}$

$G_{xr}(\omega) = 25.6 \times \pi^2 \dfrac{1}{\omega^2}$

由式(6.89)~式(6.91),在s的左半平面扫描计算闭环极点P、Q和R位置的变化对平顺性$\sigma_{\ddot{x}S}$、动挠度σ_D和轮胎动载荷σ_F均方根值的影响。结果发现,把极点位置配置在$p = 1, q = 0.5, r_x = 2, r_y = 59.2$的邻近,指标$\sigma_{\ddot{x}S}$得到明显改善。于是让极点$P$、$Q$保持不变,进一步扫描得极点$R$对$\sigma_{\ddot{x}S}$、$\sigma_D$和$\sigma_F$的影响如图6.33所示。

根据扫描结果可以得出结论:平顺性$\sigma_{\ddot{x}s}$随r_x增加而增加;轮胎的动载荷σ_F随r_x增加而减小;悬架的动挠度σ_D与r_x和r_y有关。当极点R配置在位置$-1.5 + j59.22$、$-2.3 + j59.2$或$-3.7 + j59.1$,悬架具有最小动行程,$(\sigma_D)_{min} = 0.13m$。同时,平顺性$\sigma_{\ddot{x}s}$与动挠度σ_D是相互矛盾的

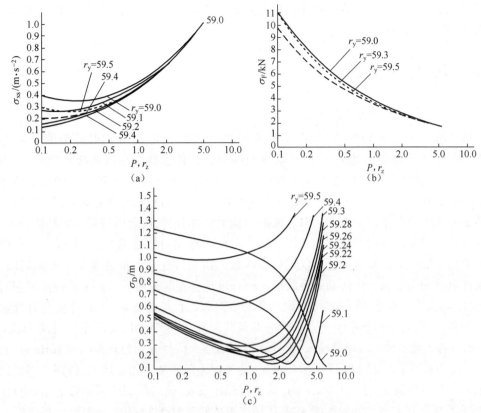

图 6.33   极点位置 R 对 $\sigma_{\ddot{x}S}$、σ_D 和 σ_F 的影响

两个指标。一般而言:平顺性越好,作用在轮胎上的动载荷越大;反之亦然。所以设计悬架时,需对上述三者加权综合考虑。由于悬架的动挠度由结构限制,所以在设计悬架时,最好以 σ_D =常数作为约束条件,扫描计算得到悬架的平顺性 $\sigma_{\ddot{x}s}$ 与轮胎动载荷 σ_F 之间的变化关系。如令 $\sigma_D = 0.13\text{m}$,扫描 $\sigma_{\ddot{x}s}$ 和 σ_F 与极点 R 的变化关系曲线如图 6.34 所示。

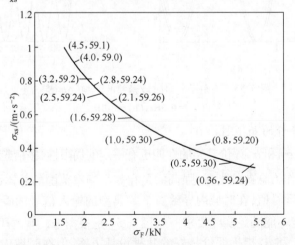

图 6.34 $\sigma_{\ddot{x}S}$、σ_D 和 σ_F 与极点 R 之间的关系($p = 1.0,q = 0.5,\sigma_D = 0.13\text{m}$)

如果 $\sigma_{\ddot{x}S}$、σ_D 和 σ_F 能准确地反映悬架的全部性能要求,这样悬架的设计就是寻找合适的闭环极点配置位置,使 $\sigma_{\ddot{x}S}$、σ_D 和 σ_F 的综合指标达到最佳。但通过进一步分析发现,用均方根

值评价悬架的性能指标也存在一些不确定的问题。下面进一步分析用频率特性与均方根值评价悬架性能的局限性。

6.4.3　频率特性评价的局限性

1. 用频率特性评价的局限性

在频率域内评价悬架的指标,悬架的平顺性和操纵稳定性所要求悬架的频率特性如图 6.17 所示。如天棚阻尼悬架,为使平顺性与操纵性的传递特性尽可能接近图 6.17 中的曲线,扫描得到最佳极点配置位置为 $p_x = 1.763$, $p_y = 0.154$, $q_x = 70$, $q_y = 70$。最后得到轮胎对地面的跟踪性能近似于理想频率特性,但当频率较高时,车轮对地面输入的跟踪出现误差,且误差随路面输入的频率增加而增加。对悬架的动挠度计算分析,也会得到相同的结论。

因为轮胎的接地性能和悬架的动挠度都表示两个点相对位置的变化,实际是一个信号相对另一个信号的跟踪。对这种情形仅用传递函数的幅频特性来评价就存在一定的局限性,因为它没有包括相角信息。任何动态系统都不同程度地存在时间滞后。为了定性地说明时间滞后(任何驱动机构都存在时间滞后)导致相角滞后对跟踪性能的影响,下面分析具有理想幅频特性,但有相角滞后的动态系统。以车轮的动载荷为例,假定驱动机构的滞后时间为 50ms,要求车轴的位移 x_t 能准确复现路面输入 x_r,计算得到当输入信号分别为 0.5Hz 和 10Hz 时,其输入与输出之间的动态误差如图 6.35 所示。可见,动态误差随频率增加而增加,特别是当延迟时间 Δt 与输入信号频率满足关系 $f = 1/2\Delta t$ 时,输入与输出反相,这时尽管传递函数的幅频特性是理想的,但它产生的误差却达到最大值,这是用传递函数的幅频特性评价悬架特性的局限性。

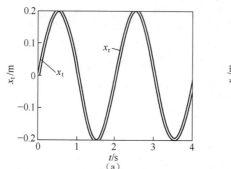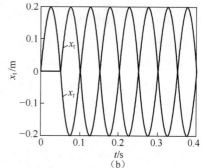

图 6.35　相角滞后对时域误差的影响($\Delta t = 50$ms)

(a)$f = 0.5$Hz；(b)$f = 10$Hz。

2. 用均方根值评价的局限性

用统计特性 $\sigma_{\ddot{x}S}$、σ_D 和 σ_F 评价悬架的性能也有一定的局限性,概括起来有如下三个方面:

(1) 用统计特性作为悬架的指标,强调的是在整个频率范围的总体性能,这样就有可能在某一重要的频率点出现峰值,在时域内导致对某些典型的输入信号的瞬态响应或稳态响应严重恶化,使悬架的性能不能满足实际要求。如图 6.34 是根据 $\sigma_{\ddot{x}S}$ 和 σ_F(σ_D 恒定)指标来配置极点位置,如选用 $\sigma_{\ddot{x}S}$ 和 σ_F 指标评价是好的几种设计方案,但在时域内并不能完全满足使用要求。如极点配置在 $p = 1$, $q = 0.5$, $r_x = 0.5$, $r_y = 59.2$,则对阶跃扰动的响应存在较大的稳态误差(图 6.36)。在频率域内的特性如图 6.37 所示,平顺性传递函数当 $\omega \to 0$ 时,具有很大的幅值,由此导致很大的稳态误差。而车轮的动载荷传递函数在 $\omega = 2\pi \times 10$rad/s,具有相当大的峰值,只要路面的扰动在 $\omega=2\pi\times10\mathrm{rad/s}$ 邻近,轮胎的动载荷变得很大。

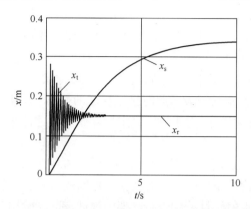

图 6.36 按减小目标值 $\sigma_{\dot{x}s}$ 所得主动悬架的
时域响应 $(p=1,q=0.5,r_x=0.5,r_y=59.2)$

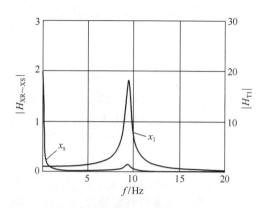

图 6.37 按减小目标值 $\sigma_{\dot{x}s}$ 得主动
悬架的幅频特性

（2）按均方根值统计特性评价悬架,把所有频率内的加速度等同考虑,与人体对振动反应引起疲劳损害健康的生理特点不符(图 6.38),这种评价方法把主要的因素降低为次要因素,

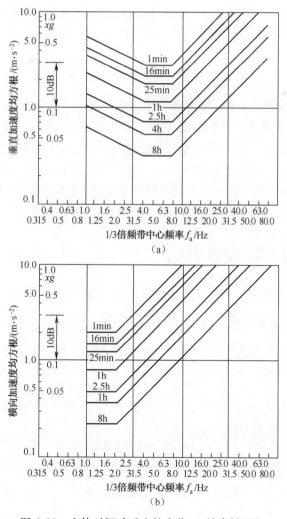

图 6.38　人体对振动反应的疲劳-工效降低界限

而把次要的因素提到主要因素的位置,未能体现人体生理特性。为了弥补均方根值评价的不足之处,目前国际标准推荐采用加权均方根值评价。

（3）σ_F 评价操纵性能的局限性。当频率足够高时,虽然轮胎的动态载荷周期性地变化,但作用在轮胎上的垂直负荷则可近似等效为动载荷的平均值。如动态载频率高于 10Hz,交替出现的动载荷低谷时间仅持续几十毫秒(小于 50ms),而操纵过程最短时间也在秒量级以上。所以仅就操纵性能来说,动载荷波动值的大小并不能确切表示此时操纵性能的好坏。σ_F 用整个频率范围的统计特性作为指标等效地计入了高频区间,对于操纵稳定性降低了 σ_F 指标的准确性。

从本节的分析可以得出,无论是用频率特性还是用均方根值统计特性来评价悬架的性能指标都有一定的局限性,唯一准确给定悬架的评价方法仍是一个有待探索的问题。可见,无论是采用频率特性进行悬架的设计,还是采用均方根值统计特性进行悬架的设计,都应通过其他的方式进行检验。例如,在时域内,用典型的输入信号(阶跃、斜坡及谐波)和等效的路面扰动信号(有限带宽白噪声)检验各项性能指标都应满足要求;否则,应重新进行设计。

悬架具有三个重要指标(平顺性、动挠度和操纵性),而控制量只有一个,就是簧载质量与非簧载质量之间的力。显然无法在整个频率范围内满足三个指标的全部要求,而只能对三个指标加权综合考虑。所以,如何评价悬架的综合性能指标,这也是悬架设计和评价有待进一步探索的问题。

6.5　悬架的固有特性

使悬架的各项性能指标达到最佳状态一直是工程设计人员追求的目标。在被动悬架的基础上发展起来的主动悬架和半主动悬架,就是为了克服被动悬架固有的缺陷,力图使悬架的各项性能指标达到最佳状态。接下来将讨论主动、半主动悬架是否可以完全摆脱被动悬架的制约因素,最终能使悬架的平顺性、动挠度及操纵稳定性任意地达到期望的目标问题。本节将基于悬架的力学模型,推导出悬架的不变性方程和不变点,指出悬架平顺性、动挠度及操纵稳定性三者之间的制约因素,为悬架的设计和评价提供更充分的理论依据。

6.5.1　悬架的基本不变性方程

分析和优化汽车主动悬架半主动悬架常可用图 6.10(a)的 1/4 车体模型描述。假定轮胎不离开地面,x_s、x_t 分别为悬架和车轮偏离静平衡点的距离,则图 6.10(a)所示力学模型的线性化运动方程为

$$m_s \ddot{x}_s = f_p + f_a \tag{6.92}$$

$$m_t \ddot{x}_t = -f_p - f_a + k_t (x_t - x_r) \tag{6.93}$$

式中:f_p 为被动悬架力,$f_p = c_s(\dot{x}_t - \dot{x}_s) + k_s(x_t - x_r)$;$f_a$ 为主动、被动悬架力,$f_a = u$。

由式(6.92)和式(6.93)可得

$$m_s \ddot{x}_s + m_t \ddot{x}_t + k_t (x_t - x_r) = 0 \tag{6.94}$$

式(6.94)的特点是与主动悬架和被动悬架的形式无关。这就是汽车悬架的基本不变性方程,并由此可以推出许多有用的结论。假定零初始条件,对式(6.94)进行拉普拉斯变换,可得

$$m_s s^2 x_s(s) + (m_t s^2 + k_t) x_t(s) = k_t x_r(s) \tag{6.95}$$

以路面不平度的速度信号为输入,分别求出三个描述悬架性能传递函数。用车体的垂直加速度为平顺性的传递函数、动挠度传递函数、轮胎动态变形(操纵稳定性)传递函数:

$$H_{\dot{X}R - \ddot{X}S}(s) = \frac{\ddot{x}_s(s)}{\dot{x}_r(s)} \tag{6.96}$$

$$H_D(s) = \frac{x_s(s) - x_t(s)}{\dot{x}_r(s)} \tag{6.97}$$

$$H_T(s) = \frac{x_t(s) - x_r(s)}{\dot{x}_r(s)} \tag{6.98}$$

令 $s = j\omega$,由式(6.105)可导出三个传递函数之间的相互关系:

$$m_s H_{\dot{X}R - \ddot{X}S}(\omega) + (k_t - m_t \omega^2) H_T(\omega) = -j m_t \omega \tag{6.99}$$

$$- m_s \omega^2 H_D(\omega) + [k_t - (m_s + m_t)\omega^2] H_T(\omega) = -j(m_s + m_t)\omega \tag{6.100}$$

$$\omega^2(k_t - m_t\omega^2) H_D(\omega) + [k_t - (m_s + m_t)\omega^2] H_{\dot{X}R - \ddot{X}S}(\omega) = j\omega k_t \tag{6.101}$$

式(6.99)~式(6.101)说明:当三个传递函数中指定一个以后,其他两个传递函数可以由式(6.99)~式(6.101)确定。由此说明,在悬架设计时,不能片面地强调悬架的平顺性,忽视悬架的动挠度和轮胎的接地性能,而应该在它们三者之间采取合理的折中方案,才能使总体性能指标达到最佳。

6.5.2 悬架特性的不变点

由式(6.99)~式(6.101)可以确定传递特性包含的不变点,这些不变点的值在指定的频率仅取决于悬架的参数 k_t、m_s、m_t,而与悬架的形式(被动、主动和半主动)及控制算法无关。

由式(6.99)可以得到加速度传递函数的一个不变点:

$$H_{\dot{X}R - \ddot{X}S}(\omega_1) = j\sqrt{m_t k_t}/m_s \tag{6.102}$$

式中:$\omega_1 = \sqrt{\dfrac{k_t}{m_t}}$。

对大多数车辆,轮胎和非簧载质量的固有频率 ω_1 大约为 10Hz。这是各类悬架的加速度传递特性必须通过的点,它不是通过悬架的设计可以消除或改变的。由式(6.102)可以看出,在该点的加速度幅值与悬架簧载质量 m_s 有关。于是,它又说明了当汽车的装载质量发生变化时,没有一种悬架可以维持汽车的平顺性(振动加速度)恒定不变。

由式(6.100)可得,悬架的动挠度传递函数也有一不变点(在此点悬架的振动加速度与轮胎的变形或传到悬架上的力无关):

$$H_D(\omega_2) = j\frac{m_s + m_t}{m_t}\sqrt{\frac{m_s + m_t}{k_t}} \tag{6.103}$$

式中:$\omega_2 = \sqrt{\dfrac{k_t}{m_s + m_t}}$,大多数车辆的值为 1Hz。

而轮胎的动变形除在 $\omega = 0$(在式(6.100)中,当 $\omega = 0$ 时,$H_T(0)$ 与悬架的动挠度无关)有一个不变点 $H_T(0) = 0$ 外,不存在其他不变点。这说明,无论何种悬架,在 $\omega = 0$ 邻近,车轮都能跟随地表变化。

6.5.3 性能指标间的制约

1. 平顺性与轮胎接地性的制约

式(6.100)写成：

$$H_{\dot{X}R-\ddot{X}S}(\omega) = \alpha_1(\omega)H_T(\omega) - jr_1\omega \qquad (6.104)$$

式中

$$\alpha_1(\omega) = r_1(\omega_2 - \omega_1^2) ,$$

其中

$$r_1 = \frac{m_t}{m_s} , \quad \omega_1^2 = \frac{k_t}{m_t}$$

为了分析 $H_{\dot{X}R-\ddot{X}S}$、H_D、H_T 之间的相互影响，对传递函数进行微分，并整理，可得

$$\delta H_{\dot{X}R-\ddot{X}S}(\omega) = \alpha_1(\omega)\delta H_T(\omega) \qquad (6.105)$$

$\alpha_1(\omega)$ 的变化曲线如图 6.39 所示。当 $\omega < \omega_1$ 时，$\alpha_1(\omega)$ 为负；$\omega > \omega_1$ 时，$\alpha_1(\omega) > 0$，且随着 ω^2 增加。于是，在高频段 H_T 的变化导致 $H_{\dot{X}R-\ddot{X}S}$ 的很大变化。

假定传递函数 H_T 的变化朝减小轮胎变形的趋势方向变化，即传递函数的微分满足

$$\delta H_T(\omega) = - \varepsilon H_T(\omega), \varepsilon > 0 \qquad (6.106)$$

一般 ε 是 ω 的函数，且 $\omega\rightarrow\infty$，$\varepsilon\rightarrow0$。$\omega \neq \omega_1$，式(6.104)、式(6.106)代入式(6.105)可得

$$\delta H_{\dot{X}R-\ddot{X}S}(j\omega) = - \varepsilon H_{\dot{X}R-\ddot{X}S}(j\omega) - j\omega\varepsilon r_1 \qquad (6.107)$$

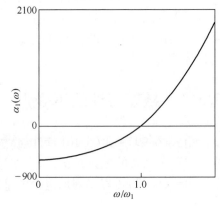

图 6.39 $\alpha_1(\omega)$ 的变化曲线

可以证明，在低频段，有

$$\lim_{\omega\rightarrow0}H_{\dot{X}R-\ddot{X}S}(j\omega) \approx j\omega \qquad (6.108)$$

且与悬架的形式无关。故在低频段，式(6.106)可以近似表示为

$$\delta H_{\dot{X}R-\ddot{X}S}(j\omega) \approx - \varepsilon H_{\dot{X}R-\ddot{X}S}(j\omega) - \varepsilon r_1 H_{\dot{X}R-\ddot{X}S}(j\omega) = - \varepsilon' H_{\dot{X}R-\ddot{X}S}(j\omega) \qquad (6.109)$$

式中：$\varepsilon' = \varepsilon + \varepsilon r_1$ 成立。

可见，在低频段，减少轮胎的动态变形的同时，也可改善悬架的平顺性。而在高频段，式(6.107)第一项和第二项已不再同相，第二项起主导作用，总的效果是使函数的幅值增加。所以，在高频段设法改善轮胎的接地性能，必然导致加速度幅值增加，使平顺性性能恶化。

对被动悬架，有研究者证明加速度传递函数 $H_{\dot{X}R-\ddot{X}S}$ 在高频段满足

$$\lim_{\omega\rightarrow\infty}H_{\dot{X}R-\ddot{X}S}(j\omega) = \frac{k_t c_s}{m_s m_t}\frac{1}{(j\omega)^2} \qquad (6.110)$$

由式(6.108)表明，在低频段无论主动悬架还是被动悬架，$|H_{\dot{X}R-\ddot{X}S}|$ 都是以 +20dB/dec 的斜率上升，这就是悬架在低频段 $H_{\dot{X}R-\ddot{X}S}$ 传递特性的不变性。而在高频段，则被动悬架的加速度以 −40dB/dec 的斜率下降。

图 6.40(a)、(b)给出了被动悬架、主动悬架的平顺性和轮胎变形的幅频特性。由图 6.40 可看出,轮胎动态变形特性 H_T 在低频段有明显的改善,但由 $H_{\dot{X}_R-\ddot{X}_S}$、H_T 和 H_D 三个传递函数满足式(6.99)~式(6.101),故其中一个给定以后,其他两个将依据式(6.99)~式(6.101)确定。所以 H_T 的性能给定以后,$H_{\dot{X}_R-\ddot{X}_S}$ 的性能也随之确定。在图 6.40(a)中所示的低频段,$H_{\dot{X}_R-\ddot{X}_S}$ 随 H_T 的改善也得到改善。在高频段 H_T 的改善却导致了 $H_{\dot{X}_R-\ddot{X}_S}$ 的急剧增加,使悬架的平顺性恶化。类似地,如果 $H_{\dot{X}_R-\ddot{X}_S}$ 的变化向改善平顺性的方向变化,即满足

$$\delta H_{\dot{X}_R-\ddot{X}_S}(j\omega) = -\varepsilon H_{\dot{X}_R-\ddot{X}_S}(j\omega) \qquad (6.111)$$

由式(6.104)、式(6.105)可得

$$\begin{aligned}\delta H_T(j\omega) &= [-\varepsilon H_{\dot{X}_R-\ddot{X}_S}(j\omega)]/\alpha_1(\omega) \\ &= (-\varepsilon\alpha_1 H_T(j\omega) + \varepsilon j r_1\omega)/\alpha_1(\omega) \\ &= -\varepsilon H_T(j\omega) + \varepsilon j r_1\omega/\alpha_1(\omega)\end{aligned} \qquad (6.112)$$

对各类悬架,由式(6.98)可以证明,当 $\omega \to 0$ 时,下式成立:

$$\lim_{\omega \to 0} H_T(j\omega) = -j\omega/\omega_2^2 \qquad (6.113)$$

在低频段,式(6.113)可近似为

$$\delta H_T(j\omega) \approx -\varepsilon(1-\omega_2^2/\omega_1^2)(-j\omega/\omega_2^2) = -\varepsilon_1' H_T(j\omega) \qquad (6.114)$$

式中:$\varepsilon_1' = \varepsilon(1-\omega_2^2/\omega_1^2) > 0$。

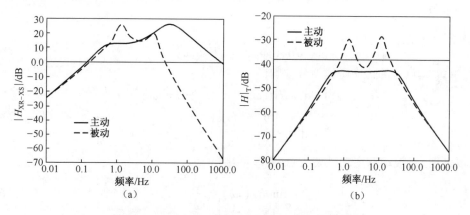

图 6.40 平顺性和轮胎变形的幅频特性制约关系
(a)加速度传递函数;(b)轮胎变形传递函数。

式(6.114)表明,在低频段如果加速度传递特性得到改善,则 H_T 的性能也可得到改善。然而在 $\omega = \omega_1$ 附近,$\delta H_T(j\omega)$ 有一个具有 90°相角的因子和一个很大的幅值变化,即式(6.112)中的第二项起主导作用,结果导致 H_T 在 ω_1 附近的急剧上升。图 6.41(a)、(b)给出了被动悬架与在 ω_1 附近为改善平顺性而设计的主动悬架两者之间的性能比较。该曲线再一次可以看出,两个传递函数在 1Hz 附近都有很大改善,而加速度在高于 10Hz 频率内的改善却引起了车轮的接地性能的急剧恶化。

2. 悬架动挠度与轮胎变形相互制约

悬架动挠度与车轮所受的动态作用力两者之间的制约关系可由式(6.100)确定。式(6.110)可写为

$$H_D(j\omega) = \alpha_2(\omega)H_T(j\omega) + \frac{j r_2}{\omega} \qquad (\omega \neq 0) \qquad (6.115)$$

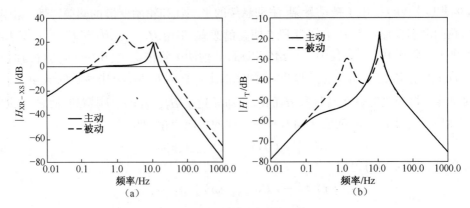

图 6.41 悬架的平顺性比较

(a)被动悬架;(b)主动悬架。

式中

$$\alpha_2(\omega) = r_2 \frac{(\omega_2^2 - \omega^2)}{\omega^2} , \ r_2 = 1 + r_1 , \ \omega_2^2 = \frac{k_t}{(m_s + m_t)}$$

$\alpha_2(\omega)$随 ω 的变化趋势如图6.42所示。由式(6.110)可以看出,$H_D(0)$不一定为0。有学者证明,对被动悬架 $H_D(O) = 0$;而对主动悬架,如反馈包括簧载质量的绝对速度,则 $H_D(0)$ 是不为0的常数。

同理,假定

$$\delta H_T(j\omega) = -\varepsilon H_T(j\omega) \tag{6.116}$$

对式(6.125)中的传递函数微分,则有

$$\delta H_D(j\omega) = -\alpha_2 \varepsilon H_T(j\omega) = \alpha_2 [-\varepsilon H_T(j\omega)]$$

$$= \alpha_2 \left(-\varepsilon \frac{H_D}{\alpha_2} + \frac{j\varepsilon r_2}{\alpha_2} \right) = -\varepsilon H_D(j\omega) + \frac{j\varepsilon r_2}{\omega} \tag{6.117}$$

可以证明,对被动和主动悬架,在高频段都满足

$$\lim_{\omega \to \infty} H_D(j\omega) = \frac{C}{j\omega^3} \tag{6.118}$$

可见,式(6.117)中的第二项在低频和高频段都起主导作用,不满足 $\delta H_D(j\omega) = -\varepsilon H_D(j\omega)$。故低频和高频段内 H_T 的减小都会恶化 H_D 的性能。

总之,改善轮胎对路面的跟踪性能,要求增加悬架的动挠度。图6.43给出了悬架(图6.42中的同一个被动悬架)的动挠度传递函数的变化曲线。它是一被动悬架和一个充分强调轮胎的接地性能的主动悬架的动挠度对比曲线。在低频和高频段,悬架动挠度增加的趋势非常明显。而在中频段(1~10Hz),有一定程度的改善。

3. 平顺性与悬架动挠度

假定悬架的加速度传递特性得到改善,即 $H_{\ddot{X}R-\ddot{X}S}$ 的微分方程满足

$$\delta H_{\ddot{X}R-\ddot{X}S}(j\omega) = -\varepsilon H_{\ddot{X}R-\ddot{X}S}(j\omega) \tag{6.119}$$

对式(6.101)的传递函数微分,可得

$$\delta H_D(j\omega) = -\frac{k_t - (m_s + m_t)\omega^2}{(k_t - m_t \omega^2)\omega^2} \delta H_{\ddot{X}R-\ddot{X}S}(j\omega) \tag{6.120}$$

式(6.101)和式(6.119)代入(6.120),可得

$$\delta H_D(j\omega) = -\varepsilon H_D(j\omega) - j\varepsilon \alpha_3(\omega) \tag{6.121}$$

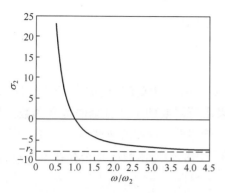

图 6.42　$\alpha_2(\omega)$随ω的变化曲线

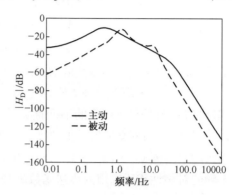

图 6.43　轮胎的接地性能与悬架的
动挠度的制约关系

式中

$$\alpha_3(\omega) = \omega_1^2 / [\omega(\omega_1^2 - \omega^2)]$$

图 6.44 为 $\alpha_3(\omega)$随ω的变化曲线。该曲线表明,要减小加速度传递函数的幅值,将必在低频和接近ω_1频率附近导致很大的悬架动挠度。

因主动悬架强调的是悬架的平顺性,它对动挠度的制约因素可直接由动挠度影响函数α_3确定。图 6.44 中的动挠度影响函数在低频和ω_1附近幅值的绝对值增加,结果导致悬架动挠度比被动悬架有很大的增加。对应悬架动挠度传递函数的幅频特性如图 6.45 所示,仅在悬架的固有频率的(接近 1Hz)邻近,悬架的平顺性和动挠度同时得到改善。

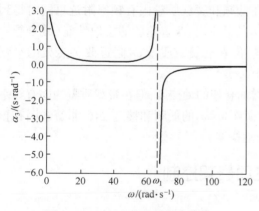

图 6.44　$\alpha_3(\omega)$随ω的变化曲线

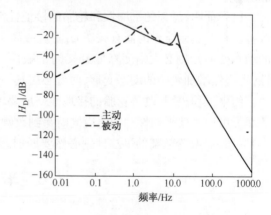

图 6.45　悬架动挠度传递函数的幅频特性

6.5.4　整车模型的固有特性

上述的分析是基于 1/4 车体模型,由此得出了悬架某些动态模式的不变性。由整车模型也可导出它固有的特性。

式(6.26)和式(6.27)是图 6.10(c)所示的七自由度整车模型的两组微分方程。在这两个方程中令 $s = j\omega$ 得

$$\{-M_t\omega^2 + j\omega C_S + K_S + K_t\}X_t(j\omega) - \{C_S R^T j\omega + K_S R^T\}X_C(j\omega)$$

$$= -U(j\omega) + K_t \Gamma X_{rf}(j\omega) \tag{6.122}$$

$$\{-M_s\omega^2 + j\omega RC_S R^T + RK_S R^T\}$$

$$- \{RC_S j\omega + RK_S\}X_t(j\omega) = RU(j\omega) \tag{6.123}$$

把式(6.122)两边左乘以矩阵 R,并和式(6.123)相加,可得

$$\{-RM_t\omega^2 + RK_t\}X_t(j\omega) - M_s\omega^2 X_C(j\omega) = RK_t \Gamma X_{rf}(j\omega) \tag{6.124}$$

式(6.124)就是整车模型的不变性方程,可用来求所需要的单个分量的传递函数。例如 $\ddot{x}_p/\dot{x}_{rh}$,其中 $\ddot{x}_p$ 为乘客座椅处的加速度,$\dot{x}_{rh}$ 为在前轮的路面上等效的速度输入信号,定义为两前轮输入的平均值 $\dot{x}_{rh} = (\dot{x}_{r1} + \dot{x}_{r2})/2$。至于在所推导出的传递函数中是否存在不变点,则取决于车辆的对称性和所选用的传递函数本身。

从上面分析可以看出,描述悬架性能的三个传递函数 $H_{XR-\ddot{x}S}$、H_T 和 H_D 满足式(6.99)~式(6.101)确定的约束条件。当三个传递函数之中的任意一个给定以后,其他两个就不能随意给定。从控制的观点来看,用一个控制量去控制三个输出量,它不可能找到这样一个控制规律,即使三个量都能按期望的规律变化。因此,在悬架设计时,不能片面强调某一性能的指标,而忽视其他两个性能指标,这样往往会导致其他两个性能指标恶化。设计时必须在三个性能指标之间选择合适的折中方案,使总体效果达到最佳。

通过理论分析已经指出三个传函数 $H_{XR-\ddot{x}S}$、H_T 和 H_D 所包括的不变点,并且这些不变点出现在重要的频率包围之内。$H_{XR-\ddot{x}S}$ 在低频、H_D 在低频和高频都具有固有特性。这些都是在系统设计时无法改变的。因此,在悬架设计时,不要把目标放在不变点或固有特性频率段内的性能改善。

已经证明,悬架的平顺性和轮胎的接地性能在低频和簧载质量固有频率附近可同时得到改善。在非簧载质量的固有频率 ω_1 附近或高于 ω_1 的频率段,改善轮胎的接地性能(减少轮胎的动态变形),则必大幅度降低悬架的平顺性。同样,在非簧载质量 ω_1 附近改善悬架的平顺性,也必然增加轮胎的动态变形,两者必居其一。

约束方程表明,改善轮胎的接地性一般要求增加悬架的动挠度,但在簧载质量的固有频率的邻近可使悬架平顺性和动挠度同时得到改善。而在 $\omega<\omega_2$ 的低频和接近 ω_1(非簧载固有频率)频段内,改善悬架的平顺性则必然要增加悬架动挠度。

6.6 半主动悬架控制

6.6.1 天棚阻尼悬架

半主动悬架由于结构简单,不需要外部施加控制能量,它仅需要通过改变可调阻尼系数就可达到缓冲隔振的效果,因而在汽车上得到广泛的应用。天棚阻尼器在半主动悬架中占有很重要的位置,如图6.46所示。

1. 力学模型

由天棚阻尼控制原理,当可调阻尼器产生的阻尼力满足

$$F_d = -C_d(\dot{x}_s - \dot{x}_t) \tag{6.125}$$

$$C_d = \begin{cases} \dfrac{C_s \dot{x}_s}{(\dot{x}_s - \dot{x}_t)} & ,\dot{x}_s(\dot{x}_s - \dot{x}_t) > 0 \\[4mm] 0 & ,\dot{x}_s(\dot{x}_s - \dot{x}_t) \leqslant 0 \end{cases} \qquad (6.126)$$

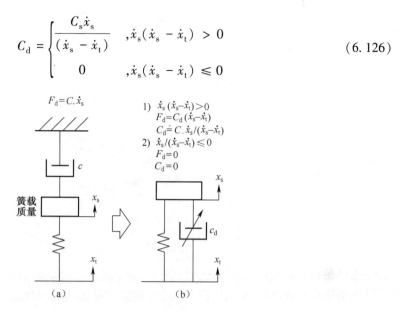

图 6.46　天棚阻尼器模型

(a) 理想 Sky-hook；(b) 理论 Sky-hook。

时,天棚阻尼器具有最佳的效果。由于当 $\dot{x}_s - \dot{x}_t$ 趋近于 0 时,等效阻尼系数趋向无穷,而实际阻尼器产生的阻尼力是有限的。此外,阻尼系数不可能为 0,故等效阻尼器只能近似实现天棚阻尼器特性。由式(6.125)可知,为了实现控制律式(6.125),需要传感簧载质量速度 $\dot{x}_s$ 和悬架的相对速度 $\dot{x}_s - \dot{x}_t$,在汽车上实现的结构框图如图 6.47 所示,调节阻尼系数的驱动机构如图 6.48 所示。它由步进电动机驱动阀芯转动,从而改变活塞上、下腔的节流口面积。节流口分为可调部分和固定两部分。当可调部分全闭时,活塞上、下腔经固定节流口连通。此时,阻尼系数达到最大值。当可调节流口处在全开位置,得到最小阻尼系数。所以实际能实现的阻尼系数不可能为无穷大,也不可能为 0。

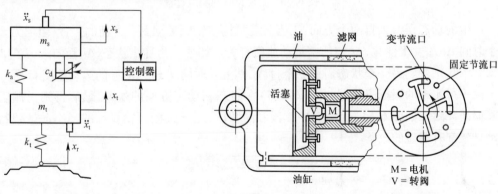

图 6.47　天棚阻尼器的实现　　　　图 6.48　阻尼调节驱动机构

天棚阻尼器通常为非对称结构,所以实际阻尼缸在拉伸和压缩状态具有不同的阻尼力特性,如图 6.49 所示。

2. 非对称结构

1) HH-SS、HS-SH(Hard——硬,Soft——软)阻尼器特性

按式(6.135)在悬架上实现天棚阻尼特性,不仅在静态方面存在所述的误差,在动态特性

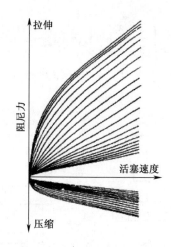

图 6.49　活塞缸阻尼力特性

方面也存在误差。所有的驱动机构都存在动态误差,不同的系统可能在定量方面有些差别。一种驱动机构的阀芯位移与阻尼力的动态响应过程如图 6.50 所示。

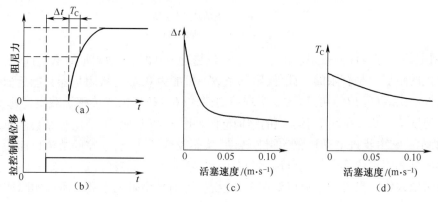

图 6.50　阻尼力时间响应过程

产生的动态误差来自两个方面:①当驱动机构使转阀运动到一个新的位置,阻尼力要滞后一个时间 Δt 才发生变化,Δt 与活塞运动速度有关。如悬架为静止状态,Δt 趋向无穷。②阻尼力从一个状态变到另一个状态需要一个过程,其上升时间 T_c 也与活塞的运动速度有关。

由于可实现的天棚阻尼器与式(6.125)在静态和动态方面的误差,最后得到天棚阻尼器的隔振缓冲效果如图 6.51 所示,在中频段和高频段,基于天棚理论设计的半主动悬架特性比被动悬架都有明显的改善。

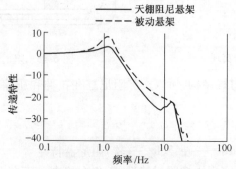

图 6.51　天棚阻尼器的效果

按式(6.126)确定阻尼系数称为 HH-SS 阻尼器。其工作特点是:当阻尼器处在拉伸状态,如阻尼器处在大阻尼(Hard)工况,那么当阻尼由拉伸变为压缩状态,只要驱动器还处在原来的位置,则阻尼系数在压缩状态也在大阻尼(Hard)工况(图6.52)。相反,当阻尼器处在拉伸状态,对应弱阻尼(Soft),则当阻尼器由拉伸变为压缩时,也仍处在弱阻尼(Soft)工况。也就说,HH-SS 阻尼器由拉伸变为压缩时,在切换前后阻尼系数是相关的。

由于驱动机构的切换信号要用到 $\dot{x}_s$ 以及相对速度 $\dot{x}_s - \dot{x}_t$,所以要精确实现 HH-SS 阻尼器需要的传感器数量多,结构较为复杂。

考虑到能实现的最大阻尼系数是有般的,再加之滞后时间的影响,当满足切换条件 $\dot{x}_s - \dot{x}_t \approx 0$ 时,簧上质量速度 $\dot{x}_s$ 的绝对值已远大于0。式(6.135)可近似为

$$F_d = -c_s \dot{x}_s \tag{6.127}$$

它省去了相对速度 $\dot{x}_s - \dot{x}_t$ 的传感,减少了传感器的数目,使结构得到简化。基于速度信号 $\dot{x}_s$ 切换阻尼系数称为 HS-SH 阻尼器。当 $\dot{x}_s \geq 0$ 阻尼器对应 HS 工作模式。当 $\dot{x}_s \leq 0$,阻尼器为 SH 模式。HS-SH 阻尼器的切换特性如图6.53所示。

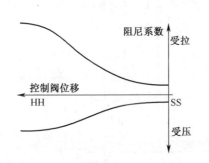

图 6.52　HH-SS 阻尼器特性

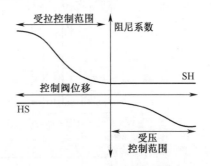

图 6.53　HH-SS 阻尼器工作切换特性

假定 HS-SH 阻尼器工作在 HS 模式($\dot{x}_s > 0$),如果 $\dot{x}_s - \dot{x}_t$ 出现由大于0到小于0的变化,则 HH-SS 阻尼器要发生阻尼系数切换。而按式(6.127)却没有包括切换的相对速度信号。为了解决这一问题,HS-SH 阻尼器采用了如图6.54(a)所示的特殊机械装置,根据 $\dot{x}_s$ 的方向实现在 HS 与 SH 两种模式之间的切换。可见 HS-SH 阻尼器省去了一个传感器是以增加一个切换的机械装置为代价得来的。

HS-SH 阻尼器的工作特点是:当阻尼器工作在 HS 模式,则阻尼系数根据驱动机构的位置按 Hard 曲线变化。在这一模式,如 $\dot{x}_s - \dot{x}_t$ 由大于0变到小于0,则是由机械装置使阻尼系数切换到 Soft 曲线(压缩)。其切换逻辑见表6.3。由于 HS-SH 阻尼器从拉伸切换到压缩的前后,阻尼系数发生了由硬到软的变化,故得名 HS-SH 阻尼器。

表 6.3　HS-SH 切换逻辑

$\dot{x}_s$	>0	>0	<0	<0
$\dot{x}_s - \dot{x}_t$	>0	<0	<0	>0
阻尼	Hard	Soft	Soft	Hard
状态	拉伸	压缩	拉伸	压缩

HH-SS 和 HS-SH 两种阻尼对应驱动机构的切换逻辑比较如图6.54(b)所示。HH-SS 阻

尼器需要的较高的频率切换阻尼系数。

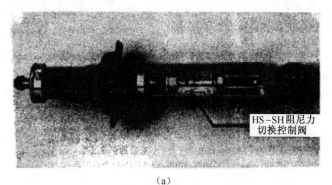

（a）

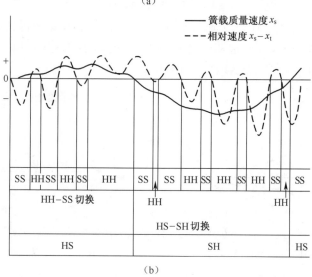

（b）

图 6.54　HS-SH 切换机构和 HH-SS、HS-SH 切换逻辑

（a）HS-SH 切换机构；（b）切换逻辑。

2）驱动机构的特性对性能的影响

为了研究驱动机构的响应速度对缓冲隔振的影响，按图 6.55 所示的方式限定驱动机构的响应速度，依次把控制阀在 T_A 时间（0～100ms）内驱动到目标位置。当路面扰动信号是包括 1Hz（接近簧载质量固有频率）和 12Hz（接近非簧载质量固有频率）的复合频率量信号，对 $T_A = 0$ 和 $T_A = 60$ms 两种情形，分别计算得到 HH-SS 和 HS-SH 两种阻尼器的动态响应过程，如图 6.56所示。

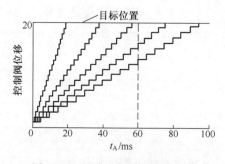

图 6.55　驱动机构响应速度控制

260

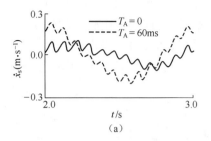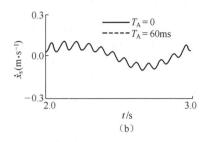

图 6.56　驱动机构响应速度对阻尼特性的影响

对 HH-SS 阻尼器,驱动机构的切换不仅与 $\dot{x}_s$ 有关,还与相对速度有关。并且要求阻尼系数瞬时从 Hard 切换到 Soft(图 6.57(a)),当 $T_A = 60ms$ 时,阻尼力的上升速度较慢,满足不了瞬时切换的要求,结果使性能随 T_A 的增加而恶化。而 HS-SH 阻尼器,驱动机构的切换与相对速度无关(因为瞬时切换由机械装置完成)。它仅是根据 $\dot{x}_s$ 连续地变化(图 6.57(b)),故要求阻尼系数变化的速度低。进一步通过实验得出,当 TA 在 0 到 100ms 变化,几乎对控制性能没有影响(图 6.58)。图 6.58 中的数据是簧载质量在最高与最低点之间的位移。再次看出,当 $T_A > 60ms$ 时,HH-SS 阻尼器簧载质量的振幅已超过被动阻尼器的振幅。

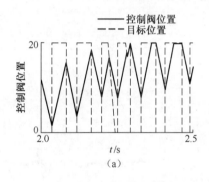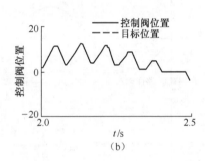

图 6.57　阻尼系数的切换过程
(a)HH-SS 阻尼器;(b)HS- SH 阻尼器。

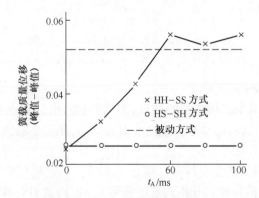

图 6.58　T_A 对阻尼器性能的影响

3）阻尼系数每步增量对性能的影响

当阻尼系数的步长以两种不同的增量抵达目标位置(图 6.59),以 HS-SH 阻尼器为对象,测得阻尼系数的步长对性能的影响如图 6.60 所示。输入幅值为 20mm 的简谐信号,当阻尼系数以 4 步抵达目标值时,簧载质量加速度波动大,平顺性差,同时产生较大的噪声。而阻尼系数用 20 步平滑抵达目标值时,不仅车体加速度变化平稳,而且振动噪声小。阻尼系数每步的增量对非簧载质量的影响与对车体加速度的影响类似。同样,对 HH-SS 阻尼器,当阻尼系数变化步长过大时,也会产生不利的影响。

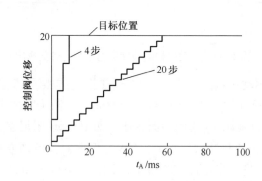

图 6.59 阻尼系数的变化增量

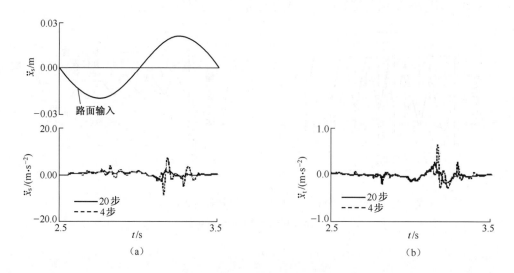

图 6.60 阻尼系数变化增量对性能的影响
(a)簧载质量加速度;(b)非簧载质量加速度。

4) HS-SH 阻尼器的性能实验

HS-SH 阻尼器不仅减少了传感器的数目,使半主动悬架的实现得以简化。同时,与 HH-SS 阻尼器相比,它对驱动机构的动态响应速度要求不高,即使驱动机构的响应速度时间在 0~100ms 内变化,也不影响其缓冲隔振的效果,因而比 HH-SS 阻尼器更有实用价值。用 HS-SH 阻尼器作为汽车半主动悬架的整车控制如框图 6.61 所示,它包括垂直、纵向和横向三种加速度传感器,由垂直加速度信号经积分得到速度信号 $\dot{x}_s$,以得到 HS-SH 阻尼器抑制垂直振动的控制信号。纵向、横向加速度信号分别抑制车体的仰俯和侧倾运动,保持车体在制动、加速与转向过程平稳的运动姿态。在激振实验台上,依次改变谐波信号频率得到 HS-SH 阻尼悬架与被动悬架振动位移的传递特性如图 6.62 所示,驾驶室地板加速度特性如图 6.63 所示。结果表明,HS-SH 阻尼器在的(簧载质量固有频率)邻近以及在 ω_2 与 ω_1(非簧载质量固有频率)之间都有很好的减振性能,是一种比较适用于半主动悬架控制的方案。

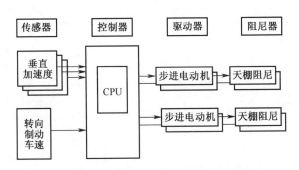

图 6.61　HS-SH 阻尼器整车控制结构框图

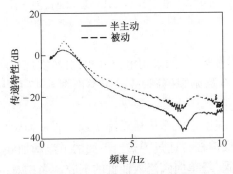

图 6.62　HS-SH 悬架的传递特性

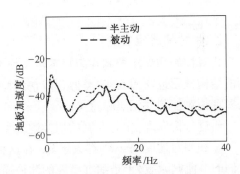

图 6.63　驾驶室地板加速度特性

6.6.2　相对控制

1. 相对控制策略

从直观上来分析,车体的垂直振动是由悬架传来的力引起的。考虑悬架受力

$$F_s = -k_s(x_s - x_t) - c_d(\dot{x}_s - \dot{x}_t) \tag{6.128}$$

为了达到隔振的效果,只要最大限度地减小传到车体上的力。考查式(6.128),当悬架在振动过程中,弹簧力和阻尼力将交替出现相同作用方向和相反的作用方向。为了把传递力 F_s 减小到最小值,则当弹簧力和阻尼力同向时,可把阻尼系数 c_d 设为 0;当弹簧力和阻尼力反向时,就把阻尼系数切换到恰好能抵消弹簧力的作用。这种控制称为相对控制。相应控制规律由公式描述为

$$F_d = \begin{cases} -k_s(x_s - x_t) & ,(x_s - x_t)(\dot{x}_s - \dot{x}_t) \leqslant 0 \\ 0 & ,(x_s - x_t)(\dot{x}_s - \dot{x}_t) > 0 \end{cases} \tag{6.129}$$

相对控制与天棚控制不尽相同,差别有两点:①阻尼系数是从 0 到某一有限值之间变化;②阻尼系数切换取决于相对位移和相对速度之积的符号,而不是绝对速度 $\dot{x}_s$ 和相对速度之积的符号。相对位移和绝对速度两者之间的关系如图 6.64 所示,在低频段两者的相关性很差。因而在低频段,相对控制的性能恶化,对隔振几乎没有作用(图 6.65),效果较差。

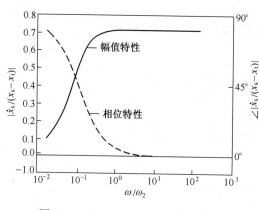

图 6.64 $\dot{x}_s/(x_s-x_t)$ 之间相互关系

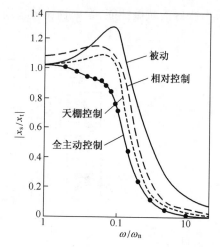

图 6.65 相对控制与几种悬架特性的比较

2. 相对控制的实现

相对控制和无棚控制在阻尼系数切换逻辑上非常类似,如采用电控方式,自然实现相对控制的结构框图也与图 6.47 类似。但它的控制效果不及无棚控制,故采用类似图 6.47 的方案去实现相对控制并无实际意义。

通过分析发现,相对控制的切换逻辑可由图 6.66 所示的全机械系统实现。假定相对位移 x_s-x_t 和相对速度 $\dot{x}_s-\dot{x}_t$ 都大于 0。在这种情形,反馈杠杆通过弹簧给下面的节流阀加载,给上面的节流阀减载,于是油缸上腔的油液通过卸载阀,经单向阀流入油缸的下腔。当相对位移和相对速度都小于 0 时,液流方向与此相反。通过选择合理的反馈杠杆比、节流阀加载弹簧的刚度及预紧力就可近似实现控制规律(式(6.139))。

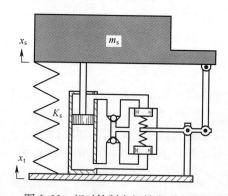

图 6.66 相对控制全机械实现方式

相对控制的性能介于天棚阻尼悬架和被动悬架之间,但可采用纯机械方式实现,因而造价较低,在低价位车上具有潜在应用前景。

6.6.3 其他控制策略

1. 简单线性反馈控制策略

半主动悬架的阻尼力为

$$F_d = -(c_1\dot{x}_s + c_2\ddot{x}_s) \tag{6.130}$$

增加一个常数增益 c_2,就形成简单的反馈控制策略。考虑到半主动悬架不能提供控制能量,故半主动悬架阻尼力 F_{SA} 还必须满足约束条件:

$$F_{SA} = \begin{cases} F_d, & F_d(\dot{x}_t - \dot{x}_s) \leqslant 0 \\ 0, & F_d(\dot{x}_t - \dot{x}_s) > 0 \end{cases} \tag{6.131}$$

采用常用的数值分析法就可确定增益系数 c_1 和 c_2,使半主动悬架具有最佳的效果。

2. 线性最优控制策略

对半主动悬架,也可采用最优控制理论确定最优控制规律,一般有如下形式:

$$U_d = -KX(t) \tag{6.132}$$

式中:K 为最优反馈矩阵,取决于给定的性能指标和悬架系统的参数;$X(t)$ 为由动态方程确定的全状态变量。

因为它的设计过程完全与主动悬架最优控制器一样,故最优控制器的详细设计步骤在 6.7 节主动悬架中讲述。这里所要指出的是,半主动悬架仅有可调阻尼系数的驱动装置,它只能消耗来自路面的能量,而不能提供能量。故按式(6.132)确定的阻尼力也应满足约束条件:

$$F_{SA} = \begin{cases} U_d, & U_d(\dot{x}_t - \dot{x}_s) \leqslant 0 \\ 0, & U_d(\dot{x}_t - \dot{x}_s) > 0 \end{cases}$$

6.6.4 半主动悬架的共性问题

半主动悬架同时具有主动悬架、被动悬架的特征,且在更多方面保留了被动悬架的固有特征,概括起来有如下几点:

(1)半主动系统以闭环的方式控制阻尼力,包括传感器、电子控制装置,以及调制阻尼力的伺服阀,这类似于主动悬架。

(2)可以采用各种可能的控制策略,如天棚阻尼控制、简单线性反馈控制、最优控制、相对控制,也可采用自适应控制(当模型的参数是大范围变化的),这也类似于主动悬架。

(3)无论采用什么样的控制方式,由于半主动系统不能提供能量,而仅能耗损能量。在进行控制器设计时,尽管可以采用线性反馈、最优全状态反馈,但最终能在半主动系统实现的一定具有形如式(6.136)的切换函数(约束条件),所以半主动系统是本质非线性的(在消耗能量时具有主动悬架的特征,而在补充能量时表现为被动悬架特征)。

(4)半主动系统本质上是可调阻尼系统,它可以产生任何期望的阻尼力替代被动阻尼力(被动系统特征)。

(5)半主动悬架仅有电控装置和驱动机构要消耗能量,因而消耗的能量小,系统的结构简单、造价低。

6.7 主动悬架控制策略

6.7.1 直接控制

1. 基本控制策略

对如图 6.23 所示的主动悬架,在路面激励作用下,作用在悬架上的动态力为

$$F_d = F_p + F_a \tag{6.133}$$

式中：F_p 为被动悬架力；F_a 为主动悬架力。

为了使簧载质量具有理想的振隔效果，只要主动力 F_a 与被动力 F_p 大小相同、方向相反，即

$$F_a = -F_p = k_s(x_s - x_t) + c_s(\dot{x}_s - \dot{x}_t) \tag{6.134}$$

就可完全消除簧载质量与非簧载质量之间的耦合效应，达到理想的隔振效果。利用直接控制式(6.134)，得 1/4 车体悬架闭环系统方程为

$$\begin{cases} m_s\ddot{x}_s = 0 \\ m_t\ddot{x}_t + k_t(x_t - x_r) = 0 \end{cases} \tag{6.135}$$

由地面激励引起车体振动位移闭环传递函数为

$$G_{XR-XS} = x_s(s) = 0 \tag{6.136}$$

可以看出，这种算法具有最佳的隔振效果。由于车体的位移为 0，故悬架的动挠度就是非簧载质量的位移，式(6.135)中的第二式得闭环动挠度：

$$G_D = \frac{k_t}{m_t s^2 + k_t} \tag{6.137}$$

上述表明，在低频段，悬架的动挠度完全跟随地面扰动变化。这意味着悬架的动挠度可为无穷大，显然直接用式(6.134)进行控制不能满足使用要求。

由悬架的固有特性可知，当 $s \to 0$ 时，主、被动悬架簧载质量对地面扰动响应具有相同的特性。由此得到启发，如果把主动力通过一带通滤波器，当主动控制的频率满足

$$L_b \leq |\omega| \leq H_b \tag{6.138}$$

时，主动控制才起作用。其中，L_b、H_b 分别为滤波器的下限频率和上限频率。在频带 $[L_b、H_b]$ 以外的信号，由于带通滤波器的截止作用，主动控制被屏蔽，转入被动控制。这样就解决了直接控制主动悬架在低频段和高频段内动挠度与隔振效果之间的矛盾。直接控制加带通滤波器的仿真框图如图 6.67 所示。

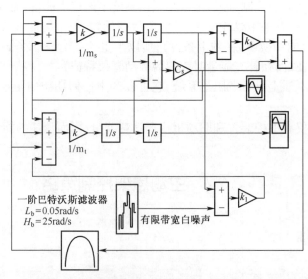

图 6.67　直接控制加带通滤波器的仿真结构框图

2. 滤波器的上、下频带对控制性能的影响

在性能方面,只要根据各项性能指标,合理确定滤波器的结构和上、下限频带宽度,就可使主动悬架的平顺性、动挠度和轮胎的接地性能的综合性能达到满意的折中。如以巴特沃斯滤波器为例对直接控制算法进行仿真。当采用 2 阶巴特沃斯滤波器,$L_b = 0.03$,分别令 H_b 为 25rad/s、50rad/s 和 250rad/s 时,得车体平顺性传递函数的幅频特性如图 6.68 所示。由幅频特性可见,上限频率 H_b 越高,悬架的平顺性越好,但悬架的动挠度和轮胎的动载荷越大。对上述三种频率计算直接控制算法对典型信号的时域响应如图 6.69 所示,可见,随着平顺性的改善,轮胎对地的跟踪性能趋于恶化。

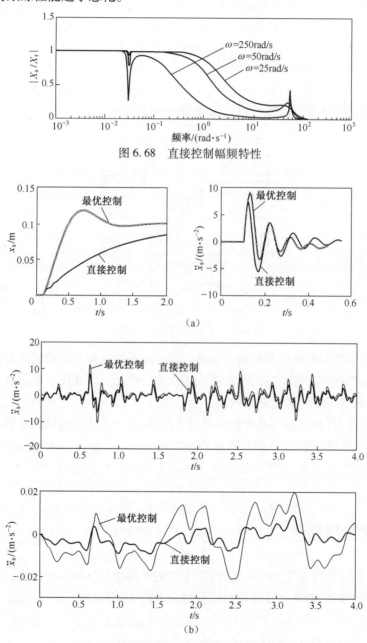

图 6.68　直接控制幅频特性

图 6.69　直接控制对典型信号的动态响应

(a)阶跃响应;(b)有限带宽白噪声。

由上述的仿真计算还可以得出,对直接控制算法的设计,主要是对滤波器的设计和上、下限频率的确定。一般地,滤波器的阶次不宜高于 4 阶。阶次越高,滤波器的实现越困难,计算量越大,而性能的改善并不与阶次成比例。而滤波器上下限频率的确定原则为频带下限 $L_b <$ 0.1,以保证悬架的稳态性能(保证对阶跃扰动的稳态误差为 0)。上限 H_b 为 20~70rad/s,使车体的平顺性、悬架动挠度和轮胎的接地性能的综合性能达到满意的程度。在相同情况下,如悬架的动行程较大,则 H_b 可取较大的值;反之,H_b 可取较小的值。

3. 结论

悬架对路面冲击的隔振效果与滤波器的形式及频带宽度有关。这种算法的设计实际是滤波器结构的设计和滤波器上、下限频率的选择。一般结论是:上限频率高,悬架对路面冲击的隔振效果好,但悬架的动挠度增加,轮胎的接地性能变差;反之亦然。下限频率影响悬架的稳态性能,下限频率应小于 0.1rad/s。

直接控制算法仅需要测量悬架的相对运动速度和相对位移,实现非常简单,如图 6.70 所示。因此,这种算法比最优控制算法更易实现,造价可以更低。

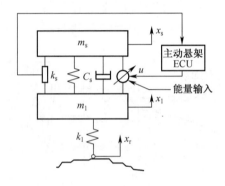

图 6.70　直接控制算法的实现

在性能方面,直接控制算法只要通过正确设计滤波器结构和合理确定滤波器的上、下限频率,可使悬架平顺性达到任何给定的性能指标。从综合性能及实现成本等方面考虑,直接控制算法可以获得比最优控制算法更好的效果。

这种控制算法同样可根据加速度值实现切换控制,如当车轴上的加速度满足条件 $|x_s| > a$(a 为直接控制起作用的门限值)时,采用直接控制。而当 $|x_t| \leqslant a$ 时,采用其他的控制算法(如天棚阻尼器算法、最优算法等),以消除悬架位移的稳态误差,保证悬架的离地高度为恒定的值。

6.7.2　最优控制算法

悬架设计必须综合考虑轮胎的接地性能、车体的平顺性及悬架的动挠度,由于线性最优调节器可以借助加权系数,对各种性能指标进行综合考虑,因而得到了广泛应用。

1. 基础知识

对单输入-单输出(SISO)线性系统(悬架的控制问题通常由线性系统描述,有的可转化为线性系统),其状态方程和输出方程形式:

$$\begin{cases} \dot{X} = AX + Bu \\ y = CX \end{cases} \tag{6.139}$$

式中:X 为 n 维矢量;A、B、C 分别为 $n×n$、$n×1$、$1×n$ 阶矩阵。

在式(6.139)下寻求最优控制规律 u,使性能指标

$$J = \frac{1}{2} \int_0^\infty (X^T QX + u^T Ru) \mathrm{d}t \tag{6.140}$$

取最小值的问题就是二次型的最优调节器问题。其中,Q、R 分别为对称半正定和正定加权矩阵,只要系统 $[A, B]$ 是可控的,即矩阵 $[B, AB, A^2 B, \cdots, A^{n-1} B]$ 是满秩的,则上述问题的解存在且是唯一的,也是渐近稳定的。并且最优控制可表示为

$$u * (t) = - R^{-1} B^T PX(t) \tag{6.141}$$

式中:P 为里卡蒂(Riccati)代数方程的解。

$$PA + A^T P - PBR^{-1} B^T P + Q = 0 \tag{6.142}$$

对具有交叉项二次型性能指标泛函

$$J = \frac{1}{2} \int_0^\infty (X^T QX + 2X^T Nu + u^T Ru) \mathrm{d}t \tag{6.143}$$

则可通过矩阵变换

$$\begin{cases} A_n = A - BR^T N^T \\ Q_n = Q - NR^{-1} N^T \end{cases} \tag{6.144}$$

把形如式(6.143)的性能指标转化为对标准形的求解,其最优控制为

$$u * (t) = - R^{-1} (N^T + B^T P)X(t) \tag{6.145}$$

而 P 是标准里卡蒂代数方程的解

$$PA_n + A_n^T P - PBR^{-1} B^T P + Q_n = 0 \tag{6.146}$$

2. 爱斯麦柴德(Esmaizadeh)控制算法

对并置式主动悬架,设控制律为

$$F_a = k_1 (x_t - x_r) + k_2 (x_s - x_t) + k_3 \dot{x}_t + k_4 \dot{x}_s \tag{6.147}$$

1/4 车体悬架运动方程为

$$\begin{cases} m_s x_s + c_s (\dot{x}_s - \dot{x}_t) + k_s (x_s - x_t) = F_a \\ m_t \ddot{x}_t + c_s (\dot{x}_t - \dot{x}_s) + k_s (x_t - x_s) + k_t (x_t - x_r) = - F_a \end{cases} \tag{6.148}$$

式中:F_a 为主动控制力。

令 $x_1 = x_t - x_r, x_2 = x_s - x_t, x_3 = \dot{x}_t, x_4 = \dot{x}_s$,则式(6.148)的状态方程为

$$\dot{X} = AX + Bu + B'u' \tag{6.149}$$

式中 $A = \begin{bmatrix} 0 & 0 & 1 & 0 \\ 0 & 0 & -1 & 1 \\ -\dfrac{k_t}{m_t} & \dfrac{k_s}{m_t} & -\dfrac{c_s}{m_t} & \dfrac{c_s}{m_t} \\ 0 & -\dfrac{k_s}{m_s} & \dfrac{c_s}{m_s} & -\dfrac{c_s}{m_s} \end{bmatrix}, B = \begin{bmatrix} 0 \\ 0 \\ -\dfrac{1}{m_t} \\ \dfrac{1}{m_s} \end{bmatrix}, B' = \begin{bmatrix} -1 \\ 0 \\ 0 \\ 0 \end{bmatrix}$

$$u = KX = \begin{bmatrix} k_1 & k_2 & k_3 & k_4 \end{bmatrix} \begin{bmatrix} x_1 \\ x_2 \\ x_3 \\ x_4 \end{bmatrix} \tag{6.150}$$

其中：$u' = \dot{x}_r$ 为零均值的白噪声。

对应式（6.143）中的加权矩阵为

$$Q = \begin{bmatrix} \lambda_1 & 0 & 0 & 0 \\ 0 & \lambda_2 k_s^2 & 0 & 0 \\ 0 & 0 & \lambda_2 c_s^2 & -\lambda_2 c_s^2 \\ 0 & 0 & -\lambda_2 c_s^2 & \lambda_2 c_s^2 \end{bmatrix}, R = \lambda_2$$

其中：λ_1 为轮胎接地性能加权系数；λ_2 为车体的垂直加速度加权系数。

需要指出的是，二次型性能指标中并未包括车体加速度项，这是因为包括加速度项的二次型性能指标的阶数高于全状态变量的阶次。

由式（6.148）中的第一个方程，把它用状态变量表示为

$$x_s = -\frac{1}{m_s} \left[c_s(x_4 - x_3) + k_s x_2 \right] + \frac{u}{m_s}$$

式中：$u = F_a$ 为主动控制力。

在性能指标中引入加速度项可得

$$J = \frac{1}{2} \int_0^\infty \left[\lambda_1 (x_t - x_r)^2 + \lambda_2 x_s^2 \right] \mathrm{d}t$$

把 x_s 状态表达式代入上式，可得

$$J = \frac{1}{2} \int_0^\infty (X^{\mathrm{T}} Q X + 2 X^{\mathrm{T}} N u + u^{\mathrm{T}} R u) \mathrm{d}t$$

式中

$$Q = \begin{bmatrix} \lambda_1 & 0 & 0 & 0 \\ 0 & \lambda_2 \dfrac{k_s^2}{m_s^2} & -\lambda_2 \dfrac{c_s k_s}{m_s^2} & \lambda_2 \dfrac{c_s k_s}{m_s^2} \\ 0 & -\lambda_2 \dfrac{c_s k_s}{m_s^2} & \lambda_2 \dfrac{c_s^2}{m_s^2} & -\lambda_2 \dfrac{c_s^2}{m_s^2} \\ 0 & \lambda_2 \dfrac{c_s k_s}{m_s^2} & -\lambda_2 \dfrac{c_s^2}{m_s^2} & \lambda_2 \dfrac{c_s^2}{m_s^2} \end{bmatrix}$$

$$N = \begin{bmatrix} 0 & -\dfrac{k_s}{m_s^2} & \dfrac{c_s}{m_s^2} & -\dfrac{c_s}{m_s^2} \end{bmatrix}^{\mathrm{T}}, R = \frac{\lambda_2}{m_s^2}$$

可见，爱斯麦柴德性能指标是轮胎接地性能和车体加速度的简化形式。在它的性能指标中，给定加权系数 $\lambda_1 = 1000$，$\lambda_2 = 5 \times 10^4$ 和悬架参数 $m_s = 400\mathrm{kg}$，$m_t = 30\mathrm{kg}$，$c_s = 1265\mathrm{N \cdot s/m}$，$k_s = 1.3 \times 10^4 \mathrm{N/m}$，$k_t = 1.3 \times 10^5 \mathrm{N/m}$，求解里卡蒂的最优反馈矩阵为

$$K = \begin{bmatrix} k_1, k_2, k_3, k_4 \end{bmatrix} = \begin{bmatrix} 1077.4, & 5384.8, & -526.5, & 1542.8 \end{bmatrix}$$

基于所设计的最优控制器,在阶跃、有限带宽白噪声及谐波信号作用的动态响应如图 6.71 所示。与被动悬架比较可见,主动悬架在阶跃扰动作用力其接地性能和悬架的动挠度都得到改善。但由于性能指标中不包含悬架的垂直加速度项,最后得到的最优控制器对改善悬架平顺性的效果不明显。实现主动悬架控制的气动驱动机构及反馈信号如图 6.72 所示。

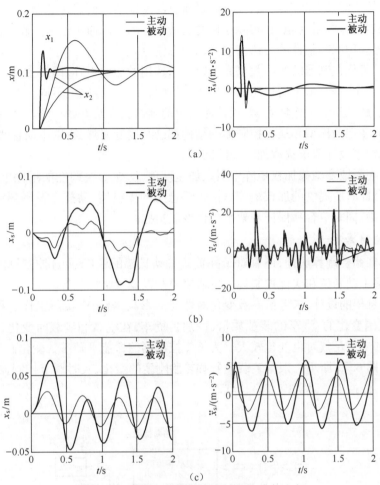

图 6.71　爱斯麦柴德最优控制器的动态响应

(a)阶跃;(b)有限带宽;(c)谐波。

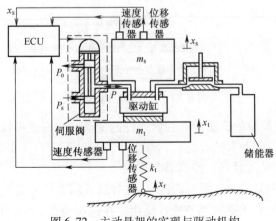

图 6.72　主动悬架的实现与驱动机构

主动悬架最优控制算法把地面扰动包括在第一个状态变量(x_1-x_r)之中,于是悬架控制问题转化为简单的线性调节器问题,但也给控制器的实现带来一定的困难。即需要测量路面的随机扰动x_r,如略去x_r项,则会对性能产生一定的影响。汤姆逊为了解决主动悬架的实现问题,提出了略去x_r项的次优控制策略。

最优控制算法需要全状态反馈,完全测量所有的反馈信号所需传感器多,造价较高。为了解决最优控制器信号测量问题,在实际应用时反馈信号的获取通常不采用直接测量,而是基于输入、输出信号采用状态估计的方法获取全部状态信息。

此外,设计最优控制器的实际效果完全取决于选用的加权矩阵,即使主动悬架的所有的参数和工作条件完全一样,由于所选用的加权矩阵不同,其性能会完全不同。要合理选取加权矩阵,必须充分了解悬架的工作特点、各项性能指标的制约关系及设计意图。经过人们多方面的研究,关于主动悬架的模型和最优控制器的结构都已经接近完善,所以主动悬架最优控制器的设计实际上是根据设计要求选取加权短阵问题。

进一步可在爱斯麦柴德加权矩阵中引入加速度项,这样二次型性能指标中将包括状态和控制的交叉项,此时所提供的加权矩阵直接包括悬架的操纵性、动挠度及平顺性三项指标,物理意义更为明确,同时更容易保证悬架平顺性性能指标。

3. 其他控制算法

除爱斯麦柴德控制算法外,还有对于并置式主动悬架的鞅(Youn)控制算法、速度反馈控制算法、汤姆逊主动悬架和次优控制规律自适应控制以及预瞄控制等。

以上讨论悬架的设计,未考虑参数变化对性能的影响,悬架在实际工作过程中,至少有两个参数是大范围变化的:汽车的装载质量,特别是货车,在空载和满载时变化较大;轮胎的刚度,在充足气和未充足气时也变化较大。为了使控制器的性能不随参数变化而变化,一种自适应控制方案如图6.73所示。根据装载质量和轮胎刚度的变化,实时调节控制器参数k_i($i=1,2,3,\cdots,n$),使性能总是保持在最佳状态。

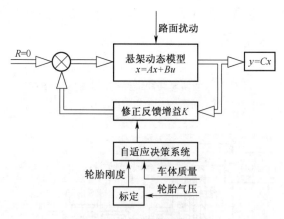

图6.73 自适应控制方案

在实时控制中,一种简单的方法是在性能允许的变动范围内把参数的变化分为几个区域,根据各个区域把设计好控制器参数存储在内存中。控制过程中只要实时辨识悬架系统的动态参数,就可采用查表的方式随时修正控制器参数。

由于驱动机构不同程度地存在滞后时间,往往导致控制系统不能做出及时的响应,最严重的情况可能出现扰动与抵消扰动的调节恰好反相。在这种情况,调节作用不仅不能起隔振缓冲作用,反而会加剧冲击,使悬架的性能恶化。超前(预瞄)控制可有效消除系统滞后时间的影响。该算法的基本思想是:超前测得外部扰动,提前给出调节作用,使之最有效地抵消外部扰动引起的振动。

6.8　主动控制悬架的整车控制方法

以上介绍的是 1/4 车体模型,仅能研究车体的垂直振动控制。作为主动悬架的整车控制,还需要考虑车体的侧倾和仰俯运动。一种基于八板块的整车控制算法(OPCM)如图 6.74 所示,把整车分为四个 1/4 车体模型和四个 1/2 车体模型。在每个分块采用相应的控制逻辑独立进行控制,最后为了实现总体控制目标,把控制垂直运动、侧倾运动和仰俯运动需要的三个作用力叠加起来,就得到各个驱动器的总控制力。

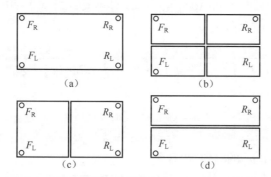

图 6.74　整车悬架模型的八板块结构(四个 1/4 和四个 1/2 模块)

(a)整车;(b)1/4 车体;(c)1/2 车体侧倾;(d)1/2 车体仰俯。

6.8.1　垂直运动分析

对四个 1/4 板块,可用天棚阻尼控制逻辑确定垂直运动的控制力,用公式表示为

$$F_{sky} = - C_{sky} \dot{x}_s \tag{6.151}$$
$$C_{sky} = m_s R / c_s$$

式中:R 为控制垂直振动的增益系数,确定 R 的原则是使垂直振动在谐振频率处具有较小的传递幅值。C_{sky} 对垂直振动传递特性的影响如图 6.75 所示。对传统的被动悬架,由图 6.75(a)可得相应的运动方程:

$$m_s \ddot{X}_s + c_s (\dot{x}_s - \dot{x}_t) + k_s (x_s - x_t) = 0 \tag{6.152}$$

对式(6.152)进行拉普拉斯变换,可得

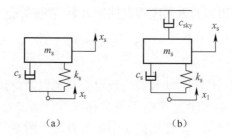

(a)　　　　　　　(b)

图 6.75　简化的被动悬架与天棚阻尼悬架

$$\frac{x_s(s)}{x_t(s)} = \frac{c_s s + k_s}{m_s s^2 + c_s s + k_s} = \frac{2\omega_2 \xi_2 s + \omega_2^2}{s^2 + 2\omega_2 \xi_2 s + \omega_2^2}$$

式中

$$\omega_2 = \sqrt{\frac{k_s}{m_s}}, \xi_2 = \frac{c_s}{2\sqrt{m_s k_s}}$$

传递函数在谐振频率 ω_2 的峰值为

$$\left|\frac{x_s}{x_t}\right|_{s=j\omega_2} = \sqrt{1 + \frac{1}{4\xi_2^2}} > 1 \qquad (6.153)$$

加上天棚阻尼器后,由图 6.75(b) 得相应的运动方程:

$$m_s \ddot{X}_s + c_s(\dot{x}_s - \dot{x}_t) + c_{sky}\dot{x}_s + k_s(x_s - x_t) = 0 \qquad (6.154)$$

进行拉普拉斯变换并整理,可得

$$\frac{x_s(s)}{x_t(s)} = \frac{c_s s + k_s}{m_s s^2 + (c_{sky} + c_s)s + k_s} = \frac{2\omega_2 \xi_2 s + \omega_2^2}{s^2 + 2\omega_2(\xi_2 + \xi_{sky})s + \omega_2^2}$$

式中

$$\xi_{sky} = \frac{c_{sky}}{2\sqrt{m_s k_s}}$$

传递函数在谐振频率 ω_2 的峰值为

$$\left|\frac{x_s}{x_t}\right|_{s=j\omega_2} = \frac{\sqrt{4\xi_2^2 + 1}}{2(\xi_2 + \xi_{sky})} \qquad (6.155)$$

通过确定增益系数 R 可使式(6.155) 取尽可能小的值。

6.8.2 侧倾运动分析

对侧倾运动(图 6.76),前后两个 1/2 板块运动姿态的控制力由式(6.156)、式(6.157)确定:

$$|F_{roll}| = \frac{T_{rollc}}{B} \qquad (6.156)$$

$$T_{rollc} = K_{t-roll}\theta + K_{i-roll}\int\theta dt + b_{t-roll}\dot{\theta} \qquad (6.157)$$

式中:B 为轮距;T_{rollc} 为侧倾控制力矩;C_{roll11} 为侧倾运动控制比例增益系数;C_{roll2} 为侧倾运动控制积分增益系数;n 为待定的常数,在控制能量和抑制侧倾运动之间折中选取;F_{roll} 为由驱动器作用到悬架上的垂直力,作用力的方向随侧倾控制力矩而定;K_{t-roll}、b_{t-roll}、C_{roll-2}、K_{i-roll} 分别为

$$K_{t-roll} = \sqrt{n^2 - 1} C_{roll-1}, b_{t-roll} = \frac{K_{t-roll}^2}{4b_{t-roll}}C_{roll-2}, K_{i-roll} = \frac{K_{t-roll}^2}{4b_{t-roll}}$$

抑制侧倾运动的反力矩取决于侧倾角、侧倾角变化率以及对侧倾角的积分。这些信号由左、右两侧车轮的垂直加速度、垂直速度与垂直位移计算。确定 $C_{roll1-1}$ 和 C_{roll-2} 两个侧倾控制器参数的原则是,使车体的侧倾运动在谐振频率处具有最小的幅频特性。引起侧倾运动的扰动一般为侧向加速度和各种侧向力。考虑侧倾力矩对侧倾运动的影响,侧倾运动可简化为如

图 6.76 所示的系统。

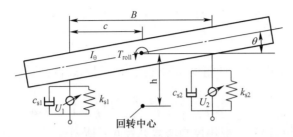

图 6.76　悬架的侧倾运动简图

在侧倾力矩的作用下,车体的运动方程为

$$I_\theta \ddot{\theta} + c_{s1}c^2\dot{\theta} + c_{s2}(B-c)^2\dot{\theta} + k_{s1}c^2\theta + k_{s2}(B-c)^2\theta$$
$$= T_{roll} - u_1 c + u_2(B-c) \tag{6.158}$$

式中:T_{roll} 为对回转中心的扰动力矩。

为了抑制侧倾力矩引起车体的姿态的变化,左、右两侧的控制力应大小相等、方向相反。于是,有

$$u_1 c - u_2(B-c) = u_1 B = K_{t-roll}\theta + K_{i-roll}\int\theta dt + b_{t-roll}\dot{\theta}$$

把上式代入式(6.158),并进行拉普拉斯变换,可得

$$\{I_\theta s^2 + [c_{s1}c^2 + c_{s2}(B-c)2 + b_{t-roll}]s$$
$$+ [k_{s1}c^2 + k_{s2}(B-c)^2 + K_{i-roll}\frac{1}{s}\}\theta(s) = T_{roll}$$

在扰动力矩的作用下的传递函数为

$$\frac{\theta(s)}{T_{roll}(s)} = \frac{1}{\alpha_0 s^2 + \alpha_1 s + \alpha_2 + \alpha_3 \dfrac{1}{s}} \tag{6.159}$$

式中

$$\alpha_0 = I_\theta, \alpha_1 = c_{s1}c^2 + c_{s2}(B-c)^2 + b_{t-roll}$$
$$\alpha_2 = k_{s1}c^2 + k_{s2}(B-c)^2 + K_{t-roll}, \alpha_3 = K_{i-roll}$$

最后的问题就是合理确定 C_{roll-1} 和 C_{roll-2} 增益系数,使式(6.159)在谐振频率处有最小的幅值。

6.8.3　俯仰运动分析

抑制仰俯运动的作用力为

$$|F_{pitch}| = T_{pitch}/L \tag{6.160}$$

$$T_{pitch} = K_{t-pitch}\phi + K_{t-pitch}\int\phi dt + b_{t-pitch}\phi \tag{6.161}$$

$$K_{t-pitch} = \sqrt{(n^2-1)}C_{pitch-1} \tag{6.162}$$

$$b_{t-pitch} = (n-1)C_{pitch-2} \tag{6.163}$$

$$K_{i-pitch} = K_{i-pitch}^2/4b_{t-pitch} \tag{6.164}$$

确定仰俯运动控制的比例增益 $C_{pitch-1}$ 和微分增益 $C_{pitch-2}$ 常数,也是使仰俯运动在谐振频

率处具有最小的幅值。

6.8.4　合成运动分析

把抑制垂直运动、侧倾运动及仰俯运动的作用力加起来,就得到每个驱动器应产生的总驱动力为

$$u_i = F_{i-sky} + F_{i-roll} + F_{i-pitch} \quad (i=1,2,3,4) \tag{6.165}$$

例6.3　某轿车,计算得到八板块控制增益见表6.4所列。

表6.4　控制参数

参数	前悬架	后悬架
$C_{sky}/(N \cdot s/m)$	3.32×10^3	2.649×10^3
$K_{t-roll}/(N \cdot m/rad)$	2.071×10^5	1.543×10^5
$b_{t-roll}/(N \cdot m \cdot s/rad)$	1.866×10^4	1.4×10^4
$K_{i-roll}/(N \cdot m/s)$	5.774×10^5	4.253×10^5
$K_{t-pitch}/(N \cdot m/rad)$	5.213×10^5	5.213×10^5
$b_{t-pitch}/(N \cdot m \cdot s/rad)$	5.419×10^4	5.419×10^4
$K_{i-pitch}/(N \cdot m/s)$	1.254×10^6	1.254×10^6
注:$n=10$		

为了考查八板块控制方法的有效性,分别仿真计算了车辆在转向、侧倾扰动力矩、制动和加速产生仰俯扰动力矩及路面冲击作用下的动态响应特性。

侧倾和仰俯运动的频率响应特性如图6.77、图6.78所示。在这两种情况下,传递幅值都

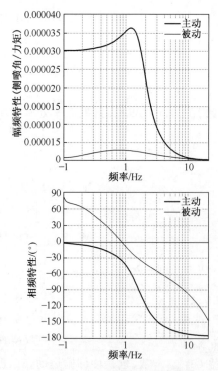

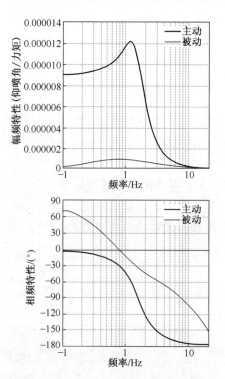

图6.77　抑制侧倾运动的响应特性　　图6.78　抑制俯仰运动的响应特性

得到极大的抑制,在谐波频率都没有峰值。因为由车体加速度产生扰动力的频率范围远低于 4~5Hz ,可见八板块控制方法可满足整个频率内姿态控制的要求。

以 1/2 个正弦波仅作用于右后轮(以同时激励侧倾和仰俯运动),得到悬架系统对路面激励的时间响应如图 6.79 所示。除垂直运动外,还产生侧倾和仰俯运动,OPCM 能有效地抑制这些运动。每个驱动器产生的控制力如图 6.80 所示,其中实线是由三种控制逻辑产生的总的作用力,带点的线分别为三种控制逻辑单独控制的作用力。

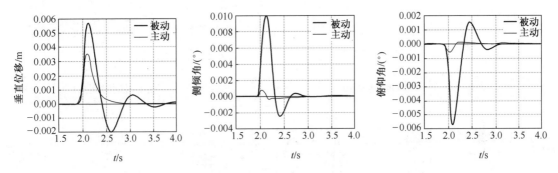

图 6.79　路面激励的时间相应

图 6.81 是 OPCM 抑制转向时产生的侧倾力矩的时间响应过程,图 6.82 为抑制制动时产生仰俯扰动力矩的响应过程。把上述三种输入(1/2 个正弦波、侧倾动力矩及仰俯扰动力短)叠加在一起,得到 OPCM 对一般扰动信号的时间响应如图 6.83 所示。

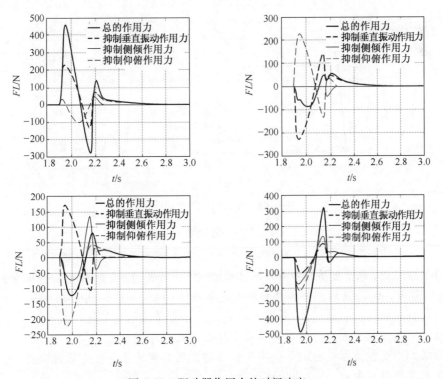

图 6.80　驱动器作用力的时间响应

从上述的仿真结果可见,OPCM 对车辆的垂直运动及车辆姿态控制都是非常有效的。同时,这种算法仅需要测量每个驱动机构末端的加速度,需要的传感器数目少,实现非常简单,因此该算法是一种较为理想的低成本控制算法。

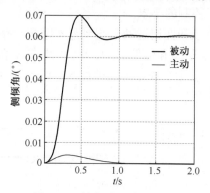

图 6.81 转向时的时间响应

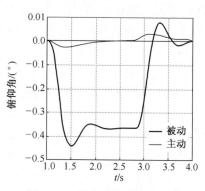

图 6.82 制动时的时间响应

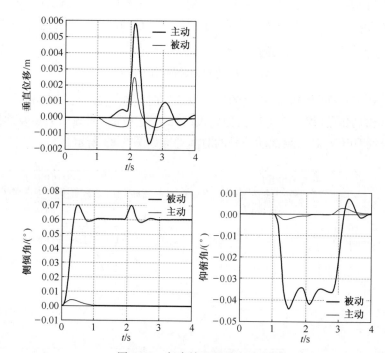

图 6.83 复合输入的动态响应

思 考 题

1. 悬架设计时,为什么要综合考虑车体垂直位移(或速度,或加速度)、悬架动挠度、轮胎接地性能? 轿车、货车、大客车所考虑的重点是否相同?

2. 除了筒式液压减振器以外,是否还能找到其他类型的阻尼装置? 试举例说明。

3. 试说明电液伺服系统与阻尼可调减振器相同点及不同点。

4. 悬架的不变性方程是指的什么不变? 举例说明悬架的不变性方程的应用。

5. 在悬架特性研究中,试说明传递函数分析法与均方根值分析法的优、缺点。

6. 试说明主动或半主动悬架的发展趋势。

7. 基于八板块的整车控制算法是否有前提条件?

8. 系统中,极点配置的目的是什么?

第7章

汽车转向系统

　　传统的汽车转向系统是机械式的,随着人们生活条件的改善,现代汽车转向系统向着液压与电动辅助转向发展。并且,考虑提高行车安全性,一些车辆上采用了四轮转向技术。无论是助力转向,或是四轮转向,都使得转向系统从机械式变为机电液系统。本章介绍电动助力转向以及四轮转向,为转向系统设计建立基础。

↗ 7.1　助力转向设计概论

7.1.1　原理与模型

　　电动助力转向系统(EPAS)在原机械转向系统的基础上,增加了车速传感器、扭矩传感器、电子控制单元、电动机、离合器,以及减速机构等转向的助力机构,系统结构如图7.1所示。EPAS 可以分为四个子系统:转向柱与驱动力矩;辅助电动机;路况与摩擦;齿条与齿轮。EPAS 工作原理:当驾驶员转动转向盘时,扭矩传感器就开始不间断地检测输入端,并把扭矩信号传输给控制中心 ECU,ECU 在接收到信号后,经过一定的分析和处理,按程序指令的方式对电动机、离合器进行控制,通过改变电动机工作电流的大小或方向,实现对助力电机的实时精确控制,从而达到助力转向的目的。

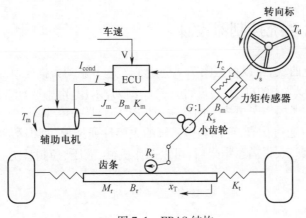

图 7.1　EPAS 结构

四个子系统中的每个子系统可以建立相应的数学模型。

（1）转向柱与驱动力矩模型：

$$J_s \ddot{\theta}_s + B_s \dot{\theta}_s + T_c = T_d \tag{7.1}$$

$$T_d = (\Delta\theta_s - \theta_s)\left(K_p + K_t \frac{1}{s} + K_d s\right) \tag{7.2}$$

$$T_c = K_s\left(\theta_s - \frac{x_r}{R_s}\right) \tag{7.3}$$

式中：J_s 为转向盘转动惯量；θ_s 为转向盘转角；B_s 为齿条阻尼；T_c 为传感器测量力矩；T_d 为驱动力矩；K_p 为比例系数；K_t 为积分系数；K_d 为微分系数；x_r 为齿条位移；R_s 为小齿轮半径。

（2）助力电动机模型：

$$J_m \ddot{\theta}_m + B_m \dot{\theta}_m = T_m - T_a \tag{7.4}$$

$$T_m = K_a i_a \tag{7.5}$$

$$U = R i_a + L i_a + K_b \dot{\theta}_m \tag{7.6}$$

$$T_a = G K_m\left(\theta_m - G\frac{x_r}{R_s}\right) \tag{7.7}$$

$$I = i_a + K_w \theta_w \tag{7.8}$$

式中：J_m 为电动机转动惯量；θ_m 为电动机转角；B_m 为电动机阻尼；T_m 为电动机转矩；T_a 为辅助力矩；K_a 为电动机力矩；i_a 为实时车速传感器与车速关系函数 $i_a = B(T_c, V_{speed})$，B 为升压曲线函数关系，以表格形式表述；U 为电动机电压；R 为电动机电阻；L 为电动机电感；K_b 为电动机 EMF 常数；G 为电动机齿轮传动比；K_m 为电动机刚度；K_w 为车轮力矩；θ_w 为车轮转角。

（3）路况与摩擦模型：

$$F_t = J_w \ddot{X}_r + B_w \dot{x}_r + K_w x_r + C F_w \text{sgn}(x_r^*) \tag{7.9}$$

式中：F_t 为驱动力；J_w 为车轮转动惯量；B_w 为车轮阻尼；F_w 为滚动阻力；C 为常数。

（4）齿轮与齿条模型：

$$M_r \ddot{X}_r + B_r \dot{x}_r - \frac{T_c}{R_s} = \frac{T_a}{R_s} - F_{TR} \tag{7.10}$$

式中：M_r 为齿条与轮子的质量；B_r 为齿条与轮子的阻尼；F_{TR} 为车轮切向力。

模型的更加详尽的内容可以参考相关文献。

7.1.2 助力转向系统控制器设计

图 7.2 为辅助电流曲线，可以根据图 7.2 确定某车速下驱动力据所对应的辅助电流大小。建立模型后，设计时可以采用仿真工具进行计算。例如，采用 Matlab/Simulink 建立的仿真模型如图 7.3 所示。研究者提出了更多不同算法，如 PID 算法、遗传算法等，图 7.3 所示模型中采用 BCGA-PID 方法。通过仿真，可以获得系统的主要性能情况，根据结果，通过分析寻找出问题，并改进后再次仿真，获得满意结果后，可以制作机械、液压、控制系统。

7.1.3 实验调试

在研发过程中，建模后进行仿真分析，而后，一般在综合性能实验台进行台架实验。台架

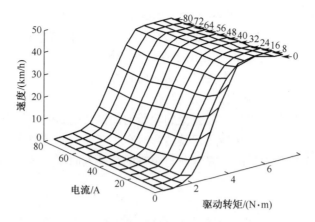

图 7.2　辅助电流曲线

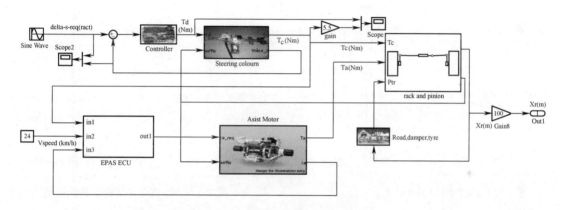

图 7.3　某型 EPAS 系统的仿真模型

实验的测试项目一般包括：测试系统各个输入信号、检测精度是否达到设计要求；模拟系统的实际工作状态，包括电动机负载与实际车况，测试系统助力效果；根据实验结果，优化控制算法及电路设计，确定最优参数等。

完成台架实验后，再进行整车实验。对实验中出现的软、硬件问题进行修改，再次实验，直至整车实验结果得到明显改善，助力效果明显，达到预期设计要求。

7.2　四轮转向系统概述

汽车的主动安全技术日益受到重视，先进的主动底盘控制技术是汽车发展的重要方向，而四轮转向系统是主动底盘控制的重要组成部分。汽车的四轮转向（4WS）是指汽车在转向时，后轮可相对于车身主动转向，使汽车的四个车轮都能起转向作用，以改善汽车的转向机动性、操纵稳定性和行驶安全性。

7.2.1　4WS 汽车的原理和特点

将车辆视为刚体，定义车辆质心处速度方向与车辆行驶方向的夹角为质心侧偏角。如果速度的横向分量方向指向回转曲率中心的一侧，则车辆质心侧偏角为正值，反之则车辆质心侧偏角为负值。

传统的汽车转向方式为前轮转向(2WS),其机械传动的转向机构将转向盘转角转换为车辆前轮转向角,操纵汽车的行驶方向。通常,为了使车辆在转向时车轮与地面之间为纯滚动而无滑动现象,则必须符合阿克曼原理,也就是两前轮的旋转轴延长线交点落在后轮之旋转轴延长线上,但由于一般车辆只有前轮作转向运动而后轮并不转向,所以造成车辆的质心侧偏角过大,使驾驶员的视角受到影响,如图 7.4 所示。

当车速增加时,汽车在转向时一般会受到轮胎的侧偏角的影响而使车辆质心侧偏角过大,造成车辆无法平顺地转弯,导致在高速行驶转弯时车头会朝向回转曲率中心内侧,也就是车辆质心侧偏角为负值,造成驾驶员的目视方向与车辆的行驶方向产生误差而提高行车的危险性,如图 7.5 所示。

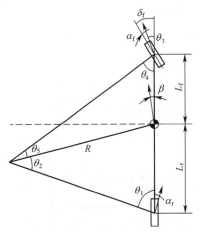

图 7.4 2WS 汽车在低速下转向运动

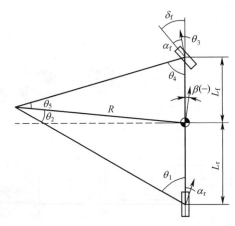

图 7.5 2WS 汽车在高速下转向运动

4WS 汽车是在前轮转向系统的基础上,在汽车的后悬架上安装一套后轮转向系统,两者之间通过一定的方式联系,使得汽车在前轮转向的同时,后轮也参与转向,从而达到提高汽车低速行驶的机动性和高速行驶的稳定性。从结构上,4WS 可分为机械式、液压式、电动式和复合式四类。典型的电控 4WS 系统主要由前轮转向系统、传感器、ECU、后轮转向执行机构和后轮转向传动机构等组成。如图 7.6 所示,转向时,传感器将前轮转向的信号和汽车运动的信号送入 ECU,ECU 进行分析计算,向后轮转向执行机构输出驱动信号,后轮转向执行机构动作,通过后轮转向传动机构,驱动后轮偏转。同时,ECU 进行实时监控汽车运行状况,计算目标转向角与后轮实时转向角之间的差值,来实时调整后轮的转角。这样,可以根据汽车的实际运动状态,实现汽车的四轮转向。

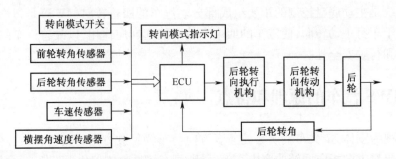

图 7.6 4WS 控制系统工作原理

4WS 汽车在低速转弯时,前后车轮反向转向,如图 7.7 所示,可以减小车辆的转弯半径;在高速转弯时,前后轮主要做同向转向,如图 7.8 所示,能够减少车辆质心侧偏角,减少车辆横摆率与横向加速度之间的相差,增加轮胎横向力的裕度,使其远离饱和状态。目前,有许多4WS 汽车把改善汽车操纵性能的重点放在提高汽车高速行驶的操纵稳定性上,而不是过分要求汽车在低速行驶时的转向机构灵活性。其工作特点是低速时汽车仅采用前轮转向,只在汽车行驶速度达到一定数值后,后轮才参与转向,实现四轮转向功能。

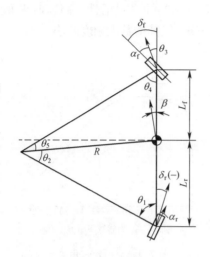

图 7.7　4WS 汽车在低速下转向运动

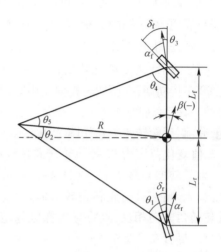

图 7.8　4WS 汽车在高速下转向运动

与 2WS 汽车相比,4WS 汽车具有如下优点:转向操作的响应加快,准确性提高;转向操作的机动灵活性和行驶稳定性提高;侧向干扰的稳定性效果好;行车时,变换车道更容易,减小了汽车产生摆尾和侧滑的可能性。

4WS 汽车具有几点不足:低速转向时,汽车尾部容易碰到障碍物;实现理想控制的技术难度大;转向系统结构复杂、成本高;转向过程中,阿克曼原理难保证。

7.2.2　四轮转向系统的控制

四轮转向系统的控制目标可归纳为:
(1) 减小侧向加速度与横摆角速度之间的相位差及它们各自的相位。
(2) 减小汽车质心处的侧偏角。
(3) 汽车低速行驶时具备良好的机动性,高速行驶时具有很好的稳定性。
(4) 实现所希望的转向特性(模型匹配/模型跟随控制)。
(5) 抵御汽车参数的变化,保持所希望的转向特性(自适应控制)。
(6) 在轮胎处于附着极限时,仍具备良好的响应特性。

1. 定前后轮转向比四轮转向系统

1985 年,Sano 等用线性模型研究四轮转向系统。定义 K 为前、后轮转向角之比。K 值为正时,表明前后轮转动方向相同;K 值为负时,表明前后轮转动方向相反。Sano 认为,通过 K 值的选择应使稳态转向时质心侧偏角等于 0,并推导了公式:

$$K = \dfrac{-b + \dfrac{ma}{K_2 l}v^2}{a + \dfrac{mb}{K_1 l}v^2}$$

式中：m 为整车质量；v 为车速；a、b 分别为质心至前、后轴距离；l 为轴距；K_1、K_2 分别为前、后轮侧偏刚度。

在低速时 K 值应为负，这可以减小转弯半径，提高汽车的操纵灵活性。高速时 K 值应为正，研究表明，在这样的 K 值下，侧向加速度响应时间缩短，但其增益大幅度减小。

2. 前、后轮转向比是前轮转角函数的四轮转向系统

这是一种结构简单且效果良好的系统，20 世纪 90 年代初期，一些四轮转向车中采用了这种系统。该系统同时具有同方向及反方向转向功能，其前、后轮转角关系如图 7.9 所示。

K 值变化范围为 0.2（前轮转向角较小）~ 0.55（前轮转向角较大）。这种 4WS 系统在极限工况——高速且前轮转角较大时，后轮转角与前轮转角方向相反，这将导致操纵稳定性极度恶化。尽管在现实中人们很少在高速行驶中转动转向盘角度大又快，但这种潜在的危险依旧存在。另外，当前轮转角较小时，前后轮转向比较大，汽车的操纵稳定性有一定程度的恶化，这种车辆在高速行驶时具有一定的危险性。这是该系统的一个明显的缺点，也是这种系统没有得到广泛应用的原因。

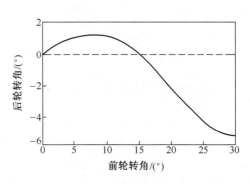

图 7.9　前后轮转角关系

3. 前、后轮转向比是车速函数的四轮转向系统

1986 年，Shibahata 等设计的微机控制的四轮转向系统。前后轮转向比为车速和前轮转角的函数。其计算前、后轮转向比的基本着眼点同 Sano 是一致的，都是使汽车稳态转向时的质心侧偏角为 0。

Takiguch 等也设计了一套类似的四轮转向系统，其设计的着眼点在于，使侧向加速度相位滞后同横摆角速度相位滞后相等，这与 0 侧偏角原则在本质上是一致的。他们这样计算是因为在主观评价中，大多数最优的正的前、后轮转向比都发生在二者相位滞后差别最小的时候。实验表明，通过这种方法选择的 K 能够基本在所有车速范围内，改善汽车的方向响应。其优于前述方法的明显优点是可以在高速时，把侧向加速度增益保持在一个驾驶员可以接受的幅度上。

4. 具有一阶滞后的四轮转向系统

当汽车高速转向时，后轮的转动比前轮转动迟延一定的时间，当横摆角速度或侧向加速度到达稳态值，后轮才开始转动。

5. 具有反相特性的四轮转向系统

汽车高速转向时，后轮先向与前轮转向方向相反的方向转动，这样横摆角速度和侧向加速度动态响应加快，二者很快到达稳态值，这时后轮再向相反方向转动，以改善车辆的稳态响应特性，改善汽车的方向特性。

6. 具有最优控制特性的四轮转向系统

上述几种控制方法明显的缺点在于当附加了后轮转角之后,车辆本身的横摆角速度稳态增益和侧向加速度增益随车速和前轮转角发生了较大幅度的变化,这就增加了驾驶的难度,在高速时也增加了驾驶员的疲劳强度。于是研究人员开始着眼于横摆角速度稳态增益和侧向加速度稳态增益与2WS系统相同的4WS系统的研究。

较为典型的是Yasuji Shibahata等研究的具有最优控制特性的四轮转向系统,其原理如图7.10所示。图中:$A_1(s)$为前轮转角控制函数;$A_2(s)$为后轮转角控制函数;$G_1(s)$为前轮转角到侧向加速度的传递函数;$G_2(s)$为后轮转角到侧向加速度的传递函数;$H_1(S)$为前轮转角到横摆角速度的传递函数;$H_2(s)$为后轮转角到横摆角速度的传递函数。该系统采用最优控制原则对前、后轮同时控制,其目标函数为车辆转向的理想状态,即横摆角速度的稳态增益和侧向加速度的稳态增益与传统的前轮转向车辆相同,也就是要保持驾驶员的驾驶感觉不发生较大的变化。同时使横摆角速度和侧向加速度的相位滞后为0,且使二者的幅频特性在相当大的范围内保持恒定。但这种控制方法使车辆的转向特性随着车速的变化而发生了较明显的变化,这就对该系统的应用造成了障碍。

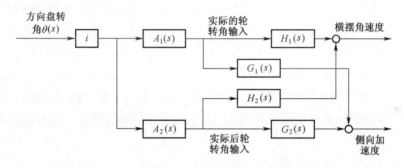

图7.10 具有最优控制特性的四轮转向控制系统原理

7. 具有自学习、自适应能力的四轮转向系统

前面介绍的几种4WS系统,其局限性是这些系统不能较好地适应汽车本身特性的非线性或随机性变化,不能适应车辆-道路系统特性的非线性或随机性变化(如轮胎-路面附着系数的变化等)。要在这样的条件下实现更为有效的控制,控制系统应具有自学习、自适应能力,即随着被控对象的变化而改变控制器的结构或参数,改变控制规律。通常采用的控制方法有自适应控制、鲁棒H∞控制、μ综合控制和基于神经网络的控制等。

7.2.3　四轮转向控制技术发展趋势

一些先进的现代控制方法已应用于4WS系统的控制研究中,如最优控制、自适应控制、滑模控制、鲁棒控制、模糊控制、基于人工神经网络理论的控制方法等。对4WS控制系统的研究逐渐从线性领域向非线性领域过渡,已提出一些多自由度的4WS汽车动力学模型。未来对4WS系统的研究的发展趋势主要集中在以下方面:

(1)进一步研究、开发新型的后轮转向执行机构和后轮转向传动机构,提高转向时的操纵轻便性、灵活性和转向角度的准确性。

(2)针对4WS系统,进一步开发、设计高性能、高精度、高灵敏度的传感器,以便于正确地检测汽车的运动信号。

（3）深入研究转向过程中轮胎的瞬态特性，将其作为主要因素加入到 4WS 系统的数学模型中。

（4）将先进的控制理论与控制方法应用于 4WS 控制器的研究中。

（5）从主观评价出发，考虑闭环综合性能指标，将"人-车-路"看成一个系统。

（6）基于新控制理论的全主动四轮转向系统。

（7）把 4WS 技术与其他主动安全技术（如 4WD、ABS、ASR、ASC、DYC 等）相结合，实现汽车主动底盘技术的综合控制，这是主动控制 4WS 系统研究的长期目标。

7.3　4WS 汽车模型及转向特性分析

7.3.1　4WS 汽车模型的建立

操纵稳定性的研究和评价方法多种多样，目前占主导地位的研究方法是把汽车看作一个线性的开环控制系统，建立一个能表征系统运动特性的二自由度运动方程，从而分析汽车的操纵稳定性。

1. 条件

在四轮转向分析中，通常把汽车简化成二自由度的两轮车模型，如图 7.11 所示，忽略悬架的作用，认为汽车只做平行于地面的平面运动，即汽车只有沿 y 轴的侧向运动和绕质心的横摆运动。此外，汽车的侧向加速度限定在 $0.4g$ 以下，轮胎的侧偏特性处于线性范围内。

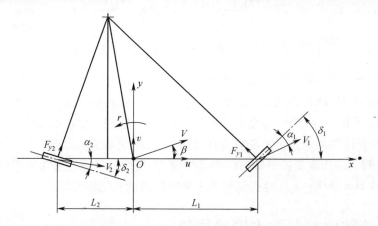

图 7.11　二自由度四轮转向汽车模型

2. 模型方程

模型的运动微分方程为

$$\begin{cases} Mu(r + \dot{\beta}) = F_{y1}\cos\delta_1 + F_{y2}\cos\delta_2 \\ I_z\dot{r} = F_{y1}L_1\cos\delta_1 - F_{y2}L_2\cos\delta_2 \end{cases} \tag{7.11}$$

式中：M 为整车质量；V 为车速；u 为沿 x 轴方向的前进速度；v 为沿 y 轴方向的侧向速度；$\beta = v/u$ 为质心处的侧偏角；r 为横摆角速度；I_z 为绕质心的横摆转动惯量；δ_1、δ_2 分别为前、后轮转角;L_1、L_2分别为质心至前、后轴距离;F_{y1}、F_{y2}分别为前、后轮侧偏力。

考虑到前后轮转角较小,则式(7.11)可写为

$$\begin{cases} Mu(r + \dot{\beta}) \approx F_{y1} + F_{y2} \\ I_z \dot{r} \approx F_{y1}L_1 - F_{y2}L_2 \end{cases} \tag{7.12}$$

式中

$$F_{y1} = C_f \alpha_1 \tag{7.13}$$

$$F_{y2} = C_r \alpha_2 \tag{7.14}$$

其中:C_f、C_r分别为前、后轮的侧偏刚度且取负值;α_1、α_2分别为前、后轮胎侧偏角,表示成

$$\alpha_1 = \beta + (L_1/u)r - \delta_1, \alpha_2 = \beta - (L_2/u)r + \delta_2$$

7.3.2 4WS 汽车操纵稳定性分析

由式(7.12)~式(7.14)可得

$$\begin{cases} M\dot{v} + Mur - (C_f + C_r)\beta - [(L_1C_f - L_2C_r)/u]r + (C_f\delta_1 + C_r\delta_2) = 0 \\ I_z\dot{r} - (L_1C_f - L_2C_r)\beta - r(L_1^2C_f + L_2^2C_r)/u + (L_1C_f\delta_1 + L_2C_r\delta_2) = 0 \end{cases} \tag{7.15}$$

讨论:(1)当后轮转角$\delta_2 = 0$时,即为二轮转向系统。

(2)令 4WS 汽车后轮偏转角$\delta_2 = i\delta_1$,i为比例常数,且$|i| < 1$。当i为正时,即$0 < i < 1$时为前、后轮同方向转向;当i为负时,即$-1 < i < 0$时为前、后轮反方向转向。则式(7.15)可变化为

$$\begin{cases} M\dot{v} + Mur - (C_f + C_r)\beta - [(L_1C_f - L_2C_r)/u]r + \delta_1(C_f + C_r i) = 0 \\ I_z\dot{r} - (L_1C_f - L_2C_r)\beta - r(L_1^2C_f + L_2^2C_r)/u + \delta_1(L_1C_f + L_2C_r i) = 0 \end{cases} \tag{7.16}$$

1. 前轮角阶跃输入下的稳态响应

汽车等速行驶时,前轮角阶跃输入下的稳态响应可以用稳态横摆角速度增益来评价。稳态时横摆角速度r为定值,此时$\dot{v} = 0$,$\dot{r} = 0$,代入式(7.16)联立消去v得稳态横摆角速度增益为

$$\frac{r}{\delta_{1s}} = \frac{(1 - i)u/L}{1 + \dfrac{M}{L^2}\left(\dfrac{L_1}{C_r} - \dfrac{L_2}{C_f}\right)u^2} = \frac{(1 - i)u/L}{1 + Ku^2} \tag{7.17}$$

式中:L为轴距,$L = L_1 + L_2$;K为稳定性因数(s^2/m^2),$K = \dfrac{M}{L^2}\left(\dfrac{L_1}{C_r} - \dfrac{L_2}{C_f}\right)$。

讨论:(1)由式(7.17)可见,二轮转向与四轮转向的稳定性因数是相同的。

(2)二轮转向时$i = 0$。

(3)四轮转向时,若前后轮同方向转向,$0 < i < 1$,横摆角速度增益较二轮转向小,转向灵敏度降低。

(4)若前、后轮反方向转向,$-1 < i < 0$,横摆角速度增益较二轮转向大,转向灵敏度增加。

2. 前轮角阶跃输入下的瞬态响应

在时域范围内分析给汽车前轮角阶跃输入后,过渡过程中四轮转向汽车的横摆角速度响应$r(t)$。

将式(7.15)重新整理后,可得

$$\begin{cases} M\dot{v} + Mur = (C_f + C_r)\beta + [(L_1C_f - L_2C_r)/u]r - (C_f\delta_1 + C_r\delta_2) \\ I_z\dot{r} = (L_1C_f - L_2C_r)\beta + r(L_1^2C_f + L_2^2C_r)/u - (L_1C_f\delta_1 + L_2C_r\delta_2) \end{cases} \tag{7.18}$$

消去 β 并整理,可得

$$M'\ddot{r} + h\dot{r} + cr = b_1\dot{\delta}_1 + b_0\delta_1 \tag{7.19}$$

式中

$$M' = MuI_z$$

$$h = -\left[M(L_1^2C_f + L_2^2C_r) + I_z(C_f + C_r)\right]$$

$$c = Mu(L_1C_f - L_2C_r) + (L^2C_fC_r)/u = \frac{L^2C_fC_r}{u}(1 + Ku^2)$$

$$b_1 = -Mu(L_1C_f - L_2C_ri)$$

$$b_0 = (1 - i)LC_fC_r$$

式(7.19)为单自由度一般强迫振动微分方程,通常写成

$$\ddot{r} + 2\omega_0\xi\dot{r} + \omega_0^2r = B_1\dot{\delta}_1 + B_0\delta_1 \tag{7.20}$$

式中:ω_0 为系统的固有频率,$\omega_0 = c/M'$;ξ 为阻尼比,$\xi = h/2\omega_0M'$;$B_1 = b_1/M'$;$B_0 = b_0/M'$。

由于 $t > 0, \delta_1 = \delta_0, \dot{\delta}_1 = 0$,式(7.20)简化为二阶常系数非齐次微分方程:

$$\ddot{r} + 2\omega_0\xi\dot{r} + \omega_0^2r = B_0\delta_0 \tag{7.21}$$

其通解为

$$r(t) = \left(\frac{r}{\delta_1}\right)_s\delta_0\left[1 + \sqrt{\left[\frac{MV(L_1C_f - L_2C_r)}{2(1 - i)LC_fC_r}\omega_0^2 + \frac{MVL_1\xi\omega_0}{LC_r} + 1\right]\frac{1}{1 - \xi^2}}\right.$$
$$\left. \times \exp(-\xi\omega_0t)\sin(\omega t + \phi)\right]$$

式中

$$\omega = \omega_0\sqrt{1 - \xi^2}$$

$$\phi = \arctan\frac{\sqrt{1 - \xi^2}}{\dfrac{MV(L_1C_f - L_2C_ri)}{2(1 - i)LC_fC_r} + \xi}$$

图 7.12、图 7.13、图 7.14 分别是稳定性因数相同的 2WS 汽车,前、后车轮同方向转向汽车,前、后车轮反方向转向 4WS 汽车在前轮角阶跃输入下的瞬态响应。

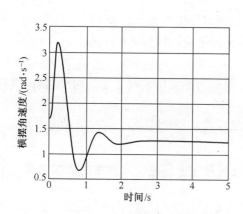

图 7.12　2WS 汽车瞬态响应

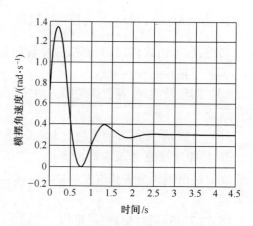

图 7.13　前、后轮同向转向 4WS 汽车瞬态响应

从图 7.12~图 7.14 中可以看出:

（1）前轮阶跃输入下，前、后轮同方向转向的 4WS 汽车横摆角速度峰值和稳定值明显小于 2WS 汽车，表明高速转向行驶时，前、后轮同方向转向的 4WS 汽车比 2WS 汽车具有更好的转向特性。

（2）前、后轮反方向转向的 4WS 汽车横摆角速度峰值和稳定值更大，车体的摆动量更大，因而增加了高速转向时的不稳定性。

（3）4WS 汽车若采用前轮转向后轮小角度按比例控制的转向运动方式，在高速行驶时，前、后轮转向方向相同，可提高车辆高速行驶时方向稳定性；低速行驶时，前、后轮转向方向相反，可提高车辆的机动性，车辆密集停放时这种优点就可显现出来。

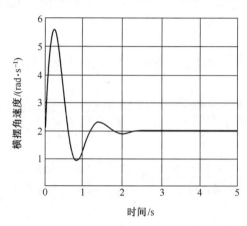

图 7.14　前、后轮反向转向 4WS 汽车瞬态响应

7.3.3　4WS 汽车的响应特性

转向响应基于二自由度模型基础，下面进一步分析四轮转向时，横摆角速度和侧向加速度的响应。

由图 7.10 的二自由度 4WS 汽车模型，可得横摆角速度 r 和侧向加速度 y 的关系如下：

$$y = u(r + \dot{\beta}) \tag{7.22}$$

从式（7.22）可以看出，转向时的横摆角速度和侧向加速度是相互密切联系的。在一定的变化范围内，汽车的运动相当于一个两轮车模型的横摆角速度 r 和侧向加速度 y 对应于前轮转角 δ_1 的响应，其传递函数可以由以下两式来表达：

$$\frac{R(s)}{\Delta_1(s)} = G_r(0) \frac{1 + T_r s}{1 + \dfrac{2\xi}{\omega_0}s + \dfrac{1}{\omega_0^2}s^2} \tag{7.23}$$

$$\frac{s^2 Y(s)}{\Delta_1(s)} = G_{\ddot{y}}(0) \frac{1 + T_1 s + T_2 s^2}{1 + \dfrac{2\xi}{\omega_0}s + \dfrac{1}{\omega_0^2}s^2} \tag{7.24}$$

式中：$R(s)$、$Y(s)$、$\Delta_1(s)$ 分别是横摆角速度 r、测向位移 y、前轮转角 δ_1 的拉普拉斯变换；稳定性因数

$$K = \frac{M}{L^2}\left(\frac{L_1}{C_r} - \frac{L_2}{C_f}\right)$$

$$G_r(0) = \frac{u}{L(1 + Ku^2)}, G_{\ddot{y}}(0) = \frac{u^2}{L(1 + Ku^2)}$$

$$T_r = \frac{mL_1}{C_r L}u, T_1 = \frac{L_2}{u}, T_2 = \frac{I_z}{C_r L}$$

$$\frac{2\xi}{\omega_0} = \frac{(C_f L_1^2 + C_r L_2^2)M + (C_f + C_r)I_z}{C_f C_r L^2} \cdot \frac{L}{1 + Ku^2}, \frac{1}{\omega_0^2} = \frac{I_z m}{C_f C_r L^2} \cdot \frac{u^2}{1 + Ku^2}$$

由式(7.23)和式(7.24)可知,这两个传递函数具有相同的极点配置,表现出相似的瞬态特性。

横摆角速度和侧向加速度对应于后轮转向角 δ_2 的传递函数为

$$\frac{R(s)}{\Delta_2(s)} = -G_r(0)\frac{1 + T_r' s}{1 + \frac{2\xi}{\omega_0}s + \frac{1}{\omega_0^2}s^2} \tag{7.25}$$

$$\frac{s^2 Y(s)}{\Delta_2(s)} = G_{\ddot{y}}(0)\frac{-1 + T_1' s + T_2' s^2}{1 + \frac{2\xi}{\omega_0}s + \frac{1}{\omega_0^2}s^2} \tag{7.26}$$

式中, $T_r' = \frac{mL_2}{C_f L}u$; $T_1' = \frac{L_1}{u}$; $T_2' = \frac{I_z}{C_r L}$; $\Delta_2(s)$ 为后轮转角 δ_2 的拉普拉斯变换

由式(7.25)和式(7.26)同样可以看出,这两个传递函数是具有相同的极点配置。

如果前轮和后轮同时转向,则横摆角速度和侧向加速度响应各自可以由式(7.23)和式(7.25)、式(7.24)和式(7.26)线性叠加得到:

$$\begin{bmatrix} R \\ s^2 Y \end{bmatrix} = \begin{bmatrix} G_r(0)\dfrac{1 + T_r s}{1 + \frac{2\xi}{\omega_0}s + \frac{1}{\omega_0^2}s^2} & -G_r(0)\dfrac{1 + T_r' s}{1 + \frac{2\xi}{\omega_0}s + \frac{1}{\omega_0^2}s^2} \\ G_{\ddot{y}}(0)\dfrac{1 + T_1 s + T_2 s^2}{1 + \frac{2\xi}{\omega_0}s + \frac{1}{\omega_0^2}s^2} & G_{\ddot{y}}(0)\dfrac{-1 + T_1' s + T_2' s^2}{1 + \frac{2\xi}{\omega_0}s + \frac{1}{\omega_0^2}s^2} \end{bmatrix}\begin{bmatrix} \Delta_1 \\ \Delta_2 \end{bmatrix} \tag{7.27}$$

讨论:(1) 当汽车的转向特性接近中性转向,即 $K = 0$,可以得到 $T_r = T_r'$,由式(7.23)和式(7.25)可知,横摆角速度对于前后轮转角的传递函数相同,它们的极点和零点都是相等的,所以如果后轮和前轮同时转向时,横摆角速度的瞬态响应特性就不会急剧地变化。

(2) 由式(7.24)和式(7.26)可知,侧向加速度对于前、后轮转角的传递函数极点位置相等,但是在零点位置就不等了。这也就是说,当后轮和前轮一起转动时,汽车的侧向加速度响应特性会产生明显的变化。

(3) 由式(7.27)可知,当前后轮一起转动时,汽车的侧向加速度响应和横摆角速度响应可以分开来控制。换句话说,也就是四轮转向系统可以控制汽车回转和平移的结合程度,这一点在传统的前轮转向车辆上受到了严格的限制。因此,可以认为四轮转向系统增强了对横摆和侧向运动的控制能力。

7.4 汽车4WS系统的最优控制工作程序

1. 4WS模型的状态空间表达式

图7.15为二自由度汽车四轮转向模型,将汽车简化为投影在地面的高度不计的两轮车,左、右两侧车轮合并为一个假想车轮,假设轮胎侧偏特性处于线性范围,汽车行驶速度一定,忽略汽车的侧倾和俯仰运动,只考虑它的侧向和横摆运动,在质心侧偏角 β、前轮转角 δ_f、后轮转角 δ_r 都不大时,模型的运动微分方程为

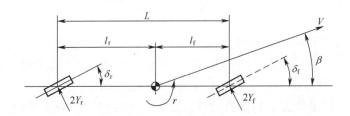

图7.15 二自由度汽车四轮转向模型

$$\begin{cases} MV(r + \dot{\beta}) = 2Y_f + 2Y_r \\ I\dot{r} = 2Y_f l_f - 2Y_r l_r \end{cases} \tag{7.28}$$

式中:M 为整车质量;I 为绕质心的横摆转动惯量;β 为质心处的侧偏角;r 为横摆角速度;l_f 为质心至前轴距离;l_r 为质心至后轴距离;$L = l_f + l_r$ 为轴距;

左、右单个前轮侧偏力为

$$Y_f = C_f\left(\beta + \frac{l_f}{V}r - \delta_f\right)$$

式中:C_f 为右单个前轮侧偏刚度(取负值);δ_f 为前轮转角。

左、右单个后轮侧偏力为

$$Y_r = C_f\left(\beta + \frac{l_r}{V}r - \delta_r\right)$$

式中:C_r 为左右单个后轮侧偏刚度(取负值);δ_r 为后轮转角。

运动方程表明:前、后轮转角的和主要影响车辆的侧向运动,前、后轮转角的差主要影响车辆的横摆运动。考虑到驾驶员的转向操作控制前轮转角,控制器根据车辆的横摆速度和质心侧偏角的信息反馈控制前后轮转角,前、后轮的转角可以由以下两式给出:

$$\delta_f = \delta_s + K_c\delta_c \tag{7.29}$$

$$\delta_r = (1 - K_c)\delta_c \tag{7.30}$$

式中:δ_s 为驾驶员通过转向盘传给前轮的输入转角;δ_c 为控制器的反馈输入转角;K_c 为控制器对前、后轮输入分配比,若 K_c 变化,前、后轮转角的和保持不变,因此 K_c 的变化基本不影响车辆的侧向运动。

选取状态矢量 $\boldsymbol{X} = \begin{bmatrix} \beta & r \end{bmatrix}^T$,选取输出矢量 $\boldsymbol{Y} = \begin{bmatrix} \beta & r \end{bmatrix}^T$,由式(7.28)~式(7.30)可以得出状态方程和输出方程:

$$\dot{\boldsymbol{X}} = \boldsymbol{AX} + \boldsymbol{B}\delta_c + \boldsymbol{D}\delta_s \tag{7.31}$$

$$\boldsymbol{Y} = \boldsymbol{CX} \tag{7.32}$$

式中

$$A = \begin{bmatrix} 2\dfrac{C_f + C_r}{MV} & 2\dfrac{C_f l_f - C_r l_r}{MV^2} - 1 \\[3mm] 2\dfrac{C_f l_f - C_r l_r}{I} & 2\dfrac{C_f l_f^2 + C_r l_r^2}{IV} \end{bmatrix}, \quad B = \begin{bmatrix} -2\dfrac{C_f K_c + C_r(1 - K_c)}{MV} \\[3mm] -2\dfrac{C_f l_f K_c + C_r l_r(K_c - 1)}{I} \end{bmatrix}$$

$$C = \begin{bmatrix} 1 & 0 \\ 0 & 1 \end{bmatrix}, \quad D = \begin{bmatrix} -\dfrac{2C_f}{MV} \\[3mm] -\dfrac{2C_f l_f}{I} \end{bmatrix}$$

2. 4WS 系统可控性与可观测性

为了实现 4WS 的最优控制,必须分析 4WS 系统的可控性与可观测性。最优控制是根据系统状态变量提供最优反馈增益即 δ_c 来实现的。如果 δ_c 对 4WS 系统的状态可控,就可得到最优控制,达到使质心侧偏角最小的目的;否则,谈不上最优控制。4WS 系统具有可观测性,就可以通过对输出量在有限时间内的观测把系统状态辨识出来,从而可对 4WS 系统进行最优估计和最优控制。

1)通过判断可控性矩阵 $[B \vdots AB]$ 是否满秩判断控制器 δ_c 对系统的可控性

(1) $K_c = 0$,只对后轮有控制。具体情况如下:

① 若 $l_f l_r M > I$,总是可控。

② 若 $l_f l_r M \leqslant I$,当车速 $v_1 = \sqrt{2C_f(Ml_f l_r - I)L/(l_r M)}$ 时控制器对它不可控。

(2) 当 $K_c = 0.5$ 时,可控性分析如下:

① 若 $l_f C_f - l_r C_r > 0$,总是可控,即不足转向汽车控制器对它总是可控的。

② 若 $l_f C_f - l_r C_r = 0$,总是不可控,即中性转向汽车控制器对它是不可控的,它的转向操纵是要通过驾驶员来实现的。

③ 若 $l_f C_f - l_r C_r < 0$,当车速 $v_2 = \sqrt{\dfrac{-2C_f C_r}{(l_f C_f - l_r C_r)M}L}$ 时,不可控,即过多转向汽车在该车速下控制器对它不可控。

(3) 当 $K_c = 1$ 时,只对前轮有反馈控制。具体控制情况如下:

① 若 $l_f l_r M < I$,总是可控。

② 若 $l_f l_r M \geqslant I$,当车速 $v_3 = \sqrt{2C_r(I - Ml_f l_r)L/(l_f M)}$ 时,控制器对它不可控。

2)通过可观测性矩阵 $[C \vdots CA]^T$ 是否满秩判断系统的可观测性

(1) 若 $l_f C_f - l_r C_r > 0$,当车速 $v_4 = \sqrt{2(l_f C_f - l_r C_r)/M}$ 时,不可观测。

(2) 若 $l_f C_f - l_r C_r \leqslant 0$,总是可观测。

3. 4WS 的最优控制

为了便于讨论问题,以下面给出一个例子。模型如图 7.15 所示,模型参数 $I = 5428 \text{kg} \cdot \text{m}^2$,$M = 2045 \text{kg}$,$l_f = 1.488 \text{m}$,$l_r = 1.712 \text{m}$,$L = 3.2 \text{m}$,$C_f = -38925 \text{N/rad}$,$C_r = -39255 \text{N/rad}$。

4WS 的最优控制问题是:在初始条件和系统参数已知的情况下,寻找一个最优控制 δ_c,使 4WS 系统工作性能指标达到极值。

最优控制的性能指标取二次函数积分型,控制的目标是使侧偏角最小化。此外,从实现控

制的角度,应使所需的控制能量较小。因此,性能指标为

$$J = \int_0^\infty (X^T Q X + \delta_c^T R \delta_c) \mathrm{d}t \tag{7.33}$$

式中:$Q = \begin{bmatrix} q^2 & 0 \\ 0 & 0 \end{bmatrix}$ 为权矩阵,其中,q 为权系数;R 为权系数。

由最优控制理论可知,若控制输入

$$\delta_c = -KX = -R^{-1}B^T L X$$

则性能指标 J 为最小,其中 $K = -R^{-1}B^T L$,称为最优反馈增益矩阵,这里的 L 是下列里卡蒂短阵方程的解

$$LA + A^T L - LBR^{-1}B^T L + Q = 0$$

最优控制 δ_c 可用最优反馈增益矩阵写成

$$\delta_c = -KX = -\begin{bmatrix} k_1 & k_2 \end{bmatrix} \begin{bmatrix} \beta \\ r \end{bmatrix} = -(k_1\beta + k_2 r) \tag{7.34}$$

式中:k_1、k_2 为反馈系数。

将 $\delta_c = -KX$ 代入式(7.31),可得

$$\dot{X} = (A - BK)X + D\delta_s \tag{7.35}$$

稳态时,横摆角速度 r 为定值,此时 $\dot{r} = 0$,$\dot{\beta} = 0$,故有 $\dot{X} = 0$, 式(7.35)变为

$$0 = (A - BK)X + D\delta_s$$

于是可得 4WS 系统稳态时状态矢量 X 对 δ_s 的增益为

$$\frac{X}{\delta_s})_s = -(A - BK)^{-1}D \tag{7.36}$$

式(7.36)为 2×1 阶列阵,第二行即为稳态横摆角速度增益 $r/\delta_s)_s$。根据本示例(图 7.15)的模型参数,选取 K_c 分别为 0 、0.35,$(C_r l_r)/(C_f l_f + C_r l_r)$ 为 0.53 和 0.75,画出 4WS 系统稳态横摆角速度增益随车速的变化关系曲线,如图 7.16 所示。由图 7.16 可以看出,当 $K_c = (C_r l_r)/(C_f l_f + C_r l_r) = 0.53$ 时,横摆角速度与车速成线性关系,这种转向称为中性转向。当 $K_c < (C_r l_r)/(C_f l_f + C_r l_r) = 0.53$ 时,车辆具有不足转向特性,在低速时(约 12m/s 以下),K_c 减小,稳态横摆角速度增益较大,且都大于中性转向的稳态横摆角速度增益;在高速时(约 12m/s 以上),K_c 减小,稳态横摆角速度增益也较小,且都小于中性转向的稳态横摆角速度增益。当 $K_c > (C_r l_r)/(C_f l_f + C_r l_r) = 0.53$ 时,车辆具有过多转向特性,对于过多转向车辆都对应一个临界车速:

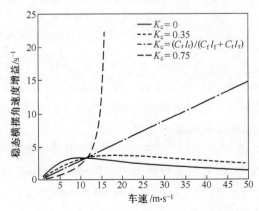

图 7.16 稳态横摆角速度增益与车速的关系曲线

$$V_{cr} = \sqrt{\frac{2C_f C_r L[l_f(1 - K_c) + l_r K_c]}{[C_f l_f K_c + C_r l_r(K_c - 1)]M}} = 16.9(\text{m/s})$$

在临界车速下,即使是极其微小的方向盘转角,也会造成极大的横摆角速度,而且不断增加,这意味着汽车会发生激转,最终引起侧滑而翻车,这对汽车的安全行驶是极为不利的。

将式(7.35)做拉普拉斯变换,可得

$$sX(s) = (\boldsymbol{A} - \boldsymbol{BK})X(s) + \boldsymbol{D}\Delta_s(s)$$

整理后可得

$$X(s) = [s\boldsymbol{I} - \boldsymbol{A} + \boldsymbol{BK}]^{-1}\boldsymbol{D}\Delta_s(s) \qquad (7.37)$$

将式(7.32)进行拉普拉斯变换,再考虑式(7.37)的关系,可得

$$Y(s) = \boldsymbol{C}X(s) = \boldsymbol{C}[s\boldsymbol{I} - \boldsymbol{A} + \boldsymbol{BK}]^{-1}\boldsymbol{D}\Delta_s(s)$$

于是得 4WS 系统的传递函数矩阵为

$$G(s) = \frac{Y(s)}{\Delta_s(s)} = \boldsymbol{C}[s\boldsymbol{I} - \boldsymbol{A} + \boldsymbol{BK}]^{-1}\boldsymbol{D} \qquad (7.38)$$

该传递函数矩阵为 2×1 阶列阵,第一、二行分别为 4WS 系统质心侧偏角和横摆角速度对前轮转角输入的传递函数,传递函数中令 $s = j\omega$ 就可得频响特性。

图 7.17 为选取 $K_c = 0.25$, $V = 90\text{km/h}$,权系数 q 分别为 50 和 50000 时,根据示例模型参数画出的质心侧偏角和横摆角速度的频响特性。由图 7.17 可以看出,当 V 和 K_c 为定值时,q 的取值越大,质心侧偏角和横摆角速度增益的稳定频率范围越大,同时伴有较小的相位滞后,系统的质心侧偏角和横摆角速度响应特性越好。由此也可见,权系数的选取对 4WS 系统的性能有很大影响。

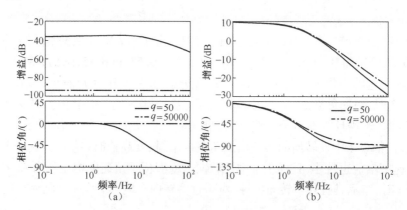

图 7.17 q 对系统频率响应特性的影响

(a)质心侧偏角频响应特性;(b)横摆角速度频响应特性。

取式(7.35)中的前轮转角 δ_s 为单位阶跃信号输入,可得质心侧偏角和横摆角速度的瞬态响应。图 7.18 和图 7.19 为根据示例的模型参数,选定 $K_c = 0.5$,车速分别为 30km/h(低速)和 90km/h(高速)时 4WS 汽车质心侧偏角和横摆角速度的瞬态响应,为进行比较,上述图中也画出了同样参数传统 2WS 车辆的瞬态响应。

由图 7.18 可以看出,低速时,与 2WS 车辆相比,采用最优控制的 4WS 车辆的质心侧偏角瞬态响应性能得到很大改善,能够很快地到达稳态值,超调量明显减小,汽车的运动姿态得到了很好的控制,而 4WS 车辆的横摆角速度响应与 2WS 车辆的基本一致,这样可以使驾驶员可以很好地保持原有的转向感觉。

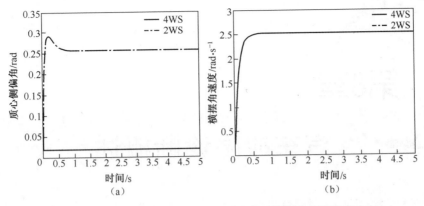

图 7.18　$V=30\text{km/h}$(低速)时质心侧偏角及横摆角速度瞬态响应

(a)质心侧偏角;(b)横摆角速度。

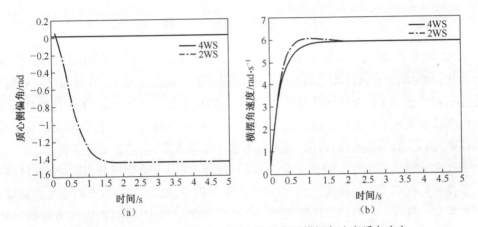

图 7.19　$V=90\text{km/h}$(高速)时质心侧偏角及横摆角速度瞬态响应

(a)质心侧偏角;(b)横摆角速度。

由图 7.19 可以看出,高速时,2WS 车辆的质心侧偏角比较大,而采用最优控制的 4WS 车辆可以有效地保证质心侧偏角接近为 0°。与 2WS 车辆相比,4WS 车辆的横摆角速度响应迅速,很好地实现了驾驶员的转向意图,同时准确地跟踪了期望的横摆角速度。

思 考 题

1. 分析影响转向特性的因素。
2. 轮胎特性改变如何影响转向性能? 四轮转向对汽车的性能有哪些影响?
3. 汽车的操纵性能是否只与操纵系统有关,为什么?
4. F1 等赛车是否使用四轮转向,使用或不使用的原因是什么?

第8章

汽车故障诊断概述

8.1 前　　言

20世纪80年代,随着计算机技术的发展,工业发达国家出现了汽车检测诊断、数据采集处理自动化、检测结果直接打印等功能的汽车检测仪器。在此基础上,为加强汽车管理,各工业发达国家相继建立了汽车检测诊断站,使汽车检测制度化。总体上讲,工业化发达国家目前的汽车检测诊断实现了检测管理制度化、检测指标标准化、检测技术智能化和自动化。我国汽车检测诊断技术发展得比较晚,目前,检测技术水平逐步提高,法规建设逐步完善。

由于汽车故障诊断是汽车的整个生命周期中面临的一个重要环节,其重要性显而易见。随着汽车技术与汽车工业的快速发展,在现代汽车工程中,设计、制造汽车时要考虑故障诊断,即汽车本身应该具有一定的故障诊断功能。在使用维护过程中,需要借助故障诊断维护保持汽车在良好的状态运行。本章简要介绍汽车机、电、液的故障诊断方法,为汽车设计中的故障诊断建立初步基础。

8.1.1 发展汽车检测诊断技术的意义

发展汽车检测诊断技术的意义:
(1) 汽车检测诊断技术是改革汽车维修制度、实行视情维修的必要手段。
(2) 发展诊断汽车技术是提高维修效率、监督维修质量的迫切需要。
(3) 加强汽车安全技术检测,是保证行车安全的有效手段。

8.1.2 汽车诊断与诊断学

汽车故障诊断是指在不解体(或仅卸下个别小件)的条件下,确定汽车技术状况,查明故障部位及原因的检查。这里包含着汽车本身装备有一定能力的故障诊断设施。

汽车故障诊断学是研究汽车故障机理、汽车故障诊断理论、方法和检测诊断技术的一门学科。该学科在其他研究对象中也存在,如轨道车辆、船舶、飞行器等。

8.1.3 机械故障诊断技术

1. 机械故障诊断技术的现状

故障诊断技术是现代化生产发展的产物。早在 20 世纪 60 年代,英、美等国在航空航天、重型机械等领域创立了故障预防组织。由于故障诊断技术创造的巨大经济效益,从而得到迅速发展。

随着计算机的普及,计算机诊断与监测系统相继问世,它们利用传感器获取信息,采用接口技术将其输入计算机进行处理,对各种设备实行实时监控。

为了克服诸如诊断系统的通用性差、知识获取能力弱等,引入了人工智能技术。人工智能的研究起源于 20 世纪 50 年代。70 年代,专家系统开始应用于工程技术实践,同时人们也着手研究基于知识的故障诊断专家系统。1990 年后,人工神经网络应用于故障诊断实践,使故障诊断专家系统的水平进一步提高。

2. 故障诊断技术的发展趋势

(1) 诊断技术的自动化、智能化水平进一步提高。

(2) 信息科学中的时频分析技术、机械系统中的磨屑光谱分析技术、红外热成像技术、机械振动和噪声分析技术会越来越成熟,形成具有特色的工程诊断技术分支。

(3) 模糊集理论、神经网络、混沌理论相结合,为故障分析开辟了新的途径,故障诊断将向多参数综合发展。近似推理、模糊识别得到更广泛应用,故障诊断的速度更快,诊断的准确 度进一步提高。

(4) 网络技术的异军突起给机器故障诊断注入了新的活力,互联网为故障诊断提供了大量的信息。

8.1.4 汽车电子电气故障诊断技术

一般借助于现代电子技术发展起来的工具,如故障诊断仪,通过测试相关传感器信号,然后对获取的信号进行分析,经过分析确定故障部位与故障原因。

1. 汽车电子电气系统的组成与特点

汽车电子电气系统分为汽车电气装置和电子系统两大部分。汽车电气包括蓄电池、发电机与调节器、启动系统、充电系统及各种用电设备。汽车电子系统包括发动机电子控制燃油喷射系统、电子控制自动变速器系统、电子控制防抱死制动系统等。

汽车电气系统绝大部分器件属于模拟电路,采用的各种分立元件构成子系统,以完成预定功能。它具有如下特点:

(1) 低压。汽车电气的标称电压有 12V、24V 两种。目前,汽油车普遍采用 12V 电气系统;而重型柴油汽车多采用 24V 电气系统。低压系统的优点是安全性好,蓄电池体积小、质量轻。

(2) 直流。汽车采用直流的原因是发动机要靠蓄电池驱动起动机启动,蓄电池需要直流电进行充电。

(3) 单线制。单线制是指从电源到用电设备只用一根导线连接。而汽车底盘、发动机等金属机体作为另外一根公用导线。由于单线制节省导线,线路简化,安装维修方便,电气与机体无须绝缘体,在现代汽车上普遍采用。

(4)负极搭铁。采用单线制时,蓄电池的一个电极接到机体上,俗称搭铁。若蓄电池的负极与机体相接,则称为负极搭铁;反之则称为正极搭铁。根据机械工业部部颁标准规定,我国汽车电气系统一律采用负极搭铁。

汽车电气系统在性质上属于模拟电路,其故障表现出多样性,使故障诊断变得十分复杂。

电子控制系统总体上采用的是数字电路。它集成度高,采用模块化结构。它能利用十分成熟的数字电路诊断理论与方法进行故障诊断。其故障诊断具有规范性、逻辑性和可监测性等特点。

2)汽车电子电气系统故障检查方法

不论使用什么手段对汽车电子电气系统进行检测,为了分离故障,常用如下方法来辅助定位故障部位。

(1)直接检查法:用万用表、示波器等仪器直接检查怀疑的故障部位。

(2)拆线法:当故障码显示某一子系统有故障时,通过分析,推断可能是传感器、执行器某一段线路有搭铁故障时,常采用拆线法进行检查,即通过拆除相关接柱上的导线来判明。

(3)搭铁法:当故障码显示某一子系统有故障时,通过分析,推断可能是传感器、执行器搭铁不良或某段线路存在断路故障时,常采用搭铁法进行检查。通过导线将有关接线柱搭铁,可判断故障部位和原因。

(4)短接法(电源法):在一些串联电路中,由于某一器件存在故障而使其后续器件不能正常工作,可分析其原理,采用短接法进行检查,即用导线直接向某些部件提供电源,查看其是否正常工作。例如,在仪表板上,若其他仪表均能正常工作,而只有与稳压器相连的仪表不工作,可利用短接法(电源法)。若短接稳压器前后的线路时,稳压器后面的仪表能正常工作,即可判定稳压器内部存在故障。

(5)置换法:将认为损坏的部件从系统中拆下,换上一个质量合格件代替怀疑部件进行工作,来判断机件是否有故障的一种方法。诊断时,系统换上一个新部件后,查看该系统是否能正常工作。如果能正常工作,说明其他器件性能良好,故障在被置换件上;如果不能正常工作,则故障在本系统的其他机件上。置换法在汽车电器系统故障诊断中应用十分广泛。

(6)条件改变法:有些故障是间歇的,有些故障是在一定的条件下才明显地出来。在电气系统故障诊断中,经常采用条件改变法查找故障。因此,必须弄清故障表现最明显的条件。条件改变法包括条件附加法和条件去除法。条件附加法是指在一些条件下故障不明显,此时诊断该机件是否有故障必须加上一些条件。条件除去法则正好相反,正因为有这些条件,故障现象不明显,必须设法将该条件除去。例如,许多电子元器件在低温时工作良好,但当温度稍高时不能可靠地工作,此时可采用一个附加环境温度的方法,促使该故障明显化。

(7)跟踪法:在电气系统故障诊断中,通过仔细观察和综合分析,往往能跟踪故障,一步一步地逼近故障的真实部位。例如,检查点火系低压电路断路故障时,可先打开点火开关,查看电流表是否有电流显示;若没有,再查看保险器是否断路最后查看蓄电池是否有电等。由于汽车电气系统属于串联系统,跟踪法实际上是顺序查找法。

(8)分段查找法:把一个系统根据结构关系分成几段,然后在各段的输出点进行测量,迅速确定故障位置。分段查找是在一个缩小的范围内查找故障,使故障诊断效率大大提高。

8.1.5　液压系统故障诊断技术

液压元件主要是液压泵、液压阀、过滤器、液压管路等,常用的故障诊断方法主要有基于信号处理的方法、基于人工智能的方法及基于模型的方法。

1. 基于信号处理的液压元件故障诊断方法

基于信号处理的方法是利用传感器信号的数学模型,如相关函数、频谱、自回归滑动平均模型直接分析监测信号,提取诸如方差、幅值、频率等故障特征参数,通过与泵源正常工作时特征参数值比较,实现液压泵源故障诊断。基于信号处理的方法又分为时域分析、频域分析、时频域分析及多传感器信息融合四种方法。

1) 时域分析方法

时域分析方法从时间波形、幅值上直接观测状态信息的波形和强度,利用示性指标如峰－峰值、均值、均方根幅值及波形因素,判断液压元件是否有故障。

2) 频域分析方法

液压状态信号的频谱分析可揭示元件(如液压泵)工作的频率结构,是液压系统诊断的重要途径。常用频域分析方法有频谱、自功率谱、高阶谱、倒谱包络等方法。

3) 时频域分析法

液压泵壳体振动信号包含丰富的冲激成分,呈现典型的非平稳时变特征,需要从时域和频域综合描述振动信号才能有效提取故障特征信息。小波包分解过程是信号低通滤波和高通滤波的过程,正交小波包分解对小波变换没有细化的高频部分进一步分解,自适应地选择频带,使之与信号频谱相匹配,提高信号时频分辨率。小波变换在时域和频域均具有良好的局部化性质,可用多重分辨率来刻画信号局部特征,适合于探测正常信号中夹带的瞬态反常现象并展示其成分。液压泵轴承损伤、泄漏等微弱特征信号,小波分析是行之有效的方法。为解决小波分析带来的"高频低分辨"问题,需研究正交小波包分解的频带分割能力。小波包分解过程是信号低通滤波和高通滤波的过程,正交小波包分解对小波变换没有细化的高频部分进一步分解,可自适应地选择频带,使之与信号频谱相匹配,提高信号时频分辨率。

4) 多传感器信息融合方法

液压系统工作环境恶劣,泵源出口监测信号通常杂乱无章,且容易被干扰信号淹没。在单一传感器提取的时频特征信息时,常呈现出较强的模糊性,且采用常规信号处理方法难以有效提升故障特征。从故障诊断学角度来看,任何一种诊断信息都是模糊的、不精确的。对任何一种诊断对象,用单一信息来反映其状态行为都是不完整的。如果从多方面获取同一对象的多维故障冗余信息加以综合利用,就能对系统进行更可靠、更精确的监测和诊断。在基于多传感器信息融合的液压泵故障诊断系统中,多传感器从不同角度提取不同类型的冗余故障信息,最后在数据层、特征层或决策层进行综合,避免了单一故障信号诊断时出现的误警及虚警现象,提高了诊断结果的可靠性和鲁棒性。

2. 基于人工智能的液压泵源故障诊断方法

1) 基于专家系统的方法

基于专家系统的故障诊断是在知识库和数据库支持下,综合运用各种规则进行一系列推理,诊断出液压系统最有可能的故障。利用专家系统对液压系统的故障诊断,首先根据液压系统故障模式、故障机理及历史数据建立相应的知识库和规则库,然后利用信息处理技术提取故障特征信号或根据现场故障现象结合规则知识库推理液压系统故障。基于专家系统故障诊断一般适用于故障规则多、故障推理清晰及故障逻辑决策分辨率高的场合。

2）基于神经网络的方法

基于信号处理的方法是液压系统故障诊断的有效方法之一,谱图能清晰反映故障与特征信号之间的关系。但该方法往往依赖于频谱的视觉观察,不便于实现在线故障诊断。因此,利用信号处理提取故障特征后,通常采用神经网络作为故障分类器,即故障信号处理后的故障模式分析,实现从故障征兆到故障原因的非线性映射。

3）基于模糊推理的方法

严格意义上讲,液压元件和系统状态除正常和故障两种状态外,多数工况均处于两者之间的中间状态,即液压系统工况存在界限不分明的状态(如泵出口压力偏高、油液出现轻微污染等)。故障征兆与故障原因之间的映射关系呈现模糊性,而运用模糊理论的诊断方法是一种有效的方法。模糊诊断的实质是引入隶属函数的概念,模糊逻辑以其较强的结构性知识表达能力,适合处理液压泵源故障诊断中不确定和不完整信息。

3. 基于液压系统脉动模型的方法

以液压泵为例,液压泵源脉动特性除受条件工况影响外(稳态出口压力、工作介质和转速等),主要由泵内部结构特征决定(运动机构类型、配流机构、摩擦副间隙、流道结构及相应几何尺寸等),它是液压泵的固有特性。液压泵脉动特性可以由等效源流量 q_y 及等效源阻抗 Z_y 的频域模型描述,其中 q_y 反映了导致流量脉动的各种因素, Z_y 反映了泵内部液阻、液感、液容的综合阻抗效应。因此,脉动参数与泵源结构参数具有确定的对应关系,它们的测量及辨识有多种方法。

液压泵源故障大多数会导致泵源内部结构参数变化,从而引起脉动参数相应改变,通过监测 q_y、Z_y 的变化便可确定工作状态下泵结构参数的变化,判断发生变化的部位、性质和程度,从而实现泵源故障诊断。因此,采用泵源脉动模型作为监控模型, q_y、Z_y 作为主监测参数是液压泵故障诊断的一种可行方法。

4. 基于定量模型的故障诊断

基于定量模型的故障诊断是以数学模型为基础,基于某种准则或阈值,利用观测器、等价空间方程、卡尔曼滤波器、参数模型估计和系统辨识等方法产生残差,然后对残差进行评价和决策。这类方法常用的技术有状态估计方法(如故障检测滤波器)、卡尔曼滤波器法和多卡尔曼滤波器方法及参数估计方法、等价空间法等。基于模型的故障诊断方法的优点是可以充分利用系统内部的深层知识,与控制系统结合,有利于及时检测到故障的发生。但是,该类方法过分依赖于系统的数学模型,对于建模误差、参数设定、噪声和干扰非常敏感,一般适用于线性对象的单个故障分析。

8.2 汽车诊断参数与诊断信息获取

8.2.1 汽车故障诊断的分类

汽车故障诊断理论分为汽车电气故障诊断、机械故障诊断和液压系统故障诊断,各类故障诊断有自己独特的理论与方法。

汽车电气故障诊断分数字电路故障诊断和模拟电路故障诊断。

对汽车机械系统工作状态的检测与诊断,往往是利用汽车运行过程中的二次效应所提供的信息,如温升、噪声、润滑油状态、振动及各种物理、化学特性的变化来进行故障诊断。

对汽车液压系统工作状态的诊断,可以利用压力、流量、输入输出等工作状态参数,也利用其运行过程中的二次效应所提供的信息,如振动与噪声、温升、油液污染、泄漏等物理变化来进行故障诊断。

8.2.2 汽车诊断参数

1. 状态参数与结构参数的关系

该关系包括三种类型:① 渐增曲线,状态参数随结构参数增大而增大;② 非单值变化曲线,状态参数在结构参数变化允许范围内出现极值;③ 渐减曲线,状态参数随结构参数增大而减小。

2. 诊断参数的选择方法与原则

结构参数的变化可引起状态参数的变化。选择哪些状态参数作为诊断参数应从技术上和经济上综合分析来确定。确定诊断参数时应注意:①诊断参数反映灵敏性;②诊断参数的单值性;③诊断参数稳定性;④诊断参数的可达性和方便性。

3. 汽车诊断参数

汽车故障诊断方法与参数见表 8.1。根据表 8.1 中的汽车故障诊断参数,可以将其划分为四类:①表示系统主要功能的工作过程状态参数,例如汽车制动距离、发动机功率等;②伴随工作过程状态参数,如热、声、振动等;③前两类状态参数派生出来的故障诊断参数,在测取故障诊断参数时,必然会产生误差,为了提高故障诊断精度和测量方便性,在某些条件下,不是直接测量故障诊断参数的物理量,而是测取这些物理量对时间的一阶或二阶导数,例如测取振动加速度取代振动信号的振幅大小;④几何参数。

表 8.1 汽车故障诊断方法与诊断参数

诊断方法	诊断对象和诊断参数
测量综合性能变化	整车动力性、经济性和安全性。 主要诊断参数:发动机输出功率、底盘输出功率、汽车滑行特性、加速性能、制动性能
测量几何特性变化	转向操纵机构、车轮轴承、传动系配合尺寸等。 主要诊断参数:线性间隙、角度间隙、侧滑量、自由行程、工作行程
测量工作容积密封性能变化	发动机汽缸—活塞组、润滑系、冷却系、供给系、轮胎气压等。 主要诊断参数:汽缸压缩压力、发动机漏气率、汽缸窜气量、进气管真空度、轮胎气压、机油压力等
测量光学、电学、热状态等工作过程参数变化	汽车电系、点火系、发动机转速、前轮定位、冷却系、润滑系、灯光等。 主要诊断参数:电压、电流、光通量、温度及其变化速度
测量振动和声频变化	发动机、传动系。 参数:振动频率、相位、时频特性、幅频特性、声级
测量机油、排气等化学成分的变化	发动机供给系、点火系、润滑系内部配合副磨损情况。 参数:排气中 CO、HC、NO_x 等成分含量,机油黏度、机油中清净剂含量、金属杂质含量等

4. 诊断标准

1）诊断标准的类型

诊断标准有两种分类方法：按标准的来源划分可分为三类，如国家标准、制造厂制定的标准和使用单位制定的标准；按标准的性质可分为绝对标准、相对标准和类比标准。

2）确定诊断标准的一般方法

（1）绝对标准的确定方法：在定义了车辆的正常和异响状态后，采用一定方法对诊断参数进行测量，就可以确定正常状态下、故障状态下诊断参数的概率密度函数，如图 8.1 所示。

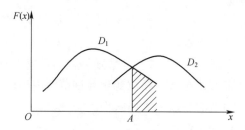

图 8.1　诊断参数概率密度函数分布

D_1—正常状态下参数分布规律；D_2—故障状态下参数分布规律；

A—在一定误判率条件下的诊断标准值。

（2）相对标准的确定方法：相对标准是测定一定数量的正常零部件运行参数，确定一个基准值；然后，用一个系数乘上基准值即得到相对标准。例如，日本的丰田利夫推荐齿轮、轴承和旋转轴的相对标准是其正常条件下振动测量值的 5 倍或 6 倍为零件的使用极限标准，在实际使用中取得了较好效果。

（3）类比标准的确定方法：在工程实际中，不可能对每个零件进行实际测量来制定其检测诊断标准。通常采用类比的方法来确定。对于类似结构、类似使用条件，借鉴以往的使用经验来确定一些不太重要零件的诊断标准。

8.2.3　诊断信息获取方法概述

汽车性能检测与故障诊断过程中，获取诊断信息的常用方法有直接观察法、磨损残余物检测法、温度测量法、压力测量法、运转性能检测法、振动噪声检测法等，这些方法既可以单独使用，也可以组合起来使用。

8.2.4　信号的采样与预处理

传感器输出的信号（振动、温度、压力等）一般为模拟信号，经过放大后可以采取如下方法进行处理：用磁带记录仪现场记录，然后再回放进行处理；直接将信号送分析仪器进行一次处理后，再将处理结果送计算机进行二次处理；直接通过 A/D 变换后进行采样，将所得到的数据传送到计算机进行在线分析与处理。

1. 模拟信号预处理

将传感器拾取的信号进行 A/D 变换之前，对模拟信号要经过预处理，使之符合 A/D 变换的要求。其主要工作为去直流分量和带通滤波。

2. A/D 转换

根据信号频率确定采样频率,而后进行 A/D 转换器位数的选择,然后进行整周期采样。

3. 数字信号预处理

需要进行异常值处理(根据规则剔除),并进行标定工作。

8.3 特征信号分析

汽车诊断中的特征信号是指系统运行过程中随时间而变化的动态信息,如振动、噪声、温度、压力及反映汽车状态的各种参数。从检测到的信息中,部分信息可以直接进行比较,判断系统状态;大部分信息必须用各种现代手段进行处理,才能找出内在规律。

现代信号处理方法包括各种各样的手段,如数字信号处理、时间序列分析、信息理论、图像识别及应用技术。

8.3.1 传感器获取的信号类型

传感器获取的信号有以下三类:

(1)随机信号,这类信号的幅值、波形形状及峰值出现的时刻都是随机的。

(2)周期信号,信号的波形经过一定时间重复一次。一旦确定了这种信号一个周期的状况,则这种信号的其他时刻状况可以准确地确定。

(3)瞬时信号,这类信号在某个时刻出现而到另一时刻消失。

实际记录的信号往往是上述三种信号的组合。

8.3.2 时域分析方法

故障诊断系统中,经 A/D 转换将连续信号变为离散信号,这是计算机分析处理的必需步骤,经过转换后的离散信号即为时间序列。

由于测试信号是随机的,本身不能直观反映系统状态的变化,必须进行分析和处理,找到反映其统计规律的特征量。

在假设时间序列具有平稳性和遍历性的前提下,统计分析提供了对时间序列的分析手段,即根据观测样本对时间序列的各种数字特征或分布函数做出某些切合实际的估计。

1. 概率密度函数的简易求法

对于遍历性的时间序列,可以根据观测样本估计出概率密度函数,若 $\{x_t, t=1, \cdots, N\}$ 为观测样本序列,其时域图形如图 8.2 所示,按图 8.2 所示方法作平行于时间轴的等距平行线间隔为 Δx。统计落入区间 $(x_i, x_i + \Delta x)$ 中的数据点数并记为 N_i,则有

$$p(x \in x_i, x_i + \Delta x) = \lim_{N \to \infty} \frac{N_i}{N} \tag{8.1}$$

当 $\Delta x \to 0$ 时,可得到 x_i 处的概率密度函数估计。在实际应用中,由于观测样本长度总是有限的,对序列取值区间 $\Delta x \to 0$ 不太可能,常用经验公式确定区间数目:

$$k = 1.87(N-1)^{0.4} \tag{8.2}$$

常见信号的时域波形及概率密度函数见表 8.2。

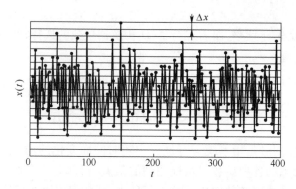

图 8.2 随机序列概率密度函数的近似估计法

表 8.2 常见信号的时域波形和概率密度函数

信号名称	时间波形	概率密度
伪随机二进制序列		
正弦波		
三角波		
锯齿波		
正态随机信号		

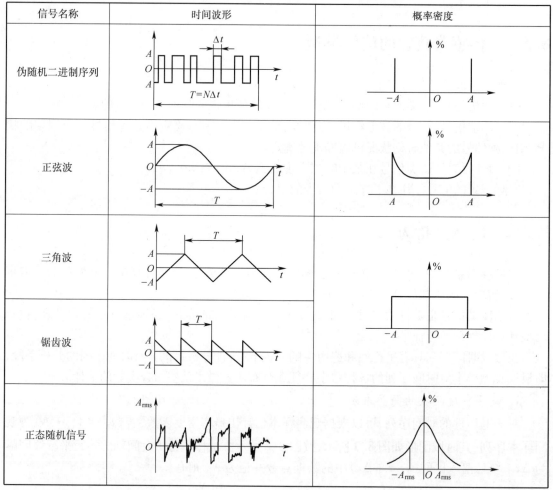

2. 均值和方差的估计

设 $\{x_t, t=1, \cdots, N\}$ 为平稳遍历时间序列的观测样本,由随机过程数字特征公式可得时间序列均值函数的一个估计值和方差函数的估计式:

$$\hat{\mu} = Ex_t = \frac{1}{N} \sum_{t=1}^{N} x_t \tag{8.3}$$

$$\hat{\sigma}^2 = \hat{E}(x_t - \hat{E}x_t)^2 = \frac{1}{N}\sum_{t=1}^{N}(x_t - \hat{\mu})^2 \tag{8.4}$$

由平稳性假设可知,上述均值函数、方差函数均与 t 值无关,并是一致无偏估计。

3. 自相关函数估计

时间序列的自相关函数的估计为

$$\hat{r}(k) = \hat{E}(x_t x_{t+k}) = \frac{1}{N-k}\sum_{t=1}^{N-k}x_t x_{t+k} \tag{8.5}$$

4. 偏度系数和峭度系数

偏度系数和峭度系数都是反映时间序列分布特性的数值统计量(图8.3和图8.4)。时间序列的三阶中心矩、四阶中心矩为

$$r_3(t,t,t) = E(x_t - Ex_t)^3 = \int_{-\infty}^{\infty}(x - \mu_t)^3 p(x,t)\mathrm{d}x \tag{8.6}$$

$$r_4(t,t,t) = E(x_t - Ex_t)^4 = \int_{-\infty}^{\infty}(x - \mu_t)^4 p(x,t)\mathrm{d}t \tag{8.7}$$

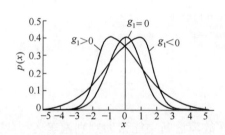

图8.3 偏度系数与概率密度函数的对应关系   图8.4 峭度系数与概率密度函数的对应关系

三阶中心矩和四阶中心矩分别反映分布的中心不对称程度和概率密度函数峰值的凸平度,它们在一定程度上反映了时间序列的分布特性。

对观测样本 $\{x_t, t = 1, \cdots, N\}$ 偏度系数和峭度系数为

$$g_1 = \sqrt{\frac{1}{6N}\sum_{t=1}^{N}\left(\frac{x_t - \mu_t}{\sigma_t}\right)^3} \tag{8.8}$$

$$g_2 = \sqrt{\frac{N}{24}}\left[\frac{1}{N}\sum_{t=1}^{N}\left(\frac{x_t - \mu_t}{\sigma_t}\right)^4 - 3\right] \tag{8.9}$$

可以证明,对于正态的时间序列恒有 $g_1 = g_2 = 0$,因此,可用偏度系数、峭度系数作为正态性判别依据,但偏度系数和峭度系数与正态性没有严格的因果关系。

5. 常见的量纲指标

在汽车故障诊断中,还广泛采用各种量纲指标,方根幅值、平均幅值、均方幅值和峰值,这些量纲指标都是由信号的幅值参数演化而来的。

6. 相关累积法

在随机过程中,存在一周期分量为有用信息,其他无用信息为噪声,当信号功率与噪声功率之比较小时,欲从噪声背景中提取中周期信号是十分困难的。为了提高信噪比,可采用相关累积法。

相关累积法是利用周期信号在各个周期内是相关而噪声不相关的特性,将被测信号按一定周期间隔截段,再将每段信号积累平均以提高信噪比的一种方法。例如,某齿轮产生一个缺陷,每一周产生一个冲击脉冲,若以该齿轮一周为周期进行相关累积,可使齿轮缺陷产生的周期分量突出,排除了该齿轮以外的其他干扰,提高了信噪比。要使信号在积累时相加,必须保持信号相加时相位相同即同相相加。

图 8.5 示出了截取不同信号段 n,进行累加平均后的效果。

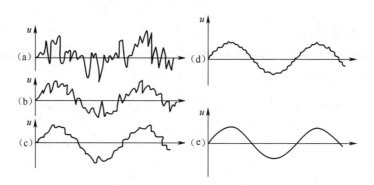

图 8.5 用相关累积法提高信噪比

(a)$n=1$;(b)$n=4$;(c)$n=16$;(d)$n=64$;(e)$n=256$。

8.3.3 时域模型分析

前述时域分析方法计算简单,便于实时检测。在故障诊断中能帮助判别汽车运行状态。但对于复杂的机器系统,很难用简单的时域分析方法直接分析被测对象的变化规律。为此,采用某些时域模型,能使人们更方便地应用数学工具分析和认识客观过程,以便更深刻、更集中地了解过程规律,判断工况状态属性及变化趋势。

在汽车故障诊断中,应用较多的是 ARMA 模型(自回归滑动平均模型)中的 AR 模型。

1. ARMA 模型

对于一个平稳的时间序列,可以建立一个线性、时间反演的时序模型:

$$x_k - \phi_1 x_{k-1} - \phi_2 x_{k-2} - \cdots - \phi_m x_{k-m} = a_k + \theta_1 a_{k-1} + \cdots + \theta_n a_{k-n} \tag{8.10}$$

式中:M 为模型中自回归部分的阶次;N 为模型中滑动平均部分的阶次。

具有 (M,N) 阶自回归滑动平均模型可以简写为 $ARMA(M,N)$,其含义是:在时刻 k 的输出 x_k 是此系统前 $M-1$ 个输出 $x_{k-1}, x_{k-2}, \cdots, x_{k-M}$ 和由 k 到 $k-N$ 时刻中 N 个相互独立的白噪声输入的线性和。

在平稳时间序列的反演模型式(8.10)中,引进一步延迟算子 B,它作用在 x_t 上得 x_{t-1},即

$$Bx_t = x_{t-1} \tag{8.11}$$

$$(1 - \phi_1 B - \phi_2 B^2 - \cdots - \phi_p B^p)x_t = (1 - \theta_1 B - \cdots - \theta_q B^q)a_t \tag{8.12}$$

ARMA 模型变为

$$\phi(B)x_t = \theta(B)a_t \tag{8.13}$$

AR 模型为

$$\phi(B)x_t = a_t \tag{8.14}$$

MA 模型为

$$x_t = \theta(B)a_t \qquad (8.15)$$

ARMA 模型都是线性差分方程表达式,也就是说它们只能用于线性系统,如果系统含有某种趋势性或非线性成分,就不能直接采用 ARMA 模型,应采用预处理方法进行处理或采用非线性模型。

2. ARMA 模型的特征根

以 AR(2)模型为例进行介绍。AR(2)模型如下:

$$(1 - \phi_1 B - \phi_2 B^2)x_t = a_t \qquad (8.16)$$

上述差分方程的齐次部分特征方程为

$$1 - \phi_1 B - \phi_2 B^2 = 0 \qquad (8.17)$$

取 $\lambda = 1/B$,可得

$$\lambda^2 - \phi_1 \lambda - \phi_2 = 0 \qquad (8.18)$$

相应的特征根为

$$B_{1,2} = \frac{1}{2}(\phi_1 \pm \sqrt{\phi_1^2 + 4\phi_2}) \qquad (8.19)$$

利用韦达定理

$$B_1 \cdot B_2 = -\frac{1}{\phi_2}, B_1 + B_2 = -\frac{\phi_1}{\phi_2}, |\phi_2| = \frac{1}{|B_1 B_2|} < 1, -1 < \phi_2 < 1$$

$$\phi_1 \pm \phi_2 = -\frac{1}{B_1 B_2} \pm \frac{B_1 + B_2}{B_1 B_2} = 1 - \left(1 \mp \frac{1}{B_1}\right)\left(1 \mp \frac{1}{B_2}\right) \qquad (8.20)$$

当 B_1、B_2 为实根时,$\phi_1 \pm \phi_2 < 1$。

上述结果推广到一般情形,可以证明:若 AR(n)模型具有特征根 $\lambda_i(\phi_i)$ 其渐近稳定性条件为

也可写为 $|\phi_i| < 1$ 或 $|\lambda_i| < 1, j \in N \geqslant 0$

模型的稳定性与系统的稳定性有着必然的联系。一般来讲,若系统处于正常工况,则系统的响应为平稳过程,这种稳定性必然反映到描述系统特性的时序模型中,为此,可用模型的稳定性来判别机械系统稳定性及运行状态。

3. ARMA 序列的预报方法

对于如下 ARMA (N,M)序列:

$$x_t = \sum_{i=1}^{n} \phi_i x_{t-i} + \sum_{j=1}^{m} \theta_j a_{t-j} + a_t$$

$$\hat{X}_t(k) = E(x_{t+k} \mid x_t) = E(x_{t+k} \mid x_t, x_{t-1}, \cdots) \qquad (8.21)$$

则

$$\hat{x}_t(k) = \phi_1 \hat{x}_t(k-1) + \phi_2 \hat{x}_t(k-2) + \cdots + \phi_n \hat{x}_t(k-n)$$

ARMA (N,M)序列的预报具有如下的特点:

(1)当 $k \leqslant m$ 时,预报公式中包含白噪声项 a_t, a_{t-1},…白噪声序列的值是无法直接观测的,若 ARMA 序列满足可逆性条件,则由序列 $\{x_t\}$ 的观测值应用模型方程迭代计算出白噪声序列的值。

（2）当 $k>m$ 时,预报算式中不含白噪声序列的值,但是它包含了前一步的预报值之间具有递推关系;显然,最初的 m 步预报必然涉及白噪声序列值的递推计算。

（3）AR 序列和 MA 序列预报均为 ARMA 的特例,AR 序列的预报不涉及白噪声序列的值,计算简便、在工程中大多数应用 AR 模型。

4. 时间序列预测例子

平稳时间序列 $w_t, w_{t+1}, \cdots, w_{t+k}$,现在用前面的 k 项线性组合去估计最后一项 w_{t+k},即用

$$\sum_{j=1}^{k} \phi_{kj} w_{t+k-j} = \phi_{k1} w_{t+k-1} + \phi_{k2} w_{t+k-2} + \cdots + \phi_{kk} w_t \tag{8.22}$$

估计 w_{t+k},其中 ϕ_{k1}, ϕ_{k2}, $\cdots$, ϕ_{kk} 是系数,采用最小方差法确定这些系数,即选用 ϕ_{k1}, ϕ_{k2}, $\cdots$, ϕ_{kk} 使均方偏差达到最小:

$$\begin{aligned}\delta &= E(w_{t+k} - \sum_{j=1}^{k} \phi_{kj} w_{t+k-j})^2 \\ &= E(w_{t+k} - \phi_{k1} w_{t+k-1} - \phi_{k2} w_{t+k-2} - \cdots - \phi_{kk} w_t)^2\end{aligned} \tag{8.23}$$

采用多元函数求极值的方法:

$$\frac{\partial \delta}{\partial \phi_{k1}} = E(2(w_{t+k} - \phi_{k1} w_{t+k-1} - \phi_{k2} w_{t+k-2} - \cdots - \phi_{kk} w_t)(-w_{t+k-1})) = 0$$

$$\frac{\partial \delta}{\partial \phi_{k2}} = E(2(w_{t+k} - \phi_{k1} w_{t+k-1} - \phi_{k2} w_{t+k-2} - \cdots - \phi_{kk} w_t)(-w_{t+k-2})) = 0$$

$$\cdots$$

$$\frac{\partial \delta}{\partial \varphi_{kk}} = E(2(w_{t+k} - \phi_{k1} w_{t+k-1} - \phi_{k2} w_{t+k-2} - \cdots - \phi_{kk} w_t)(-w_t)) = 0$$

化简得（由于 $E(w_t w_{t-1} = r_1)$）

$$r_0 \phi_{k1} + r_1 \phi_{k2} + r_2 \phi_{k3} + \cdots + r_{k-1} \phi_{kk} = r_1$$

$$r_1 \phi_{k1} + r_0 \phi_{k2} + \cdots + r_{k-2} \phi_{kk} = r_2$$

$$\vdots$$

$$r_{k-1} \phi_{k1} + r_{k-2} \phi_{k2} + \cdots + r_0 \phi_{kk} = r_k$$

$$\begin{bmatrix} r_0 & r_1 & r_2 & \cdots & r_{k-1} \\ r_1 & r_0 & r_1 & \cdots & r_{k-2} \\ r_2 & r_1 & r_0 & \cdots & r_{k-3} \\ \vdots & \vdots & \vdots & & \vdots \\ r_{k-1} & r_{k-2} & r_{k-3} & \cdots & r_0 \end{bmatrix} \begin{bmatrix} \phi_{k1} \\ \phi_{k2} \\ \phi_{k3} \\ \vdots \\ \phi_{kk} \end{bmatrix} = \begin{bmatrix} r_1 \\ r_2 \\ r_3 \\ \vdots \\ r_k \end{bmatrix}$$

上式称为托布里兹矩阵,通过计算可求得 $\phi_{k1}, \phi_{k2}, \cdots, \phi_{kk}$。

一般来讲,AR(N)、MA(M) 中模型的阶次很少超过 4 阶,因而根据递推公式进行计算:

$$\rho_1 = \frac{r_1}{r_0}, \rho_2 = \frac{r_2}{r_0}, \rho_3 = \frac{r_3}{r_0}$$

AR(1): $\phi_{11} = \rho_1$。

AR(2): $\phi_{22} = \dfrac{\rho_2 - \phi_{11}\rho_1}{1 - \phi_{11}\rho_1}$; $\phi_{21} = \phi_{11} - \phi_{11}\phi_{22}$。

AR(3): $\phi_{33} = \dfrac{\rho_3 - \phi_{21}\rho_2 - \phi_{22}\rho_1}{1 - \phi_{21}\rho_1 - \phi_{22}\rho_2}$; $\phi_{31} = \phi_{21} - \phi_{33}\phi_{22}$; $\phi_{32} = \phi_{22} - \phi_{33}\phi_{21}$。

例 8.1 北京吉普 BJ212 发动机的汽缸磨损见表 8.3,试根据 AR(3)模型预测 $22 \times 10^4 km$ 时的汽缸磨损率。

表 8.3 北京吉普 BJ212 发动机的汽缸磨损率

序号	1	2	3	4	5	6	7	8	9	10
里程/$10^4 km$	2	4	6	8	10	12	14	16	18	20
磨损率/$(10^{-3} mm \cdot 10^4 km^{-1})$	13.4	10.7	8.3	10.6	6.2	7.0	6.6	9.3	9.0	8.7

解:(1)为了进行计算,把磨损率 x_t 转换成 w_t,计算均值:
$$\mu = (0.0134 + \cdots + 0.0087)/10 = 0.00898$$

(2) $w_t = x_t - \mu$。

(3) 计算相关函数:
$$r_0 = \frac{1}{n} \sum_{t=1}^{n} w_t^2 = \frac{1}{10}(w_1^2 + \cdots + w_{10}^2) = 4.3076 \times 10^{-4}$$

$$r_1 = \frac{1}{n-1} \sum_{t=1}^{n-1} w_t w_{t+1} = \frac{1}{9}(w_1 w_2 + \cdots + w_9 w_{10}) = 1.143 \times 10^{-6}$$

$$r_2 = \frac{1}{n-2} \sum_{t=1}^{n-2} w_t w_{t+2} = \frac{1}{8}(w_1 w_3 + \cdots + w_8 w_{10}) = 5.387 \times 10^{-7}$$

$$r_3 = \frac{1}{n-3} \sum_{t=1}^{n-3} w_t w_{t+3} = \frac{1}{7}(w_1 w_4 + \cdots + w_7 w_{10}) = -5.617 \times 10^{-8}$$

$$\rho_1 = \frac{r_1}{r_0} = 0.2653, \rho_2 = \frac{r_2}{r_0} = 0.1250, \rho_3 = \frac{r_3}{r_0} = -0.01304$$

(4) 计算 AR(3)模型系数:
$$\phi_{11} = \rho_1 = 0.2653$$

$$\phi_{22} = \frac{\rho_2 - \phi_{11}\rho_1}{1 - \phi_{11}\rho_1} = 0.0588, \phi_{21} = \phi_{11} - \phi_{11}\phi_{22} = 0.2497$$

$$\phi_{33} = \frac{\rho_3 - \phi_{21}\rho_2 - \phi_{22}\rho_1}{1 - \phi_{21}\rho_1 - \phi_{22}\rho_2} = -0.06462, \phi_{31} = \phi_{21} - \phi_{33}\phi_{22} = 0.25345$$

$$\phi_{32} = \phi_{22} - \phi_{33}\phi_{21} = 0.075$$

(5) 求解 AR(3)预测模型:
$$w_t + \phi_{31}w_{t-1} + \phi_{32}w_{t-2} + \phi_{33}w_{t-3} = a_t$$

$w_t = x_t - \mu$ 代入上式,可得
$$x_t = 0.0113 - 0.25345x_{t-1} - 0.075x_{t-2} + 0.06462x_{t-3} + a_t$$

当 $a_t = 0$ 时,预测的北京 BJ212 汽车 $22 \times 10^4 km$ 的磨损率为 $0.00902 mm/10^4 km$。

$$x_{22} = 0.0113 - 0.25345 \times 0.0087 - 0.075 \times 0.0009 + 0.06462 \times 0.00093 = 0.00902$$

8.3.4 时间序列频域分析方法

从测试信号 $x(t)$ 中获取有关系统工作状态的信息是很有限的。对于汽车机械运动系统复杂的快速时变信号可以采用频域方法进行分析。这些信号由许多不同振幅、频率和相位的

309

正弦(或余弦)信号所构成。不同的谐波反映机械系统工作状态的不同信息。因此,很多典型故障可以用频谱分析工具诊断出来。例如,如旋转零件不平衡、轴弯曲、齿轮啮合故障等故障均可使用频谱分析方法。该方法涉及傅里叶级数、傅里叶变换、离散信号的傅里叶变换、随机信号的功率谱、极大熵谱和倒谱。

8.4　状态识别方法

汽车状态识别问题是故障诊断中的核心问题,对正常或异常信号识别所能达到的准确程度是故障诊断成败的关键。

在状态识别中,经常采用的方法是对比分析法。采用对比分析一般会遇到两种情况:一种是有相关标准,实际情况与相关标准进行比较,从而做出判断;另一种情况是没有相关标准,仅有事先已知道的一些实际模式,用现场实际情况与原有的实际模式比较,将其归类,从而做出判断。

两类问题常用的状态识别方法有时域模型识别法、频域识别法、逻辑推理法、距离函数分类法、故障树分析法等。实际的汽车技术状况呈现多态,状态识别往往属多类状态识别。

诊断技术不仅要用到数字量分析、逻辑推理,还要用到神经网络等方法。

8.4.1　时域模型识别法

被诊断的系统如果能用一个数学模型来描述,通过观测模型本身的变化或模型参数的变化就可以判断系统的工作状态。

故障诊断与监测中,时域模型识别最常用的方法是:首先对信号建立 AR 模型,然后比较各参数。由于各信号建模时的最佳阶次不一定相同,因此采用模型系数比较,识别的准确性不是太高。一般常用赤池信息量准则(AIC)指标和残差来进行识别。图 8.6 为模型诊断方法。

1. 用 AIC 指标识别

AIC(A-Information Criterion)称为最小定阶准则,是由日本学者赤田首先提出。AIC 函数定义如下:

设 $\{x(t),1 \leqslant t \leqslant N\}$ 为一随机序列,用 AR(n)来描述它,则

$$\text{AIC}(n) = \log\sigma_\varepsilon^2(n) + 2n/N \tag{8.24}$$

当阶数 n 增高时,式(8.24)中的第一项拟合残差是下降的。式中所取自然对数是单调函数,因此整个第一项是单调下降的。对给定的观察数据 N,式(8.24)中的第二项随 n 而增长。但两项之和有一个极小 AIC 值,此时 n 为最佳的自回归模型阶次。

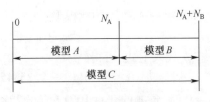

图 8.6　模型诊断方法

如果在线监测一个系统运行,每隔一段时间对系统的选定参数进行一次采样,设第一次、第二次的采样点数为 N_A、N_B,用该样本建立三个自回归信号模型。

讨论:(1)若

$$\frac{\text{AIC}_C}{N_C} < \frac{1}{2}\left(\frac{\text{AIC}_B}{N_B} + \frac{\text{AIC}_A}{N_A}\right) \tag{8.25}$$

则表明三个模型来自同一总体,即系统运行状态无变化。

(2) 若

$$\frac{AIC_C}{N_C} > \frac{1}{2}\left(\frac{AIC_B}{N_B} + \frac{AIC_A}{N_A}\right) \tag{8.26}$$

则表明系统状态在这一时期已经发生了变化。

2. 残差分析

如果把自回归模型看为外推模型,根据已知参数求出参数 w_{t+1} 的估计值(外推值) $\hat{w}_{t+1}$,然后与观测值 w_{t+1} 进行比较,得到残差

$$\varepsilon_t = w_t - \hat{w}_t \tag{8.27}$$

如果残差 ε_t 是一个零均值的白噪声,则说明系统运行正常。一旦输出的残差均值不为 0 的高斯白噪声时,说明系统产生了异常。

8.4.2 距离函数分类法

由 n 个特征参数组成的特征矢量相当于 n 维空间上的一个点。研究证明:同类模式具有聚类性,不同状态的模式点有各自的聚类域和聚类中心。如果事先知道各类状态的模式点的聚类域作为参考模式,则可将待检模式与参考模式间的距离作为判别函数,用以来判别待检状态的属性。

1. 空间距离函数

1) 欧氏距离

在欧氏空间,设矢量 $\boldsymbol{X} = \{x_1, x_2, \cdots, x_n\}^T$,$\boldsymbol{Z} = \{z_1, z_2, \cdots, z_n\}^T$,两点距离越近表明相似程度越大,或属于同一类别,这种距离称为欧氏距离:

$$D_E^2 = \sum_{i=1}^{n} (x_i - z_i)^2 = (\boldsymbol{X} - \boldsymbol{Z})^T (\boldsymbol{X} - \boldsymbol{Z}) \tag{8.28}$$

欧氏距离不受坐标旋转、平移的影响。在计算之前需要进行归一化处理:

$$x_i = \frac{x_i - x_{min}}{x_{max} - x_{min}} \tag{8.29}$$

考虑到特征矢量中诸分量对分类起的作用不同,可采用加权方法,构造加权欧氏距离:

$$D_w^2 = (\boldsymbol{X} - \boldsymbol{Z})^T \boldsymbol{w} (\boldsymbol{X} - \boldsymbol{Z}) \tag{8.30}$$

式中,w 为权系数矩阵。

2) 马氏距离

马氏距离是加权欧氏距离中用得较多的一种,其形式为

$$D_w^2 = (\boldsymbol{X} - \boldsymbol{Z})^T \boldsymbol{R}^{-1} (\boldsymbol{X} - \boldsymbol{Z}) \tag{8.31}$$

马氏距离的优点是排除了特征参数之间的相互影响,使计算结果更具有客观性。 x 与 z 的协方差矩阵 $\boldsymbol{R} = \boldsymbol{X}\boldsymbol{Z}^T$。

3) 距离判别的应用

以时间序列模型参数作为特征量而得到残差偏移的距离函数为例,介绍欧氏距离的应用。

AR 自回归模型的矩阵形式为

$$\boldsymbol{X}\boldsymbol{\Phi} = \boldsymbol{A} \tag{8.32}$$

可得到残差的平方和：

$$S = A^{\mathrm{T}}A = \boldsymbol{\Phi}^{\mathrm{T}}X^{\mathrm{T}}X\boldsymbol{\Phi} = \boldsymbol{\Phi}^{\mathrm{T}}R\boldsymbol{\Phi} \tag{8.33}$$

设待检模型残差 $A_{\mathrm{T}} = X_{\mathrm{T}}\boldsymbol{\Phi}_{\mathrm{T}}$ ，并将待检序列代入参考模型 $A_{\mathrm{R}} = X_{\mathrm{R}}\boldsymbol{\Phi}_{\mathrm{R}}$ 中，得到残差 $A_{\mathrm{RT}} = X_{\mathrm{T}}\boldsymbol{\Phi}_{\mathrm{R}}$ ，定义 $A_{\mathrm{RT}} - A_{\mathrm{T}}$ 为残差偏移距离（物理意义为待检模型和参考模型间的接近程度），则有

$$A_{\mathrm{RT}} - A_{\mathrm{T}} = X_{\mathrm{T}}\boldsymbol{\phi}_{\mathrm{T}} - X_{\mathrm{T}}\boldsymbol{\phi}_{\mathrm{T}} = X_{\mathrm{T}}(\boldsymbol{\phi}_{\mathrm{R}} - \boldsymbol{\phi}_{\mathrm{T}}) \tag{8.34}$$

定义残差偏移距离

$$\begin{aligned}
D_{\mathrm{A}}^2 &= (A_{\mathrm{RT}} - A_{\mathrm{T}})^{\mathrm{T}}(A_{\mathrm{RT}} - A_{\mathrm{T}}) = (\boldsymbol{\phi}_{\mathrm{R}} - \boldsymbol{\phi}_{\mathrm{T}})^{\mathrm{T}}X_{\mathrm{T}}^{\mathrm{T}}X_{\mathrm{T}}(\boldsymbol{\phi}_{\mathrm{R}} - \boldsymbol{\phi}_{\mathrm{T}}) \\
&= (\boldsymbol{\phi}_{\mathrm{R}} - \boldsymbol{\phi}_{\mathrm{T}})^{\mathrm{T}}R_{\mathrm{T}}(\boldsymbol{\phi}_{\mathrm{R}} - \boldsymbol{\phi}_{\mathrm{T}})
\end{aligned} \tag{8.35}$$

从距离函数的意义上讲，残差偏移距离实质上是以自协方差矩阵为权矩阵的欧氏距离。

2. 相似性指标

相似性指标也是在作聚类分析时衡量两个特征矢量点是否属于同一类的统计量。待检状态应归入相似性最大（相似性距离最小）的状态类别。计算相似性指标的方法很多，下面是其中两种。

1）角度相似性指标（余弦度量）

S_{C} 是特征矢量 X 和 Z 之间的夹角的余弦，夹角为 $0°$ 则取 1，即相似度达到最大。

$$S_{\mathrm{C}} = \frac{\sum\limits_{i=1}^{n} x_i z_i}{\sqrt{\sum\limits_{i=1}^{n} x_i^2 \sum\limits_{i=1}^{n} z_i^2}} \tag{8.36}$$

$$S_{\mathrm{C}} = \frac{X^{\mathrm{T}}Z}{\parallel X \parallel - \parallel Z \parallel} \tag{8.37}$$

2）相关函数

$$S_{XZ} = \frac{\sum\limits_{i=1}^{n} (x_i - \bar{x})(z_i - \bar{z})}{\sqrt{\sum\limits_{i=1}^{n} (x_i - \bar{x})^2 \sum\limits_{i=1}^{n} (z_i - \bar{z})^2}} \tag{8.38}$$

3. 信息距离判别法

1）库尔伯克-莱贝尔（Kullback-leiber，K-L）信息数

设 $p(x)$ 为参考模式的概率密度函数，$g(x)$ 为待检模式的概率密度族函数。为了比较两个概率密度函数的差异，可采用 K-L 信息数进行描述：

$$\begin{cases}
I(p(x), g(x)) = \int p(x) \log \dfrac{p(x)}{g(x)} \mathrm{d}x \\[2mm]
I(g(x), p(x)) = \int g(x) \log \dfrac{g(x)}{p(x)} \mathrm{d}x
\end{cases} \tag{8.39}$$

它们是 $p(x)$ 与 $g(x)$ 的互熵。当 $p = g$ 时，互熵为 0。

若参考序列与待检序列的概率密度函数均为正态分布，代入式（8.39）可得

$$I(p(\cdot),g(\cdot)) = \log\frac{\sigma_T}{\sigma_R} + \frac{1}{2\sigma_T^2}[\sigma_R^2 + (\phi_R - \phi_T)^T R_T(\phi_R - \phi_T)] - \frac{1}{2}$$

$$I(g(\cdot),p(\cdot)) = \log\frac{\sigma_R}{\sigma_T} + \frac{1}{2\sigma_R^2}[\sigma_T^2 + (\phi_R - \phi_T)^T R_R(\phi_R - \phi_T)] - \frac{1}{2}$$

(8.40)

当待检状态与参考状态相同，$\phi_R = \phi_T$，$\sigma_R = \sigma_T$，则

$$I(p(\cdot),g(\cdot)) = I(g(\cdot),p(\cdot)) = 0$$

(8.41)

2）散度

由前述计算可知，$I(p(\cdot),g(\cdot))$ 与 $I(g(\cdot),p(\cdot))$ 并无对称性，在同一情况下，取值各不相同，这给应用带来不方便，因此，定义散度：

$$J = I(p(\cdot),g(\cdot)) + I(g(\cdot),p(\cdot))$$

$$= \frac{1}{2\sigma_T^2}[\sigma_R^2 + (\boldsymbol{\phi}_R - \boldsymbol{\phi}_T)^T \boldsymbol{R}_T(\boldsymbol{\phi}_R - \boldsymbol{\phi}_T)]$$

$$+ \frac{1}{2\sigma_R^2}[\sigma_T^2 + (\boldsymbol{\phi}_R - \boldsymbol{\phi}_T)^T \boldsymbol{R}_R(\boldsymbol{\phi}_R - \boldsymbol{\phi}_T)] - 1$$

(8.42)

当机器状态相同时，$\phi_R = \phi_T$，$\sigma_R = \sigma_T$，$J = 0$。J 越小，两类模式的状态越接近。

4. 故障诊断中应用距离函数时应注意的问题

（1）上述各种判别方法中，共同思路是在机器运行状态下，用某种能表达工况的特征矢量作为训练样本，求得在各种状态下模式点的聚类中心，将对应于这些聚类中心的特征矢量作为标准模式，用待检样本分别计算它们到聚类中心的距离，按最近邻域准则确定其状态属性。对两类问题，这种方法十分有效；但对多类问题，由于决策函数复杂，实时性差，在实际应用中比较困难，使上述方法在实际使用中受到限制。

（2）即使是对两类问题，在应用中往往有各种不同的困难，例如，标准模式样本不一定很容易获得，特别是异常工况样本的聚类性很差，所求得的聚类中心不一定能代表该类状态的属性，因为它们并不都服从正态分布，所以应从实际出发进行分类。

8.4.3　逻辑判别法

1959 年，R. Ledly R. S. Ledly 首次将布尔代数应用于数值诊断。在大多数情况下，过程参数与过程状态之间并没有一一对应的因果关系。然而，在一些情况下故障征兆与状态之间有一定的逻辑关系，这时就可以通过特征参量推出机器的运行状态。

物理逻辑判断是根据特征与状态之间的物理关系进行推理诊断。

数理逻辑判决是根据特征与状态之间的数理逻辑关系在获得特征后按照规定的逻辑运算规则可求出状态。

1. 逻辑代数规则

若变量只能取 0,1 两个值，则称这种变量为逻辑变量。在函数中，自变量和因变量均为逻辑变量，这种函数表达的是一种逻辑关系或称逻辑函数。

逻辑函数包括逻辑和、逻辑乘、逻辑非、蕴涵。表 8.4 为逻辑代数规则表。逻辑非：$x = 1$，则 x 的非为 0。逻辑函数更加详尽的介绍可参见相关参考文献，这里不再赘述。

表 8.4　逻辑代数规则表

x_1	x_2	y		
		逻辑和	逻辑乘	蕴涵
0	0	0	0	1
0	1	1	0	1
1	0	1	0	0
1	1	1	1	1

2. 逻辑诊断原理

应用数理逻辑进行故障诊断时,首先需要建立故障特征函数、故障原因函数及决策规则。

设 $\{k_i, i=1,1,2,\cdots,m\}$ 表示汽车的故障特征, $k_i=1$ 表示有第 i 个特征, $k_i=0$ 表示没有第 i 种特征。

设 $\{\Omega_j, j=1,2,\cdots,n\}$ 表示汽车各系统的状态。 $\Omega_j=1$ 表示出现 j 种状态; $\Omega_j=0$ 表示不出现 j 种状态。定义征兆函数 $G(k_1,k_2,\cdots,k_m)$ 和状态函数 $F(\Omega_1,\Omega_2,\cdots,\Omega_n)$。

描述诊断规则的决策布尔函数可用下面的布尔函数表示:

$$E(k_1,k_2,\cdots,k_m,\ \Omega_1,\Omega_2,\cdots,\Omega_n)$$

函数 E 由系统内在的逻辑关系确定。函数 G 是故障发生后客观存在的特征。诊断的目的在于从 E 和 G 中求解出 F,这一过程就是故障诊断过程。换言之,运用逻辑方法诊断故障的基本任务是运用已知的决策规则和故障特征,找出故障原因。

用逻辑语言表示:

$$E=(G\rightarrow F) \tag{8.43}$$

$$E=(\overline{G}\rightarrow\overline{F}) \tag{8.44}$$

在应用蕴涵逻辑关系进行诊断时,要运用蕴涵真值表,即要使蕴涵表达式中各逻辑变量取值均为1,因此根据 G、E 确定 F,即 $F=GE=1$。

8.4.4　贝叶斯分类法

贝叶斯分类法是基于概率统计的一种分析方法。在汽车故障诊断中,处理的大量问题是随机现象,但这些随机现象是遵循某种规律的,描述这些规律的最严密的方法是概率密度函数。贝叶斯分类法正是基于概率密度函数来确定一个事先不知归属的抽样正确的分类问题。

例如,若用润滑油中的铁含量(特征参数 x)来诊断机器主轴承状态,需要一个参数确定一个临界值 M(图 8.7):当 $x>M$ 时,应采取决策停止机器运行;而 $x<M$ 时,则应允许机器继续工作。由于机器状态是由一个特征决定的,仅是一个简单型判别问题。若取 ω_1 正常、异常 ω_2,上述规则可表达为: $x<M, x\in\omega_1$　$x>M, x\in\omega_2$。

由于润滑油中的铁含量并不能简单地表征机器主轴承状态。机器中其他摩擦副,如花键、齿轮等也会在润滑油中落入磨损残留物,由于一系列因素的影响,正常、异常轴承磨损后 x 值的分布规律有重叠部分,就有发生错误判别的可能性。现在的问题是选择 M 使发生的错误率和承担的风险为最小。

设状态空间 $\Omega_j(\omega_1,\ \omega_2,\cdots,\ \omega_m)$,其中 $\omega_i(i=1,2,\cdots,m)$ 是状态空间中的一个模式点。$P(\omega_1)$、$P(\omega_2)$ 是系统正常与异常两种状态的先验概率,且 $P(\omega_1)+P(\omega_2)=1$。从观测的数据中,得到条件概率: $P(x/\omega_1)$(正常状态的类条件概率)和 $P(x/\omega_2)$,(异常状态的类条件

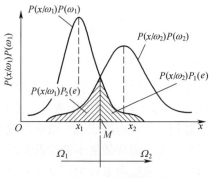

图 8.7 决策错误率

概率)。

根据贝叶斯公式,已知条件下 ω_i 出现的后验概率:

$$P(\omega_i/x) = \frac{P(x/\omega_i)P(\omega_i)}{\sum\limits_{j=1}^{2} P(x/\omega_j)P(\omega_j)} \tag{8.45}$$

当 i 取 1 或 2 时,式(8.45)即为两类问题的后验概率。

根据贝叶斯公式,选取分类规则:

$$P(x/\omega_1)P(\omega_1) > P(x/\omega_2)P(\omega_2), x \in \omega_1$$

$$\frac{P(x/\omega_1)}{P(x/\omega_2)} > \frac{P(\omega_2)}{P(\omega_1)}, x \in \omega_1 \tag{8.46}$$

如式(8.46)成立,可判定 $x \in \omega_1$,反之 $x \in \omega_2$。

贝叶斯分类法是基于最小错误率。平均错误率为

$$P(e) = \int_{-\infty}^{\infty} P(e,x)\,\mathrm{d}x = \int_{-\infty}^{\infty} P(e/x)P(x)\,\mathrm{d}x \tag{8.47}$$

对两类问题,根据分类规则可知,判别容易产生两种错误:一种是将机器的正常状态 ω_1 错误地判别为异常状态 ω_2;另一类错误是将机器的异常状态 ω_2 错误地判别为正常状态 ω_1。x 的条件错误概率:

$$P(e/x) = \begin{cases} P(\omega_1/x), & x \in \omega_2 \\ P(\omega_2/x), & x \in \omega_1 \end{cases} \tag{8.48}$$

如图 8.7 所示,若特征矢量 $\boldsymbol{x}$ 为一维时,取 M 为两类问题的分界点,M 将 x 轴分为两个决策域:Ω_1 为 $(-\infty, M)$,Ω_2 为 $(M, +\infty)$。则有

$$\begin{aligned} P(e) &= \int_{-\infty}^{M} P(\omega_2/x)P(x)\,\mathrm{d}x + \int_{M}^{\infty} P(\omega_1/x)P(x)\,\mathrm{d}x \\ &= \int_{-\infty}^{M} P(x/\omega_2)P(\omega_2)\,\mathrm{d}x + \int_{M}^{\infty} P(x/\omega_1)P(\omega_1)\,\mathrm{d}x \\ &= P(\omega_2)\int_{\Omega_1} P(x/\omega_2)\,\mathrm{d}x + P(\omega_1)\int_{\Omega_2} P(x/\omega_1)\,\mathrm{d}x \\ &= P(\omega_2)P_2(e) + P(\omega_1)P_1(e) \end{aligned} \tag{8.49}$$

式(8.49)的几何意义如图 8.7 中的剖面线部分。贝叶斯决策的含义是对每一个工都使得 $P(e)$ 取最小值,即平均错误率为最小。

8.4.5　故障树分析法

故障树分析法(FTA)是一种将系统故障形成的原因由总体至部分按树枝状逐渐细化的分析方法。用于判明基本故障,确定故障的原因、影响和发生的概率。

故障树分析法是把所研究系统的最不希望发生的故障状态作为故障分析的目标,然后寻找直接导致这一故障发生的全部因素,再找出造成下一级事件发生的全部直接因素,一直追查到那些原始的、无须再深究的因素为止。通常把最不希望发生的事件称为顶端事件,无须再深究的事件称为底端事件,介于顶端事件或底端事件的一切事件为中间事件。用相应的符号代表这些事件,再用适当的逻辑门把顶端事件、中间事件和底端事件连接成树形图。这样的树形图称为故障树(图8.8),用以表示系统或设备的特定事件与它的各个子系统或各个部件故障事件之间的逻辑关系。以故障树为工具,分析系统发生故障的各种途径,计算各个可靠性特征量,对系统的安全性或可靠性进行评价的方法称为故障树分析法。

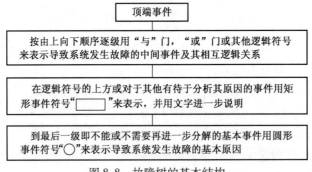

图8.8　故障树的基本结构

2. 故障树分析过程如下:

(1)给系统明确的定义,选定可能发生的不希望事件作为顶端事件;

(2)对系统的故障进行定义,分析故障形成的原因;

(3)做出故障树逻辑图;

(4)对故障树进行定性分析,确定各事件结构的重要度,应用布尔代数对故障树进行简化,寻找故障树的最小割集,判明系统最薄弱的环节;

(5)对故障树结构做定量分析,根据各元件、各部件的故障概率数据,应用逻辑的方法,对系统故障做定量分析。

故障树分析法的常用符号见表8.5

表8.5　故障树分析法的常用符号

分类	符　号	说　明
逻辑门	X_1 X_2 Z	"与"门 $Z-(X_1 \wedge X_2)=X_1,X_2$ 输入事件 X_1,X_2 同时存在时,才发生输出事件 Z
	X X_2 Z	"或"门 $Z=(X, \wedge X_2)-X_1-X_2$ 至少有一个输入事件 X_1,X_2 发生,才有输出事件 Z 发生
	X_2 X_1 Z	"禁"门 $Z=\bar{X}_1 \cap X_2=\bar{X} \cdot X_2$,当禁止条件出现时,即使有输入事件,也无输出事件

分类	符 号	说 明
事 件	▭	中间事件,指可进一步划分成底端事件的事件
	▭○	底事件,指由系统内部、元数失效或人为失误引起的事件
	◇	不完整事件,指由于缺乏资料不能进一步分析的事件

发动机润滑系统构造如图 8.9 所示。在该系统中,所不希望发生的事件有机油压力过低、机油压力过高和机油变质,上述事件都可以作为顶端事件进行分析。这里取"机油变质"为顶端事件绘制故障树,如图 8.10 所示。

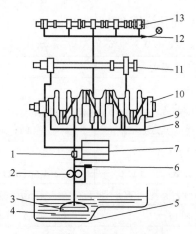

图 8.9　发动机润滑系统

1—旁通阀;2—机油泵;3—机油集滤器;4—油底壳;5—放油螺塞;6—安全阀;7—机油滤清器;8—主油道;
9—分油道;10—曲轴;11—中间轴;12—机油压力开关;13—凸轮轴。

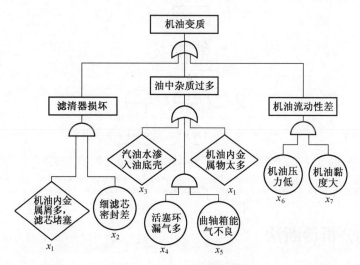

图 8.10　"机油变质"故障树

故障树是由构成它的全部底事件的"并""交"的逻辑关系联结而成。结构函数就是故障树进行定性、定量分析的数学表达式。

317

系统失效可称为故障树的顶事件,记为 T,各部件的失效称为底事件。如对系统和部件均只考虑失效和成功两种状态,则底事件可定义为

$$X_i = \begin{cases} 1, & \text{第 } i \text{ 个底事件发生} \\ 0, & \text{第 } i \text{ 个底事件不发生} \end{cases} \tag{8.50}$$

如用 Φ 来表示系统顶端事件的状态,则 Φ 必然是底端事件状态 $Xi(i=1,2,\cdots,n)$ 的函数。故障树的结构函数:

$$\Phi(x) = \Phi(X_1, X_2, \cdots, X_n)$$

$$\Phi(x) = \prod_{i=1}^{n} x_i \tag{8.51}$$

$$\Phi(x) = \sum_{i=1}^{n} x_i \tag{8.52}$$

根据表 8.6 运算法,图 8.10 简化为图 8.11。

表 8.6　布尔代数运算法则

名称	并集(逻辑加)关系式	交集(逻辑乘)关系式
幂等律	$A \cup A = A$	$A \cap A = A$
交换律	$A \cup B = B \cup A$	$A \cap B = B \cap A$
结合律	$A \cup (B \cup C) = (A \cup B) \cup C$	$A \cap (B \cap C) = (A \cap B) \cap C$
吸收律	$A \cup (A \cap B) = A$	$A \cap (A \cup B) = A$
分配律	$A \cup (B \cap C) = (A \cup B) \cap (A \cup C)$	$A \cap (B \cup C) = (A \cap B) \cup (A \cap C)$
德·摩根律	$\overline{A \cup B \cup \cdots \cup K} = \overline{A} \cap \overline{B} \cap \cdots \cap \overline{K}$	$\overline{A \cap B \cap \cdots \cap K} = \overline{A} \cup \overline{B} \cup \cdots \cup \overline{K}$
全集及空集	$A \cup 0 = A, A \cup I = I$	$A \cap 0 = 0, A \cap I = A$
回归律	$\overline{\overline{A}} = A$	
互补律	$A + \overline{A} = I$	$A \cap \overline{A} = 0$

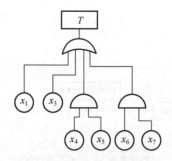

图 8.11　简化后的故障树

故障树分析包括定性分析、定量分析,限于篇幅不再赘述。

8.4.6　其他分析诊断法

其他分析诊断法还有灰色模型关联度分析诊断法、小波分析法、混沌与分形诊断法、神经网络诊断法、模糊诊断与模糊神经网络法等。

故障特征提取包括基于粗糙集理论的方法、故障诊断技术等。

思 考 题

1. 汽车故障诊断在车辆工程中有何价值?
2. 汽车故障诊断参数选取一般遵循什么原则?
3. 机械系统、液压系统、电子电气系统故障诊断的特点是什么?
4. 论述汽车故障诊断的发展趋势。

第9章

机电液系统设计实例

↗ ## 9.1 基于 Matlab 的倒立摆小车控制

9.1.1 问题背景

无论是在经典控制理论还是在现代控制理论中,反馈都是系统设计的主要方式。由于经典控制理论是用传递函数来描述系统的,因此,只能从输出引出信号作为反馈量。而现代控制理论是用系统内部的状态来描述系统的,所以除输出反馈外,还可以从系统的状态引出信号作为反馈量。

通过大量实例验算,人们发现状态变量能够更加全面地反映系统的内部特性,状态反馈比传统的输出反馈能更有效地改善控制系统的性能。故状态反馈是体现现代控制理论特色的一种控制方式。

对于倒立摆控制算法,本章基于线性二次型最优控制 LQR 和 PID 控制实现系统的稳定控制。

线性二次型最优控制问题是指线性系统具有二次型性能指标的最优控制问题,其最优解可以写成统一的解析表达式,所得到的最优控制律是状态变量的反馈形式,所得到的最优控制律是状态变量的反馈形式,便于计算和工程实现。

PID 参数设计中, PID 参数由 P、I 和 D 值来确定,主要根据应用环境和应用工作者的自行调节,PID 参数的整定也是根据此来进行的,其控制效果较好。

该实例涉及线性系统。系统是一种数学模型,由线性运算子组成。与非线性系统相比,线性系统特性比较简单,需满足线性特性。

状态空间表示法提供一种方便简捷的方法来针对多输入-多输出系统进行分析并建立模型。一般频域的系统处理方式需限制在常系数,零初始条件的系统。而状态空间表示法对系统的系数及起始条件没有限制。

实际控制系统具有 l 个输入变量和 m 个输出变量时,系统的状态空间表达式为

$$\begin{cases} \dot{x}(t) = A(t)x(t) + B(t)u(t) \\ y(t) = C(t)x(t) + D(t)u(t) \end{cases} \tag{9.1}$$

式中: $x(t)$ 为 n 维状态矢量;输入为 l 维矢量 $u(t)$;输出为 m 维矢量 $y(t)$; A 为系数矩阵,表示

系统内部状态变量之间的联系,取决于被控系统的作用机理、结构和各项参数;B 为控制矩阵,表示各个输入变量如何控制状态变量;C 为输出矩阵,表示输出变量如何反映状态变量;D 表示输入对输出的直接作用。

当输入变量 $u(t)$ 和输出变量 $y(t)$ 都为标量,且矩阵的元素都为常数时,式(9.1)称为线性定常系统。其状态空间表达式为

$$\begin{cases} \dot{x}(t) = Ax(t) + Bu(t) \\ y(t) = Cx(t) + Du(t) \end{cases} \tag{9.2}$$

如果 $x = [x_1, x_2, \cdots, x_n]^T$ 是一组由 n 个状态变量构成的 n 维状态矢量,则 $x_1, x_2, \cdots, x_n$ 的线性组合 $\overline{x_1}, \overline{x_2}, \cdots, \overline{x_n}$ 也完全可以作为一组新的状态变量,构成新的状态矢量 $\overline{x}$,只要这种组合是一一对应的关系,这两组状态变量之间就存在着非奇异线性变换关系。这种唯一的对应关系,说明尽管状态变量选取不同,所得的状态空间表达式也不同,但状态矢量 x 和 $\overline{x}$ 都是对同一系统动态行为的描述。

系统的状态变换既然是状态空间的坐标变换,选择不同的状态变量去描述系统的行为,其状态空间表达式是不相同的,然而状态变换不改变系统的特征方程和特征值,状态变换不改变系统的传递函数矩阵方程。

对于线性系统的可控性问题,考虑线性时不变系统的状态方程:

$$\dot{x}(t) = Ax(t) + Bu(t) , x(t_0) = x_0 , t \geq t_0 \tag{9.3}$$

根据第1章的理论可知,式(9.3)可控的充要条件为:

$$\text{rank}(B \quad AB \quad \cdots \quad A^{n-1}B) = n \tag{9.4}$$

Matlab 中的 ctrb 函数可以根据动态系统生成系统的可控性矩阵 Q_c,调用格式为 $Q_c = \text{ctrb}(A, B)$。

9.1.2 最优控制问题

最优控制是在规定的限度下使被控系统的性能指标达到最佳状态的控制。最优控制是现代理论的核心,它研究的主要问题是,在满足一定约束条件下寻求最优控制策使得性能指标取极大值或极小值。

1. 线性二次型控制

对于线性系统的控制器设计问题,如果其性能指标是状态变量和(或)控制变量的二次型函数的积分,则这种动态系统的最优化问题称为线性系统二次型性能指标的最优控制问题,简称线性二次型最优控制问题或线性二次问题。线性二次型控制称线性二次型调节器 LQR (Linear Quadratic Regulator)控制。线性二次型问题的最优解可以写成统一的解析表达式,并且求解过程的规范化,并可简单地采用状态线性反馈控制律构成闭环最优控制系统,能够兼顾多项性能指标,因此得到特别的重视,为现代控制理论中发展较为成熟的一部分。

完全可控的线性定常系统的状态方程

$$\dot{x}(t) = Ax(t) + Bu(t) , x(t_0) = x_0 , y = Cx \tag{9.5}$$

以及性能指标

$$J = \frac{1}{2} \int_{t_0}^{\infty} [x^T(t)Qx(t) + u^T(t)Ru(t)] dt \tag{9.6}$$

式中：Q、R 为定常对称正定矩阵。

假定 $u(t)$ 不受约束，要求确定最优控制 $u^*(t)$，使性能指标达到最小值，这类问题称为无限时间的状态调节器问题。

对于受控系统（式(9.5)）及其性能指标，设 $[A,B]$ 可控，则存在唯一的最优控制：

$$u^*(t) = -R^{-1}B^TPx(t) \tag{9.7}$$

最优性能指标简化为

$$J^* = \frac{1}{2}x^{*T}(t_0)Px^*(t) \tag{9.8}$$

式中：$x^*(t_0) = x_0$，它所对应的最优轨迹为式(9.9)的解 $x^*(t)$，即

$$\dot{x}^*(t) = [A - BR^{-1}B^TP]x^*(t) \tag{9.9}$$

矩阵 P 为里卡蒂代数方程的唯一对称正定解：

$$A^TP + PA - PBR^{-1}P + Q = 0 \tag{9.10}$$

Matlab 控制系统工具箱提供了求无限时间状态调节问题的函数 lqr( )，其调用格式为

$$[K,P,E] = lqr(A,B,Q,R)$$

其中：A 为系统的系数矩阵；B 为系统的输入矩阵；Q、R 为给定的定常对称正定矩阵；K 为最优反馈增益矩阵；S 为对应里卡蒂代数方程的唯一正定解 P（若矩阵 $A-BK$ 是稳定矩阵，则总有正定解 P 存在）；E 为矩阵 $A-BK$ 的特征值。

2. LQR 状态反馈矩阵求解

倒立摆系统的控制问题一直是控制研究中的一个经典问题。控制的目标是通过在小车底座施加一个力 u（控制量），使小车停留在预定的位置，及不超过己预先设定义好的垂直偏离角度范围。首先确定一个倒立摆系统，参数见表 9.1。

表 9.1　直线一级倒立摆系统参数

小车质量 M	0.5	倒立摆质量 m	0.5
摆杆长度 l	0.3	摆杆转动惯量 I	0.006
摩擦因数 b	0.1	—	—

由倒立摆的平衡控制方程可得

$$\ddot{\theta} = \frac{m(m+M)gl}{(M+m)I + Mml^2}\theta - \frac{ml}{(M+m)I + Mml^2}u$$

$$\ddot{x} = \frac{m^2gl^2}{(M+m)I + Mml^2}\theta + \frac{I + ml^2}{(M+m)I + Mml^2}$$

式中：$I = \frac{1}{12}mL^2$；$l = \frac{1}{2}L$。

在系统控制中，基于 LQR 最优控制的降维观测器设计主要借助于其状态反馈矩阵实现。线性二次型优化控制状态反馈矩阵，采用求解里卡蒂方程指令函数 lqr( ) 求解。

Matlab 程序如下：

```
% LQR 状态反馈矩阵
clc        % 清屏
clear all;      % 删除 workplace 变量
close all;      % 关掉显示图形窗口
```

```matlab
M=0.5;m=0.5;b=0.1;I=0.006;l=0.3;g=9.8;
a=(M+m)*m*g*l/((M+m)*I+M*m*l^2);b=-m*l/(((M+m)*I+M*m*l^2));
c=-m^2*l^2*g/((M+m)*I+M*m*l^2);d=(I+m*l^2)/((M+m)*I+M*m*l^2);
A=[   0    1 0   0;…
     (M+m)*m*g*l/((M+m)*I+M*m*l^2) 000;…
            000    1;…
     -m^2*l^2*g/((M+m)*I+M*m*l^2) 0 0 0];
B=[0;-m*l/(((M+m)*I+M*m*l^2));0;(I+m*l^2)/((M+m)*I+M*m*l^2)];
C=[1 0 0 0;0 1 0 0;0 0 1 0;0 0 0 1];
D=[0;0;0;0];
% LQR 控制稳定系统
Q=diag([1,0,1,0]);
R=1;
Ks=lqr(A,B,Q,R) % 状态反馈矩阵
Ks =
   -24.0622-3.5825  -1.0000  -1.7061
》
% 基于 LQR 最优控制的降维观测器设计
% LQR 控制稳定系统
Q=diag([1,0,1,0]);
R=1;
Ks=lqr(A,B,Q,R);          % 状态反馈矩阵
% 降维观测器设计
q=rank(C);
p=[C;0 1 0 0;0 0 0 1];
Q=inv(P);
Q1=Q(:,1:q);
Q2=Q(:,q+1:rank(Q));
A1=P*A*inv(P);
B1=P*B;
% A1 矩阵分块
A11=A1(1:q,1:q);
A12=A1(1:q,q+1:4);
A21=A1(q+1:4,1:q);
A22=A1(q+1:4,q+1:4);
% B1 矩阵分块
B11=B1(1:q,:);
B12=B1(q+1:4,:);
Pole=[-1-2];                    % 期望极点
K=place(A22´,A12´,Pole);        % 极点配置
L=K';    % 状态观测器增益矩阵
```

其中：R 为正定厄米特或实对数矩阵；Q 为正定（或半正定）厄米特或实对称矩阵。Q 和 R 分别表示各状态跟踪误差和能量损耗的相对重要性。Q 中对角线的各个元素分别代表各项指标误差的相对重要性。LQR 线性二次型调节器对象主要以状态空间形式给出的线性系统，目标

函数为对象状态和控制输入的二次型函数。

3. PID 状态反馈矩阵求解

选择数字 PID 参数之前，首先确定控制器结构。对允许有静差（或稳态误差）的系统，可以适当选择 P 或 PD 控制器，使稳态误差在允许的范围内。对必须消除稳态误差的系统，应选择包含积分控制的 PI 或 PID 控制器。一般来说，PI、PID 和 P 控制器应用较多。对于有滞后的对象，往往都加入微分控制。

确定控制器结构后，即可开始选择参数。选择参数根据受控对象的具体特性和对控制系统的性能要求进行。工程上，一般要求整个闭环系统是稳定的，对给定量的变化能迅速响应并平滑跟踪，超调量小；在不同干扰作用下，能保证被控量在给定值；当环境参数发生变化时，整个系统能保持稳定；等等。

PID 控制器的参数整定可不依赖于受控对象的数学模型。工程上，PID 控制器的参数常通过实验来确定，通过试凑或实验来确定。

一般情况下，增大 K_P 会加快系统的响应速度，有利于减少静差。但过大的比例系数会使系统有较大的超调，并产生振荡使稳定性变差。减小 K_I 将减少积分作用，有利于减少超调使系统稳定，但系统消除静差的速度慢。增加 K_D 有利于加快系统的响应，使超调减少，稳定性增加，但对干扰的抑制能力会减弱。

在 PID 参数试凑时，一般根据以上参数对控制过程的影响趋势，对参数实行先比例、后积分、再微分的步骤进行整定。

PID 控制器针对状态方程 $\dot{x} = Ax + Bu$ 的全状态反馈控制系统闭环特征多项式为 $sI-(A-BK)$，基于其反馈矩阵，对于极点配置，试凑法构造 $K_P = 5$，$K_I = 0.001$，$K_D = 1$。对于状态反馈矩阵的求解，采用如下 place( ) 函数：

$$K = \text{place}(A, B, p)$$

式中：A、B 为 LQR 中的系统状态空间；p 为配置的极点，系统的稳定性水平一般均位于极值轴的左侧，初步选取系统的极值 $p = [-10, -7, -1.901, -1.9]$。求解得到相应的反馈矩阵，实现了系统的稳定控制。

Matlab 程序如下：

```
% PID 状态方程求解
Clc  % 清屏
clear all;  % 删除 workplace 变量
close all;  % 关掉显示图形窗口
M=0.5;m=0.5;b=0.1;I=0.006;l=0.3;g=9.8;
a=(M+m)*m*g*l/((M+m)*I+M*m*l2);b=-m*l/(((M+m)*I+M*m*l2));
c=-m2*l2*g/((M+m)*I+M*m*l2);d=(I+m*l2)/((M+m)*I+M*m*l2);
A=[0   10  0;…
   (M+m)*m*g*l/((M+m)*I+M*m*l2) 0 0 m*l*b/((M+m)*I+M*m*l2);…
    000   1;…
   -m2*l2*g/((M+m)*I+M*m*l2) 0 0 -(I+m*l2)*b/((M+m)*I+M*m*l2)];
B=[0; -m*l/(((M+m)*I+M*m*l2)); 0; (I+m*l2)/((M+m)*I+M*m*l2)];
C=[100 0;01 0 0;0 01 0;0 001];
D=[0;0;0;0];
p2=eig(A),;                    % A 特征值求解
```

```
p=[-10,-7,-1.901,-1.9];                    % 极点配置
K=place(A,B,p)                             % 状态反馈矩阵
K =
     -37.7301-6.1108 -4.9019    -1.0858
eig(A-B*K)'                                % 极点逆向求解
ans =
     -10.0000    -7.0000   -1.9000   -1.9010
%%%仿真结果验证
%[x,y]=sim( pedulum_pid1.mdl');
% subplot(121),plot(y(:,1));
% subplot(122),plot(y(:,3));
```

9.1.3　倒立摆系统

倒立摆系统是一种不稳定、高阶次、多变量和强耦合的非线性系统。对倒立摆系统的研究能有效地反映控制中的许多典型问题,如非线性问题、鲁棒性问题、镇定问题、随动问题及跟踪问题等。研究倒立摆系统可以采用很多种控制策略,如 PID 控制、自适应控制、状态反馈及智能控制等。通过对倒立摆的控制,可以检验新的控制方法是否有较强的处理非线性和不稳定性问题的能力。同时,其控制方法在诸多领域中有着广泛的应用,因此对倒立摆系统进行深入研究具有重要的理论和实际意义。

1. 倒立摆系统分析

直线式倒立摆系统结构如图 9.1 所示。在直线式倒立摆中,小车只有水平方向的直线运动,模型的非线性因素比较少,有利于倒立摆的控制;而在直线式倒立摆中,旋臂处在绕轴转动的状态,同时具有水平和垂直 两个方向的运动,模型中非线性因素较多,对倒立摆的控制算法较高。

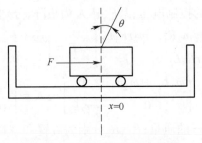

图 9.1　直线式倒立摆系统结构

针对教学实验室旋转式倒立摆系统研究,旋转式倒立摆系统主要由旋臂、摆杆、直流电动机和角位移传感器等组成,如图 9.2 所示。

旋转式倒立摆的结构和直线式倒立摆结构很相似,它们的不同点在于:旋转式倒立摆是将摆杆连接到由电动机带动的旋臂上,通过控制电动机来带动旋臂旋转,从而把力传递给摆杆来保持垂直倒立。与同级数的直线式倒立摆相比,旋转式倒立摆的结构比较简单,但数学模型复杂。

针对直线式倒立摆系统和旋转式倒立摆系统,建立如图 9.3 所示的简化系统。

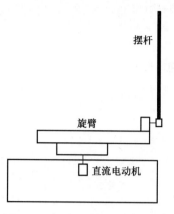

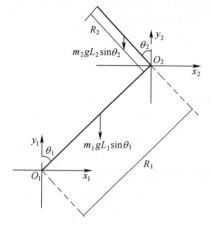

图 9.2　旋转式倒立摆系统结构　　　　　图 9.3　模型分析坐标系

利用拉格朗日法，可得系统的状态空间表达式：

$$\begin{bmatrix} \dot{\theta}_1 \\ \dot{\theta}_2 \\ \dot{\theta}_3 \\ \dot{\theta}_4 \end{bmatrix} = \begin{bmatrix} O_2 & I_2 \\ J^{-1}M & -J^{-1}F \end{bmatrix} + \begin{bmatrix} O_2 \\ J^{-1}K \end{bmatrix} u \tag{9.11}$$

$$y = \begin{bmatrix} 1 & 0 & 0 & 0 \\ 0 & 1 & 0 & 0 \\ 0 & 0 & 1 & 0 \\ 0 & 0 & 0 & 1 \end{bmatrix} \begin{bmatrix} \theta_1 \\ \theta_2 \\ \dot{\theta}_1 \\ \dot{\theta}_2 \end{bmatrix} \tag{9.12}$$

式中：u 为加在电动机上的控制电压；J、F、M、K 为矩阵，分别为

$$J = \begin{bmatrix} J_2 + m_2R_1^2 & m_2rR_1L_2 \\ m_2rR_1L_2 & J_2 \end{bmatrix}, \quad F = \begin{bmatrix} f_1 + K_mK_e & 0 \\ 0 & f_2 \end{bmatrix}$$

$$M = \begin{bmatrix} m_1L_1 + m_2R_1 & 0 \\ 0 & m_2L_2 \end{bmatrix}, \quad K = \begin{bmatrix} K_m \\ 0 \end{bmatrix}$$

其中：m_1、m_2 分别为旋臂和摆杆的质量；R_1、R_2 分别为旋臂和摆杆的长度；L_1、L_2 分别为旋臂质心到转轴的距离和摆杆质心到转轴的距离；f_1、f_2 分别为旋臂绕轴转动的摩擦力矩系数和摆杆绕轴转动的摩擦力矩系数；J_1、J_2 分别为旋臂绕轴转动的转动惯量和摆杆绕轴转动的转动惯量；K_m、K_e 分别为电动机力矩系数和电动机反电势系数。

2. 利用 LQR 法设计控制器

假设系统可控可观，意味着可设计最优控制器，选取半正定和正定的实对称常数矩阵 Q 和 R 的值，分别为 $Q = \mathrm{diag}(1\ 0\ 1\ 0\ 0)$、$R = 1$。在控制器中算得最优反馈增益矩阵的值，初始状态同样取为 $(30, 10, 0, 0)$。

Matlab 程序如下：

```
% LQR 控制器
```

```
clc                        % 清屏
clear all;                 % 删除 workplace 变量
close all;                 % 关掉显示图形窗口
A=[0 0 1 0;
   0 0 0 1;
   0 15.2476 -3.4727 -0.2325;
   0 74.9826 -3.8965 -1.1432];
B=[0;0;4.8895;5.4862];
C=[1 0 0 0;
   0 1 0 0;
   0 0 1 0;
   0 0 0 1];
D=0;
Q=diag([10 1 0 0]);
R=1;
K=lqr(A,B,Q,R);            % 返回状态矩阵
```

运行程序得系统状态反馈矩阵：

```
K=
-3.1623    52.3849    -3.0019    6.06669
```

求解系统状态空间得：

```
Ac=A-B*K;
Gc=ss(Ac,B,C,D)    % 状态空间
Gc =
  a =
      x1    x2      x3     x4
  x1 0     0       1      0
  x2 0     0       0      1
  x3 15.46 -240.9 11.21 -29.9
  x4 17.35 -212.4 12.57 -34.43

  b =
      u1
  x1 0
  x2 0
  x3 4.89
  x4 5.486

  c =
      x1 x2 x3 x4
  y1 1 0 0  0
  y2 0 1 0  0
  y3 0 0 1  0
  y4 0 0 0  1
```

```
d =
    u1
y1 0
    y2 0
    y3 0
    y4 0
Continuous-time state-space model.

t=0:0.1:10;
x0=[30 10 0 0];
[y,t]=initial(Gc,x0,t);  %初始化
plot(t,y(:,1),t:y(:,2)),grid
xlabel('时间/秒');
ylabel('旋臂和摆杆的角度/度')
```
程序运行得到系统的零输入响应如图9.4所示。

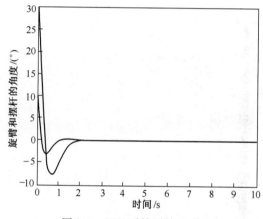

图 9.4　LQR 系统零输入响应

由图9.4可知,极点配置法和LQR法对小车的位置都有良好的控制效果。系统2s后进入稳定状态,小车便能保持稳定。因此,采用LQR法对倒立摆平衡控制是可行的。

采用LQR对直线一级倒立摆控制模拟,Matlab程序如下:
```
% LQR 控制器
clc           %清屏
clear all;    %删除 workplace 变量
close all;    %关掉显示图形窗口
M=0.5;m=0.5;b=0.1;I=0.006;l=0.3;g=9.8;
A=[0      1 0 0;…
   (M+m)*m*g*l/((M+m)*I+M*m*l^2)  0 0  m*l*b/((M+m)*I+M*m*l^2);…
       0 0   0 1;…
   -m^2*l^2*g/((M+m)*I+M*m*l^2) 0 0 -(I+m*l^2)*b/((M+m)*I+M*m*l^2)];
B=[0;-m*l/(((M+m)*I+M*m*l^2));0;(I+m*l^2)/((M+m)*I+M*m*l^2)];
C=[0 0 1 0;1 0 0 0];
```

```
D=zeros(2,1);
E=zeros(4,1);
Qc=ctrb(A,B);
EA=[-10 0 0 0;.
     0 -10 0 0;.
     0 0 -2-2*sqrt(3)*i 0;…
     0 0 0 -2+2*sqrt(3)*i];
PP=polyvalm(poly(EA),A);
Ks=[0 0 0 1]*inv(Qc)*PP;            % 计算反馈矩阵
[t,x,y]=sim('jwgcqp.md1');          % 调用降维观测器的 simulink 模块
%%
subplot(121),plot(t,y(:,1))
gridon,title('倾角控制')
subplot(122),plot(t,y(:,3))
grid on,ti tle('位移控制')
```

LQR 基于极点配置系统的降维观测器设计,Matlab 程序如下:

```
% 基于极点配置系统的降维观测器设计
% 极点配置法稳定系统
Qc=ctrb(A,B);
EA=[-10 0 0 0;…
     0-10 0 0;...
     0 0 -2-2*sqrt(3)*i 0;...
     0 0 0 -2+2*sqrt(3)*i;
PP=polyvalm(poly(EA|,A);
Ks=[0 0 0 1]*inv(Qc)*PP;            % 状态反馈矩阵
% 降维观测器设计
q=rank(C);
P=[C;0 1 0 0;0 0 0 1];
Q=inv(P);
Q1=Q(:,1:q);
Q2=Q(:,q+1:rank(Q));

A1=P*A*inv(P);
B1=P*B;
% A1 矩阵分块
A11=A1(1:q,1:q);
A12=A1(1:q,q+1:4);
A21=A1(q+1:4,1:q);
A22=A1(q+1:4,q+1:4);
% B1 矩阵分块
B11=B1(1:q,:);
B12=B1(q+1:4,:);
```

329

```
Pole=[-1 -2];                        % 期望极点
K=place(A22´,A12´,Pole);             % 极点配置
L=k';                                % 状态观测器增益矩阵
```

运行结果如图9.5所示。

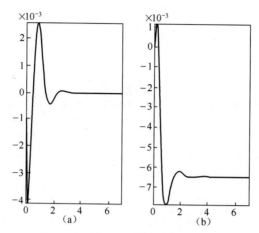

图 9.5　LQR 控制响应

(a)倾角控制;(b)位移控制。

3. 利用 PID 法设计控制器

利用 PID 对系统进行控制。PID 控制主要计算其中的反馈系数,反馈系数利用 place(　)来进行求解,利用 P 进行极点配置,计算反馈系数 K,进行控制系统的仿真。

Matlab 程序如下:

```
&PID 控制器
Clc                        % 清屏
clear all;                 % 删除 workplace 变量
close all;                 % 关掉显示图形窗口
M=0.5;m=0.5;b=0.1;I=0.006;l=0.3;g=9.8;
a=(M+m)*m*g*l/((M+m)*I+M*m*l^2);b=-m*l/((M+m)*I+M*m*l^2));
c=-m^2*l^2*g/((M+m)*I+M*m*l^2);d=(I+m*l^2)/((M+m)*I+M*m*l^2);
A=[0 1 0 0;.
   (M+m)*m*g*l/((M+m)*I+M*m*l^2) 0 0 m*l*b/((M+m)*I+M*m*l^2);.
        0 0 0 1;
   -m^2*l^2*g/(M+m)*I+M*m*l^2)  0 0  -(I+m*l^2)*b/((M+m)*I+M*m*l^2)
   ];
B=[0;-m*l/(((M+m)*I+M*m*l^2));0;(I+m*l^2)/((M+m)*I+M*m*l^2)];
C=[1 0 0 0;0 1 0 0;0 0 1 0;0 0 0 1];
D=[0;0;0;0];
  p2=eig(A)';              % A 特征值求解
p=[-10,-7,-1.901,-1.9];   ;% 极点配置
K=place(A,B,p)            % 状态反馈矩阵
eig(A-B*K)'               % 极点逆向求解
%% 仿真结果验证
[x,y]=sim(´pedulumpid.mdl´);
```

330

```
subplot(121),plot(y(:,1));
grid on,title('倾角控制')
subplot(122),plot(y(:,3));
grid on,title('位移控制')
```
运行结果如图 9.6 所示。

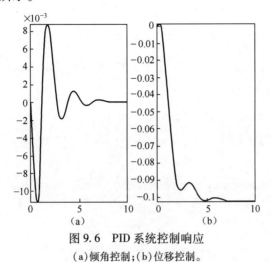

图 9.6　PID 系统控制响应

(a)倾角控制；(b)位移控制。

9.1.4　倒立摆系统平衡控制系统设计

针对直线式倒立摆(图 9.1)进行可视化控制系统设计。倒立摆系统控制的目标是通过给小车底座加一个外力 F(控制量)，使小车停留在预定的位置，并使直线杆不倒下，即不超过一个预先定义好的垂直偏离角度范围。在图 9.1 中，小车的质量为 M，倒立摆的质量为 m，摆长为 $2l$，小车的摩擦因数为 b，摆杆转动惯量为 I，小车的位置为 x，摆杆与垂直上方向的夹角为 θ，作用在小车水平方向上的动力为 F。

应用牛顿-欧拉方程对系统进行线性化处理，可得系统的状态空间表达式：

$$
\begin{bmatrix} \dot{x} \\ \ddot{x} \\ \dot{\theta} \\ \ddot{\theta} \end{bmatrix} = \begin{bmatrix} 0 & 1 & 0 & 0 \\ 0 & \dfrac{-(I+ml^2)b}{I(M+m)+Mml^2} & \dfrac{(m^2gl^2)}{I(M+m)+Mml^2} & 0 \\ 0 & 0 & 0 & 1 \\ 0 & \dfrac{-(mlb)}{I(M+m)+Mml^2} & \dfrac{(mgl)(M+m)}{I(M+m)+Mml^2} & 0 \end{bmatrix} \begin{bmatrix} x \\ \dot{x} \\ \theta \\ \dot{\theta} \end{bmatrix} + \begin{bmatrix} 0 \\ \dfrac{I+ml^2}{I(M+m)+Mml^2} \\ 0 \\ \dfrac{ml}{I(M+m)+Mml^2} \end{bmatrix} u
$$

(9.13)

$$
y = \begin{bmatrix} x \\ \theta \end{bmatrix} = \begin{bmatrix} 1 & 0 & 0 & 0 \\ 0 & 0 & 1 & 0 \end{bmatrix} \begin{bmatrix} x \\ \dot{x} \\ \theta \\ \dot{\theta} \end{bmatrix} + \begin{bmatrix} 0 \\ 0 \end{bmatrix} u
$$

(9.14)

式中：x 为小车的位移；$\dot{x}$ 为小车的速度；θ 为摆杆的角度，$\dot{\theta}$ 为摆杆的角速度；u 为输入(采用小车加速度作为系统的输入)；y 为输出。

1. 线性二次型倒立摆控制

对于直线式倒立摆控制系统，采用线性二次型对倒立摆进行控制，搭建 LQR 控制系统仿真图如图 9.7 所示。

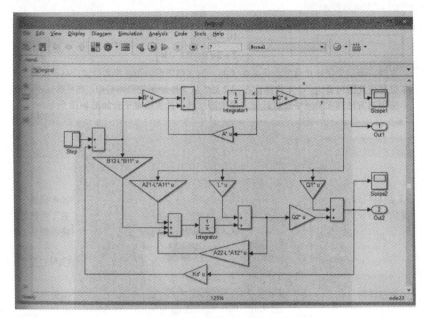

图 9.7　LQR Simulink 仿真图

运行 Matlab GUI 工具设计的直线倒立摆起摆及稳摆的控制,采用线性二次型控制方式,得到倒立摆偏角变化曲线、位移变化和动画显示如图 9.8 所示。

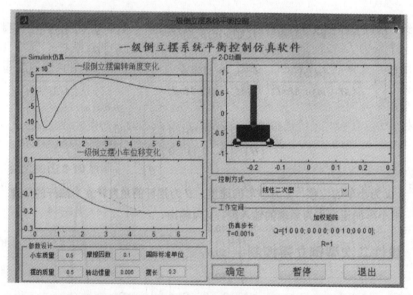

图 9.8　基于线性二次型摆杆偏角变化和小车位移变化曲线

在图 9.8 中,仿真步长为 0.0018,期望极点为

$$\begin{bmatrix} -10 & -10 \\ -2+2\sqrt{3}\,i & -2+2\sqrt{3}\,i \end{bmatrix}$$

直线式倒立摆转角角度变化是收敛的,倒立摆逐渐停留在平衡位置;从一级倒立摆小车位移变化图可看出,小车将停留在-0.2 处,从 2D 动画窗口可看出,该系统设计合理。

应用该方法到实验室平台进行倒立摆控制,实验装置如图 9.9 所示。Simulink 仿真图如图 9.10 所示。

图 9.9　实验装置

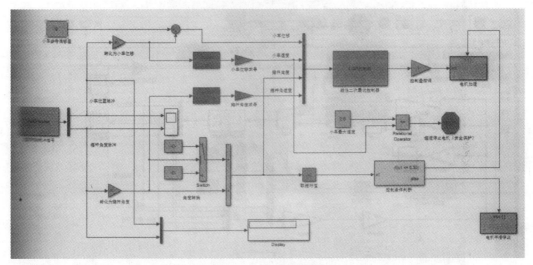

图 9.10　Simulink 仿真图

运行程序,输出结果如图 9.11 所示。

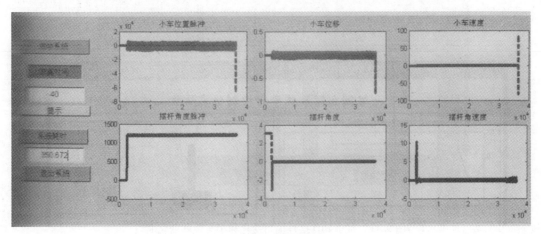

图 9.11　输出结果

从图9.11可知,摆杆角度最后保持为0,表明倒立摆是直立的,系统执行可行。LQR综合考虑了各个状态量在输入控制量下的变化规律,从而保证了良好的稳态效果,但是牺牲了系统的鲁棒性和瞬态性。

2. PID倒立摆控制

采用PID控制对直线式倒立摆进行控制,通过调整PID各参数,得到稳定的系统输出。PID Simulink仿真图如图9.12所示。

运行Matlab GUI工具设计的直线倒立摆起摆及稳摆的控制,选择PID控制方式,得到立摆偏角变化曲线、位移变化和动画显示如图9.13所示。

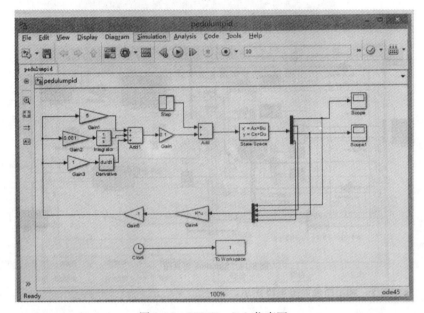

图9.12　PID Simulink仿真图

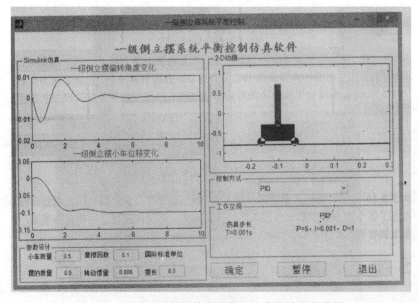

图9.13　基于PID摆杆偏角变化和小车位移变化曲线

从图 9.13 可以看出,该系统 $K_P = 5$,$K_I = 0.001$,$K_D = 1$,仿真步长为 0.001s。对比图 9.11 可知,采用 PID 控制,一级倒立摆偏转角超调量较小,系统更加迅速地趋于稳定状态,小车抖动比较弱,系统平衡位置为 -0.1,控制效果较好。

实验装置 PID 控制程序如图 9.14 所示。系统输出结果如图 9.15 所示。从图 9.15 可知,PID 控制在一定程度上系统能够保持在一定的平稳状态,外界抗干扰能力较强,能够使得系统在修正状态直立,因此 PID 控制有效。

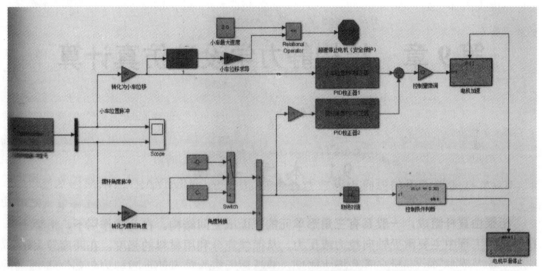

图 9.14　实验装置 PID 控制程序

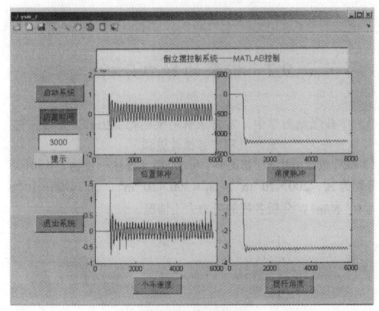

图 9.15　输出结果

9.2　赛车尾翼可变攻角系统设计分析

大学生方程式赛车是一项大学生设计竞赛,在这项比赛中由大学生组成的团队设计、制造和驾驶他们自己的外露车轮式赛车进行竞赛。这项赛事 1981 年起源于美国，至今已遍及欧洲、亚洲、南美和澳洲。与传统赛车比赛不同，各车队需要在 8 个项目中获得相应的分数，最终总分最高的车队胜出。比赛中有静态项目(成本、营销、设计答辩)，评判赛车的设计理由，答辩陈述及成本控制。有 5 个动态项目(加速、绕环、高速避障，燃油经济性及耐久性)测试赛车性能及大学生赛车手。这样的加权积分制度使得成功的关键在于仔细地平衡好赛车设计及开发过程的各个方面。

在设计中涉及与空气动力学相关的特殊规则，大部分大学生方程式赛车在利用多余的功率来提高对空气动力学下压力控制水平时需要考虑与这些设备相关的规则。

康奈尔大学 1990 年利用尾部抽气风扇在八字绕环项目中创造了 1.32g 的纪录，随后，大学生方程式汽车比赛禁止了地面效应的使用。即规则规定只允许赛车的轮胎与地面接触，有效地限制了利用"滑动裙"来密封赛车底部，这限制了传统的赛车底部扩散器能够达到的上、下压力差。为了安全考虑，规则还规定任何"翼"及其附件都不允许影响到车手的逃生。空气动力学套件在垂直方向上的位置也根据前轮和后轮的位置做了严格的规定，不能超出轮胎的外沿以及前轮前方 460mm 的界限(图 9.16)由于规则没有对翼的最大尺寸或者平面区域做出规定，因此选择的限制条件变成了轮距和轴距的大小(或者有可能相反)。这些关于套件位置的规则只是针对"翼"的，意味着扩散器或其他空气动力学设备可能可以在规定的范围之外使用，这需要根据车检员的主观判断。2002 年，莫纳什大学的大学生方程式赛车被允许使用一个末端在后轮后沿之后的扩散器参赛。由于规则没有特别地对翼在垂直方向的高度进行限制，因此翼的高度选择成为质心高度最小化(通过低的安装位置)和下压力最大化(通过高的安装位置，利用稳定的空气流)之间的权衡。给定的翼的阻力对赛车空气动力学平衡的影响也会限制翼的实际安装高度。由于没有限制翼的最低高度，翼能够设计为在赛车前部产生最佳的地面效应，从而增加最大升力系数，提高升阻比。一个巨大的单翼也可安装在高的、中间的位置，像 Sprint 汽车和 A-modified 通常的风格那样，这样对车手下车的出口没有不利影响。

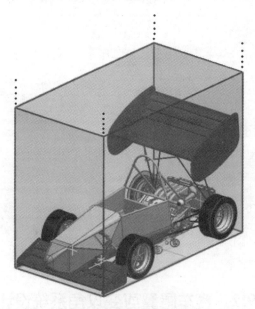

图 9.16　汽车工程学会允许的赛车"翼"占用的空间

规则还规定，出于安全考虑，所有翼的单元前缘半径至少 12.7mm，后缘半径至少 3mm，因此需要对现成的翼型文件进行相当大的修改以适应这个规则。

大学生方程式汽车比赛规则与其他方程式汽车比赛规则的一个重要区别是可动的空气动力学套件在这个比赛中仍允许存在。这意味着,翼和其他套件可以直接安装到簧下,使下压力直接到达车轮,而不是通过悬架系统进行传递。如果套件安装到簧上,则需要提高弹簧的刚度以避免大的下压力使赛车触地,而安装到簧下时汽车的附着力不需要通过提高弹簧的刚度来提高。这个系统的好处是允许前翼具有很小的离地间隙,因为它是安装在与地面距离不变的部件上的。

如果车队在大学生方程式汽车比赛中使用了空气动力学套件,则其参数能够根据不同的比赛进行单独设置,但是不允许增加或者减少部件。一些经过性能优化设计的空气动力学套件被认为是有利的,如包括一项低阻力系数参数设置以参加直线加速项目、一项中等下压力参数设置用以参加高速避障与耐久赛项目、一项最大下压力参数设置用以参加绕环项目或其他的路面湿滑比赛项目。

有文献研究发现,在相同转弯半径条件下,有尾翼的赛车比无尾翼赛车车速有所提高,并且车轮滑动的时间缩短。因此,FSAE 赛车尾翼有存在的价值,许多赛车设计安装了尾翼。

随着赛车运动的发展,人们开始考虑更好的空气动力学设计方案,引起人们关注的一种方案是尾翼攻角可变方案。下面讨论攻角改变对赛车性能的影响,以及如何控制改变攻角等问题。

研究对象的主要参数见表9.2。

表 9.2　主要参数

参数	数值	参数	数值
总长×总宽×总高	2670mm×1410mm×1120mm	前轴轴荷/%	47
轴距/mm	1575	后轴轴荷/%	53
前轮距/后轮距/mm	1220/1180	整备质量/kg	230
前悬/后悬/mm	860/232	满载质量/kg	300
车轮半径/mm	232.4	质心高度/mm	270
最小离地间隙/mm	40	最小转弯半径/m	4
发动机排量/L	0.6	发动机最大功率/kW	81
变速器	六速序列式	车轮/in	10
悬架形式	双横臂式	—	—

注:1in = 2.54cm

9.2.1　赛车空气动力学分析

1. 空气动力学套件布置

前翼、尾翼以及扩散器等统称为空气动力学套件。其布局如图9.17所示。

尾翼及前翼在高速下分别产生阻力 Drag1、Drag2 及下压力 Df1、Df2,根据整车力矩平衡,对满载质心 G 取矩,则可得式(9.15):

$$\mathrm{Drag}_1 \times H_{z1} + \mathrm{Df}_1 \times H_{x1} + \mathrm{Drag}_2 \times H_{z2} + \mathrm{Df}_2 \times H_{x2} = 0 \qquad (9.15)$$

式中:H_{z1} 为尾翼产生的水平阻力与质心在 Z 方向的距离;H_{x1} 为产生的竖直下压力与质心在 X 方向的距离;H_{z2} 为前翼产生的水平阻力与质心在 Z 方向的距离;H_{x2} 为尾翼产生的竖直下压力

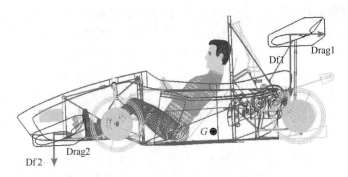

图 9.17　空气动力学套件布局

与质心在 X 方向的距离。

通过对前翼及尾翼的初步流场分析得到下压力、阻力的大小及等效压力中心坐标(以翼的前缘顶点为坐标原点)见表 9.3,气动合力作用线如图 9.18 所示。

表 9.3　前翼、尾翼压力中心参数

翼	升力/N	阻力/N	X/mm	Y/mm
前翼	−200.4	30.27	219.79	68.81
尾翼	−353	66	203.44	62.83

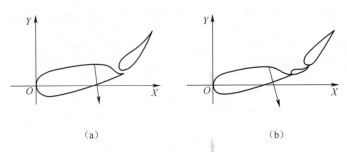

图 9.18　气动合力作用线
(a)前翼;(b)尾翼。

2. 仿真分析

1) 赛车空气阻力计算

(1)进行前翼及尾翼初步流场分析。通过在 NACA 翼型库初步选择在低速下具有较高升阻比的厚翼型,并在 CATIA 软件中绘制翼型的二维截面图,如图 9.19 和图 9.20 所示。

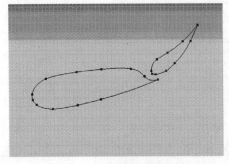

图 9.19　前翼翼型截面

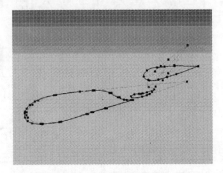

图 9.20　尾翼翼型截面

将二维翼型截面及建立好的计算域导入至 Gambit 网格划分软件中对计算域进行网格划分,得到翼的外流场的离散化模型。继续在 Gambit 软件中对截面及计算域进行处理,赋予各个几何元素边界条件,将入口设置为速度入口(velocity-inlet),出口设置为出流(outflow),其余边界均为壁面(wall)属性。

　　向 Fluent 软件中导入 Gambit 生成的网格文件并进行必要的处理后,对流场分析的模型、流体性质及边界条件进行定义,分析者根据实际情况将流场定义为 RNG k-epsilon 湍流模型下的无黏流体流场。完成定义后,利用 Fluent 求解器对模型进行求解计算,并得到后处理结果,其中尾翼在高下压力及低阻力状态下的压力分布、前翼压力分布如图 9.21~图 9.23 所示。

图 9.21　尾翼压力分布(高下压力)

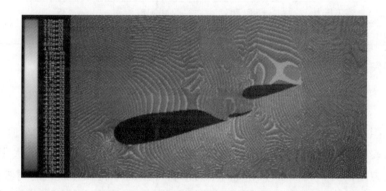

图 9.22　尾翼压力分布(低阻力)

图 9.23　前翼压力分布

　　根据后处理得到前翼及尾翼的升力、阻力参数见表 9.4。

表 9.4　前翼、尾翼升力、阻力参数

翼	状态	升力/N	阻力/N
前翼	正常	−343.26	58.435
尾翼	高下压力	−408.01	70.290
	低阻力	−237.03	24.389

（2）进行赛车整车外流场分析及空气阻力系数计算。根据前翼、尾翼二维流场分析的结果，对尾翼在整车中的位置进行布置。根据初步的位置布置，将前翼与尾翼的三维模型与整车装配后利用 Gambit、Fluent 软件进行三维计算机流体力学分析，得到三维状态下前翼、尾翼的空气动力学特性，并根据计算结果对翼的位置、部分翼型参数及整车外形进行适当调整，得到最终的翼型方案及布置方案。

根据三维赛车外流场分析，得到最终尾翼、前翼及整车的空气动力学特性（取车速为 20m/s 工况计算）见表 9.5。

表 9.5　前翼、尾翼及整车空气动力学参数

对象	状态	升力/N	阻力/N	阻力系数	升力系数
前翼	正常	−200.4	30.27	1.172	−3.336
尾翼	高下压力	−353	66	1.289	−2.028
	低阻力	−121.68	21.808	0.5576	−0.8423
整车	高下压力	−587.768	224.818	1.135	—
	低阻力	−356.448	180.626	0.912	—

阻力系数根据下式计算：

$$f = \frac{C_D \times A \times u_a^2}{21.15} \tag{9.16}$$

式中：f 为空气阻力（N）；C_D 为空气阻力系数；A 为赛车迎风面积（m^2）；u_a 为车速（km/h）。

计算结果表明，本赛车空气阻力系数较一般民用轿车 0.3 以下的 C_D 值大很多，根据对整车三维流场压力图的分析得知赛车主要的阻力来自外露的车轮和开放式的驾驶舱以及正向投影面积较大的空气动力学套件，这些也是民用轿车与 FSAE 赛车在外形上主要的区别，初步分析这样的结果是比较合理的。相关文献表明，澳大利亚莫纳什大学在 2002 年对其车队的 FSAE 赛车进行了实际的风洞实验，其实际测得在带尾翼状态下整车空气阻力系数为 0.83，印证了本分析结果是可信的。

（3）赛车空气阻力计算。根据赛车外流场分析结果，对赛车不同尾翼攻角在各车速下的空气阻力进行计算，分析其影响。由式（9.16）计算并绘制各车速下阻力曲线，如图 9.24 所示。

由以上计算结果分析可知，低阻力的尾翼攻角对赛车在车速 70km/h 以上的空气阻力降低明显，根据赛事官方统计，赛车在大直道末端车速一般能够达到 115km/h，取该工况下数值进行分析可得攻角的变化使赛车风阻降低了 19.7%，综上可以初步得出赛车采用可变攻角的尾翼对车速的提升有明显帮助。

2）赛车动力性能计算与分析

以本小节计算得到的结果为基础，对整车的动力性能进行计算和分析，评估动力系统改进

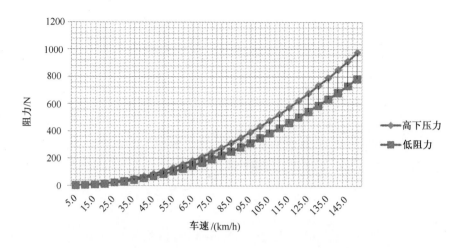

图 9.24 空气阻力曲线

及增加空气动力学套件后赛车的动力性能。根据汽车行驶方程式

$$F_t = F_f + F_w + F_i + F_j \qquad (9.17)$$

式中：F_t 为赛车驱动力；F_f 为赛车滚动阻力；F_w 为赛车空气阻力；F_i 为赛车坡度阻力；F_j 为赛车加速阻力。

由此可知，汽车行驶过程中主要受到的阻力有滚动阻力、空气阻力、坡度阻力及加速阻力。由于 FSAE 赛车的赛道一般不存在较大的坡道，故往往不予考虑 F_i。根据驱动力及各阻力的计算公式，行驶方程式又可写为

$$\frac{T_{tg} \times i_0 \times \eta_t}{r} = G \times f + \frac{C_D \times A \times u_a^2}{21.15} + \sigma_m \frac{du}{dt} \qquad (9.18)$$

式中：G 为赛车总质量；f 为赛车滚动阻力；δ 为旋转质量换算系数；$\dfrac{du}{dt}$ 为速度对时间的导数。

汽车行驶方程式体现了汽车行驶时驱动力与外界阻力之间的相互关系。当发动机转速特性、传动效率、变速器传动比、主减速比、空气阻力系数、车轮半径、汽车质量及迎风面积等参数初步确定后，可利用式（9.18）分析汽车在附着性好的路面上的动力性能。

根据汽车理论，一般用汽车驱动力-行驶阻力平衡图来直观地体现汽车的动力性能，行驶阻力图线一般由滚动阻力及空气阻力相加得到。利用式（9.18）及前述分析中得到的各项相关参数，通过 Excle 的表格编程功能（或其他工具），编制出适合 FSAE 赛车采用的动力性能计算程序，使得赛车在相关参数改变时只需要在表格中重新设置即可获得全套的动力性能数据及图表。通过该程序获得赛车的驱动力-行驶阻力平衡图如图 9.25 所示。

由图 9.25 可以直观地观察到赛车在行驶阻力 1（高下压力状态）及行驶阻力 2（低阻力状态）下的最高车速有显著区别。在高下压力状态下赛车最高时速约为 140km/h，低阻力状态下最高时速约为 150km/h。虽然赛车的最高时速在赛道中无法完全发挥，但是最高时速的增大意味着其动力储备系数的增大，赛车在低速下的加速能力相应增强。为进一步分析赛车的加速能力，绘制两种不同工况下加速度倒数曲线如图 9.26 和图 9.27 所示。

根据

$$dt = \frac{1}{a} du \qquad (9.19)$$

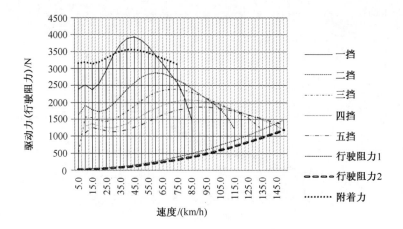

图 9.25 驱动力–行驶阻力平衡

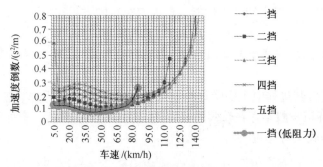

图 9.26 加速度倒数曲线(高下压力)

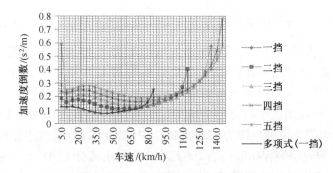

图 9.27 加速度倒数曲线(低阻力)

$$t = \int_0^t \mathrm{d}t = \int_{u_1}^{u_2} \frac{1}{a} \mathrm{d}u = A \tag{9.20}$$

可得,加速度倒数曲线下两个速度区间的面积就是从该区间左端速度加速度到右端所用的时间。对一挡加速度倒数曲线进行拟合,得到其拟合函数:

高下压力下,有

$$y = 9 \times 10^{-7} x^6 - 4 \times 10^{-5} x^5 + 0.000 x^4 - 0.005 x^3 + 0.020 x^2 - 0.032 x + 0.143$$
$$R^2 = 0.995$$

低阻力下,有

$$y = 8 \times 10^{-7}x^6 - 4 \times 10^{-5}x^5 + 0.000x^4 - 0.005x^3 + 0.017x^2 - 0.026x + 0.13$$
$$R^2 = 0.995$$

对该函数进行积分,可以得到两种工况下赛车从 0→75km/h 的加速时间(计算中忽略附着力小于驱动力的小部分速度区),该项数据与莫纳什大学实验实际测试数据对比见表9.6。

表 9.6　加速时间对比

	项目	状态	时间/s
0→75km/h 加速时间	理论计算结果	高下压力	2.1634
		低阻力	2.0806
	莫纳什大学实测数据	高下压力	2.11
		低阻力	2.04
75m 直线加速时间		高下压力	3.89
		低阻力	3.80

根据理论计算与参考文献中的实验测试值的比较,检验了整车动力性能计算结果较为准确。理论计算结果表明,高下压力与低阻力状态下赛车的加速能力大约相差 4%,这一差距在 75m 直线加速比赛中具有重要意义。

高下压力尾翼带来的主要优点是能够在弯道中为赛车提供更大的侧向加速度极限从而提高弯道中的速度。在此引用莫纳什大学在八字绕环中的实测数据作为参考,见表 9.7 所示。这表明,高下压力尾翼对赛车弯道性能提升显著。

表 9.7　不同尾翼状态下八字绕环所用时间

状态	时间/s
无尾翼	5.35
低阻力尾翼	5.11
高下压力尾翼	4.93

综上分析表明,具有不同攻角的尾翼能够使赛车同时具有较好的直线加速性能和较高的弯道极限,对比赛成绩的提高将有较大帮助。

9.2.2　尾翼攻角可变系统方案确定

根据 9.2.1 节的分析可知,调整尾翼攻角确实有效,并且尾翼攻角与赛车直道或弯道行驶、赛车制动、赛车车速、侧向风几个因素有关。实现赛车更好的性能,需要在不同的工况下尾翼攻角调整合理,即该系统是一个闭环控制系统,将赛车的转弯信号、车速信号、制动信号以及侧向风信号作为反馈控制信号。

上述所涉及的几个因素产生的信号,就几个信号的改变如何进行攻角调节是实现控制首先要解决的问题。

(1)赛车直道或弯道行驶:根据上面的分析,赛车直道行驶应该采用低阻力的攻角模式,而弯道行驶时应该采用高阻力的攻角模式。赛车比赛中典型的弯道是八字绕环,以及耐久性和高速壁障的弯道。在这些项目中,弯道处的车速均比较高,需要更加高的附着力,即尾翼处于高下压状态。

（2）赛车制动：比赛中，一般在弯道处以及紧急情况将会采用制动方式降低车速。降低车速的过程中，需要增大附着力，即尾翼处于高下压状态。

（3）赛车车速：赛车车速是判断赛车行驶状态因素之一，对于是否需要改变尾翼攻角是参考因素。当赛车低速行驶时，即使转弯也不需要改变攻角。但当赛车高速行驶并转弯时，尾翼的攻角应处于高下压状态。

（4）侧向风：侧向风对赛车的稳定性将会产生影响。侧向风使附着力降低，从而影响赛车的稳定性。比赛过程中，一般侧向风比较小（天气比较好），但有时会遇到天气条件不好，侧向风大的情况，这时可以通过控制尾翼攻角，改善赛车的性能。

赛车尾翼攻角的改变涉及以上各个方面，但分析发现多种因素不能独立控制尾翼攻角，应综合诸方面因素，最终确定是否改变尾翼攻角以及如何改变尾翼攻角。即采取何种控制策略控制尾翼攻角，这是系统设计的关键问题之一。下面就讨论这个问题。

综上所述，赛车尾翼攻角采用高下压状态应该综合以上数个因素，当满足几个条件的情况下，尾翼攻角调整为高下压状态。高下压状态应该是弯道行驶或侧向风大、制动状态、车速较高，即综合采用转弯或侧向风信号、制动信号、车速信号作为反馈控制信号。考虑到方便实施，拟采用车速、侧向加速度作为控制器的输入信号，控制器的输出信号为尾翼的摆动角度。尾翼控制原理如图 9.28 所示。

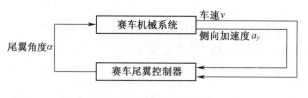

图 9.28　尾翼控制原理

9.2.3　尾翼可变攻角系统仿真

采用控制器控制直流电动机转动产生角位移，控制尾翼攻角改变。电动机与尾翼调节机构示意图如图 9.29 所示。

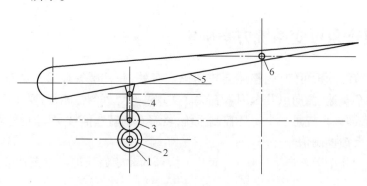

图 9.29　电动机与尾翼调节机构示意图
1—直流电动机；2—主动齿轮；3—从动齿轮；4—曲柄；5—可变攻角尾翼；6—尾翼转动支撑轴。

根据 9.2.2 节的分析可知，可以分别建立赛车机械与电动机系统模型和赛车尾翼控制器，然后将两者连接起来。为了缩短研制周期，降低成本，一般采用仿真软件对该系统进行仿真。

根据软件的特点与功能,采用 Adams 进行赛车机械系统的仿真,采用 Matlab/Simulink 进行控制系统仿真。

仿真中采取分阶段的形式:首先进行赛车弯道行驶仿真,仿真获得赛车车速、侧向加速度等的时间历程,完成第一阶段仿真;其次建立尾翼装置,将第一阶段获取的赛车数据作为尾翼攻角控制的输入,应用 Matlab/Simulink 仿真。

1. 赛车机械系统建模

采用 Adams/Car 建模,即调用 Adams/Car 中的模板,并根据作为研究对象的样车修改参数建立整车模型,建立的车辆仿真模型如图 9.30 所示。

图 9.30　车辆仿真模型

2. 赛车行驶仿真

考虑赛车在蛇形道路行驶工况下的尾翼调整问题。为了获得赛车行驶时的侧向加速度,以 65km/h 时速蛇行 250m,赛车行驶的路线如图 9.31 所示。

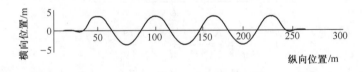

图 9.31　赛车仿真行驶路线

计算得到的某车侧向加速度时间历程仿真结果如图 9.32 所示,该侧向加速度可以通过加速度传感器测量得到,并作为控制尾翼攻角的物理量。

3. 可调攻角控制系统建模仿真

根据图 9.33,控制器直接控制直流电动机,而电动机转角输出后,经过齿轮、曲柄传动带动尾翼改变攻角。齿轮、曲柄机构只是按照比例(或某函数)改变了电动机的转角输出,因此,将下面主要讨论直流电动机的控制问题。

采用直流电动机作为调节攻角的动力源,控制系统实现以赛车侧向加速度作为控制量,则 9.2.2 节获得的侧向加速度即可作为控制量,攻角改变为输出量。

对于输入回路,可以建立:

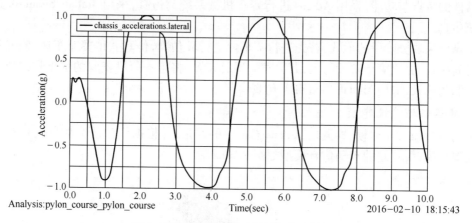

图9.32 侧向加速度时间历程仿真结果

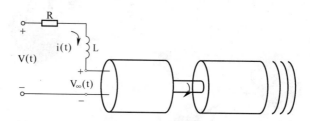

图9.33 电动机模型

$$L \frac{\mathrm{d}i}{\mathrm{d}t} + Ri = V_{\text{in}} + V_{\text{emf}} \tag{9.21}$$

电动机带动负载,根据平衡条件得

$$J \ddot{\theta} + K_{\text{f}} \dot{\theta} = T_{\text{m}} \tag{9.22}$$

式中:转矩 $T_{\text{m}} = K_{\text{m}} i(t)$ 。由此可得

$$\frac{\mathrm{d}i}{\mathrm{d}t} = \frac{V_{\text{in}}(t) - Ri(t) + K_{\text{emf}}\omega(t)}{L} \tag{9.23}$$

$$\frac{\mathrm{d}\omega}{\mathrm{d}t} = \frac{K_{\text{m}}i(t) - K_{\text{f}}\omega(t)}{J} \tag{9.24}$$

$$\frac{\mathrm{d}i}{\mathrm{d}t} = \frac{V_{\text{in}}(t) - Ri(t) + K_{\text{emf}\frac{\mathrm{d}\theta}{\mathrm{d}t}}}{L} \tag{9.25}$$

$$\frac{\mathrm{d}^2\theta}{\mathrm{d}t^2} = \frac{K_{\text{m}}i(t) - K_{\text{f}}\frac{\mathrm{d}\theta}{\mathrm{d}t}}{J} \tag{9.26}$$

对式(9.25)、式(9.26)进行拉普拉斯变换,可得

$$I(s) = \frac{V_{\text{in}}(s) + K_{\text{emf}}s\theta(s)}{(sL + R)} \tag{9.27}$$

$$\theta(s) = \frac{K_{\text{m}}I(s)}{Js^2 + K_{\text{f}}s} \tag{9.28}$$

将式(9.27)代入式(9.28),可得

$$\frac{\theta(s)}{V_{in}(s)} = \frac{K_m}{JLs^3 + (JR + K_fL)s^2 + (K_fR - K_m K_{emf})s} \tag{9.29}$$

推导电动机的数学模型后获得的传递函数为

$$\frac{\theta}{V} = \frac{K_m}{JLs^3 + (JR + K_fL)s^2 + (K_fR - K_m K_{emf})s} \tag{9.30}$$

式中参数见表9.8。

表9.8　实例电动机参数

参　　数	数　　值
电阻 R	2
电感 L	0.5
转矩常量 K_m	0.1
反电动势常量 K_{emf}	0.1
阻滞系数常量 K_f	0.2
惯性载荷 J	0.02

考虑采用 PID 控制,在 Matlab/Simulink 中建立一个尝试性模型,如图 9.34 所示。仿真模型中的传递函数即用表 9.8 所列实例电动机参数,通过式(9.21)计算获得。

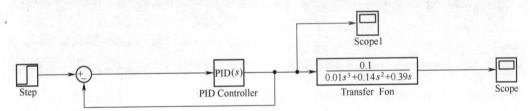

图 9.34　实例电机仿真框图

采用单位阶跃信号作为输入,获得的电动机转角输出如图 9.35 所示。图 9.36 为 PID 输出结果。结果虽然能够控制电动机转动一定的角度,但由于侧向加速度可能存在负值,而绝对值相同的情况下,尾翼攻角调节的角度是相同的,因此,需要在模型中添加取绝对值运算。修

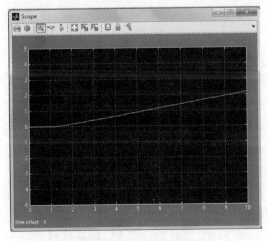

图 9.35　电动机转角输出

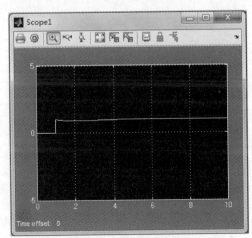

图 9.36　PID 输出结果

改后的模型,采用单位正弦波作为输入进行验证,如图 9.37 所示。对图 9.37 所示模型仿真,PID 控制器输出处和系统的输出端仿真结果如图 9.38、图 9.39 所示。

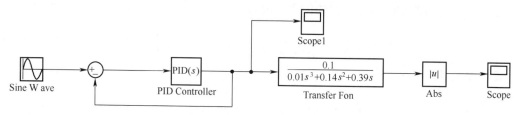

图 9.37　修正模型仿真框图

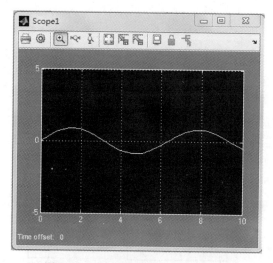

图 9.38　PID 控制器输出处仿真结果　　　　　图 9.39　系统的输出端仿真结果

　　对图 9.37 所示模型采用 Adams 仿真所得侧向加速度作为信号源进行仿真,仿真模型如图 9.40 所示。将图 9.32 导入 Matlab 构建信号,构建的信号如图 9.41 所示。对模型进行仿真,经过转换(侧向加速度转换为攻角转角)并取绝对值后的控制信号和系统的输出端仿真结果如图 9.42、图 9.43 所示。

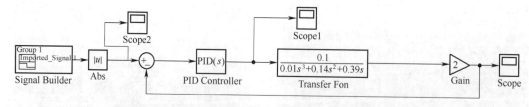

图 9.40　Adams 仿真所得侧向加速度作为信号源仿真框图

　　考虑图 9.29 的工作原理,在电动机输出端至尾翼间存在机构,可以近似认为是按照横传动比传动,因此,在图 9.40 所示模型中添加一个比例功能器件即可。

4. 存在的问题

　　采用这种控制方法以及模型,可以进行电动机的控制,但是还存在着以下一些问题:

　　(1) 实时性问题:由于赛车转弯的时间比较短,车速比较高,整个系统(包括机械系统与控制系统)设计时要通盘考虑。一般赛车少计较成本,因此,应尽可能选择性能好的零部件。

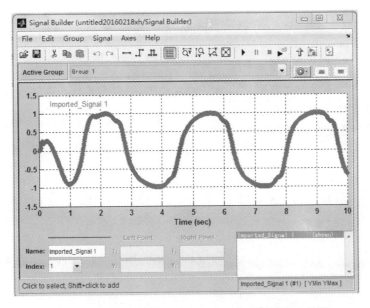

图 9.41　Adams 仿真结果导入 Matlab 构建仿真输入信号

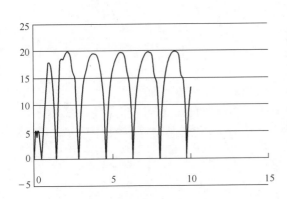

图 9.42　PID 控制器输出处仿真结果

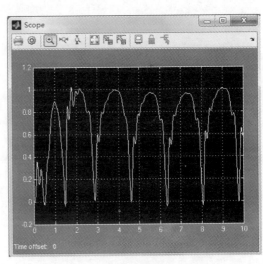

图 9.43　系统的输出端仿真结果

（2）电动机转速控制：这个问题与第一个问题是相关的,应该在考虑第一个问题时一同考虑。

（3）转动锁死问题：尾翼攻角改变后,整个系统应该具有一定的锁止功能,这个功能可以考虑在机械系统或控制系统加以实现,或者两者同时设置该功能。

（4）反向转动问题：实际系统中,尾翼应设置角度传感器,将尾翼攻角的改变量反馈给控制系统,作为控制尾翼攻角或是向增大方向改变,或是向减小方向改变的依据。

因此,除了完成工作外,还需要解决存在的问题,才能使得设计赛车尾翼可变攻角系统用于赛车。

思 考 题

1. 仿真在机电液系统设计中有什么作用?
2. 试说明机电液系统设计中有什么软件可以应用,其特点是什么?
3. 机电液系统设计从哪里入手?
4. 汽车整车可能存在的控制器有哪些?

参 考 文 献

[1] 朱德泉. 基于联合仿真的机电液一体化系统优化设计方法研究[D]. 合肥:中国科技大学,2012.

[2] 焦生杰,等. 工程机械机电液一体化[M]. 北京:人民交通出版社,2000.

[3] 王艳秋,王立红,杨汇军. 自动控制理论[M]. 北京:清华大学出版社,北京交通大学出版社,2008.

[4] 杨林,陈思忠,赵玉壮,等. 油气悬架整车的振动状态观测器设计[J]. 汽车技术,2011(8):17-21.

[5] 张孝祖. 车辆控制理论基础及应用[M]. 北京:化学工业出版社,2007.

[6] 周云山,于秀敏. 汽车电控系统理论与设计[M]. 北京:北京理工大学出版社,1999.

[7] 齐晓杰,等. 汽车液压、液力与气压传动技术[M]. 北京:化学工业出版社,2005.

[8] 张铁山. 汽车测试与控制技术基础[M]. 北京:北京理工大学出版社,2007.

[9] 刘金武,杨 靖,高为国.等. 直喷式发动机喷雾模型研究进展[J]. 内燃机工程,2005,26(1):81-84.

[10] Zhang TieShan,Li MingSong. A Design Study on the Torsion Vibration of the Vehicle Powertraint[C]. Applied 5th International-al Conference on Advanced Engineering Materials and Technology(AEMT'2015). 2015,3:429-433.

[11] 赵光明. 周向长弧形弹簧式双质量飞轮非线性扭转减振特性研究[D]. 武汉:武汉理工大学,2013.

[12] 肖云魁. 汽车故障诊断学[M].2 版. 北京:北京理工大学出版社,2006.

[13] 王少平. 液压系统故障诊断与健康管理技术[M]. 北京:机械工业出版社,2014.

[14] 王丹力,赵剡,邱治平. MATLAB 控制系统设计仿真应用[M]. 北京:中国电力出版社,2007.

[15] 余胜威. MATLAB 车辆工程应用实战[M]. 北京:清华大学出版社,2014.

[16] Wordley S,Saunders J. Aerodynamics for Formula SAE:a numerical,wind tunnel and on-track study[J]. SAE Technical Papers,2006.

[17] 武云鹏,管继富,顾亮,等. 基于 ADAMS 模型的履带车辆半主动悬挂自适应控制[J]. 机械设计与制造,2012(4):88-90.

[18] 孔祥安,许伯彦,蔡少娌. 分层充气天然气发动机混合气形成的数值解析[J]. 山东大学学报(工学版),2004,34(6):16-20.

[19] 刘金武,杨靖之,高为国,等. 直喷式发动机喷雾模型研究进展[J]. 内燃机工程,2005,26(1):81-84.

[20] 武美萍,赵朔,王称心. 压电式喷油器结构参数对喷油特性影响的研究[J]. 机械设计与制造,2015(2):122-125.

[21] 刘国华,王艳菊. 电致伸缩微位移执行器特性的改善[J]. 电工技术杂志,2000(3):17-19.

[22] Hassan M K,Azubir N A M,Nizam H M I,et al. Optimal Design of Electric Power Assisted Steering System(EP AS)Using GA-PID Method[J]. Procedia Engineering,2012,41:614-621.